目 录

题型解读 ……………………………………………………………………………1

真题试卷

2020年下半年中小学教师资格考试真题试卷(精编)……………………………………5
2019年下半年中小学教师资格考试真题试卷 ……………………………………11
2019年上半年中小学教师资格考试真题试卷 ……………………………………21
2018年下半年中小学教师资格考试真题试卷 ……………………………………31
2018年上半年中小学教师资格考试真题试卷 ……………………………………39
2017年下半年中小学教师资格考试真题试卷 ……………………………………47
2017年上半年中小学教师资格考试真题试卷 ……………………………………55
2016年下半年中小学教师资格考试真题试卷 ……………………………………63
2016年上半年中小学教师资格考试真题试卷 ……………………………………73
2015年上半年中小学教师资格考试真题试卷 ……………………………………83

预测试卷

教师资格考试预测试卷(一) ……………………………………………………91
教师资格考试预测试卷(二) ……………………………………………………99
教师资格考试预测试卷(三)……………………………………………………107
教师资格考试预测试卷(四)……………………………………………………115
教师资格考试预测试卷(五)……………………………………………………123
教师资格考试预测试卷(六)……………………………………………………131
教师资格考试预测试卷(七)……………………………………………………139
教师资格考试预测试卷(八)……………………………………………………147

参考答案及解析单独成册

题 型 解 读

一、单项选择题

(一)题型介绍

单项选择题在本考试中有25道题,每道题2分,共50分,约占试卷总分值的33.3%。前20题考查生物学科知识,后5道题考查生物教学能力。单项选择题主要考查考生对基础知识的掌握和分辨、判断、分析问题的能力。从考查内容上来看,涉及的考点多为核心知识点或易混淆的知识点,因此,这就要求考生在掌握知识点的同时,在答题技巧上多下功夫。

(二)解题方法

1. 定性分析选择题

定性分析就是对研究对象进行“质”的方面的分析。具体地说就是运用归纳与演绎、分析与综合以及抽象与概括等方法,对获得的各种材料进行思维加工,从而去粗取精、去伪存真、由此及彼、由表及里,达到认识事物本质、揭示内在规律的目的。

①分析选项型。这类选择题,我们可以根据已经掌握的概念和原理,在正确理解题意的基础上,对选项逐项进行分析,通过寻找各种不合理的因素,得到正确的答案,解题方法主要有直选法和筛选法。

②代入型。有些题目给出的条件很抽象,看似简单却很容易出错,若选择具体的事物作为研究对象,把抽象的问题具体化,往往会收到意想不到的效果,解题方法主要有具体代入法或代入特例反驳法。

2. 正误判断选择题

正误判断题是选择题中最常见的题型,题目中常常以“下列说法或描述正确的、不正确的、合理的、错误的”等语句明确要求。试题选材上,主要侧重于考查基本概念、知识要点和基本原理的应用等。

定性分析法是解决该题型的最基本方法,即依据题目所给条件,借助于已学知识进行分析和判断,直接得出结论。首先,要正确理解生物基本概念、基本知识和原理的内涵和外延,正确辨析各种生物现象;其次,要采用灵活的手段,可用直选法、排除法、对比分析法等方法综合分析,最终做出正确判

(1)"内容标准"隐含了该片段的教学重点,故应在教学设计的教学目标与教学重难点中应有所体现。

(2)"教材的内容结构体系"设定了各知识之间的逻辑关系,故教学设计中讲授知识时要注意逻辑顺序,若出现了明显的逻辑关系错误,乃是大忌。

(3)"节选片段"是比较清晰明了的信息,注意教学设计中要尽量覆盖片段的全部内容。

2. 教学过程,层次要分明

(1)第一,在流程结构上要层次分明,要包括新课导入、新课讲授、巩固提高与小结作业这四个环节,并且建议用标题突出显示。一篇混沌不清的教学设计,即使写得再好也是没有阅卷老师愿意看下去的。

(2)第二,在授课内容上也要层次分明,最好用各级序号标明,这样既清晰明了地体现了授课内容,又反映了各内容之间的逻辑关系。

3. 教学策略,新颖且忌单一

教学方法首先从数量上要求,2~3种比较合适,过多或过少都不是最佳选择。其次形式上也建议以标题形式清晰显示,如"【实验探究一】"。最后教学策略的选择上,要在适合讲授该知识的基础上,追求新颖与趣味性。

机密★启封前　　　　　　　　　　　　　　　　姓名________　准考证号________

2020年下半年中小学教师资格考试真题试卷(精编)

《生物学科知识与教学能力》(高级中学)

注意事项:

1. 考试时间为120分钟,满分为150分。

2. 请按规定在答题卡上填涂、作答。在试卷上作答无效,不予评分。

一、单项选择题(本大题共19小题,每小题2分,共38分)

在每小题列出的四个备选项中只有一个是符合题目要求的,请用2B铅笔把答题卡上对应题目的答案字母按要求涂黑。错选、多选或未选均无分。

1. 生物膜的流动镶嵌模型表现在(　　)

第1题

A. 磷脂分子和大部分蛋白质分子是运动的

B. 磷脂分子是流动的,蛋白质分子是不流动的

C. 磷脂分子不流动,蛋白质分子是流动的

D. 磷脂分子和蛋白质分子都是不流动的,流动性由抗原决定簇决定

2. 细胞色素C是一种含血红素的蛋白质,溶于水呈红色,不能透过半透膜。在下图所示的U形管中,中部d处装有半透膜,在a侧加入细胞色素C的水溶液,b侧加入清水,并使a、b两侧溶液高度一致。经过一段时间后,实验结果将是(　　)

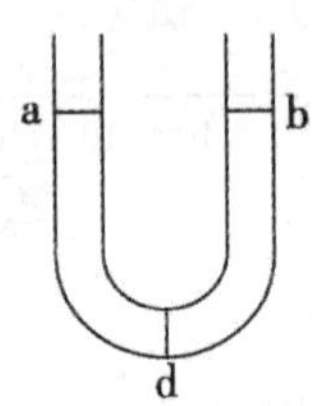

A. a液面低于b液面,b侧为红色　　　　B. a液面高于b液面,b侧为无色

C. a、b两侧液面高度一致,b侧为无色　　D. a、b两侧液面高度一致,b侧为红色

3. 猫科动物有高度特化的尿标志信息,其他动物可通过感知前兽留下的痕迹,来避免与栖息于此的“对手”遭遇。下列动物行为所依赖的信息类型与上述不同的是(　　)

A. 候鸟的长途迁徙行为　　　　　　B. 雄性动物的领域标记行为

C. 雌性昆虫释放性外激素吸引雄性　　D. 雄鼠的气味使幼鼠的性成熟提前

4. 关于大豆种子在萌发的过程中物质与能量变化的叙述,正确的是(　　)(易错)

A. 有机物的种类不断减少　　　　　B. 种子所含有的能量不断增加

C. 自由水与结合水的比值升高　　　D. 种子鲜重增加的原因是有机物含量在增加

B. 在细胞传代培养过程中，细胞可能会发生突变，产生不死性

C. 在传代培养过程中，分散细胞需要用胃蛋白酶进行处理

D. 在动物细胞融合和植物细胞杂交中，形成的杂交细胞的筛选方法一样

17. 南极冰藻是南极一类复杂的藻类植物，长期生长在南极海冰区。磷虾以南极冰藻为食，企鹅以磷虾为食。目前，磷虾数量下降了80%。下列叙述正确的是(　　)

A. 南极冰藻组成了一个种群

B. 企鹅的种群密度不会随着磷虾的种群密度的下降而下降

C. 南极冰藻、磷虾、企鹅和该冰海区的其他生物组成了群落

D. 南极生态系统中全部的能量都来自南极冰藻所固定的全部的太阳能

18. 下列关于制作酸奶的叙述，正确的是(　　)(常考)

A. 制作酸奶需要酵母菌　　B. 在发酵过程中需要通入氧气

C. 酸奶的酸味来源于乳酸　　D. 将牛奶煮沸后立即加入酸奶发酵的菌种

19. 下列实验过程中，不需要无菌操作的是(　　)

A. 接种　　B. 稀释涂布　　C. 倒平板　　D. 配制培养基

二、简答题(本大题共2小题，每小题15分，共30分)

20. 植物的根既是合成激素的主要器官，又是植物生长发育的基础。请回答下列相关问题。

第20题

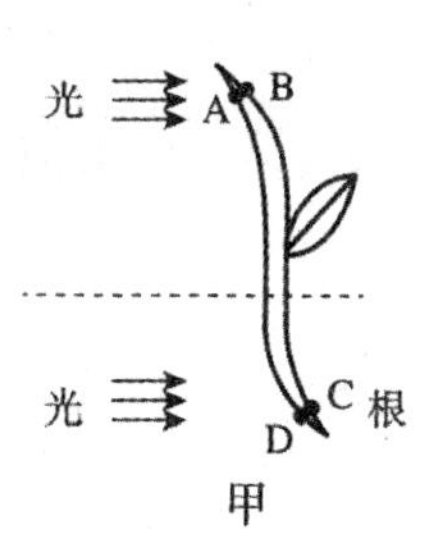

甲

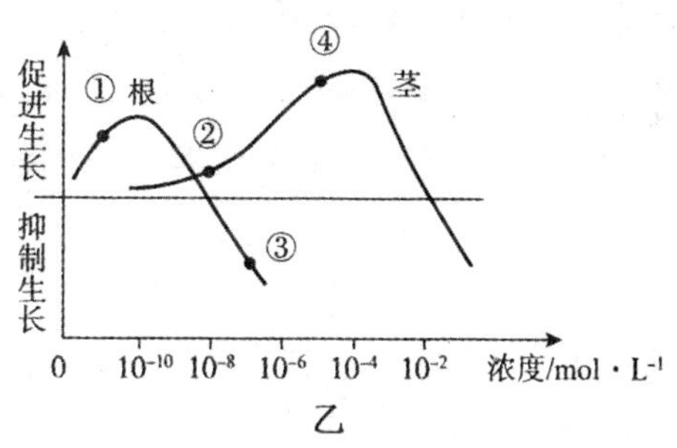

乙

问题：

(1) 图乙中的①②③④依次对应图甲中的________，图乙曲线体现了生长素作用的__________。(6分)

(2) 主要由根尖产生并且与生长素和赤霉素等具有协同作用的激素是________。(3分)

(3) 干旱会导致植物体内生长素、赤霉素等明显减少，脱落酸和________含量大量增加，从而抑制细胞的分裂和生长，促进叶片等器官的________过程。(6分)

21. 科学研究发现，某种蛙的皮肤颜色由颜色颗粒决定，相关实验如下。

(1) 暗色蛙放在明亮处，亮色蛙放在暗处。

现象：暗色蛙皮肤变亮，亮色蛙皮肤变暗。

(2) 蒙上两种蛙的眼睛，随机放在明亮处和暗处。

现象:两种蛙的皮肤都变暗。

(3)切除暗色蛙的垂体,放在明亮处和暗处。

现象:肤色变亮且一直保持。

(4)给亮色蛙注射某种激素,放在明亮处。

现象:肤色变暗,不久后恢复。

问题:

(1)蛙的肤色变化受________控制,是长期________的结果。(6分)

(2)研究人员进行实验时,需要控制环境因素________;实验表明,肤色受________调节。(6分)

(3)研究发现,蛙的皮肤与下层组织之间疏松,且存在多条血管,说明蛙的皮肤具有________的功能。(3分)

三、材料分析题(本大题共2小题,每小题20分,共40分)

22. 材料:

探究酵母菌细胞呼吸方式的改进实验:①用市场上的活性干酵母进行复水活化替换新鲜酵母;②用500 mL的厚玻璃瓶和钢管替换锥形瓶和玻璃管,用带活塞的橡皮塞替换原来的橡皮塞;③放置澄清石灰水的500 mL锥形瓶替换成50 mL锥形瓶;④可以调节供氧速度的自动化仪器替换气球供氧;⑤对于酸性重铬酸钾溶液检测酒精,老师采用学生实验替代了演示实验;对于学生实验部分,采用了让学生闻一闻是否产生酒精气味来进行。

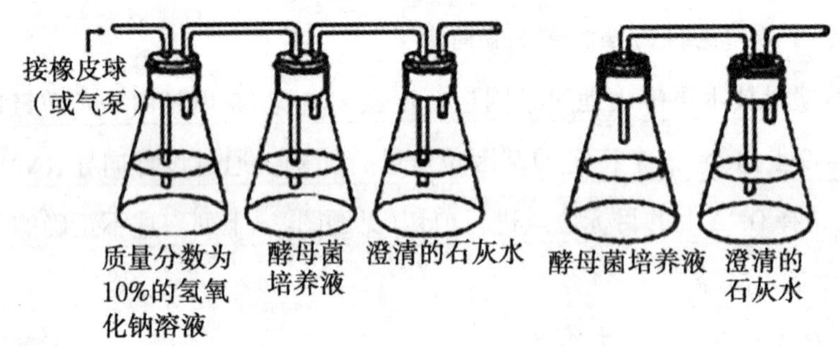

问题:

(1)分析材料中教师进行实验改进的具体措施及其意义。(10分)

(2)结合材料,分析中学生物实验一般可以从哪些方面进行改进?(10分)

23. 材料:

教师提问反射弧的定义,学生能够准确回答。教师继续提问:膝跳反射的神经中枢是什么?此时学生回答神经中枢是大脑和脊髓。教师继续追问:大脑和脊髓都是它的神经中枢吗?教师带领学生回忆初中内容,同时教师让学生画出膝跳反射示意图。

第23题

5. 下列关于细胞及其结构的叙述，正确的是(　　)(常考)

A. 没有核仁的细胞将不能正常形成核糖体

B. 细胞间进行信息交流必须依赖细胞膜上的受体

C. 细胞内的蛋白质在粗面内质网的核糖体上合成

D. 核孔是某些生物大分子进出细胞核的选择性通道

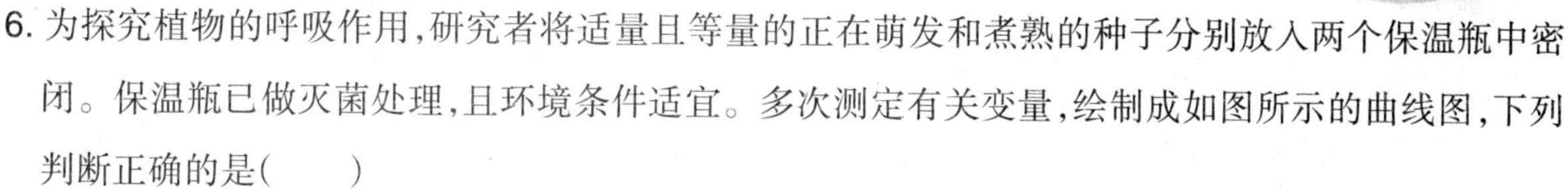

6. 为探究植物的呼吸作用，研究者将适量且等量的正在萌发和煮熟的种子分别放入两个保温瓶中密闭。保温瓶已做灭菌处理，且环境条件适宜。多次测定有关变量，绘制成如图所示的曲线图，下列判断正确的是(　　)

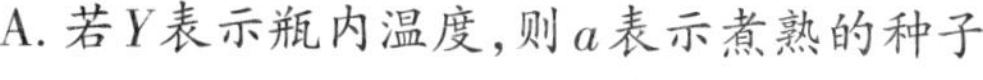

A. 若Y表示瓶内温度，则a表示煮熟的种子

B. 若Y表示种子的质量，则b表示萌发的种子

C. 若Y表示瓶内氧气量，则c表示煮熟的种子

D. 若Y表示瓶内二氧化碳量，则a表示萌发的种子

7. 下列关于鸟类行为的叙述，不正确的是(　　)

A. 鸟类的迁徙行为是在进化过程中形成的

B. 鸟类都有求偶、筑巢、产卵、孵卵等行为

C. 鸟类的繁殖行为受下丘脑—垂体—性腺的调节

D. 雄鸟的求偶有利于雌雄两性的性器官发育同步

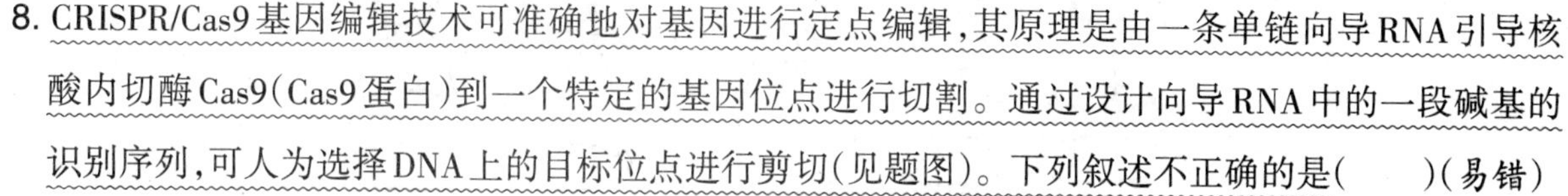

8. CRISPR/Cas9基因编辑技术可准确地对基因进行定点编辑，其原理是由一条单链向导RNA引导核酸内切酶Cas9(Cas9蛋白)到一个特定的基因位点进行切割。通过设计向导RNA中的一段碱基的识别序列，可人为选择DNA上的目标位点进行剪切(见题图)。下列叙述不正确的是(　　)(易错)

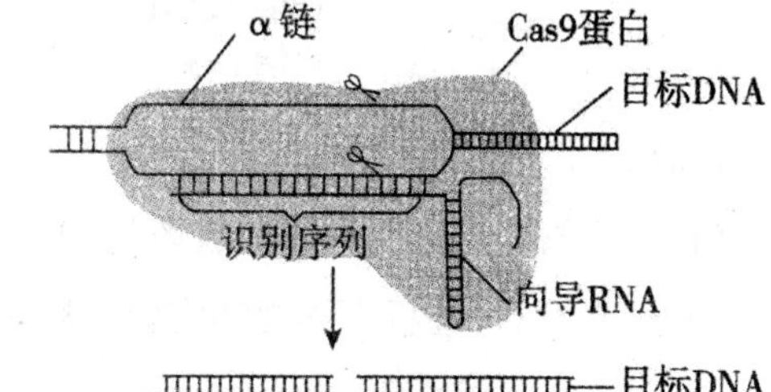

A. 该技术可被用于基因敲除

B. 向导RNA可在RNA聚合酶催化下合成

C. Cas9蛋白的作用是破坏DNA特定位点核苷酸之间的氢键

D. 向导RNA与目标DNA之间可以通过碱基互补配对原则进行结合

9. 下列关于病毒的叙述，不正确的是(　　)

A. 病毒在侵染细胞时，其蛋白质不会进入宿主细胞

B. 噬菌体的繁殖一般可分为吸附、侵入、合成、装配和释放等过程

C. 一些动物病毒的外壳外面具有包膜，包膜由蛋白质或糖蛋白等构成

D. 艾滋病病毒繁殖时，逆转录形成的DNA需要整合到宿主细胞的DNA上

10. H7N9型禽流感病毒是近年来新发现的流感病毒，目前未发现在人与人之间传播的病例。下列关于对该病毒的研究、预防、诊断的叙述，正确的是(　　)

A. 发现H7N9型禽流感患者应及时隔离是保护易感人群

B. 在光学显微镜下可以观察到病人痰液或血液中的病原体

C. 用PCR技术在体外扩增H7N9型禽流感病毒的基因不需要提供引物

D. 用DNA分子做探针，利用分子杂交原理可检测H7N9型禽流感病毒

11. 某研究者研究不同的光照强度、温度对植物光合作用和呼吸作用的影响，实验结果如下图所示。下列分析正确的是(　　)

第11题

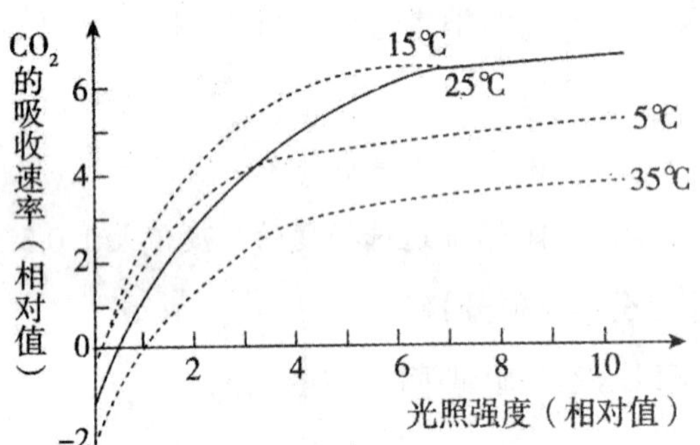

A. 光照强度等于1时，35 ℃条件下总光合速率等于呼吸速率

B. 光照强度大于7时，25 ℃和15 ℃条件下植物总光合速率相同

C. 光照强度大于7时，5 ℃条件下与光合作用有关的酶的活性最高

D. 光照强度等于8时，15 ℃条件下植物释放氧气的速率比其他实验组的更大

12. 下列关于人体生命活动的叙述，正确的是(　　)(常考)

A. 组织液渗回血浆或渗入淋巴受阻会导致组织水肿

B. 性激素、尿素、血红蛋白均属于内环境的组成成分

C. 抗体与抗原特异性结合发挥作用后通常被溶菌酶分解

D. 在寒冷环境中，下丘脑分泌促甲状腺激素可引起机体产热量增加

13. 油菜素内酯被认为是第6类植物激素，广泛分布于植物体内，其生理作用是促进细胞生长、细胞分裂等。下表所示是相关实验的研究结果，据表分析，相关叙述正确的是(　　)

组别	1	2	3	4	5	6
油菜素内酯浓度(mg/L)	0	0.1	0.2	0.3	0.4	0.5
芹菜幼苗平均株高(cm)	16	20	38	51	42	20

A. 该实验的自变量有油菜素内酯的浓度、幼苗的株高等

B. 促进芹菜幼苗生长的最适油菜素内酯浓度为0.3～0.4 mg/L

C. 在调节芹菜幼苗生长的过程中，油菜素内酯的生理作用具有两重性

24. 巴甫洛夫是行为主义学习理论的代表人物，其经典条件反射实验(即训练狗听见铃声分泌唾液)是行为主义学习理论的重要证据。据此判断，下列案例符合行为主义学习理论的是(　　)

A. 将绘制概念图作为课后作业

B. 定期对已学内容进行复习巩固

C. 组织学生调查当地土壤中动物类群的丰富度

D. 讲解与演示结合指导学生制作叶片下表皮临时装片

25. 某校的生物考试结束后，教师把总成绩排在前1/3的学生划分为甲组，中间1/3的学生划分为乙组，后1/3的学生划分为丙组。在随后的考试质量分析中，教师发现，第五道选择题的标准答案是“C”，甲组有60%的学生选择了“A”，丙组有70%的学生选择了“C”。据此可以确定下列选项正确的是(　　)

A. 本次考试信度不高　　B. 本次考试成绩不呈正态分布

C. 第五道选择题的区分度为负值　　D. 第五道选择题的难度值大于0.5

二、简答题(本大题共2小题，每小题15分，共30分)

26. VX神经毒剂是一种有机磷毒剂，可以与乙酰胆碱酯酶迅速结合。

问题：

(1)乙酰胆碱(Ach)是非常重要的一种神经递质，它在神经元的胞质中合成，贮存在________中，当神经元受到刺激后，Ach被释放，并通过________这一跨膜运输方式进入突触间隙，与突触后膜上的________结合，从而将信息传递下去。(6分)

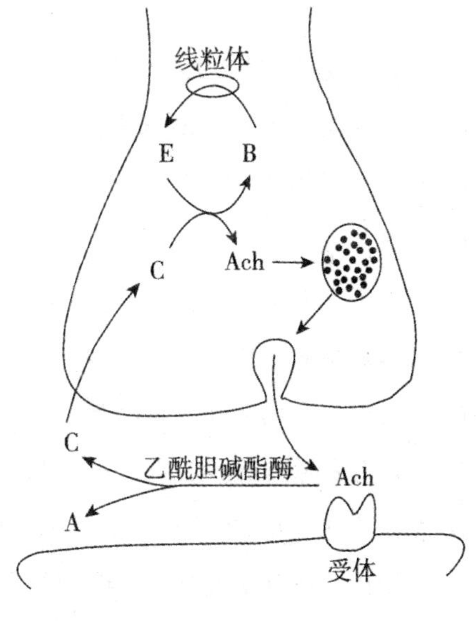

(2)在正常情况下，Ach发挥作用之后，就会被乙酰胆碱酯酶分解(见题图)，从而保证生命活动的正常进行。由题图可以看出，在Ach的合成与分解过程中，可以被重复利用的物质是________(填“A”或“C”)。VX神经毒剂可以迅速与乙酰胆碱酯酶结合，从而导致________积累。(6分)

(3)已知丁酰胆碱酯酶也可以与VX神经毒剂结合，并且对人体无明显的副作用，因此可以作为VX神经毒剂的解药。丁酰胆碱酯酶在人体内的含量非常低，但是可以通过________(填生物技术名称)大量生产。(3分)

27. 为研究植物之间的信息是通过地上还是地下部分进行交流的，有研究者设计了如下实验：将11株盆栽豌豆等距排列，6～11号植株在根部有管子相通，1～6号的根部不联系(图1)。用高浓度的甘露醇(一种天然糖类，模拟维管植物干旱刺激的常用物质)

第27题

浇灌来刺激6号植株,15 min后,测定所有植株的气孔开放度,结果如图2所示。

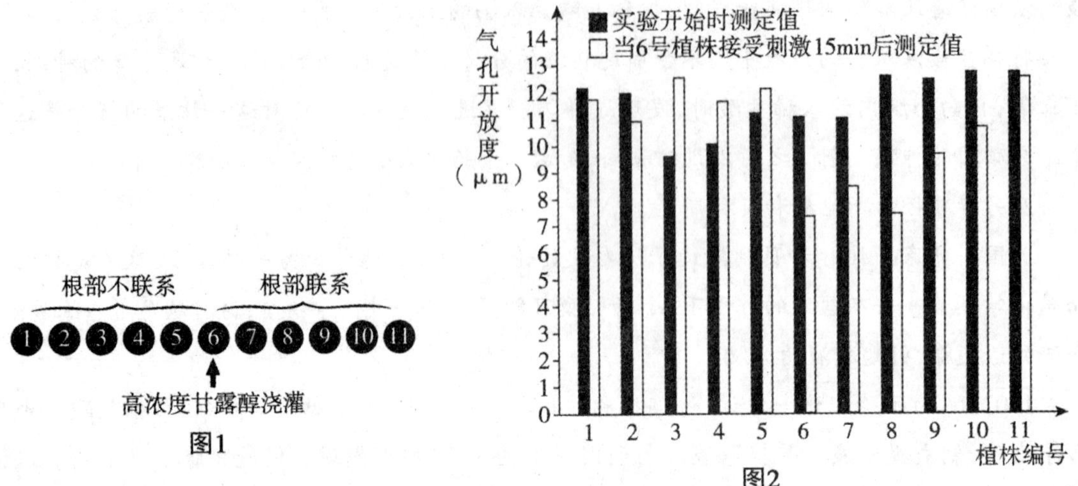

图1　图2

问题:

(1)为了使实验结果更具有说服力,需要另外一组实验,即用清水替代甘露醇浇灌6号植株,该处理的作用是________。(3分)

(2)当6号植株接受刺激后,与9~11号植株相比,6~8号植株的气孔开放度________,气孔开放度这种变化的适应意义是________。(6分)

(3)在对6号植株进行干旱诱导1 h后,再次测定所有植株的气孔开放度。发现实验组6~11号植株的气孔大多数都关闭了。推测6号植株遭受干旱胁迫的信息在植株之间传递的可能机制是________。(6分)

三、材料分析题(本大题共2小题,每小题20分,共40分)

28. 材料:

某教师在做"生长素的生理作用"一节的教学设计时,通过对本节教学内容的分析认为,生长素的生理作用是本节课的重点,生长素作用的"两重性"学生不易理解,课标中的要求是"概述植物生长素的发现和作用;列举其他植物激素;评述植物激素的应用价值。"据此,该教师设定了如下教学目标。

(1)知识目标:举例说明植物生长素的生理作用及其在农业生产中的应用;

(2)能力目标:进行生长素类似物促进插条生根的最适浓度的探究,通过分析图表总结生长素发挥作用时的特点,提高分析和处理数据的能力;

(3)情感态度与价值观目标:认同合作对于科学探究的重要性。

在学习完"植物生长素的发现"后,学生能解释植物向光性的原因,但对于生长素作用的认识存在一个很大的误区——大多数学生认为生长素的作用就是促进生长。为了纠正学生这一错误的认识并加深学生对生长素作用的理解,该教师决定采用科学探究的方式来证明生长素不仅能促进生长,也能抑制生长。由于"探究生长素类似物促进插条生根的最适浓度"这一活动的组织和实施对

的呢？在19世纪，学术界普遍认为，胃酸刺激小肠的神经，神经将兴奋传给胰腺，使胰腺分泌胰液。法国学者沃泰默通过实验发现：把稀盐酸注入狗的上段小肠肠腔内，会引起胰腺分泌胰液，若直接将稀盐酸注入狗的血液中则不会引起胰液的分泌。他进而切除了通向该段小肠的神经，只留下血管，再向小肠内注入稀盐酸时，发现这样仍能促进胰液分泌。他对这一结果的解释是这是一个十分顽固的神经反射。之所以说它顽固，是由于小肠上微小的神经难以剔除干净。

2. 另辟蹊径的斯他林和贝利斯

英国科学家斯他林和贝利斯读了沃泰默的论文，却大胆地作出另一种假设：这不是神经反射而是化学调节——在盐酸的作用下，小肠黏膜可能产生了一种化学物质，这种物质进入血液后，随血流到达胰腺，引起胰液的分泌。

1902年，为了验证这一假设，他们把狗的一段小肠剪下，刮下黏膜，将黏膜与稀盐酸混合后加砂子磨碎，制成提取液。将提取液注射到同一条狗的静脉中，发现能促进胰腺分泌胰液。这证明他们的假设是正确的。他们把小肠黏膜分泌的这种化学物质称作促胰液素。

3. 巴甫洛夫的感慨

俄国生理学家巴甫洛夫是近代消化生理学的奠基人，诺贝尔奖获得者。他和他的学生们在消化液的神经调节方面做了大量研究，他们也曾认为小肠中盐酸导致胰液分泌属于神经反射。斯他林和贝利斯的发现与他们的结论大相径庭，于是他们做了重复实验，结果却与斯他林和贝利斯的一模一样。巴甫洛夫对学生深表遗憾地说："自然，人家是对的。很明显，我们失去了一个发现真理的机会！"

材料二：

"5E教学模式"是美国生物学课程研究机构开发的一种建构主义教学模式，包括5个教学环节：

引入：教师创设问题情境，激发学生学习兴趣，引发认知冲突；

探究：根据认知冲突，教师引导学生探究问题，解构迷思概念；

解释：学生阐述概念的认知，并尝试解决最初的问题；

迁移：学生运用新旧知识和概念解决新问题；

评价：教师通过实践练习评价学生概念及应用能力的掌握。

要求：

(1)按照"5E教学模式"设计针对"促胰液素的发现"教学内容的基本教学环节。(10分)

(2)设计"探究"环节的具体教学过程。(20分)

机密★启封前　　　　　　　　　　　　　　　　　　　　姓名________　准考证号________

2019年上半年中小学教师资格考试真题试卷

《生物学科知识与教学能力》(高级中学)

注意事项:

1. 考试时间为120分钟,满分为150分。
2. 请按规定在答题卡上填涂、作答。在试卷上作答无效,不予评分。

一、单项选择题(本大题共25小题,每小题2分,共50分)

在每小题列出的四个备选项中只有一个是符合题目要求的,请用2B铅笔把答题卡上对应题目的答案字母按要求涂黑。错选、多选或未选均无分。

1. 电子显微镜下,在大肠杆菌和小肠上皮细胞中都能观察到的结构是(　　)(常考)

A. 核糖体　　B. 内质网　　C. 叶绿体　　D. 细胞核

2. 严重呼吸系统综合征(SARS)的病原体是一种冠状病毒,结构如右下图所示。下列有关该病毒的叙述,正确的是(　　)

A. SARS病毒属于原核生物

B. SARS病毒的变异率较高

C. SARS病毒能在MSN固体培养基上生长增殖

D. SARS病毒颗粒内仅有A、T、C、G四种碱基

RNA

3. 下图表示细胞中一种常见的水解反应。下列化合物中,不能发生此类水解反应的是(　　)

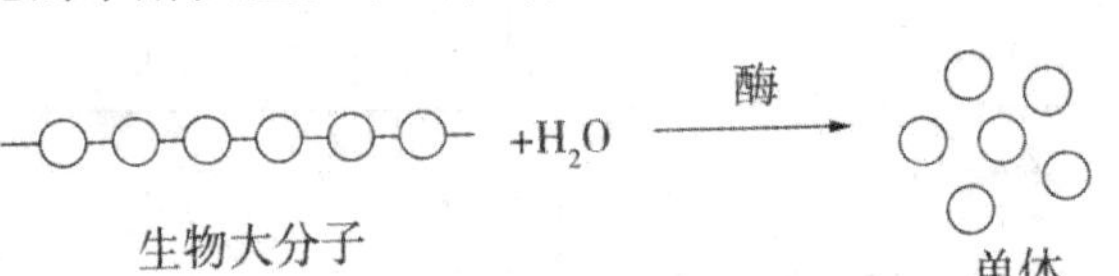

A. 胰岛素　　B. 纤维素　　C. 核糖核酸　　D. 脱氧核糖

4. 科学家用红、绿两种荧光物质分别标记人和小鼠细胞表面的蛋白质分子,将这两种标记细胞进行融合。细胞刚发生融合时,红、绿两种荧光在融合细胞表面各占半边,一段时间后两种荧光在融合细胞表面呈现均匀分布。这一实验现象支持的结论是(　　)(常考)

A. 膜磷脂能翻转　　B. 细胞膜具有流动性

C. 细胞膜具有选择透过性　　D. 膜蛋白可以作为载体蛋白

5. 蜂毒素是工蜂毒腺分泌的多肽,具有抗菌、抗病毒及抗肿瘤等广泛的生物学效应。下面两幅图分别表示胃癌细胞在不同浓度的蜂毒素培养液中培养一定时间后,胃癌细胞的凋亡率和凋亡基因*Bax*、

16. 某科研小组用面粉甲虫研究人工选择的功效，他们称量甲虫蛹的体重，并选择部分个体作为下一代的亲本，实验结果如下图所示。下列叙述正确的是(　　)

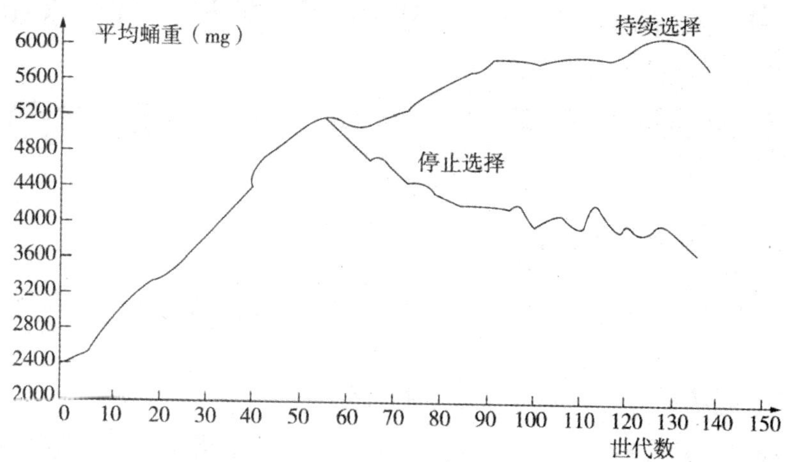

A. 实验者在每个世代中选择了体重较小的蛹作为亲本

B. 体重越大的个体在自然环境中生存和繁殖能力越强

C. 该实验表明人工选择的方向与自然选择的方向相同

D. 该实验中每一代甲虫的基因频率与上一代都有所差异

17. 在水稻花期，分别喷洒一定浓度的生长素、赤霉素和乙烯利(释放乙烯)。成熟期测定水稻产量及相关指标，结果如下表。下列分析不正确的是(　　)

处理浓度	每穗粒数(个)	千粒重(g)	产量(kg/km^2)	成熟粒率(%)
(空白对照)	115.7	25.6	7661	80.6
生长素 5 ppm	146.9	27.2	8415	89.5
赤霉素 30 ppm	132.2	28.1	8215	85.2
乙烯利 20 ppm	110.2	26.1	7499	87.4

A. 5 ppm 生长素促进增产的综合效果最好

B. 20 ppm 乙烯利可以促进水稻籽粒的成熟

C. 30 ppm 赤霉素可促进水稻籽粒淀粉的累积

D. 籽粒成熟的过程中激素作用是相互拮抗的

18. 由于人为或自然因素使动物种群的自然栖息地被分割成很多片段，导致种群密度下降甚至走向灭绝。下列有关栖息地片段化对动物种群不利影响的叙述，不正确的是(　　)(常考)

A. 栖息地片段化会阻碍动物个体的迁入和迁出

B. 与大种群相比，小种群的基因频率不易发生变化

C. 小种群内部近亲繁殖会使种群的遗传多样性下降

D. 栖息地片段化会使动物种群活动空间变小，种内斗争加剧

19. 下列行为可以传播艾滋病的是(　　)

A. 与艾滋病患者拥抱　　B. 与艾滋病患者共用注射器

C. 与艾滋病患者共用抽水马桶　　D. 触摸艾滋病患者摸过的门把手

20. 北极比目鱼中有抗冻基因,下图是培育转基因抗冻番茄植株的过程示意图,下列叙述正确的是(　　)

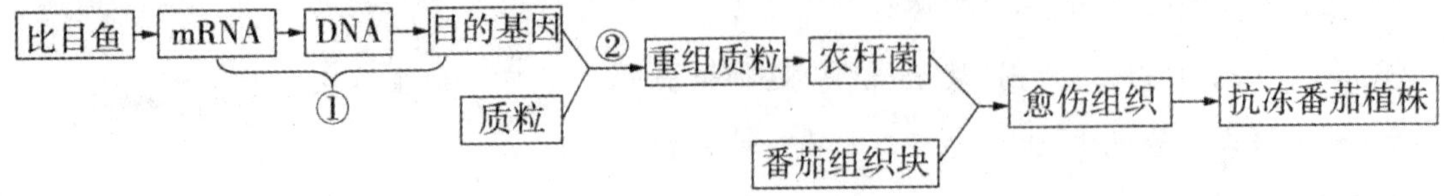

A. 过程①中可以不用PCR扩增DNA　　B. 过程②中所需酶的种类与①中相同

C. 重组质粒转入农杆菌属于定向变异　　D. DNA探针可以检测抗冻基因是否表达

21. 某教师设计的"光合作用"内容新授课的部分教学目标如下:

> (1)理解光合作用的基本过程。掌握光合作用的探究过程以及光合作用的概念、实质、总反应式、光反应与暗反应的具体过程。光反应与暗反应的区别与联系及光合作用的意义。
>
> (2)理解影响光合作用的因素。应用所学的光合作用的知识,了解植物栽培与合理利用光能的关系。

下列叙述正确的是(　　)

A. 该教学目标是否达成不易检测　　B. 该教学目标的要求为应用水平

C. 制订教学目标应以教科书为依据　　D. 该教学目标规定了教学的最高要求

22. 科学探究包括提出问题、作出假设、制订计划、实施计划、得出结论、表达和交流等环节,下列说法正确的是(　　)(易错)

A. 提出问题包括描述已知科学知识与发现问题的冲突所在

B. 实施计划不包括评价证据、数据的可靠性

C. 得出结论就是应用已有知识对问题的答案提出可能的设想

D. 学生在一次探究活动中一定要亲历以上的每个环节

23. 下面是某位教师进行"生长素发现"一节教学时,关于达尔文实验的教学片段。

> **"生长素发现——达尔文实验"的教学片段**
>
> 师:植物的向光性是一个普遍存在的生物学现象。最早对这个实验现象进行研究的人是达尔文,他以金丝雀虉草的胚芽鞘作为实验材料进行了实验(展示实验过程示意图)。在这个实验中,变量是什么?
>
> 生:光照。
>
> 师:自变量是单侧光。谁来描述一下实验现象?
>
> 生:黑暗条件下,胚芽鞘竖直向上长;而单侧光照射下,向光弯曲生长。
>
> 师:通过这个实验,能得到什么结论呢?
>
> 生:胚芽鞘的生长与单侧光是有关系的。
>
> ……

三、材料分析题(本大题共2小题,每小题20分,共40分)

28. 材料:

"群落演替"的教学片段

师:请大家以小组为单位,在四格漫画中画出一片裸岩上的群落演替过程。

生:裸岩上不能长东西,怎么演替呢?

师:请各位同学看看这幅图(展示ppt)。这种植物叫地衣,它一般生活在……

生:原来裸岩随着风化,上面也可以长出一些植物。

学生分组绘制四格漫画,然后全班汇报。

小组1……在草本阶段,开始出现草本植物,同时天空中有飞行的小鸟……在木本阶段,开始出现高大的乔木,同时还有松鼠等小动物……

师:为什么在草本阶段会有小鸟呢?为什么在木本阶段会有松鼠等小动物呢?

生:因为小鸟会吃生活在草丛里的昆虫,松鼠可以吃松子。

师:草和松树除了能给小鸟和松鼠提供食物,还能给它们提供什么生存条件呢?

生:应该还能给它们提供栖息地或隐蔽的场所……

……

注:四格漫画就是以四个画面分格来完成一个小故事或一个创意点子的表现形式。

四格漫画短短几格就涵盖了一个事件的发生、发展、情节转折及结尾。四格漫画着重点子创意,画面简单,角色突出,对白精简,让人轻松阅读。

问题:

(1)上述材料中,教师在展示地衣图片时,图片中必须包括哪些信息?(5分)

(2)简要分析该教师是如何帮助学生形成初生群落演替这一概念的。(15分)

29. 材料：

案例1和案例2是“内环境稳态的重要性”一节的同课异构材料。

案例1：

①教师指导学生课前查阅资料，了解丙氨酸氨基转移酶、肌酐、尿酸、血清葡萄糖、甘油三酯、胆固醇等指标的含义。

②教师组织学生到乡镇医院检验科参观学习。医生带领学生参观检验设备，同时介绍各种疾病会引起对应指标参数的变化案例。结合高血脂和高尿酸人群的体检报告单，医生解释各指标参数的意义，让学生领悟生命健康的重要性，并回家指导家长养成健康生活的习惯。

③教师在课堂上指导学生开展合作学习，开展健康大讨论。理解人体各器官、系统协调一致地正常运行是维持内环境稳态的基础。

④教师和学生共同归纳：内环境稳态是机体进行正常生命活动的必要条件。

案例2：

①教师让学生事先完成“体温的日变化规律”的调查，填写记录表格，分析调查数据。

②学生根据统计表汇报结果，并分组讨论，得出健康人的体温总是在37 ℃附近波动，并不随着环境的温度变化而变化。

③教师组织学生分组实验，合作探究“生物体维持pH稳定的机制”，分析实验结果，并组织学生到课堂上表达交流，共同总结生物体维持稳态的主要调节机制。

④教师进一步呈现血液体检报告单，分组讨论，理解内环境稳态的重要性。

问题：

(1)分析两个案例中教师教学的突出特点。(10分)

(2)为达成教学目标，案例1和案例2分别采用了什么具体的教学策略？(10分)

7. 如下图为部分分子或者离子进出细胞的示意图，下列说法中正确的是(　　)(易错)

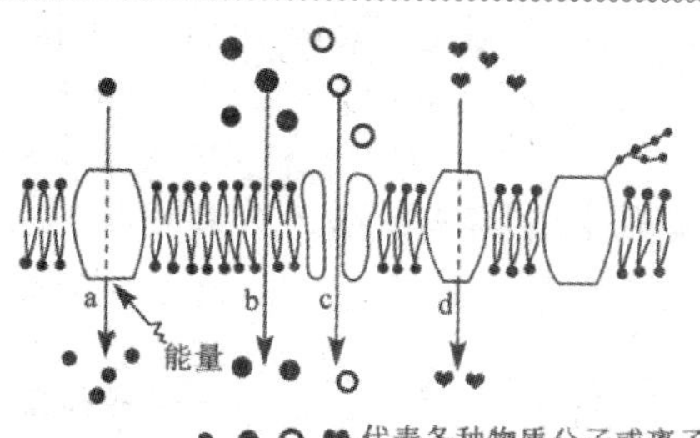

A. a表示细胞通过主动运输排出某些物质　B. b表示的是水分子进入细胞的唯一途径

C. c表示恢复静息电位时的K^+的跨膜运输　D. d表示葡萄糖进入人成熟红细胞的运输方式

8. 正在发育以及发育成熟的生物体中，细胞发生凋亡的数量是惊人的。健康的成人体内，在骨和肠中，每小时约有10亿个细胞凋亡。下列关于细胞凋亡的说法，正确的是(　　)

A. 细胞凋亡过程相对其生命周期而言非常迅速

B. 对多细胞生物而言细胞凋亡是个体衰老的开始

C. 细胞凋亡都需要效应T细胞和吞噬细胞的作用

D. 细胞凋亡对多细胞生物体的生命活动常常是有害的

9. 右下图表示的是在适宜的温度和pH条件下，反应物浓度对酶所催化的化学反应速率的影响。下列相关说法正确的是(　　)

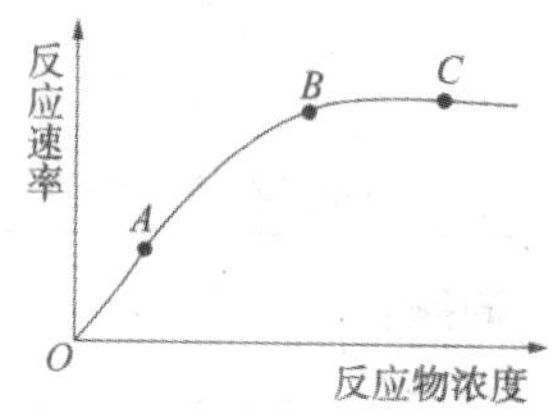

A. 增加酶的浓度可以提高该反应的最大反应速率

B. 增大反应物浓度可以提高该反应的最大反应速率

C. 曲线AB段限制反应速率的主要因素是酶的浓度

D. 曲线BC段限制反应速率的主要因素是反应物浓度

10. 玉米体细胞含20条染色体，全部用^{32}P标记，再将这些细胞转入不含^{32}P的培养基中培养进行细胞分裂。第二次有丝分裂后期的一个细胞中，染色体总条数、被^{32}P标记的染色体条数分别可能出现的情况是(　　)

A. 20，20　　B. 20，40　　C. 40，20　　D. 40，40

11. 某双链DNA分子中，C占碱基总数的28%，其中一条链中的A占DNA碱基总数的10%，那么另一条链中的A占DNA碱基总数的(　　)

A. 8%　　B. 12%　　C. 24%　　D. 34%

12. 玉米糯性与非糯性、甜粒与非甜粒为两对相对性状。用非糯非甜粒与糯性甜粒两种亲本进行杂交时，F_1表现为非糯非甜粒，F_2有4种表现型，其数量比为9:3:3:1。若重复该杂交实验时，发现有一F_1植株自交，产生的F_2只有非糯非甜粒和糯性甜粒2种表现型。产生这一杂交结果最可能的原因是(　　)

A. 染色体发生了易位　　B. 染色体组数目整倍增加

C. 基因中碱基对发生了替换　　D. 基因中碱基对发生了增减

13. 细胞中的核糖体通常不是单独执行功能,而是构成多聚核糖体(如下图所示)。研究表明,动物卵裂期细胞中多聚核糖体的百分比明显增高。下列叙述中不正确的是(　　)

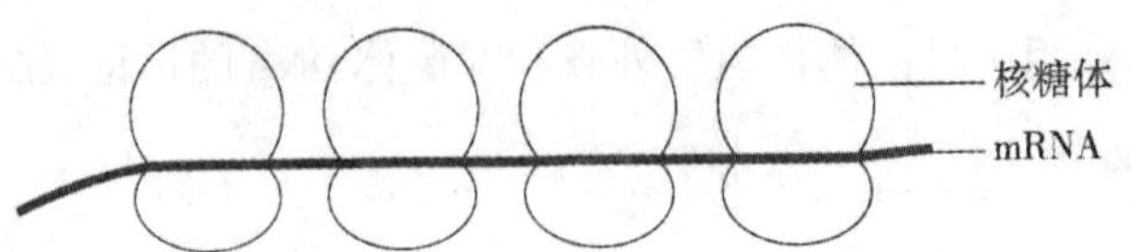

A. 核糖体的主要功能是合成蛋白质

B. 卵裂期细胞分裂旺盛,需要合成大量蛋白质

C. 多聚核糖体中的核糖体数目与mRNA的长度有关

D. 多聚核糖体的形成可以大大缩短每条肽链的合成时间

14. 某tRNA的反密码子是CUG,则它运载的氨基酸是(　　)

A. 精氨酸(密码子为CGA)　　B. 亮氨酸(密码子为CUG)

C. 缬氨酸(密码子为GUC)　　D. 天冬氨酸(密码子为GAC)

15. 人体缩手反射完成时,效应器上完成的信号转换为(　　)

A. 化学信号→电信号　　B. 电信号→化学信号

C. 电信号→化学信号→电信号　　D. 化学信号→电信号→化学信号

16. 下列各组生物中,全部属于生产者的是(　　)

A. 蘑菇、马铃薯、菠菜　　B. 酵母菌、水绵、棉铃虫

C. 硝化细菌、苔藓、黑藻　　D. 大肠杆菌、乳酸菌、蚯蚓

17. 下图表示某生态系统中几种生物成分之间的营养关系。下列叙述正确的是(　　)(常考)

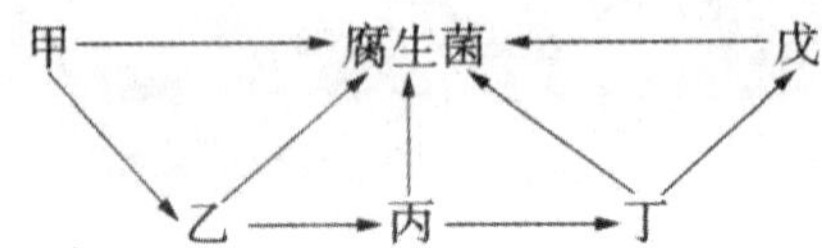

A. 该生态系统中能量含量最多的是戊

B. 在该生态系统中,共5条具有捕食关系的食物链

C. 该生态系统的生物群落是由图示中的所有生物构成的

D. 如果丙种群数量急剧减少,在短时间内,甲种群数量减少

18. 某地区人群中基因型的比例为:X^BX^B(42.32%)、X^BX^b(7.36%)、X^bX^b(0.32%)、X^BY(46%)、X^bY(4%),则该地区B基因的频率为(　　)

A. 6%　　B. 8%

C. 78%　　D. 92%

19. 下列有关新物种形成的说法,正确的是(　　)

A. 突变和基因重组是新物种形成的外因　　B. 种群基因频率的改变是新物种形成的标志

C. 生殖隔离是新物种形成的必要条件　　D. 地理隔离是新物种形成的根本原因

问题：

(1)在 ^{3}H、^{14}C、^{32}P、^{35}S(正常为 ^{1}H、^{12}C、^{31}P、^{32}S)等4种放射性同位素中，应分别选择含________的培养基和________的培养基用于噬菌体蛋白质外壳和噬菌体DNA的标记。(6分)

(2)第三步搅拌的目的是________。(3分)

(3)如果图示中的噬菌体标记的是蛋白质，那么最后一步培养出的子代噬菌体中含有的P元素为________、S元素为________。(6分)

三、材料分析题(本大题共2小题，每小题20分，共40分)

28. 材料：

教师在"生态系统的能量流动"一节的教学实录如下：

一、导入新课

师：请大家欣赏一段动画，并讨论后面的问题。

大屏幕出示情景动画：鲁滨逊流落到一个荒岛上，那里除了有能饮用的水以外，几乎没有任何可供人或鸡食用的食物，他随身尚存的食物只有一只活母鸡、15 kg玉米。

教师提问：你认为以下哪种生存策略能让他维持更长时间来等待救援？试说明理由。

策略1：先吃鸡，再吃玉米。

策略2：先吃玉米，同时用一部分玉米喂鸡，吃鸡产下的蛋，最后吃鸡。

学生分组讨论，并交流讨论结果。

师：看来大家的意见各不相同，到底哪个策略才是合理的呢？通过今天的学习，我们就能解决这个问题。

投影展示学习课题"生态系统的能量流动"。

二、新课教学

…………

1. 播放课件：生态系统中食物链(网)的示意图。

2. 教师提问：生态系统能量流动的源头是什么？

3. 学生回答：生态系统中能量的源头是太阳能。

4. 引导启发：不是所有的太阳能都参与生态系统中的能量流动，只有被生产者固定的太阳能才能流动。

5. 师生谈话：生产者是如何固定太阳能的？生产者(绿色植物)通过光合作用固定的太阳能在生态系统中逐级流动的具体过程。

6. 分组讨论：能量在流动过程中将发生怎样的变化呢？你能发现什么规律吗？

7. 播放课件：生态系统能量流动的调查数据。

(推荐一个同学归纳其中心内容，其他同学补充，老师点拨指导)

8. 师生交流：根据在能量流动的过程中，每个营养级中能量的具体走向，总结得出生态系统中能量流动逐级递减的规律。

…………

问题：

(1)分析出本教学片段所涉及的教学目标。(10分)

(2)分析该教师为达成教学目标所运用的具体教学措施。(10分)

29. 材料：

某区教研室组织了一次新入职教师的展示课活动，赵老师展示了“植物的激素调节”一节课。下图分别是钱老师和孙老师听课笔记的片段。

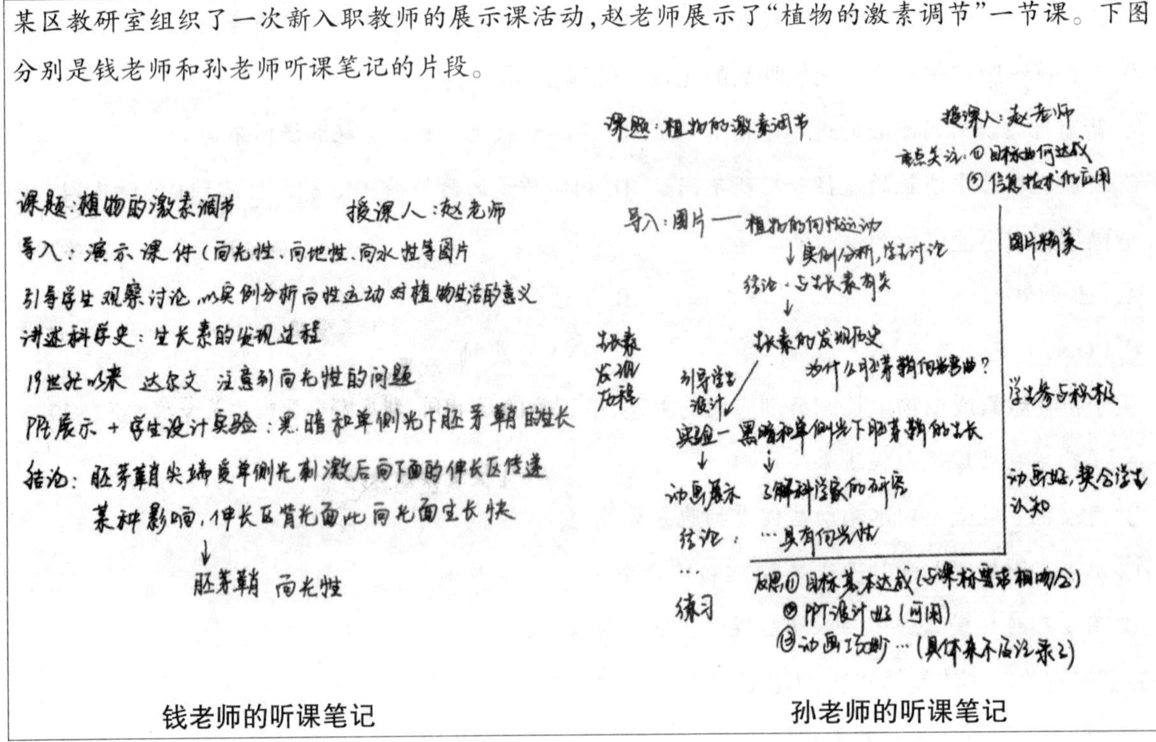

钱老师的听课笔记　　　　孙老师的听课笔记

问题：

(1)分析上述材料，指出与钱老师相比，孙老师听课笔记的优点。(10分)

(2)孙老师的听课记录还可以做哪些改进？(10分)

6. 如下图是在有酶催化和无酶催化条件下某化学反应过程的能量变化示意图,有关叙述正确的是(　　)

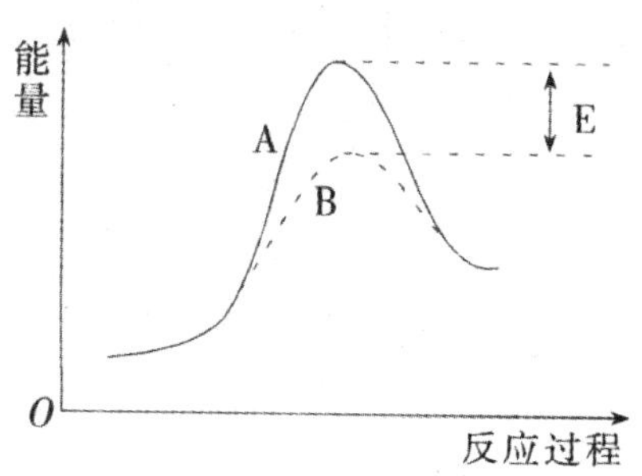

A. 曲线A表示有酶催化的化学反应　　B. E表示酶降低的化学反应的活化能

C. 该化学反应常常伴随着ATP的合成　　D. 该结果表明酶的催化作用具有专一性

7. 关于真核细胞有氧呼吸和无氧呼吸的比较,不正确的是(　　)

A. 葡萄糖分解为丙酮酸的过程不同　　B. 丙酮酸氧化分解的途径和场所不同

C. 还原型辅酶Ⅰ消耗的途径和场所不同　　D. 相同质量的葡萄糖氧化分解生成ATP的量不同

8. 蓝藻细胞内不能进行的生命活动是(　　)

A. [H]的氧化　　B. 染色体变异

C. CO_2的固定　　D. DNA的复制

9. 关于植物激素或植物生长调节剂应用的叙述,不正确的是(　　)

A. 用乙烯利处理凤梨促进果实成熟

B. 用细胞分裂素处理水稻幼苗促进细胞分裂

C. 用赤霉素处理大麦种子诱导α-淀粉酶产生

D. 用萘乙酸处理二倍体西瓜幼苗得到多倍体西瓜

10. 下列有关信息传递的叙述,不正确的是(　　)

A. 内分泌细胞可通过激素将信息传递给靶细胞

B. 高等植物细胞之间可通过胞间连丝传递信息

C. 遗传信息可从DNA流向RNA再流向蛋白质

D. 生态系统中信息是沿食物链从低营养级传递至高营养级

11. 关于制作果酒、果醋、腐乳和泡菜所利用菌种的叙述,正确的是(　　)(易混)

A. 制作果酒和泡菜用到的菌种都是细菌

B. 制作腐乳和泡菜用到的菌种都是真菌

C. 制作果醋和泡菜用到的菌种都是细菌

D. 制作果醋和腐乳用到的菌种都是真菌

12. 如下图是棉田中棉蚜及其天敌瓢虫的种群数量变化曲线，下列叙述不正确的是(　　)

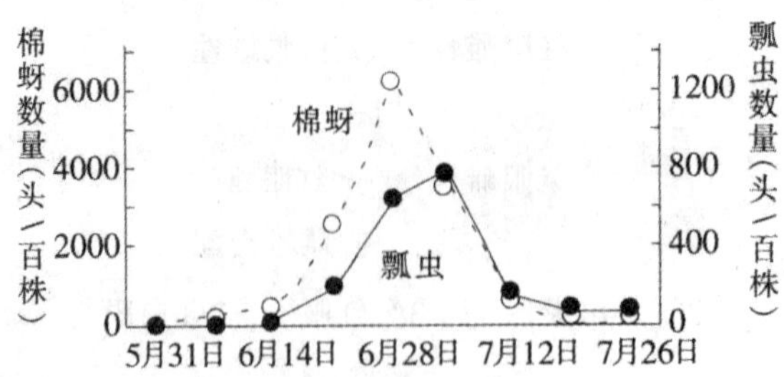

A. 该棉田中瓢虫种群的环境容纳量为800头/百株

B. 棉蚜活动能力较弱，可以采用样方法调查棉蚜的种群密度

C. 棉蚜与瓢虫的种群数量变化反映群落内部存在负反馈调节

D. 由于瓢虫数量上升具有滞后性，棉蚜发生初期应及时人工防治

13. 山坡上的丛林因山崩全部毁坏，一段时间后，经历草本、灌木和乔木等阶段逐步发育出一片森林。下列叙述正确的是(　　)

A. 该山坡发生的演替类型是初生演替

B. 竞争不会改变不同阶段的优势物种

C. 森林阶段相对稳定，群落不再发生演替

D. 上述演替过程中群落垂直结构变得复杂

14. 造血干细胞可以形成红细胞、白细胞等血细胞。下列叙述正确的是(　　)

A. 造血干细胞和白细胞表达的遗传信息存在差异

B. 造血干细胞形成不同类型血细胞的过程一般是可逆的

C. 人体成熟的红细胞和白细胞理论上都具有细胞的全能性

D. 红细胞因细胞衰老导致细胞核逐渐退化并从细胞中排出

15. 静息电位的形成和兴奋的产生，均是以细胞膜两侧离子的不均匀分布为基础。将神经细胞浸浴在无Na^+的等渗溶液中，则该神经细胞(　　)

A. 表现为外负内正的静息电位，刺激后可产生兴奋

B. 表现为外负内正的静息电位，刺激后不产生兴奋

C. 表现为外正内负的静息电位，刺激后可产生兴奋

D. 表现为外正内负的静息电位，刺激后不产生兴奋

16. 红绿色盲为伴X染色体隐性遗传病，一个家庭中父母色觉正常，生了一个性染色体为XXY的孩子。不考虑基因突变，下列叙述正确的是(　　)(易错)

A. 若孩子患红绿色盲，则出现异常的配子不会来自父亲

B. 若孩子患红绿色盲，则出现异常的配子不会来自母亲

C. 若孩子不患红绿色盲，则出现异常的配子不会来自父亲

D. 若孩子不患红绿色盲，则出现异常的配子不会来自母亲

两个纯合品系杂交，结果如下图。

P　　红眼雌性 × 白眼雄性

↓

F_1　　紫眼雌性　　红眼雄性

↓ F_1 雌雄交配

F_2　3/8 紫眼　3/8 红眼　2/8 白眼

问题：

(1)上述实验结果表明，野生型果蝇的眼色的遗传________（填“遵循”或“不遵循”）基因的自由组合定律；等位基因A、a位于________（填“常”或“X”）染色体上。(6分)

(2)亲本白眼雄果蝇的基因型为________。(3分)

(3)某小组以上述实验中果蝇为实验材料，尝试选择不同眼色的果蝇进行杂交，使杂交后代中白色果蝇只在雄性个体中出现。该小组实验________（填“能”或“不能”）成功，理由是________。(6分)

三、材料分析题(本大题共2小题，每小题20分，共40分)

28. 材料：

某老师在“细胞器——系统内的分工合作”教学中，通过下列材料结束本节课的教学。

爱你爱到细胞深处

穿过纷繁复杂的生物圈，你来到我的面前；

是否有一条无形的碳链，冥冥中把你我相连；

你是线粒体，没有你我便失去能量；

你是叶绿体，让我拥有了新的养料；

你是溶酶体，随时可以溶解我的一切；

你是核糖体，把我像氨基酸一样俘虏；

你是内质网，把我像蛋白质一样加工；

你是高尔基体，包裹了我，又把我轻易放弃。

问题：

(1)分析该教师结束本节课的特点。(8分)

(2)结合材料分析教学语言的使用应注意的问题。(12分)

29. **材料：**

在"种群的特征"一节的教学中，某教师给每个组随机发放一包黄豆。在学生完成"模拟动物种群密度调查的标志重捕法"后，让各组派1名代表将操作过程中获得的有关数据填在黑板上的表格内，并计算各组数值的平均值$\bar{x}$(见下表)。

组别	标记个体数	重捕个体数	重捕中标记数(a)	种群个数总数(x)	$\bar{x}$
1	50	20	9	111	102
2	50	20	12	83	
3	50	20	11	90	
4	50	20	8	125	
……	……	……	……	……	

接着，教师要求各小组将本组的全部黄豆倒在桌上，清点数目，并将本组测出的x值与黄豆的实际数值及$\bar{x}$进行比较。结果显示：各小组清点出的黄豆数各不相同；各小组测出的x值与黄豆的实际数值差距都较大；各小组测出的x值与$\bar{x}$差异也很大。教师引导学生分析产生这一现象的原因并讨论可能影响标志重捕法准确率的因素。

问题：

(1)分析该模拟实验教学存在的问题。(8分)

(2)分析模拟实验教学中教师应注意的事项。(12分)

6. 科学家从某动物体内获得一种抗菌性强的多肽X，欲在X的基础上研发抗菌性强的多肽药物，首先要做的是(　　)

A. 测定多肽X的氨基酸序列　　B. 合成编码目的肽的DNA片段

C. 筛选出活性强的模拟肽作为目的肽　　D. 构建含目的肽DNA片段的表达载体

7. 下列筛选方法不能成功的是(　　)

A. 在含青霉素的培养基中，筛选非抗性的大肠杆菌

B. 在含尿素的固体培养基中，筛选能够分解尿素的微生物

C. 在培养基中加入不同浓度的氯化钠，筛选抗盐突变体植株

D. 以纤维素作为唯一碳源的培养基，筛选能分解纤维素的微生物

8. 被子植物柱头分泌物的作用不包括(　　)

A. 黏附花粉　　B. 诱导花粉萌发

C. 引起一个助细胞凋亡　　D. 引导花粉管伸入柱头

9. 植物体内有机物长距离运输的主要渠道是(　　)(易混)

A. 胞间连丝　　B. 筛管和伴胞　　C. 导管和管胞　　D. 质外体和共质体

10. 植物幼茎上能进行光合作用的是(　　)

A. 皮层　　B. 表皮　　C. 韧皮纤维　　D. 韧皮薄壁细胞

11. 如右图表示细胞内ATP产生量和O_2供应量的关系，有关叙述不正确的是(　　)

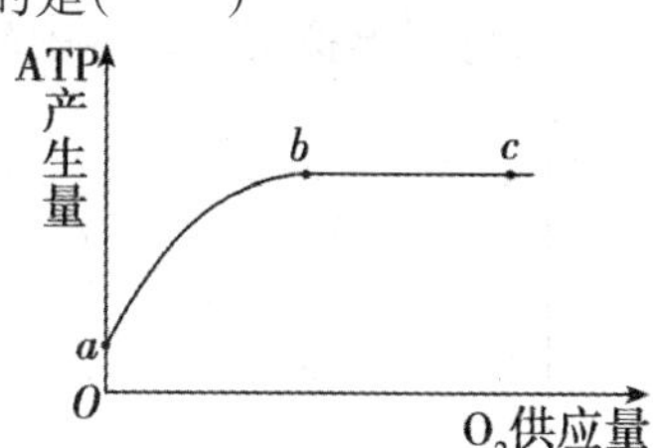

A. a点表示在无氧条件下，细胞不能产生ATP

B. 出现bc段情况的限制因素可能是酶、ADP和磷酸

C. ab段表示随着O_2供应量增加，ATP的产生量随之增加

D. bc段表示O_2供应量超过一定范围后，ATP的产生量不再增加

12. RNA的功能不包括(　　)(常考)

A. 催化某些代谢反应　　B. 在细胞间传递信息

C. 作为基因表达的媒介　　D. 作为某些病毒的遗传物质

13. 下图是甲状腺激素分泌调控过程示意图，有关叙述正确的是(　　)

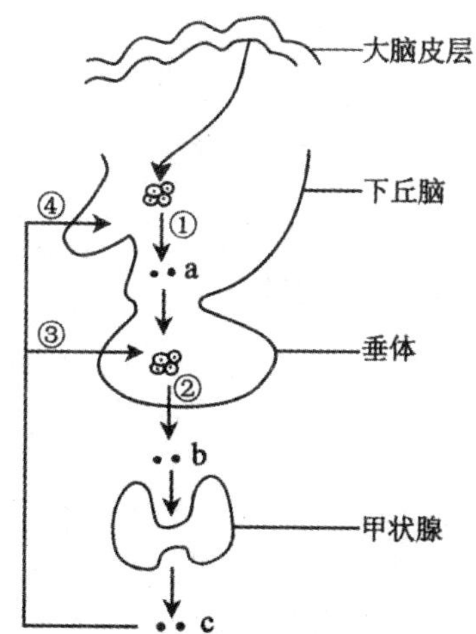

A. 促甲状腺激素特异性受体功能异常，将促进甲状腺激素分泌

B. 甲状腺上有促甲状腺激素释放激素和促甲状腺激素的特异性受体

C. 缺碘造成c降低，通过③④促进①②加强，可能会引起甲状腺增生

D. 寒冷刺激引起①加强，使血液中甲状腺激素含量下降，降低细胞代谢速率

14. 有关干细胞的叙述不正确的是（　　）

A. 干细胞中含有本物种生物发育的全套遗传物质

B. 心脏干细胞分化形成心脏的过程表现了细胞的全能性

C. 运用胚胎干细胞克隆动物组织或器官可以治疗人类疾病

D. 造血干细胞分化形成红细胞、白细胞的过程是不可逆的

15. 在下图中，核苷酸的种类有（　　）

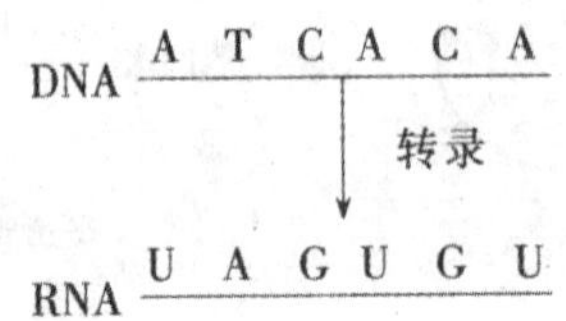

A. 4种　　B. 5种　　C. 6种　　D. 7种

16. 用显微镜观察洋葱根尖细胞的有丝分裂，有关叙述正确的是（　　）

A. 如果视野过暗，可以转动细准焦螺旋增加视野亮度

B. 如果在低倍镜下看不到细胞，可改用高倍镜继续观察

C. 观察处于分裂中期的细胞，可清晰地看到赤道板的结构

D. 如果在视野中不能看全各个时期，可移动装片从周围细胞中寻找

17. 某研究机构对我国北方草原一种主要害鼠——布氏田鼠进行了调查。调查样方总面积为2 hm^2（1 hm^2=10000 m^2）。在调查区内，放置100个捕鼠笼对布氏田鼠进行初捕，标记后在原地释放。3 d后，在同一地方再放置同样数量的捕鼠笼进行重捕，结果如下：

	捕获数/只	标记数/只	雌性个体数/只	雄性个体数/只
初捕	32	32	14	18
重捕	36	4	18	18

则该草地布氏田鼠的种群密度约为（　　）

A. 68只/hm^2　　B. 144只/hm^2　　C. 288只/hm^2　　D. 326只/hm^2

18. 有关生态系统结构的叙述正确的是（　　）（易错）

A. 硝化细菌是自养生物，但不能进行光合作用

B. 河流中所有生物和底泥共同组成河流生态系统

C. 食物链中营养级越高的生物，其体型必然越大

D. 我国南方热带雨林中分解者的代谢活动比北方森林中的弱

三、材料分析题(本大题共2小题,每小题20分,共40分)

28. 材料:

在学习完物质跨膜运输之后,教师对学生进行测试。下面是该题目及某位学生的回答情况。

题目:如下图所示,在一个U形管中,a侧装有蒸馏水,b侧装有质量分数为15%的蔗糖溶液,中间用半透膜隔开(水分子可以自由通过半透膜,而蔗糖不能)。一段时间后b侧液面上升,a侧液面下降,液面最终达到稳定。

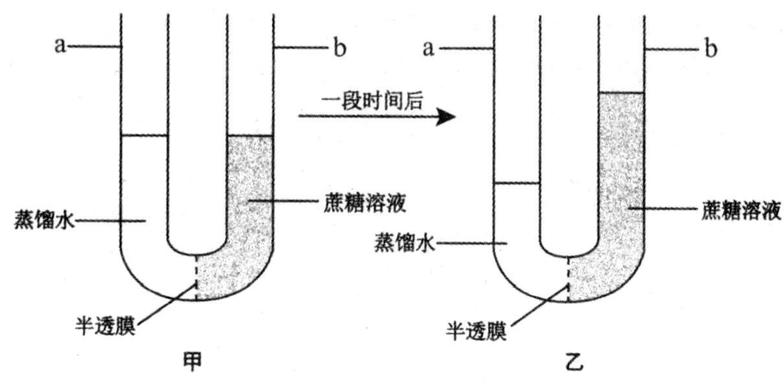

问题:

Ⅰ. 解释液面变化的原因。

Ⅱ. 说出液面稳定的条件并解释原因。

某同学的回答如下:

Ⅰ. a侧中的蒸馏水会向b侧中扩散,由于a、b两侧有浓度差且有半透膜。

Ⅱ. 当a、b两侧中的溶液浓度相同时液面平衡。原因是两侧溶液的浓度差消失。

问题:

(1)给出材料中问题Ⅰ的参考答案。(6分)

(2)该同学在第几题存在错误理解?(4分)写出相关的错误理解。(4分)

(3)针对该同学的错误理解,教师应采取怎样的措施帮助学生形成正确理解?(6分)

29. **材料：**

某教师通过米酒的制作流程来讲授无氧呼吸的相关知识，教学过程如下：

教学过程：

通过视频向学生展示米酒的制作过程：选米淘洗→上锅蒸熟→拌曲装坛→发酵(保持温度30 ℃左右，加盖，等待2～3 d即可)

思考下列问题：

①酒曲的作用是什么？

②为什么要保持适宜的温度？

③为什么要加盖？

④揭开盖子后能闻到什么气味？

教师根据学生的回答情况进行评价，并进行恰当讲解。

那么，酒是如何产生的呢？下面我们就来学习酒精发酵的具体过程。

讲解过程(略)。

同学们想一想，我们在生活中还有哪些事例用到了无氧呼吸的原理？

问题：

(1)分析该案例有助于达成教学目标的主要原因。(12分)

(2)分析该案例中的问题体现了问题串设计的哪些要求。(8分)

6. 水稻细胞内参与多糖合成的细胞器是(　　)

A. 线粒体和液泡　　　　B. 中心体和叶绿体

C. 核糖体和高尔基体　　　　D. 高尔基体和叶绿体

7. 脂肪的化学组成不同于糖类的是(　　)

A. 分子中氧原子所占比例高　　　　B. 分子中氢原子所占比例高

C. 主要由C、H、O三种元素组成　　　　D. 除含有C、H、O外,还含有N、P

8. 剪取不同长度的某植物根尖进行“观察细胞有丝分裂”实验,某同学观察并统计的数据如下表。

编号	根尖长度/mm	所观察的细胞总数	分裂期的细胞数目				
			前期	中期	后期	末期	总计
1	2	211	6	0	0	0	6
2	4	524	63	8	9	14	94
3	6	520	35	10	5	8	58

在所观察的细胞中,下列说法正确的是(　　)

A. 没有细胞处于分裂间期

B. 编号3中大多数细胞已进入了细胞分裂期

C. 编号1中没有细胞完成有丝分裂的全部过程

D. 编号2最有利于观察细胞有丝分裂的各个时期

9. 将哺乳动物成熟的红细胞转移至不同浓度(Ⅰ、Ⅱ、Ⅲ)的三种盐溶液中,结果如右图所示。这三种溶液的浓度关系是(　　)

A. Ⅰ>Ⅱ>Ⅲ　　　　B. Ⅱ>Ⅰ>Ⅲ　　　　C. Ⅰ<Ⅱ<Ⅲ　　　　D. Ⅰ<Ⅲ<Ⅱ

10. 用含有各种必需元素的溶液培养大麦,实验分为光照和黑暗两组。48 h后,水分的消耗量及溶液中离子的浓度占实验开始时浓度的百分比如下表所示。

实验条件	水分消耗/mL	Ca^{2+}/%	K^{+}/%	Mg^{2+}/%
光照	1090	135	27	179
黑暗	435	105	35	113

分析上述数据,有关叙述不正确的是(　　)

A. 光照下比黑暗中水分消耗多　　　　B. 吸收K^{+}的相对速率较吸收水分快

C. 大麦对矿质离子的吸收具有选择性　　　　D. 大麦对矿质离子的吸收不受光照影响

11. 某种抗癌药可以抑制DNA复制,从而抑制癌细胞增殖。据此判断短期内使用这种药物对机体产生的副作用可能是(　　)(易混)

A. 影响脂肪的合成,减少脂肪的贮存

B. 影响血细胞生成,使机体白细胞数量减少

C. 影响胰岛细胞合成胰岛素,造成糖代谢紊乱

D. 影响神经递质的合成,抑制神经系统的兴奋

12. 纯种甜玉米和纯种非甜玉米间行种植，收获时发现甜玉米果穗上有非甜玉米，而非甜玉米果穗上却无甜玉米籽粒，原因最可能是(　　)

A. 基因突变　　B. 染色体变异

C. 甜是显性性状　　D. 非甜是显性性状

13. 在下列经典实验中，没有应用放射性同位素示踪技术的是(　　)

A. 肺炎双球菌的转化实验　　B. 噬菌体侵染细菌的实验

C. 研究分泌蛋白的合成与分泌　　D. 探究光合作用释放的氧气

14. 研究人员将某品种番茄的花进行人工去雄后，用不同浓度的生长素类似物2,4-D涂抹子房，得到的无子番茄果实平均重量见下表。

2,4-D浓度/mg·L^{-1}	0	5	10	15	20	25	30	35
无子番茄平均重量/g·个$^{-1}$	0	13.5	26.2	46.5	53.6	53.7	43.0	30.2

据表得出的正确结论是(　　)

A. 2,4-D浓度超过25 mg·L^{-1}，对果实的发育起抑制作用

B. 2,4-D与生长素的作用效果相同

C. 2,4-D可以促进扦插枝条生根

D. 2,4-D诱导无子番茄的最适浓度范围为20～25 mg·L^{-1}

15. 关于RNA的叙述，不正确的是(　　)

A. RNA可以作为遗传物质　　B. RNA不是细胞核的组成成分

C. RNA是核糖体的重要组成成分　　D. RNA可以催化细胞内的某些化学反应

16. 下图为基因与性状的关系示意图，有关表述不正确的是(　　)

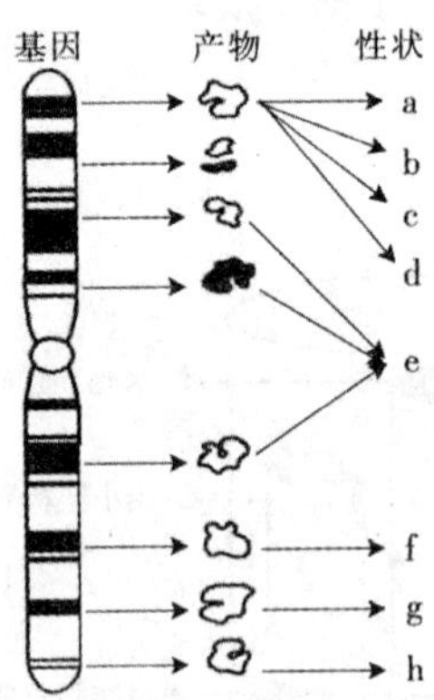

A. 单个基因可以控制和影响多个性状

B. 多个基因可以控制和影响一个性状

C. 图中的产物可以是酶，也可以是结构蛋白

D. 染色体上的所有基因，都能表现出相应的性状

问题：

(1)提供给该水稻$^{14}CO_2$一段时间，可推知图中第________片叶放射性强度最高。(3分)

(2)第2片、第9片叶光合作用强度均较低，但原因不同，前者是因为________________________；后者是因为________________________。(6分)

(3)若将水稻叶片置于室内光照，用红外气体测定仪测出气室内CO_2在光合作用前后浓度变化，则此CO_2浓度变化反映的是________。(3分)

(4)在第2片和第9片叶中，Ca元素含量相对较高的是________。(3分)

27. 孟德尔在总结前人失败原因的基础上，运用科学的研究方法，经过八年的观察和研究，成功地总结出豌豆性状的遗传规律，从而成为遗传学的奠基人。

问题：

孟德尔选用豌豆作为实验材料，是因为豌豆各品种间有易区分的________，而且是自花传粉和闭花授粉植物，可以避免外来花粉的干扰。研究性状遗传时，由简到繁，先从________对相对性状入手，然后再研究________相对性状，以减少干扰。在处理观察到的数据时，应用________方法，得到前人未注意的子代比例关系。他根据实验结果提出了假设，并做了________实验进行验证，从而发现了遗传规律。(15分)

三、材料分析题(本大题共2小题，每小题20分，共40分)

28. 材料：

某版本高中生物教科书中有“细胞大小与物质运输关系”的模拟实验，实验原理为“将含有酚酞且大小不同的琼脂块放入氢氧化钠溶液中，在相同的时间内，观察、测定和计算琼脂块紫红色体积占琼脂块总体积的比例，从而得出细胞大小与物质运输效率的关系”。

有教师认为该模拟实验存在不足，他做了如下实验：

一、材料用具

透明大塑料瓶、透明小塑料瓶、透明容器、纸杯、水、红墨水

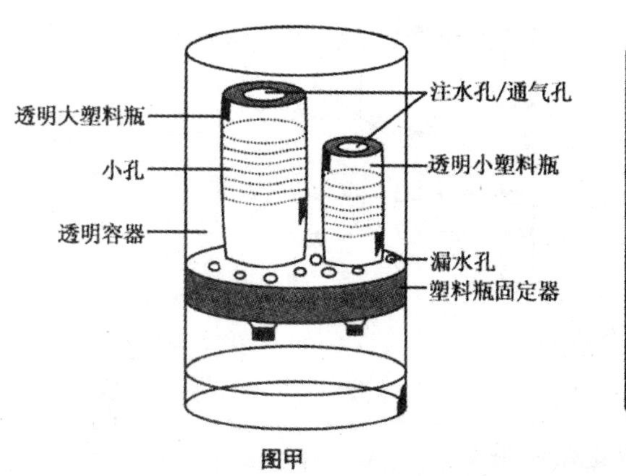

图甲

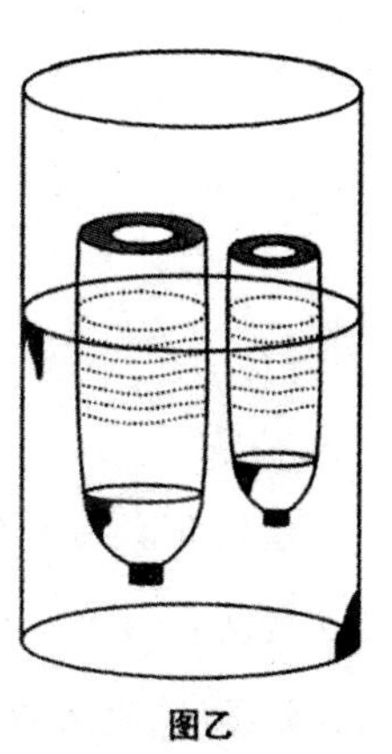

图乙

二、模拟细胞内物质运输到细胞外的方法和步骤(图甲)

1. 将透明大塑料瓶和透明小塑料瓶固定到塑料瓶固定器上。

2. 在水中加少许红墨水。

3. 分别向瓶底的注水孔中快速加水，直至超过小孔区的上缘。

4. 当水位与小孔区上缘平齐时开始计时，水位下降到小孔区下缘时停止计时。

该时间模拟细胞内物质运输至细胞外所用的时间，时间越短表示细胞物质运输效率越高。

三、模拟细胞外物质运输到细胞内的方法和步骤(图乙)

1. 将透明容器装上适量的水，滴加少许红墨水。

2. 将透明大塑料瓶和透明小塑料瓶瓶盖拧紧、倒置，垂直压入水中，5 s后同时取出。

3. 测量大、小两个塑料瓶中已进水的体积。

4. 细胞外物质进入细胞内的运输效率=(水的体积÷模拟的细胞体积)×100%。

问题：

(1)分析该实验与教科书中模拟实验相比有哪些优点。(12分)

(2)结合上述材料，简要说明利用模拟实验进行教学的不足。(8分)

29. **材料：**

高三复习时，某教师通过如下试题考查学生的概念掌握情况。

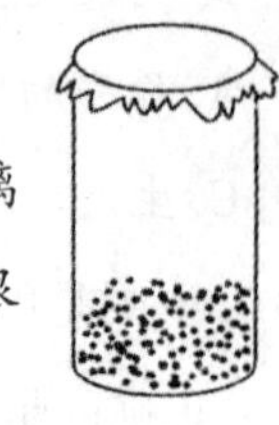

某研究小组将泡胀的绿豆种子放在盛有湿润纸巾的透明玻璃瓶中，然后密封，将玻璃瓶置于温暖有光照的地方，如右图所示。十天后，绿豆种子长成绿色幼苗。有同学根据这一情境联想到了“种子”“萌发”“水分”等关键词。

回答问题：你还能联想到哪些与此相关的生物学关键词？将这些关键词制作成概念图。

问题：

(1)利用这道试题可以考查学生对哪些知识主题(如种子的萌发条件)的掌握情况？(10分)

(2)简要分析利用这道试题考查学生掌握相关概念情况的利与弊。(10分)

6. 下图是一对同源染色体在减数第Ⅰ次分裂中发生的行为的示意图,该行为的结果是(　　)(易混)

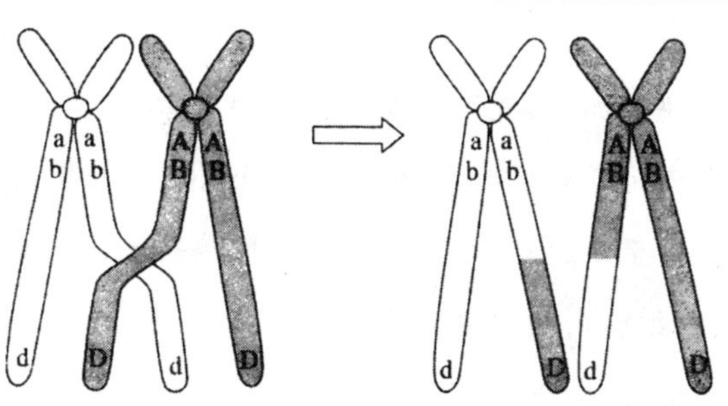

A. 基因突变　　B. 等位基因互换

C. 基因分离和重组　　D. 姐妹染色单体分离

7. 下列研究不能使用放射性同位素标记技术的是(　　)

A. 证明DNA的半保留复制　　B. 证明DNA是主要遗传物质

C. 探索分泌蛋白在细胞内的转运途径　　D. 探索CO_2在光合作用中的代谢路径

8. 关于细胞凋亡的叙述,不正确的是(　　)

A. 细胞凋亡受细胞自身基因调控

B. 细胞凋亡也称为细胞编程性死亡

C. 细胞凋亡不出现在胚胎发育过程中

D. 被病原体感染的细胞可随着细胞凋亡被清除

9. 某湖泊经过200年的时间演变成了一片草场,该区域原来的许多生物种群被新的种群所替代。对此现象发生的原因最恰当的解释是(　　)

A. 原先的物种灭绝　　B. 群落结构的改变

C. 生态环境的变化　　D. 外来物种的入侵

10. 下图是甲、乙两个家族系谱图。甲家族有Z遗传病患者,乙家族有红绿色盲(B-b)患者。下列叙述正确的是(　　)

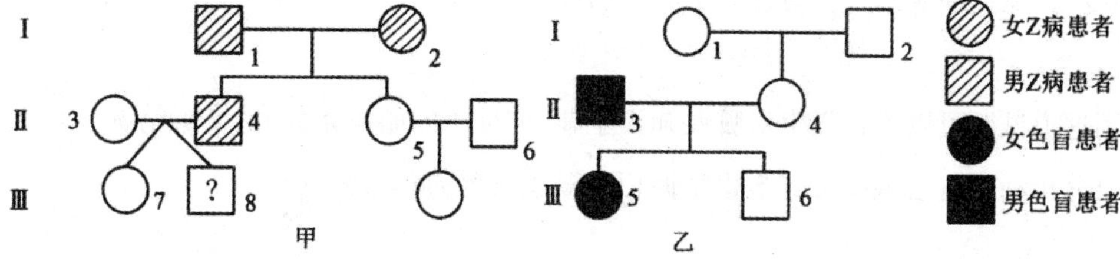

A. 乙家族中的Ⅰ-1既含有基因B,又含有基因b

B. 甲家族中的Z遗传病,属于常染色体隐性遗传病

C. 若甲家族Ⅲ-8与Ⅲ-7为异卵双生,则Ⅲ-8表现型正常

D. 若甲家族Ⅲ-8与乙家族Ⅲ-5结婚,不可能生下兼患两病的男孩

11. 油菜中有两对独立遗传的等位基因(H和h,G和g)控制菜籽的芥酸含量,低芥酸油菜的菜籽油品质更高。下图为获得低芥酸油菜(HHGG)品种的3条技术路线,下列叙述正确的是(　　)

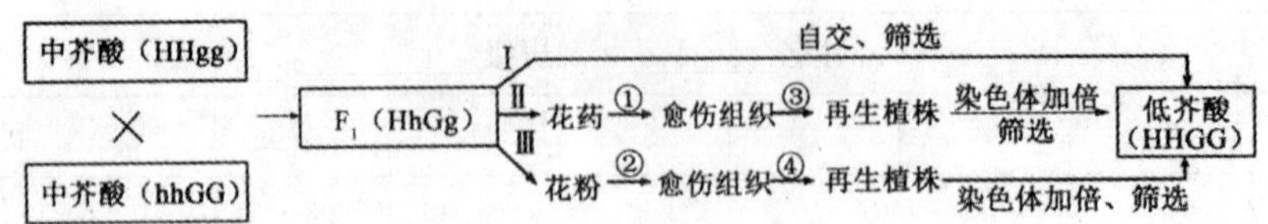

A. 技术Ⅰ是效率最高的方案

B. 过程③和④不需要在无菌环境中进行

C. 技术Ⅱ和Ⅲ中的再生植株都是单倍体植株

D. 过程①和②都需要添加植物激素来诱导细胞脱分化

12. 水母发光蛋白由236个氨基酸构成,编码该蛋白的基因可作为标记基因。在转基因技术中,这种蛋白质的作用是(　　)

A. 使目的基因容易成功表达　　B. 使目的基因在宿主细胞中复制

C. 使目的基因容易导入宿主细胞中　　D. 使成功转基因的个体容易被检测出来

13. 关于高等植物向性运动的叙述,不正确的是(　　)

A. 植物胚芽鞘尖端是产生生长素的部位

B. 植物不同部位对生长素的敏感度不同

C. 单侧光照射引起的生长素分布不均造成向光弯曲

D. Na^+在植物根的向重力性反应中起到重要调节作用

14. 下图是某雌性生物正在进行分裂的细胞示意图,下列叙述不正确的是(　　)

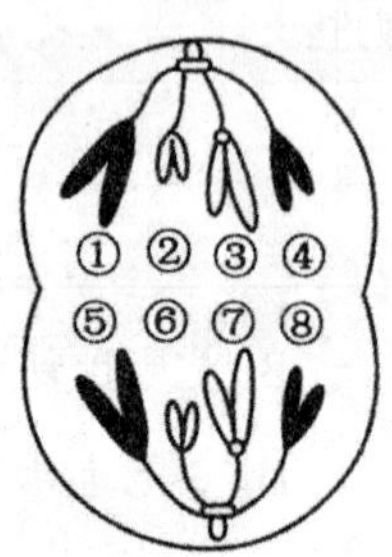

A. 该细胞在图示分裂过程中不发生基因重组

B. 该细胞有2个染色体组,其中①②③④为一组

C. 该细胞分裂后可产生两个含有相同染色体的卵细胞

D. 若基因M和m分别位于①和⑤上,则可能是基因突变的结果

15. 父亲表型正常的一名男婴,从母亲处遗传到一个隐性致病基因,若该男婴表现出相应的病症,不可能的原因是(　　)

A. 该基因在常染色体上　　B. 该基因在X染色体上

C. 父亲是该基因的携带者　　D. 该基因在Y染色体的非同源区上

24. 某教师在高中生物综合素质评价中设计了如下测评表，该测评不属于（　　）

<table>
<tr><th colspan="12">高中生物综合素质测评</th></tr>
<tr><td colspan="12">姓名________　班级________</td></tr>
<tr><td colspan="2"></td><td></td><td></td><td></td><td></td><td></td><td></td><td colspan="4">我的评价</td></tr>
<tr><td colspan="2">评价内容与项目</td><td>单元1</td><td>单元2</td><td>单元3</td><td>单元4</td><td>期中测试</td><td>期末测试</td><td>好</td><td>比较好</td><td>合格</td><td>需要加油</td></tr>
<tr><td colspan="2">知识</td><td></td><td></td><td></td><td></td><td></td><td></td><td></td><td></td><td></td><td></td></tr>
<tr><td rowspan="5">能力</td><td>实验操作技能</td><td></td><td></td><td></td><td></td><td></td><td></td><td></td><td></td><td></td><td></td></tr>
<tr><td rowspan="4">对科学过程的理解</td><td colspan="6">懂得自主探究，在探究的过程中善于发现问题，思考问题</td><td></td><td></td><td></td><td></td></tr>
<tr><td colspan="6">懂得利用一切可以利用的资源信息解决生物问题</td><td></td><td></td><td></td><td></td></tr>
<tr><td colspan="6">掌握正确的实验方法，会使用生物仪器做实验，并记录实验的结果，得出正确结论</td><td></td><td></td><td></td><td></td></tr>
<tr><td colspan="6">能与同学进行交流沟通，发表自己的意见和看法</td><td></td><td></td><td></td><td></td></tr>
<tr><td colspan="2" rowspan="4">情感态度与价值观</td><td colspan="6">能独立按时完成老师布置的作业</td><td></td><td></td><td></td><td></td></tr>
<tr><td colspan="6">上课纪律好，不开小差，注意力集中</td><td></td><td></td><td></td><td></td></tr>
<tr><td colspan="6">积极参与实践活动，有一定的探究、钻研精神</td><td></td><td></td><td></td><td></td></tr>
<tr><td colspan="6">关注与生物相关的热点话题</td><td></td><td></td><td></td><td></td></tr>
<tr><td colspan="12">在本学期我认为自己在以下几个方面做得比较好：</td></tr>
<tr><td colspan="12">在本学期我认为自己在以下几个方面还需改进：</td></tr>
<tr><td colspan="12">其他人评价：</td></tr>
<tr><td colspan="12">教师评价：</td></tr>
</table>

A. 表现性评价　　B. 发展性评价

C. 档案袋评价　　D. 多元主体评价

25. 在一节公开课上，教师组织学生阅读相关材料，分析典型案例，结合自己对基因突变的了解，分组讨论基因突变的原因和特点，同时要求每个小组邀请一位听课教师参与讨论，这种做法（　　）

A. 不利于课堂教学的组织　　B. 使用了更多的课程资源

C. 会导致对学习指导的混乱　　D. 剥夺了学生自主学习的部分权利

二、简答题（本大题共2小题，每小题15分，共30分）

26. 取生长旺盛的绿叶，用直径为1 cm的打孔器打出小圆片若干（注意避开大叶脉）；抽出小圆片内的气体，置于黑暗处一段时间；取数量相同的小圆片分别置于盛有一定CO_2浓度溶液的小烧杯中，选用40 W的台灯作为光源，通过改变光源与小烧杯之间的距离进行实验（实验温度保持相同且适

宜)，根据实验结果绘制曲线(X_1>0)如下图。

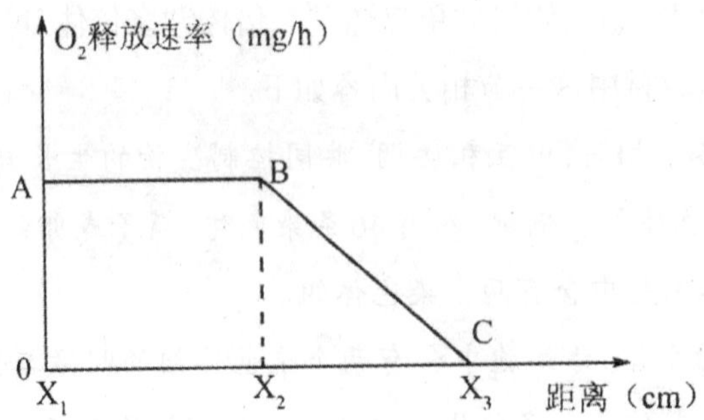

问题：

(1)小圆片的叶肉细胞中能产生ATP的细胞器是________。进行黑暗处理的主要目的是________________。(6分)

(2)上述实验的目的是探究________________。(3分)

(3)限制AB段光合速率的主要外界因素是________，C点的含义是________________。(6分)

27. 科学家为了研究一种蜂鸟β-球蛋白基因的功能，将该基因导入到大肠杆菌(菌落为白色)细胞进行复制和表达，如下图。所使用的质粒中有*Amp*ʳ和*lacZ*两种标记基因，前者让受体细胞具有抗氨苄青霉素的能力，后者表达的半乳糖苷酶会使一种被称为X-gal的物质呈现蓝色。

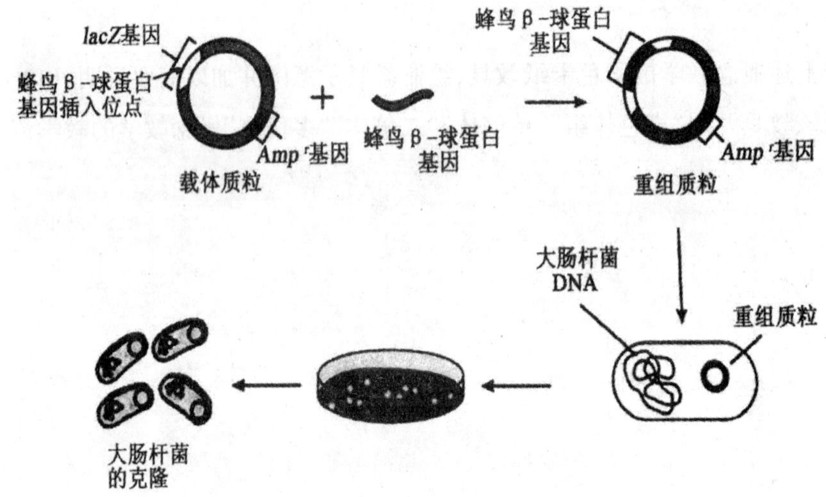

问题：

(1)将蜂鸟的β-球蛋白基因导入大肠杆菌，需要先用________(相同/不同)的限制性内切酶处理蜂鸟的DNA和载体质粒，在用________酶进一步处理以得到重组质粒。(6分)

(2)在将重组质粒导入大肠杆菌细胞之前，需要用________(填物质名称)处理大肠杆菌，使之转化为能够吸收周围环境中DNA分子的________细胞。(6分)

(3)使用添加了氨苄青霉素和X-gal的培养基培养经上述处理的大肠杆菌，选择________色的菌落培养，就获得了导入重组质粒的大肠杆菌。(3分)

四、教学设计题(本大题共1小题,共30分)

30. “染色体数目变异”一节涉及“染色体组”“单倍体”“二倍体”“多倍体”等众多概念,是高中生物学教学的重点和难点。某版本教材中这一节相关内容如下。

细胞中形态和功能各不相同,但互相协调、共同控制生物的生长、发育、遗传和变异的一组非同源染色体,称为一个染色体组。例如,人有46条染色体,精子或卵细胞中含有23条非同源染色体,构成一个染色体组;体细胞中含有两个染色体组。

由受精卵发育而成的个体,体细胞中含有两个染色体组的叫做二倍体,体细胞中含有三个或三个以上染色体组的叫做多倍体。多倍体在自然界中分布极为广泛。在被子植物中,多倍体的种数占30%~35%,在禾本科中大约有70%的物种是多倍体。在生产中,普通小麦、陆地棉、烟草等农作物,苹果、梨、樱桃等果树,菊花、水仙、郁金香等花卉,均为多倍体。

单倍性变异是指体细胞含有的染色体数等于配子染色体数的变异,由此产生的个体称为单倍体。例如,六倍体普通小麦体细胞中含有6个染色体组,单倍体中含有3个染色体组,即含有21条染色体。

多倍性变异是指与同种的二倍体细胞相比,具有更多染色体组的变异。与正常的二倍体相比,具有3个染色体组的称为三倍体,具有4个染色体组的称为四倍体。多倍性变异可自发产生,也可人工诱导产生,形成多倍体。

要求:

(1)设计用于上述概念教学的彩色卡纸教具,绘制教具示意图并加以简要说明。(10分)

(2)设计运用该教具开展“染色体组”“单倍体”“二倍体”“多倍体”概念教学的教学流程。(20分)

机密★启封前　　　　　　　　　　　　　　　　　　　　　　　　　　　　姓名________　准考证号________

2016年上半年中小学教师资格考试真题试卷

《生物学科知识与教学能力》(高级中学)

注意事项:

1. 考试时间为120分钟,满分为150分。

2. 请按规定在答题卡上填涂、作答。在试卷上作答无效,不予评分。

一、单项选择题(本大题共25小题,每小题2分,共50分)

在每小题列出的四个备选项中只有一个是符合题目要求的,请用2B铅笔把答题卡上对应题目的答案字母按要求涂黑。错选、多选或未选均无分。

1. 蓝藻和水绵细胞中都具有的结构是(　　)

A. 叶绿体　　B. 线粒体　　C. 核糖体　　D. 细胞核

2. 关于核酸的叙述正确的是(　　)(常考)

A. DNA和RNA中有相同的五碳糖

B. T_2噬菌体的遗传信息贮存在RNA中

C. 组成DNA和RNA的元素都有C、H、O、N、P

D. 洋葱根尖细胞中的DNA和RNA都分布在细胞核中

3. 图1、图2为某植物叶肉细胞中两种膜结构以及发生的生化反应模式图。下列叙述正确的是(　　)

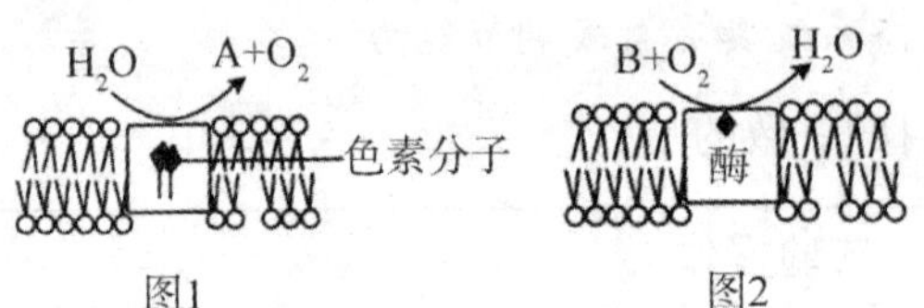

图1　　图2

A. 两种生物膜除了产生上述物质外,还均可产生ATP

B. 图1中的A是NADPH,图2中的B只来自丙酮酸

C. 图1、图2中的两种生物膜分别存在于线粒体和叶绿体中

D. 图1、图2中的两种膜上生化反应的限制因素分别是温度和光

4. 在锥形瓶中装入约$\frac{2}{3}$容积的葡萄糖溶液,并加入适量酵母菌,密封并静置一段时间后通入充足的氧气,此后锥形瓶中最可能发生的现象是(　　)

A. 酒精的浓度降低　　B. CO_2的释放量减少

C. 酵母菌的数量减少　　D. 葡萄糖的浓度降低

18. 甲、乙、丙是同一物种的三个种群,其年龄组成见下表。三个种群年龄结构的类型是(　　)

年龄期	个体数		
	甲	乙	丙
幼年期	570	410	200
成年期	400	400	380
老年期	230	380	620

A. 甲、乙、丙三个种群都是稳定型　　B. 甲是增长型,乙是增长型,丙是衰退型

C. 甲是稳定型,乙是增长型,丙是衰退型　　D. 甲是增长型,乙是稳定型,丙是衰退型

19. 连续调查某生态系统中的两种动物,结果发现它们的数量变化具有一定关系,如下图所示。下列有关叙述不正确的是(　　)

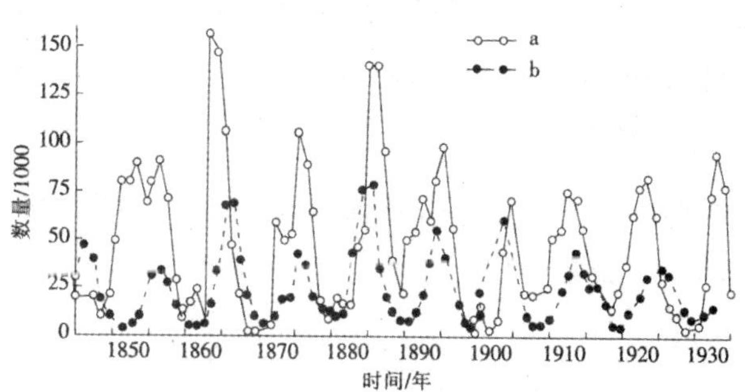

A. a是捕食者,b是被捕食者

B. 如果a灭绝,b也会受到影响

C. 在进化过程中,a和b能够进行相互选择

D. 两者的数量变化说明生态系统具有自我调节能力

20. 下列各项中,实验操作与目的一致的是(　　)

	实验操作	目的
A	从盖玻片一侧滴入0.3 g/mL的蔗糖溶液,另一侧用吸水纸吸引,重复几次后用显微镜观察	观察洋葱表皮细胞的质壁分离复原现象
B	在含有DNA的滤液中加入蒸馏水,使2 mol/L NaCl溶液浓度降至0.14 mol/L	析出DNA,去除可溶性杂质
C	观察洋葱根尖细胞有丝分裂时,将显微镜从低倍镜换到高倍镜	在显微镜视野中找到分生区细胞
D	30 mL 10%葡萄糖与15 mL酵母菌溶液置于广口瓶中混匀,液面滴加一薄层石蜡	探究酵母菌在有氧条件下呼吸的产物

21. 教师在“种群数量的变化”这一内容的教学中创设问题情境，讨论分析大草履虫种群数量变化的曲线(如下图)。该曲线属于(　　)(常考)

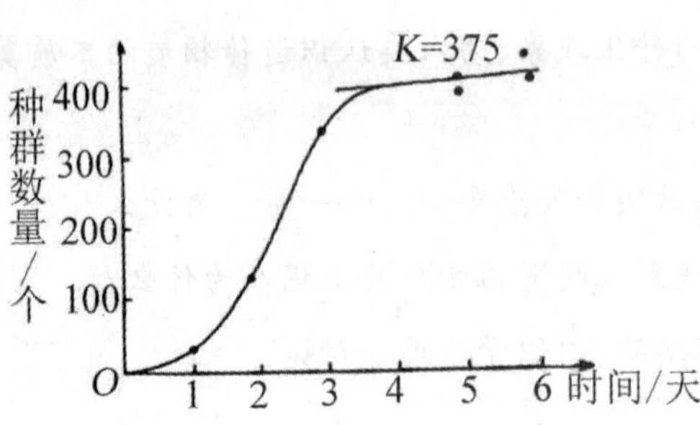

A. 生物模型　　B. 物理模型

C. 概念模型　　D. 数学模型

22. 下图是草履虫的存活数量与温度的关系曲线，属于自变量的是(　　)

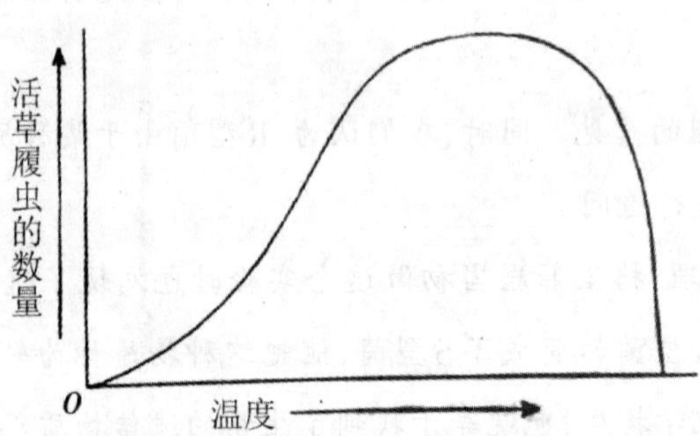

A. 温度　　B. 活草履虫的数量

C. 温度和草履虫的存活率　　D. 温度和草履虫的数量

23. 研究人员对某位教师的课堂教学片段采用第三人称陈述式的方式进行了记录和评析。这种研究方法属于(　　)

①行动研究法　　②课堂观察研究法　　③个案研究法

④实验研究法　　⑤教育叙事案例法

A. ①②　　B. ②③

C. ③④　　D. ②⑤

24. 下列生命科学史素材中，不适合在高中生物学教学中被用来学习“假说—演绎法”的是(　　)

A. 显微镜的发明　　B. 促胰液素的发现

C. DNA 双螺旋结构的提出　　D. 孟德尔遗传定律的提出

25. 教师在“细胞的癌变”的学习中，邀请某位当地医院的医生作了“健康的生活方式与防癌”的专题讲座。教师利用的课程资源属于(　　)(常考)

A. 学校课程资源　　B. 家庭课程资源

C. 社区课程资源　　D. 生成性课程资源

于生命是极其重要的，另一方面蛋白质不仅有二十种基本组成单位，而且形状和大小多样。简单地说，蛋白质是复杂的，这正是作为遗传物质的必要条件。直到1928年，英国的医学细菌学家格里菲思发现了肺炎双球菌的转化现象，为人类认识遗传物质的本质奠定了基础。

二、教师呈现问题

1. 分析教材，格里菲思的实验最重要的是哪一步？为什么？

2. 格里菲思是否已经找到证明遗传物质的证据？为什么？

三、教师展示格里菲思实验，组织学生展开讨论

四、学生汇报讨论结果

组1：我们认为第四组实验最重要，因为这组实验中，无毒性的R型菌与已杀死的有毒性的S型菌混合，可以转变成有毒的S型活菌，是本实验的最大发现。

组2：我们也认为最重要的是第四组实验，因为这组实验说明已杀死的有毒性的S型菌体内的遗传物质还有活性。

组3：我们同意前两组的意见。同时，我们认为，R型菌由于某种原因稳定地转化成了S型菌。

五、教师归纳总结，进行追问

师：大家说的都有道理，格里菲思当初做这个实验时也发现了这个现象，他认为已经杀死的S型菌里的某种因子促使R型菌转变成了S型菌，他把这种物质称为转化因子。格里菲思认为只要找到了构成转化因子的化学物质，也就等于找到了生物的遗传物质。他找到了吗？

生：还没有找到证明遗传物质的证据，细菌体内不仅含有DNA，还有糖类、蛋白质等物质。

师：对！格里菲思实验确实还不能找到证明遗传物质的证据，但是，在那个寻找遗传物质的努力没有显著成果的年代，这无疑已经是一个重大的突破，它给其他科学家的进一步研究提供了科学的思路和方法。

请大家继续阅读材料，思考：艾弗里实验的巧妙之处是什么？它体现出怎样的科学方法？

…………

师：所以说，格里菲思发现了转化现象，而艾弗里找到了转化因子。

六、教师展示噬菌体侵染细菌的实验

艾弗里与同伴的研究结果发表后并没有得到学术界的认可，许多学者质疑，由于技术的限制，他提纯的DNA样品中带入了很微量的蛋白质。直到1952年，噬菌体侵染细菌的实验成果发表后，艾弗里的观点才被人认可。

师：看了这份资料，同学们有什么体会？

生1：科学研究过程是一条漫长曲折的道路。

生2：科学研究需要科学的研究方法。

…………

七、教师总结

师:看来同学们收获很大,确实科学研究是一条漫长曲折的道路,现在人类对遗传物质的研究并没有停止,而是随着科学技术的进步,更加深入。

问题:

(1)分析材料,指出该教师为本教学片段设计了怎样的教学目标。(10分)

(2)材料中该教师是如何突破本片段教学难点的。(10分)

四、教学设计题(本大题共1小题,共30分)

30. 关于“血糖平衡的调节”,《普通高中生物课程标准》(实验)的内容标准是描述血糖调节。某教材关于该内容的具体呈现如下:

建立血糖调节的模型

胰岛素和胰高血糖素的生理功能分别是:胰岛素能促进组织细胞加速摄取、利用和储存葡萄糖,从而使血糖水平降低;胰高血糖素能促进糖原分解,并促进一些非糖物质转化为葡萄糖,从而使血糖水平升高。

▲模拟活动

体内血糖的调节机制非常复杂,以下模拟活动对这个过程进行了简化和模式化的处理,以便突出其主要特点。

▲活动准备

1. 3人一组,分别简称为甲、乙、丙。

2. 准备3张不同颜色的纸和一把剪刀。

3. 用某种颜色的纸剪出15张卡片。卡片正面写上“每1 L血液中的0.1 g葡萄糖”,背面写上“糖原”。这些是“糖卡”,翻转过来则代表葡萄糖转化为糖原,再翻回去就代表糖原分解为葡萄糖。“糖卡”是否翻转及怎样翻转需要严格依照步骤4、5来进行。

4. 用另一种颜色的纸剪出2张卡片,并在上面写上“胰岛素”。每张“胰岛素卡”能使1张糖卡由正面翻到背面。

5. 用第3种颜色的纸剪出2张卡片,并写上“胰高血糖素”。每张“胰高血糖素卡”能使1张糖卡由背面翻到正面。

6. 将9张“糖卡”正面朝上放在桌子上,代表正常血糖水平(0.9 g/L)。甲拿着2张“糖卡”(正面

7. 下列与微生物呼吸作用有关的叙述错误的是(　　)

A. 破伤风杆菌适宜生活在无氧的环境中

B. 与毛霉的呼吸作用有关的酶均由核基因编码

C. 肺炎双球菌无线粒体,但能进行有氧呼吸

D. 酵母菌在有氧和无氧条件下呼吸作用产物不同

8. 将甲种菊花形帽伞藻的A部分与乙种伞形帽伞藻的B部分嫁接在一起(如下图),第一次长出的帽状体呈中间类型。若切除这一帽状体,第二次长出的帽状体为与甲相同的菊花形帽。下列分析不正确的是(　　)

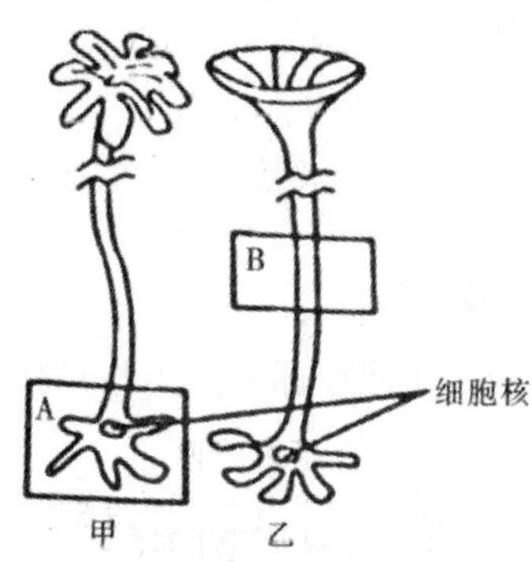

A. 甲、乙两种伞藻细胞均含有多种具膜的细胞器

B. 中间类型可能同时含甲、乙两种伞藻的蛋白质

C. 该实验证明了帽状体的形态建成受细胞质的控制

D. 若再次切除帽状体,长出的帽状体仍为菊花形帽

9. 下图表示叶肉细胞在某一环境条件下的部分生理状态,下列叙述正确的是(　　)(易混)

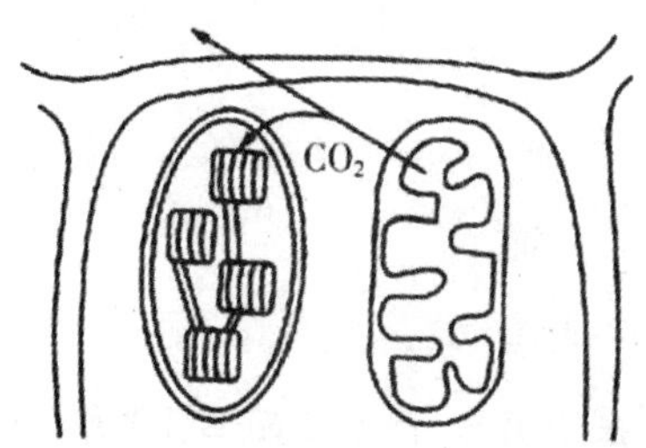

A. 该条件下类囊体薄膜上不能合成ATP

B. 该条件下光合作用强度大于呼吸作用强度

C. 在光照适宜条件下不可能出现图示的生理状态

D. 该条件下线粒体基质中的CO_2浓度大于叶绿体基质

10. 种在同一田园中的小麦,有时边缘的植株总比中间的长得好,产生这种情况的原因为(　　)

A. 环境差异引起的变异　　B. 基因重组引起的性状分离

C. 隐性基因突变为显性基因　　D. 染色体结构和数目发生了变化

11. 若用玉米为实验材料验证孟德尔分离定律，下列因素对实验结果影响最小的是(　　)

A. 所选实验材料是否为纯合子

B. 所选相对性状的显隐性是否容易区分

C. 所选相对性状是否受一对等位基因控制

D. 是否严格遵守实验流程和正确运用统计分析方法

12. 进行有性生殖的生物，对维持亲代和子代体细胞染色体数目恒定起重要作用的是(　　)

A. 有丝分裂与受精过程

B. 细胞增殖与细胞分化

C. 减数分裂与有丝分裂

D. 减数分裂与受精作用

13. 家蝇对杀虫剂产生抗性，是基因中碱基序列改变所致。下表是对某市不同地区家蝇种群敏感性和抗性基因型频率调查的结果。下列叙述正确的是(　　)

家蝇种群来源	敏感性纯合子(%)	抗性杂合子(%)	抗性纯合子(%)
甲地区	78	20	2
乙地区	64	32	4
丙地区	84	15	1

A. 抗性基因的产生具有低频性

B. 甲地区抗性基因的频率为22%

C. 乙地区抗性基因突变频率最高

D. 丙地区家蝇是人工选择的结果

14. 人体的内环境是指(　　)

A. 体液

B. 血液

C. 细胞外液

D. 细胞内液

15. 下列关于高中生物实验基本原理的说法中，不正确的是(　　)(易错)

A. 洋葱内表皮无色透明便于观察核酸分布

B. 动物细胞没有细胞壁，容易形成细胞膜

C. 糖类中还原糖可被斐林试剂染成砖红色

D. 用健那绿染色的细胞中的线粒体呈蓝绿色

16. 下图为甲状腺激素分泌活动示意图，下列叙述正确的是(　　)

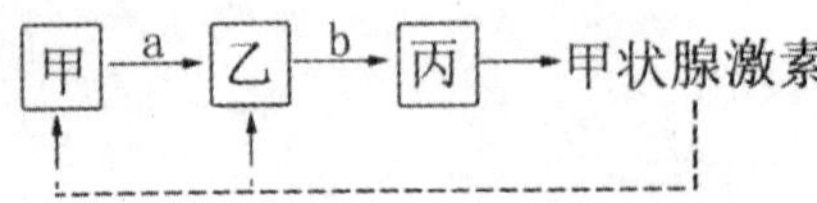

A. 结构甲和乙表示垂体和下丘脑

B. 物质b表示促甲状腺激素释放激素

C. 结构乙的活动只受结构甲分泌激素调节

D. 甲状腺激素含量过高抑制物质a、b的分泌

27. 下图表示人体内化学物质传输信息的两种方式：

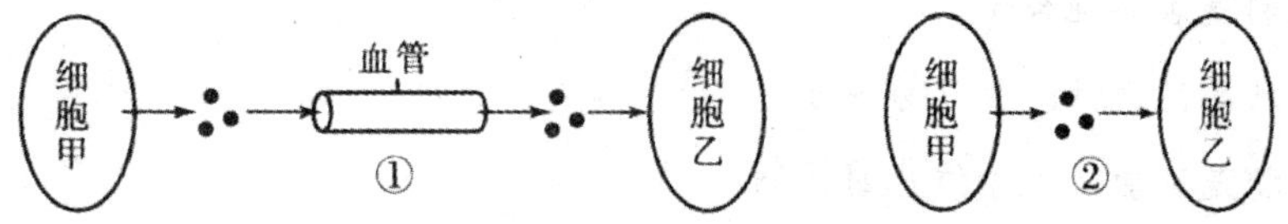

问题：

(1)突触前膜释放神经递质作用于突触后膜是以图中________(填①或②)方式传递信息。神经递质可与突触后膜上相应的受体结合，其受体的化学本质是________。兴奋在神经元之间的传递方向是________(填"单向的"或"双向的")。(9分)

(2)垂体释放促性腺激素作用于性腺是以图中________(填①或②)方式传递信息。当性激素分泌过多时反过来会抑制下丘脑和垂体的分泌活动，这种激素调节方式属于________调节。(6分)

三、材料分析题(本大题共2小题，每小题20分，共40分)

28. 材料：

下图分别为有关细胞的概念图和思维导图(局部)。

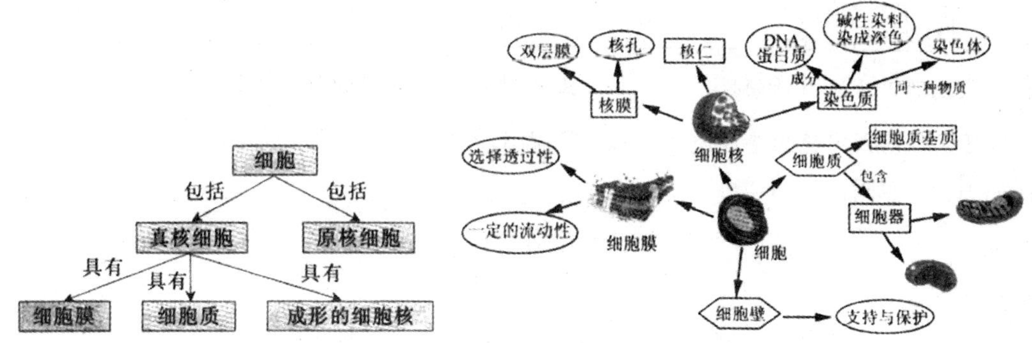

问题：

(1)概念图与思维导图的主要区别是什么？(10分)

(2)在细胞的学习中，利用思维导图进行教学有什么优点？(10分)

29. 材料：

某教师在进行"ATP的主要来源——细胞呼吸"的教学设计之前与学生进行了沟通交流，了解了学生的经验、知识、能力、情感、学习风格等，认真研究了学生的实际需要、能力水平和认知倾向，形成了如下的学情分析：

学生已经了解了植物和动物的呼吸，初步形成了呼吸作用的基本概念，理解了ATP是细胞的能量"通货"；学生对学习生物学有着浓厚的兴趣，对未知事物充满好奇、乐于探究，已经具备了初步的探究能力；学生易于接受感性知识，抽象思维的能力初步形成但尚待发展；该班学生课堂参与度高，气氛活跃，有利于组织学生在学习过程中开展自主探究。

本节课拟从一个探究实验入手，通过探究了解细胞呼吸的类型和产物，让学生从初步的感性认识上升到理性认识。运用发现式学习方法，学习内容以问题形式呈现，使学习过程更好地成为学生提出问题、分析问题和解决问题的过程。

问题：

(1)结合上述材料，简述学情分析的主要内容。(8分)

(2)教师在进行学情分析时，可用哪些方法了解学生？(12分)

四、教学设计题(本大题共1小题，共30分)

30. 在某版本高中生物教材"生命活动的主要承担者——蛋白质"一节中，"蛋白质的结构及其多样性"部分的教科书内容如下：

蛋白质的结构及其多样性

蛋白质是以氨基酸为基本单位构成的生物大分子。据估计，生物界的蛋白质种类多达10^{10}~10^{12}种，它们参与组成细胞和生物体的各种结构，执行多种多样的功能。

20种氨基酸是怎样构成种类如此众多的蛋白质的呢？请仔细观察下面由氨基酸形成结构复杂的蛋白质的示意图(图2-4)。

5. 如图甲、乙表示某生物遗传信息传递和表达过程，下列叙述正确的是(　　)

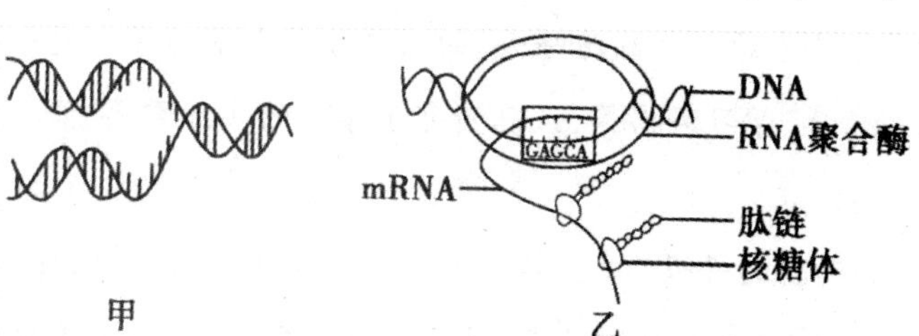

A. 甲、乙所示过程可在细胞同一场所发生

B. 甲过程需要4种核糖核苷酸、酶、能量等条件

C. 图乙所示碱基配对情况相同

D. 图乙过程合成的肽链长度不同

6. 下列有关显微镜的使用正确的是(　　)

A. 一个细小物体若用显微镜放大50倍，这里的“放大50倍”是指该物体的表面积

B. 使用低倍显微镜观察时发现视野中有异物，移动装片异物不动，则它一定在物镜上

C. 低倍镜转换为高倍镜时，应先转换高倍镜头，再将要观察的细胞移至视野中央

D. 观察洋葱根尖细胞分裂装片时，若要将一个位于视野右上方的典型细胞移至中央，应向右上方移动装片

7. 下列有关动物水盐平衡调节的叙述，错误的是(　　)

A. 细胞外液渗透压的改变可影响垂体释放抗利尿激素的量

B. 肾小管通过主动运输吸收水的过程受抗利尿激素的调节

C. 摄盐过多后饮水量增加有利于维持细胞外液渗透压相对恒定

D. 饮水增加导致尿生成增加有利于维持细胞外液渗透压相对恒定

8. 以下关于植物激素或植物生长调节剂在农业生产实践应用的描述中，不符合实际的是(　　)

A. 在大棚种植中，黄瓜开花后人工涂抹适量的生长素以提高坐果率

B. 在大豆田中喷施高浓度2,4-D作除草剂，以抑制单子叶杂草的生长

C. 在一袋没有成熟的柿子中，放几根成熟的香蕉可以加速柿子成熟

D. 在梨树的新梢萌发初期，向叶面喷施矮壮素(生长抑制剂)以矮化树冠提高产量

9. 基因型为AaX^BY的小鼠因为减数分裂过程中染色体未正常分离，而产生一个不含性染色体的AA型配子，等位基因A、a位于2号染色体，下列关于染色体未分离时期的分析，不正确的是(　　)

A. 性染色体可能在减数第一次分裂时未分离

B. 性染色体可能在减数第二次分裂时未分离

C. 2号染色体一定在减数第一次分裂时未分离

D. 2号染色体一定在减数第二次分裂时未分离

10. 下列关于动物激素的叙述,错误的是(　　)

A. 机体内、外环境的变化可影响激素的分泌

B. 切除动物垂体后,血液中生长激素的浓度下降

C. 通过对转录的调节可影响蛋白质类激素的合成量

D. 血液中胰岛素增加可促进胰岛B细胞分泌胰高血糖素

11. 细胞间信息交流的方式有多种。在哺乳动物卵巢细胞分泌的雌激素作用于乳腺细胞的过程中,以及精子进入卵细胞的过程中,细胞间信息交流的实现分别依赖于(　　)

A. 血液运输,突触传递　　B. 淋巴运输,突触传递

C. 淋巴运输,胞间连丝传递　　D. 血液运输,细胞间直接接触

12. 下列关于细胞的结构和生命活动的叙述,错误的是(　　)

A. 成熟个体中的细胞增殖过程不需要消耗能量

B. 细胞的核膜、内质网膜和细胞膜中都含有磷元素

C. 两个相邻细胞的细胞膜接触可实现细胞间的信息传递

D. 哺乳动物造血干细胞分化为成熟红细胞的过程不可逆

13. 下图是某处沙丘发生自然演替过程中的三个阶段,下列叙述正确的是(　　)

A. 从形成沙丘开始发生的演替是次生演替

B. 阶段Ⅰ的沙丘上草本植物占优势,群落尚未形成垂直结构

C. 阶段Ⅰ与Ⅱ的沙丘上生长的植物种类完全不同

D. 阶段Ⅲ沙丘上的群落对外界干扰的抵抗力稳定性最强

14. 细胞分裂是生物体一项重要的生命活动,是生物体生长、发育、繁殖和遗传的基础。据下图分析正确的是(　　)

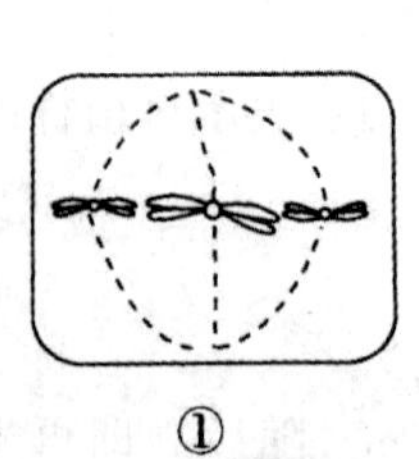

①

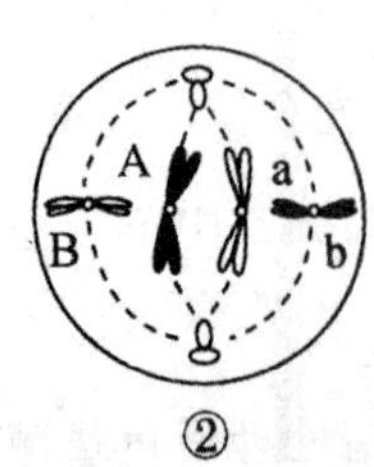

②

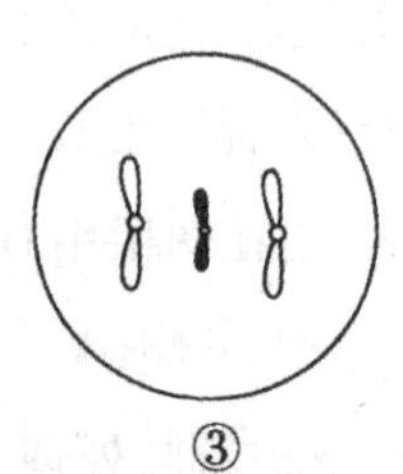

③

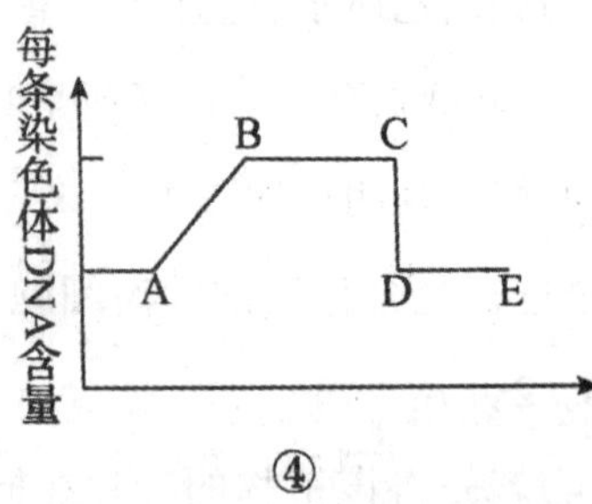

④

A. 图①表示某植物体细胞分裂,下一时期的主要特点是DNA数目加倍

杂交所得F_1的表现型及比例如下表所示，请分析回答：

	无尾黄眼	无尾蓝眼	有尾黄眼	有尾蓝眼
♂	2/12	2/12	1/12	1/12
♀	4/12	0	2/12	0

(1)基因是有________片段，DNA具有________结构，为复制提供了精确的模板，复制时遵循________原则，从而保证了复制准确进行。DNA储存的遗传信息指的是________。(4分)

(2)家猫的上述两对性状中，不能完成胚胎发育的性状是________，基因型是________(只考虑这一对性状)。(1分)

(3)控制有尾与无尾性状的基因位于________染色体上，控制眼色的基因位于________染色体上。判断的依据是________________________。(4分)

(4)家猫中控制尾形的基因与控制眼色的基因在遗传时遵循________定律；亲本中母本的基因型是________，父本的基因型是________。(6分)

27. 将一长势良好的健壮植株放在密闭玻璃罩内培养，并置于室外，用CO_2测定仪测定玻璃罩内CO_2浓度某一天的变化情况，绘成曲线如图甲所示。图乙表示该植株处于光照下的一个叶肉细胞，a表示该细胞的线粒体进行细胞呼吸放出的CO_2量，b表示该细胞的叶绿体进行光合作用吸收的CO_2量。请据图回答下列问题。(不考虑这一天内植株生长对细胞呼吸和光合作用的影响)

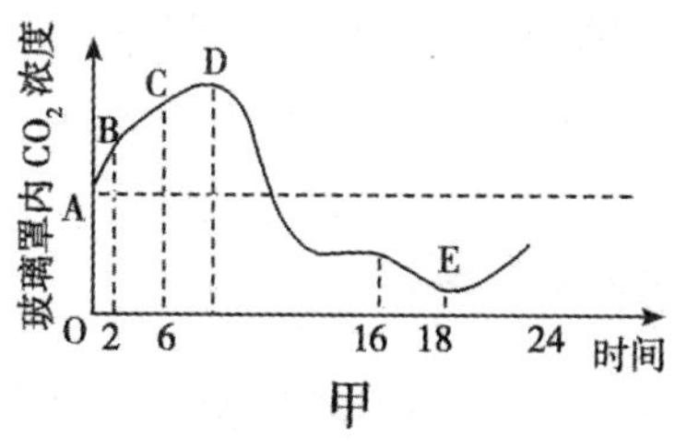

甲

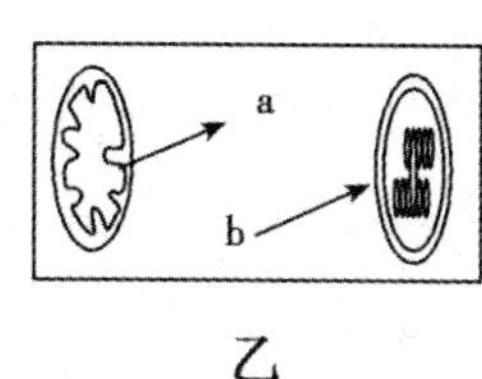

乙

(1)如图甲所示，从16时到18时，叶绿体内ATP合成速率的变化是________。若D点和E点所对应时刻的温度相同，则D点时的光照强度________(填“>”“=”或“<”)E点时的光照强度。(6分)

(2)如图乙所示，适宜光照条件下，光反应产生的能够被暗反应所利用的物质是________，暗反应中C_3转变成葡萄糖的场所是叶绿体________(填“内”或“外”)。(4分)

(3)假设密闭玻璃罩内植株所有进行光合作用的细胞的光合作用强度一致，图乙表示该植株的一个进行光合作用的叶肉细胞，那么，当在图甲中D点时，图乙中a________(填“>”“=”或“<”)b。(2分)

(4)若先将该植物的叶片在同温度下进行暗处理1 h，暗处理后重量减少3 mg，随后立即再光照1 h，光照后比处理前重量增加3 mg。则该植物叶片光照1 h的真正光合速率为________。(3分)

三、材料分析题(本大题共2小题,每小题20分,共40分)

28. 某位教师在《细胞的衰老》这节课上的教学过程如下。

(1)讲解:

①个体衰老与细胞衰老的关系。

②细胞衰老的特性。

(2)讲解:

对于细胞衰老的原因,科学家提出的自由基学说和端粒学说普遍被人们接受

(3)教师小结。

请根据以上案例回答问题:

(1)这位教师在教学过程中有哪些不足之处?(8分)

(2)写出改进本节课教学的措施。(12分)

29. 材料:

在人教版高中生物必修三《稳态与环境》"种群数量的变化"的教学中,教师引导学生观察某细菌种群数量增长的情况,并通过绘制曲线图进而构建公式,以描述种群数量增长的规律。

问题:

(1)在这节课的教学中,学生绘制的曲线图、构建的公式属于什么模型?(5分)

(2)简述生物学中的常用模型(至少写出两种),分别举例说明它们在教学中的应用。(15分)

C. 蚯蚓的身体由许多彼此相似的体节组成,运动灵活

D. 血吸虫的消化器官简单,这与它的寄生生活相适应

6. 细胞衰老和凋亡对维持个体的正常生长发育及生命活动具有重要意义。下列叙述错误的是(　　)

A. 正常的细胞会随着分裂次数的增加而衰老

B. 效应T细胞可诱导靶细胞裂解死亡

C. 受遗传机制决定的细胞程序性死亡属于细胞凋亡

D. 衰老细胞中的线粒体数量随年龄的增大而增多,细胞体积随年龄增大而变小

7. 同一动物个体的神经细胞与肌细胞在功能上是不同的,造成这种差异的主要原因是(　　)

A. 二者所处的细胞周期不同　　B. 二者合成的特定蛋白不同

C. 二者所含有的基因组不同　　D. 二者核DNA的复制方式不同

8. 遗传学家研究发现,某种小鼠的黄色皮毛品种不能真实遗传。黄色小鼠与黄色小鼠交配,其后代总会有黑色鼠,且黄色鼠:黑色鼠=2:1,而不是通常应出现的3:1的分离比。下列叙述错误的是(　　)

A. 小鼠毛色的黄色和黑色性状中,黄色为显性性状

B. 小鼠毛色的遗传遵循基因的分离定律

C. 黄色鼠和黑色鼠交配,后代全为黄色鼠或黄色鼠:黑色鼠=1:1

D. 黄色鼠均为杂合体,纯合的黄色鼠在胚胎发育过程中死亡

9. 下列关于高等动物神经调节和体液调节的叙述,正确的是(　　)

A. 胰岛素降低血糖浓度的原理是切断血糖的来源

B. 垂体分泌的抗利尿激素,能促进肾小管对水的重吸收

C. 激素能使靶细胞中原有的生理活动发生变化,且在发挥作用后灭活

D. 神经元受刺激产生的兴奋,传递给下一个细胞是双向的

10. 若1个^{35}S标记的大肠杆菌被1个^{32}P标记的噬菌体侵染,裂解后释放的所有噬菌体(　　)

A. 一定有^{35}S,可能有^{32}P　　B. 只有^{35}S

C. 一定有^{32}P,可能有^{35}S　　D. 只有^{32}P

11. 如下图为某一个雄性二倍体生物体内的一组细胞分裂示意图,据图分析正确的是(　　)

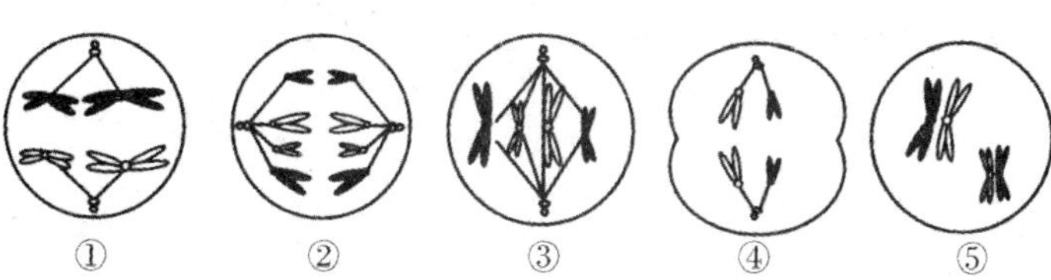

A. 图④产生的子细胞一定为精细胞

B. 图中属于体细胞有丝分裂过程的有②③⑤

C. 图示5个细胞均有同源染色体

D. 该生物的正常体细胞均含有2个染色体组

12. 关于DNA结构与功能的说法,错误的是(　　)

A. DNA分子中能储存大量的遗传信息

B. DNA分子中每个五碳糖上连接一个磷酸和一个含N碱基

C. DNA分子中G与C碱基对含量越高,其分子结构稳定性相对越大

D. 若DNA分子的一条链中(A+G)/(T+C)<1,则其互补链中该比例大于1

13. 下列与神经细胞有关的叙述,错误的是(　　)

A. ATP能在神经元线粒体的内膜上产生

B. 神经递质在突触间隙中的移动消耗ATP

C. 突触后膜上受体蛋白的合成需要消耗ATP

D. 神经细胞兴奋后恢复为静息状态消耗ATP

14. 某同学用扦插的方式繁殖月季,下列相关叙述合理的是(　　)

A. 扦插的枝条中保留较多的成熟叶有利于成活

B. 扦插的枝条生根是由于脱落酸的作用

C. 生长素促进根生长的效果与生长素浓度成正比

D. 存在两种不同浓度的生长素促进根生长的效果相同

15. 下列关于人体中枢神经系统的叙述,错误的是(　　)

A. 小脑损伤可导致身体平衡失调　　B. 人的中枢神经系统包括脑和脊髓

C. 大脑皮层具有躯体感觉区和运动区　　D. 下丘脑参与神经调节而不参与体液调节

16. 下列关于基因频率、基因型频率与生物进化的叙述正确的是(　　)

A. 物种之间的共同进化都是通过物种之间的生存斗争实现的

B. 一个种群中,控制一对相对性状的基因型频率改变说明物种在进化

C. 基因型Aa的个体逐代自交后代所形成的种群中,A基因的频率大于a基因的频率

D. 突变和基因重组为进化提供了原材料,自然选择决定了进化的方向

17. 下图曲线表示两种生物种群密度与存活率之间的关系。下列分析错误的是(　　)

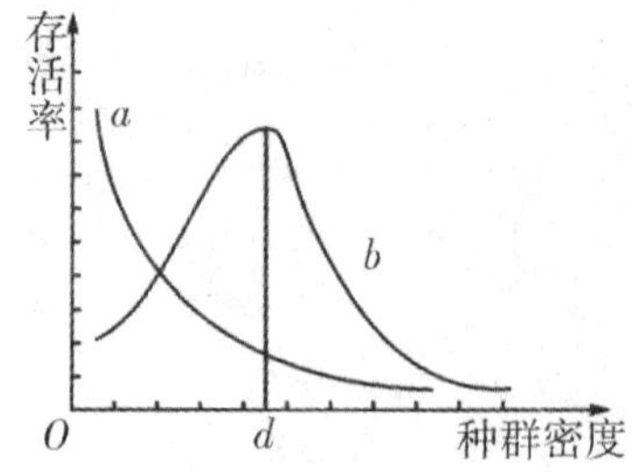

A. 曲线a代表的种群个体一般体型较大,营养级较高

B. 依据曲线b,人工养蜂时种群密度中等最好

C. 对大型生物迁地保护,迁移的种群密度不宜过大

D. 种群密度为d时,曲线b代表的种群个体间竞争最为激烈

问题：

(1)材料中的板书属于哪种类型的板书？你还能列举出其他类型的板书吗?(6分)

(2)某教师打算从“场所、条件、物质变化、能量变化、实质”这几个方面对“光合作用和呼吸作用”进行比较，请设计合理的板书，既简洁明了，又便于学生对比、分析和记忆。(14分)

29. 以下为某教师在“生命活动的主要承担者——蛋白质”一节中的教学片段。

首先播放电影《蜘蛛侠》的片段,问:电影中的主人公是谁?他最有力的武器是什么?

展示:(1)黑寡妇蜘蛛的图片,因为黑寡妇蜘蛛的蛛丝中含有“蛛丝蛋白”,所以它的蛛丝的强度异常得高。(2)荧光水母的图片。

问:这是什么生物?为什么它们能发出美丽的荧光?

问:从这些画面中我们应该不难发现,这些神奇的生命现象是由谁来承担的?

引出今天这节课的主题。

问题:

(1)本材料中的这位教师采用了哪种导入方式?并写出其他几种导入技能。(8分)

(2)简述导入技能的目的和作用,并概括导入技能的原则与要点。(12分)

D. 夜间适当降温，能降低A结构的生理功能，白天适当升温，B结构的生理功能提高比A结构更明显，故白天适当升温，夜间适当降温能增加农作物的产量

5. 下列有关细胞结构和功能的叙述，正确的是(　　)

A. 磷脂是构成细胞膜的重要物质，但磷脂与物质的跨膜运输无关

B. 吞噬细胞对抗原—抗体复合物的处理离不开溶酶体的作用

C. 破伤风杆菌分泌外毒素(一种蛋白质)离不开高尔基体的作用

D. 洋葱根尖分生区细胞的有丝分裂离不开中心体的作用

6. 某人通过实验研究化合物X对淀粉酶活性的影响，结果如下图。曲线Ⅰ为只在底物中加入淀粉酶，曲线Ⅱ为在底物中加入淀粉酶和化合物X。下列分析不正确的是(　　)

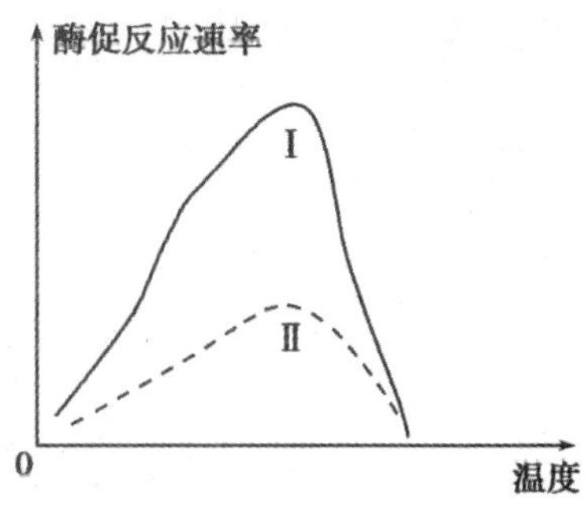

A. 化合物X未影响淀粉酶活性的最适温度

B. 曲线Ⅰ作为实验对照

C. 化合物X对淀粉酶的活性有抑制作用，但未使酶完全失活

D. 若底物溶液的pH升高，则曲线Ⅱ的顶点上移

7. 关于同一个体中细胞有丝分裂和减数第一次分裂的叙述，正确的是(　　)

A. 两者前期染色体数目相同，染色体行为和DNA分子数目不同

B. 两者中期染色体数目不同，染色体行为和DNA分子数目相同

C. 两者后期染色体行为和数目不同，DNA分子数目相同

D. 两者后期染色体行为和数目相同，DNA分子数目不同

8. 如下图表示一个神经元在一次兴奋后，将兴奋传递给另一个神经元的过程。下面的相关叙述正确的是(　　)

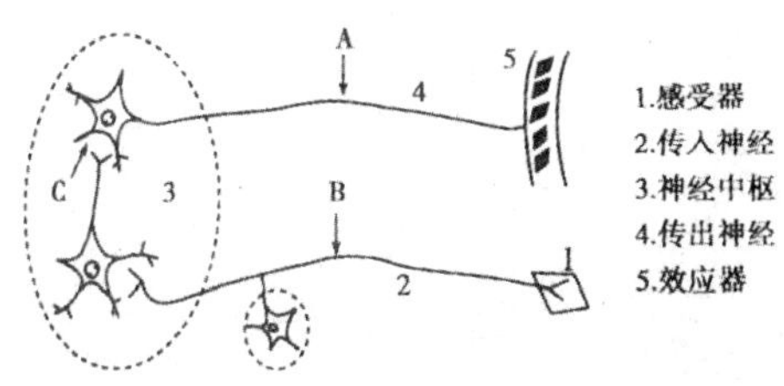

A. A处和B处的动作电位是同步发生的

B. 从图中可看出A处先产生兴奋再传到B处引起兴奋

C. A处产生的动作电位表现为内负外正

D. 兴奋由B→C→A的传递过程中的信号变化为电信号→化学信号→电信号

9. 以下关于动物内环境和稳态的叙述,错误的是(　　)

A. 葡萄糖、生长激素、抗体属于人体内环境的成分

B. 若内环境稳态不能维持,机体的正常生命活动就会受到威胁

C. 血浆渗透压的大小主要取决于血浆中无机盐和蛋白质的含量

D. 人体剧烈运动时产生的乳酸会导致血浆pH显著下降

10. 关于动物生命活动调节的叙述正确的是(　　)

①狼在追捕猎物的过程中,兴奋在神经纤维上的传导是双向的

②在静息状态下,神经细胞膜上的电位是外负内正

③某人大脑皮层H区受损,将失去听觉

④感觉的形成在大脑皮层

⑤在一简单反射弧中,只有感觉神经元A和运动神经元B,则当A接受刺激后,兴奋的传导方向是:A的轴突→B的树突

⑥饮酒过量的人表现为语无伦次、走路不稳、呼吸急促,与此反应相对应的结构分别是大脑、小脑、脑干

A. ①③⑤⑥　　B. ②③④⑥　　C. ①③④⑤⑥　　D. ④⑤⑥

11. 关于草原生态系统能量流动的叙述,错误的是(　　)

A. 能量流动包括能量的输入、传递、转化和散失的过程

B. 分解者所需的能量可来自各营养级生物所储存的能量

C. 生态系统维持正常功能需要不断得到来自系统外的能量

D. 生产者固定的能量除用于自身呼吸外,其余均流入下一营养级

12. 下列关于育种方法的叙述正确的是(　　)

A. 用杂交的方法进行育种,往往从F_1后代自交的子代中筛选出符合人类需要的优良品种

B. 用辐射的方法进行诱变育种,诱变后的植株一定比诱变前的植株具备更多优良性状

C. 用基因型为DdTt的植株进行单倍体育种,所育的新品种自交后代中约有1/4为纯合子

D. 用基因型为DdTt的植株进行多倍体育种,所育的新品种和原品种杂交一定能产生可育后代

13. 下列有关种群的叙述中,不正确的是(　　)

A. 种群是生物进化和繁殖的基本单位

B. 种群中的全部个体的基因组成了这个种群的基因库

C. 种群中各年龄个体数目比例适中,则该种群的密度在一定时间内会明显变大

D. 种群增长速率在种群的“S”型增长曲线的各阶段是不同的

二、简答题(本大题共2小题,每小题15分,共30分)

26. 人类在预防与诊疗传染性疾病的过程中,经常使用疫苗和抗体。已知某传染性疾病的病原体为RNA病毒,该病毒表面的A蛋白为主要抗原,疫苗生产和抗体制备的部分流程如下图:

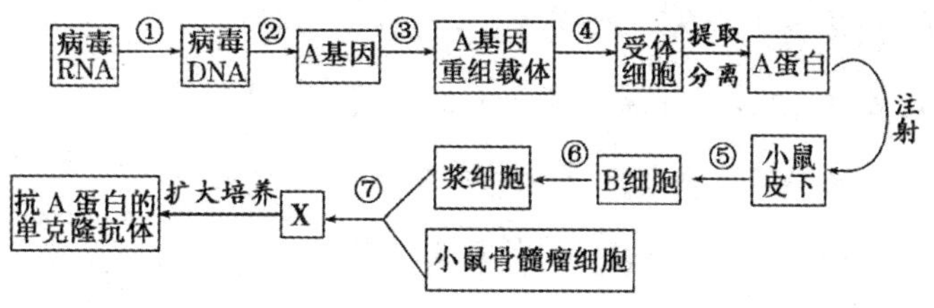

(1)过程①代表的是________。(2分)

(2)过程③构建A基因重组载体时,必须使用限制性核酸内切酶和________两种工具酶。由过程③构建A基因重组载体,其组成除了目的基因外,还必须有启动子、________以及复制原点等。(4分)

(3)过程④要检测A基因是否进入受体细胞,常用的方法是________法;要检测A基因在受体细胞内是否翻译出蛋白质,需用________法。(6分)

(4)过程⑦采用的实验技术是________。(3分)

27. 油菜果实发育所需的有机物主要来源于果皮的光合作用。

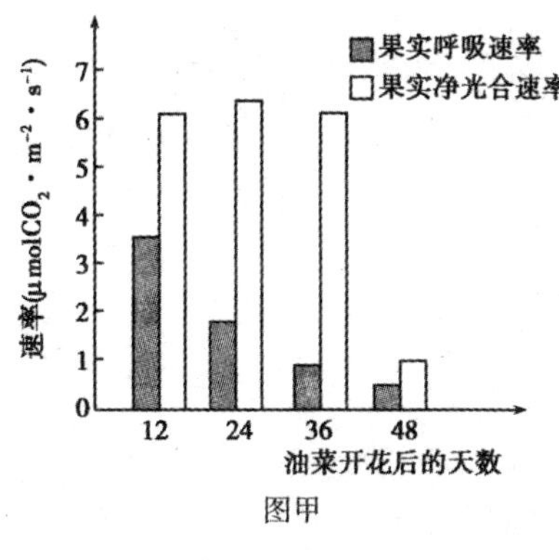

图甲

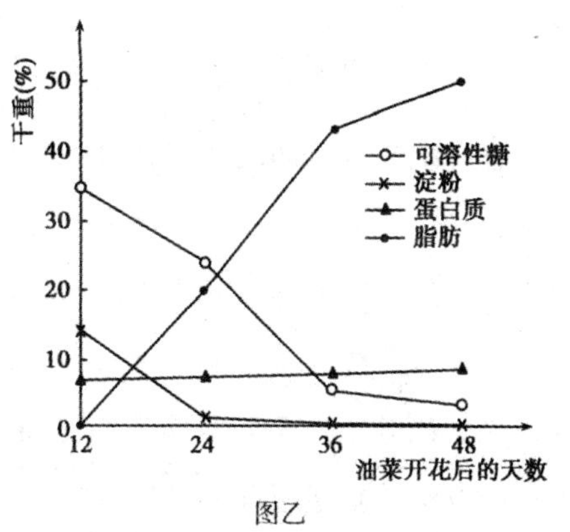

图乙

(1)油菜果皮细胞内通过光合作用固定CO_2的细胞器是________。(2分)光合作用产生的有机物主要以蔗糖的形式运输至种子。种子细胞内的蔗糖浓度比细胞外高,说明种子细胞吸收蔗糖的跨(穿)膜运输方式是________。(3分)

(2)图甲表示在适宜条件下油菜果实净光合速率与呼吸速率的变化。分析可知,第24天的果实总光合速率________(填“大于”或“小于”)第12天的果实总光合速率。第36天后果皮逐渐变黄,原因是叶绿素含量减少而________(填色素名称)的含量基本不变。叶绿素含量减少使光反应变慢,导致光反应供给暗反应的________和________减少,光合速率降低。(8分)

(3)图乙表示油菜种子中储存有机物含量的变化。第36天,种子内含量最高的有机物可用________染液检测;据图分析,在种子发育过程中该有机物由________转化而来。(2分)

三、材料分析题(本大题共2小题,每小题20分,共40分)

28. 材料:

甲、乙两位老师在指导学生“细胞凋亡”教学中分别提出了如下问题:

甲老师	乙老师
(1)通过对人在胚胎发育时期经历有尾阶段到无尾阶段的图片,以及胎儿手的发育图片,可以说明细胞凋亡是由基因所决定的细胞自动结束生命的过程,对不对? (2)细胞凋亡对于维持内环境的稳定和抵御外界各种因素的干扰有着关键的作用,所以细胞凋亡是对机体有利的,是不是? (3)细胞坏死是在各种不利因素的影响下,由于细胞正常代谢活动受损或中断引起的细胞损伤或死亡,所以细胞坏死对机体是有害的,是不是?	(1)观察胚胎经历有尾到无尾阶段,以及胎儿手的发育图片,同学们有什么发现? (2)这种由基因决定的细胞自动结束生命的过程对机体是有害还是有利呢?有什么作用? (3)细胞坏死和细胞凋亡一样吗? (4)细胞坏死是怎么发生的?对人体有害还是有利呢?

问题:

(1)从教学目标的角度分析案例中两位老师的提问特点。(10分)

(2)针对案例中其中一位教师的提问提出改进的建议。(10分)

6. 下列有关人体细胞生命历程的叙述,正确的是(　　)

A. 细胞分化形成不同功能的细胞,这些细胞没有相同的蛋白质

B. 衰老的细胞内多种酶活性降低,没有基因的表达

C. 癌细胞不能进行正常的分化,机体清除癌细胞与细胞凋亡有关

D. 细胞的分裂、分化、衰老和坏死对生物体均有积极的意义

7. 下列关于生长素的叙述,不正确的是(　　)

A. 果实发育所需的生长素主要来源于顶芽

B. 同一浓度的生长素对不同器官的作用不同

C. 顶芽和幼芽中生长素浓度一般保持在促进生长的范围

D. 顶端优势现象说明生长素的生理作用具有两重性

8. 某一健康男子在冬泳时,与机体相关的反应中,正确的是(　　)

A. 分泌的甲状腺激素减少,胰高血糖素增多

B. 皮肤产生冷觉,皮肤血管收缩

C. 皮肤起“鸡皮疙瘩”属于非条件反射

D. 体温维持相对恒定不受神经系统的调节

9. 下列叙述正确的是(　　)

A. 吞噬细胞只在非特异性免疫中发挥作用

B. 二次免疫比初次免疫效果强,是存在记忆细胞的缘故

C. 机体自身细胞不可能成为抗原

D. 体液免疫过程中发挥作用的主要是效应T细胞

10. 下列有关种群的说法不正确的是(　　)

A. 稻田中秧苗的均匀分布有利于产量的提升

B. 通常自然界中的种群增长呈S型,达到K值时,种群数量往往表现出明显上下波动,但是K值总是固定不变的

C. 池塘养鱼过程中为保持鲫鱼种群的增长需持续投放饲料等

D. 预测一个国家或地区人口数量未来动态的信息主要来自现有居住人口的年龄组成

11. 下列关于生态系统能量流动的叙述,正确的是(　　)

A. 一种蜣螂专以大象粪为食,则该蜣螂最多能获取大象所同化量的20%

B. 当狼捕食兔子并同化为自身的有机物时,能量就从第一营养级流入到第二营养级

C. 生产者通过光合作用合成有机物,能量就从非生物环境流入到生物群落

D. 生态系统的能量是伴随着物质而循环利用的

12. 关于群落的结构，以下理解不正确的是(　　)

①竹林中竹子高低错落有致，其在垂直结构有分层现象

②动物在群落中垂直分布与植物的分层现象密切相关

③森林群落有垂直分层现象，草原群落中植被类型主要为草本，不存在垂直分层现象

④不同地段生物种类有差别，在水平方向有水平结构

A. ①　　B. ①③　　C. ②③　　D. ①③④

13. T_2噬菌体的S用^{35}S标记，P用^{32}P标记，用该噬菌体去侵染未被标记的大肠杆菌后，产生许多子代噬菌体，那么在子代噬菌体中^{35}S和^{32}P的分布规律是(细菌体内含有^{32}S和^{31}P两种元素)(　　)

A. 外壳含有^{35}S和^{32}S，头部内只含有^{32}P

B. 外壳只含有^{32}S，头部内只含有^{32}P

C. 外壳含有^{35}S和^{32}S，头部内含有^{32}P和^{31}P

D. 外壳只含有^{32}S，头部内含有^{32}P和^{31}P

14. 下列有关细胞有丝分裂的叙述中，正确的是(　　)

①在动物细胞有丝分裂间期能观察到由星射线形成的纺锤体

②在植物细胞有丝分裂末期形成了赤道板

③在动物细胞有丝分裂中期，两个中心粒复制形成两组中心粒

④在动物细胞有丝分裂末期，细胞膜内陷形成两个子细胞

⑤如果细胞中染色体数和核DNA分子数之比是1∶2，它一定不是高度分化的细胞

A. ③⑤　　B. ②④　　C. ①⑤　　D. ④⑤

15. 下图是甲状腺激素分泌调节示意图。下列与该图有关的叙述正确的是(　　)

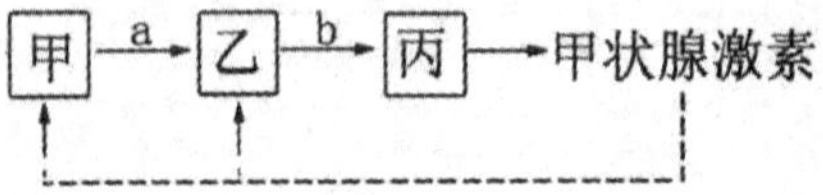

甲 —a→ 乙 —b→ 丙 → 甲状腺激素（虚线反馈至甲、乙）

A. 寒冷会促使甲分泌激素a

B. 乙除了能分泌激素b外，还能分泌生长激素以及多种促激素，因而是机体调节内分泌活动的中枢

C. 缺碘地区人的血液中激素b含量低于正常值

D. 丙结构的活动只受乙结构的控制

16. 下列关于人类遗传病的叙述，错误的是(　　)

①一个家族仅一代人中出现过的疾病不是遗传病

②一个家族几代人中都出现过的疾病是遗传病

③携带遗传病基因的个体会患遗传病

④不携带遗传病基因的个体不会患遗传病

A. ①②　　B. ③④　　C. ①②③　　D. ①②③④

(3)用埃博拉病毒的某种蛋白免疫小鼠,通过________技术获得杂交瘤细胞,用于生产单克隆抗体治疗该病。(3分)

三、材料分析题(本大题共2小题,每小题20分,共40分)

28. 材料:

教师在"DNA是主要的遗传物质"教学设计中,教学目标设定如下:

1. 掌握证明DNA是主要遗传物质的两个实验的过程和原理,识记从实验中得出的结论。

2. 通过重演科学家发现DNA是主要遗传物质的过程,学会科学研究的方法和实验设计的基本步骤。

3. 概述人类对遗传物质的探索过程,认同科学认识是不断深化、不断完善的过程。

4. 通过自己设计验证性实验,提高分析问题、解决问题的能力,发展科学思维和创新的能力。

问题:

(1)教学目标确立的依据以及教学目标的特征是什么?(10分)

(2)教学目标表述的要素以及应该注意的问题。(10分)

29. 材料：

某教师在生物学课程学业评价中设计了如下评测表：

<table>
<tr><td rowspan="2">考试</td><td colspan="2">期初摸底考试</td><td colspan="2">单元
测验1</td><td>单元
测验2</td><td colspan="2">单元
测验3</td><td>期中
考试</td><td colspan="2">单元
测验4</td><td>单元
测验5</td><td>结业
考试</td></tr>
<tr><td colspan="2"></td><td colspan="2"></td><td></td><td colspan="2"></td><td></td><td colspan="2"></td><td></td><td></td></tr>
<tr><td rowspan="3">实验</td><td colspan="2">实验1</td><td colspan="2">实验2</td><td colspan="2">实验3</td><td colspan="2">实验4</td><td colspan="2">实验5</td><td colspan="2">实验6</td></tr>
<tr><td>操作</td><td>报告</td><td>操作</td><td>报告</td><td>操作</td><td>报告</td><td>操作</td><td>报告</td><td>操作</td><td>报告</td><td>操作</td><td>报告</td></tr>
<tr><td></td><td></td><td></td><td></td><td></td><td></td><td></td><td></td><td></td><td></td><td></td><td></td></tr>
<tr><td colspan="7">我对自己生物课程的学习满意度
(在对应的框中打√)</td><td colspan="2"></td><td colspan="2"></td><td colspan="2"></td></tr>
<tr><td colspan="7" rowspan="3">我最满意的生物课程学习成果</td><td colspan="6">1.</td></tr>
<tr><td colspan="6">2.</td></tr>
<tr><td colspan="6">3.</td></tr>
<tr><td colspan="7">我需要改进的方面</td><td colspan="6"></td></tr>
<tr><td colspan="7">家长对我生物课程学习的评语</td><td colspan="6"></td></tr>
<tr><td colspan="7">小组对我生物课程学习的评语</td><td colspan="6"></td></tr>
<tr><td colspan="7">任课教师对我生物课程学习的评语</td><td colspan="6"></td></tr>
</table>

问题：

(1)分析上述材料中包含的评价类型,并举例说明。(10分)

(2)分析该学业评价的主要特点。(10分)

C. O_2由红细胞进入肝脏细胞的线粒体内，使肝脏细胞内的ADP含量迅速下降

D. ①②在物质和能量上都可称为互逆反应

5. 取经过编号的5支试管分别加入2 mL浓度为0.5 mol/L的过氧化氢溶液，进行如下实验。根据实验内容及结果，下列说法正确的是(　　)

试管编号	1	2	3	4	5
加入物质	适量唾液	锈铁钉	生土豆块	熟土豆块	生土豆块+稀盐酸
实验结果	无明显现象	少量气泡	大量气泡	无明显现象	无明显现象

A. 说明酶具有高效性的是3号和4号实验

B. 1号和3号对照不能说明酶具有专一性

C. 各组实验都不能体现酶的活性与温度之间的关系

D. 3号和5号对照可以说明酶的活性受pH的影响

6. 下列关于染色体变异和基因突变的主要区别的叙述中，错误的是(　　)

A. 染色体结构变异是染色体的一个片段增加、缺失或替换等，而基因突变则是DNA分子中碱基对的替换、增加或缺失

B. 原核生物和真核生物均可以发生基因突变，但只有真核生物能发生染色体变异

C. 基因突变一般是微小突变，其对生物体影响较小，而染色体结构变异是较大的变异，其对生物体影响较大

D. 多数染色体结构变异可通过显微镜观察进行鉴别，而基因突变则不能

7. 下列关于遗传信息传递和表达的叙述，正确的是(　　)

①在细菌中DNA的复制只发生在拟核

②不同组织细胞中可能有相同的基因进行表达

③不同核糖体中可能翻译出相同的多肽

④转录的产物都会在核糖体中翻译出蛋白质

⑤基因突变不一定导致所表达的蛋白质结构发生改变

A. ①②⑤　　B. ②③⑤　　C. ③④⑤　　D. ②③④

8. 下列有关细胞结构和功能的叙述，正确的是(　　)

A. 原核细胞中不存在既含有蛋白质又含有核酸的结构

B. 真核细胞的细胞骨架与细胞运动以及物质运输等生命活动有关

C. 真核生物与原核生物的细胞呼吸过程完全不同

D. 真核细胞既有DNA又有RNA，而原核细胞只有DNA构成的拟核

9. 下列叙述错误的是(　　)

A. 小肠黏膜中的一些细胞具有内分泌功能

B. 小肠上皮细胞与内、外环境均有物质交换

C. 小肠上皮细胞吸收溶质发生障碍时，可导致小肠吸水减少

D. 小肠黏膜中的一些细胞可通过被动运输将某种蛋白分泌到肠腔

10. 下图中，①②③④均为去掉尖端的胚芽鞘，③和④顶端的琼脂块上曾放过胚芽鞘尖端，②的顶端是普通琼脂块，能直立生长和弯曲生长的依次是(　　)

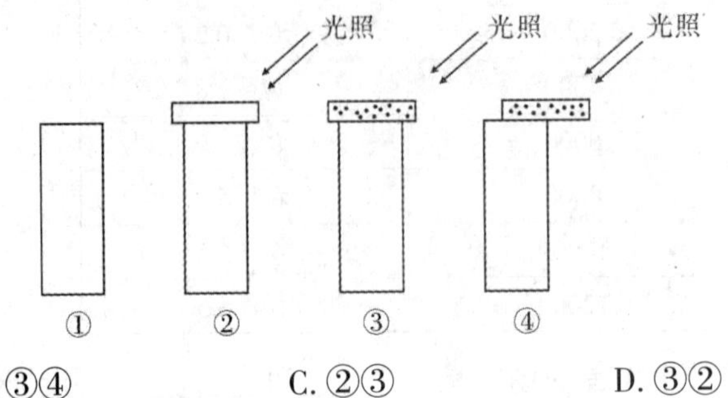

A. ④③　　B. ③④　　C. ②③　　D. ③②

11. 下列关于育种的叙述中正确的是(　　)

A. 马和驴杂交的后代骡子是不育的二倍体，而雄蜂是可育的

B. 单倍体育种常用一定浓度的秋水仙素处理萌发的单倍体种子

C. 二倍体植物的花药离体培养能得到叶片和果实较小的单倍体植株

D. 三倍体西瓜不结果的性状可以遗传，它不是一个新物种，但八倍体小黑麦是基因工程技术创造的新物种

12. 培养基、培养皿、接种环、实验操作者的双手、空气、牛奶所采用的灭菌及消毒方法依次是(　　)

①化学消毒　②灼烧灭菌　③干热灭菌　④紫外线灭菌　⑤高压蒸汽灭菌　⑥巴氏消毒法

A. ⑤③②①④⑥　　B. ①②③④⑤⑥　　C. ⑥②③④①⑤　　D. ③④②①⑥⑤

13. 下列实例能够说明神经系统中的高级中枢对低级中枢有控制作用的是(　　)

A. 针刺指尖引起缩手反射

B. 短期记忆的多次重复可形成长期记忆

C. 大脑皮层语言H区损伤，导致人不能听懂别人讲话

D. 意识丧失的病人能排尿但不能控制，意识恢复后可控制

14. 下列关于单克隆抗体的制备过程及原理的叙述，正确的是(　　)

A. 获取某种B淋巴细胞之前，无需给实验动物注射相应的抗原

B. 只要将动物的B淋巴细胞和骨髓瘤细胞放在同一培养基中培养，就能得到杂交瘤细胞

C. 只要将杂交瘤细胞放在适宜的培养基中培养，就能够得到产生单一抗体的细胞群

D. 与常规的抗体相比，单克隆抗体具有特异性强、灵敏度高的特点

15. 在家兔动脉血压正常波动过程中，当血压升高时，其血管壁上的压力感受器感受到刺激可以反射性地引起心跳减慢和小血管舒张，从而使血压降低，仅由此调节过程判断，这一调节属于(　　)

A. 神经调节，负反馈调节　　B. 神经调节，免疫调节

C. 体液调节，负反馈调节　　D. 体液调节，免疫调节

27. 为探究光照强度对光合作用的影响，某兴趣小组设计了如下图所示若干组实验装置。在25 ℃(光合作用最适温度)条件下进行了一系列实验，实验数据见下表。请回答下列问题：

组别	光照强度(lx)	液滴移动(mL/h)
1	0	左移2.2
2	2000	右移0.2
3	4000	右移1.8
4	6000	右移3.9
5	8000	右移5.9
6	10000	右移6.5
7	12000	右移6.5

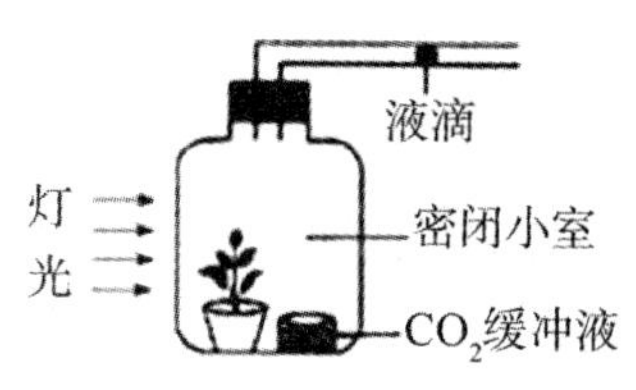

(1)组别1中叶肉细胞产生ATP的场所是________和________。引起该组液滴左移的生理原因是______________。(6分)

(2)与组别4相比，限制组别3液滴移动的主要环境因素是______________。(2分)

(3)若光照强度由8000 *lx*突然降低到2000 *lx*，此时叶绿体内C_3的相对含量将________(升高/不变/降低)，ATP的相对含量将________(升高/不变/降低)。(4分)

(4)在6000 *lx*光照条件下，将实验装置的温度提升至30 ℃，发现液滴右移明显减慢，其原因可能是________________。(3分)

三、材料分析题(本大题共2小题，每小题20分，共40分)

28. 材料：

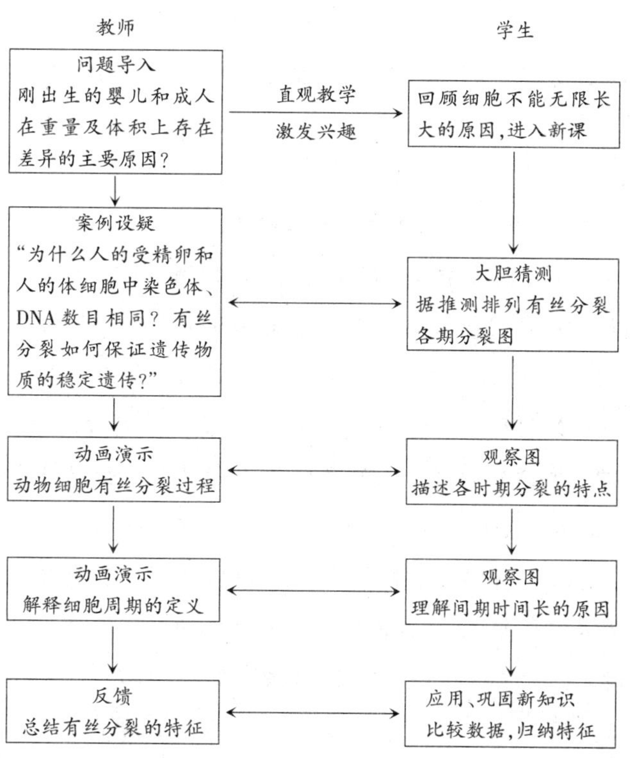

请根据材料回答下列问题：

(1)该教师的教学过程中,可选用的课程资源有哪些?(10分)

(2)根据以上教学流程,分析教师的教学设计中采用了哪些教学策略?(10分)

29. 材料：

教学内容:高中生物必修三第二章第四节"免疫调节"。

教学过程：

播放有关艾滋病的宣传片,提出问题,引出课题。

分析教材中的曲线。

提出问题:(1)HIV攻击T细胞,它主要破坏的是人体的第几道防线?

(2)描述:HIV浓度随着时间是怎样变化的?

(3)一年后,HIV浓度大量降低,说明第三道防线具有什么作用?

指导学生阅读教材。

提出问题:参与体液免疫的"作战"细胞有哪些?它们的作用是什么?

构建体液免疫的概念图。

提出问题:(1)哪种细胞产生抗体?(2)浆细胞是由什么细胞分化而来的?(3)哪些细胞或物质具有识别作用?(4)抗原进入人体后,经过什么途径最终被抗体消灭?

联系生活实际,提出问题:接种乙肝疫苗为什么能预防乙肝病毒的感染?接种流感疫苗的健康人也可能在短期内不止一次患流感,原因是什么呢?

问题：

(1)这是某位高中生物教师在教学"免疫调节"一课时的教学过程,其显著特点是什么,试结合教学过程对其进行简要评析。(10分)

(2)结合以上教学内容,说出教师在教学中使用问题教学时应注意哪些问题。(10分)

5. 关于真核细胞中生命活动与能量关系的叙述,错误的是(   )

A. DNA复制需要消耗能量

B. 光合作用的暗反应阶段需要消耗能量

C. 物质通过协助扩散进出细胞时需要消耗ATP

D. 细胞代谢所需的ATP可在细胞质基质中产生

6. 下列关于真核生物和原核生物的叙述,正确的是(   )

A. 蓝藻和绿藻都能够进行光合作用,所以都含有叶绿体

B. 硝化细菌是含有线粒体的自养型生物

C. 大肠杆菌和酵母菌的遗传物质都是DNA

D. 发菜和黑藻所含有的DNA都是裸露的

7. 减数分裂过程中出现染色体数目异常,可能导致的遗传病是(   )

A. 先天性愚型　　B. 原发性高血压

C. 猫叫综合征　　D. 苯丙酮尿症

8. 下列属于第一道防线的是(   )

①胃液对病菌的杀灭作用　②唾液中溶菌酶对病原体的分解作用　③吞噬细胞的内吞作用　④呼吸道纤毛对病菌的外排作用　⑤皮肤的阻挡作用　⑥效应T细胞与靶细胞接触　⑦抗体与细胞外毒素结合

A. ②⑤　　B. ④⑤　　C. ①②④⑤　　D. ②③⑤⑥⑦

9. 下列关于人类基因组计划的叙述,合理的是(   )

A. 该计划的实施将有助于人类对自身疾病的诊治和预防

B. 该计划是人类从细胞水平研究自身遗传物质的系统工程

C. 该计划的目的是测定人类一个染色体组中全部DNA序列

D. 该计划的实施不可能产生种族歧视、侵犯个人隐私等负面影响

10. 下图为青霉菌在含有葡萄糖和乳糖的培养基中的生长曲线,以下分析错误的是(   )

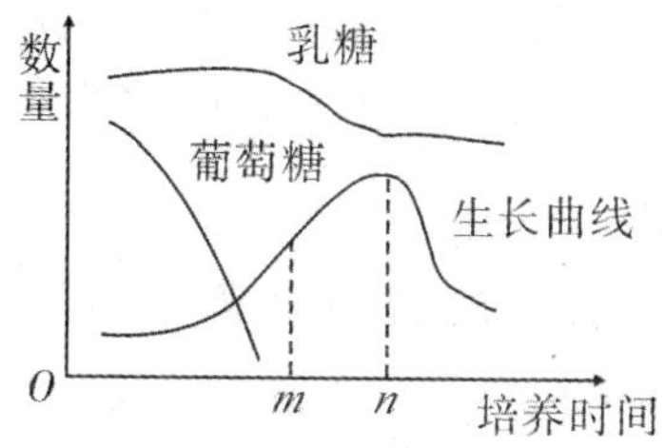

A. 培养基中的葡萄糖和乳糖为青霉菌提供了碳源和能源

B. 分解乳糖的酶是诱导酶

C. 若在n时刻向培养基添加葡萄糖可避免青霉菌数量的减少

D. 在m~n时期,培养基中的青霉素含量逐渐增加

11. 关于某二倍体哺乳动物细胞有丝分裂和减数分裂的叙述,错误的是(　　)

A. 有丝分裂后期与减数第二次分裂后期都发生染色单体分离

B. 有丝分裂前期与减数第一次分裂前期都发生同源染色体联会

C. 一次有丝分裂与一次减数分裂过程中染色体的复制次数相同

D. 有丝分裂中期和减数第二次分裂中期染色体都排列在赤道板上

12. 下图表示以某种作物中的①和②两个品种为亲本,分别培育出新品种的过程,相关叙述正确的是(　　)

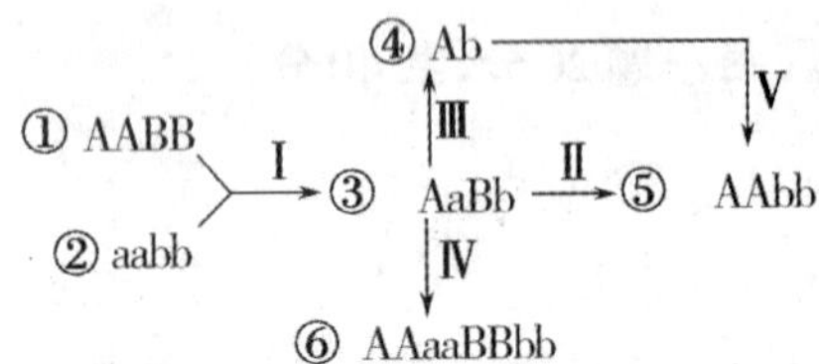

A. 用①和②培育成⑤的过程中所采用的方法Ⅰ和Ⅱ分别称为杂交和测交

B. 用③培育出④常用的方法Ⅲ是花药离体培养

C. ③培育出⑥常用的是化学或物理的方法进行诱变处理

D. 图中由Ⅲ、Ⅴ过程培育出⑤所依据的原理是基因突变和基因重组

13. 将蛋清溶液做如下两种方式处理,有关分析正确的是(　　)

蛋清溶液 $\xrightarrow{\text{①加入NaCl}}$ 有蛋白质析出 $\xrightarrow{\text{②加入蒸馏水}}$ 蛋白质溶解,得到溶液甲

蛋清溶液 $\xrightarrow{\text{③煮沸,冷却}}$ 有蛋白块产出 $\xrightarrow{\text{④加入蛋白酶}}$ 蛋白块溶解,得到溶液乙

A. ①②过程的处理,不会破坏蛋白质的空间结构及肽键

B. ③④过程的处理,都能使蛋白质的空间结构及肽键遭到破坏

C. ③过程有水分子产生,④过程有水分子消耗

D. 向甲、乙两溶液中加入双缩脲试剂,甲溶液变紫色,乙溶液不会变紫色

14. 下列关于实验操作的说法中正确的有几个(　　)

①“探究酵母菌种群数量变化”的实验中,常采用五点取样法计数血球计数板中酵母菌的数量

②“观察DNA和RNA在细胞中的分布”和“观察植物细胞有丝分裂”实验中都用到HCl和酒精,它们的作用不相同

③“观察线粒体和叶绿体”和“观察植物细胞的质壁分离和复原”实验中都必须用高倍显微镜

④“检测生物组织中还原糖、脂肪和蛋白质”的实验中只有还原性糖的检测需要加热

⑤用显微镜观察装片时,若用低倍镜观察可以调粗准焦螺旋,若用高倍镜观察只能调细准焦螺旋

A. 2个　　B. 3个　　C. 4个　　D. 5个

15. 遗传学上的平衡种群是指在理想状态下,基因频率和基因型频率都不再改变的大种群。某哺乳动物的平衡种群中,栗色毛和黑色毛由常染色体上的1对等位基因控制。下列叙述正确的是(　　)

A. 多对黑色个体交配,每对的子代均为黑色,则说明黑色为显性

氢在相同时间内的含量变化,绘制成如右图所示的曲线,请回答:

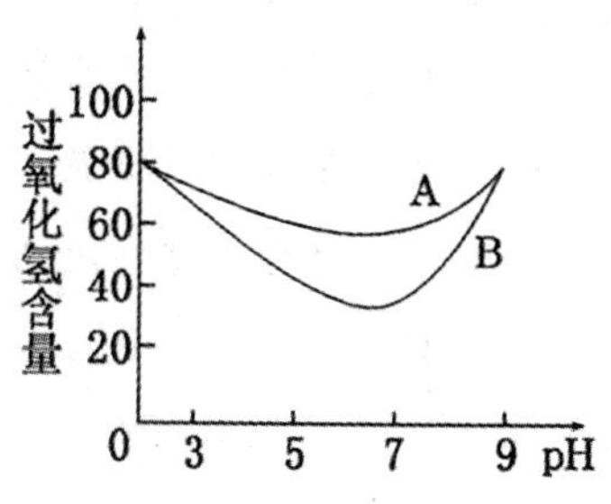

(1)曲线A是实验________(选填“Ⅰ”或“Ⅱ”)的结果,理由是________________________。(4分)

(2)曲线A和B中,过氧化氢含量的最低点位于横坐标同一位置的原因是________________。(1分)

实验Ⅲ:对提取液进行高温处理后重复实验Ⅰ。请在上图中画出过氧化氢含量的变化曲线,用C表示。(4分)

三、材料分析题(本大题共2小题,每小题20分,共40分)

28. 材料:

材料1:

教师:曾经有一个非常著名的小故事——道尔顿给妈妈买袜子,同学们你们知道吗?

(学生大多知道这个故事,教师可指定一个学生讲述。)

教师笑问:你会和道尔顿有相同的烦恼吗?让我们来看一个图片。

呈现:红绿色盲检查图片。

(学生自我检测色觉,说出上面数字或图案。)

引入课题:现在,我们就来研究红绿色盲的遗传特点和规律。

…………

材料2:

教师:伴性遗传在自然界普遍存在,它对于人们的生活和生产具有重要的指导意义。现在请同学们看下面两个问题,尝试提出自己的解决方案:

(1)血友病是严重危害人类健康的伴X隐性遗传病。某夫妻表现型正常,但妻子的父亲是血友病患者,请从优生优育的角度,给出他们生儿子还是生女儿的建议。

(2)芦花鸡是ZW型性别决定的生物,其羽毛性状为芦花(B)对非芦花(b)是显性的,请设计一个育种方案,使人们可以根据羽毛的特征在早期就可以区分雌雄个体,达到多养母鸡的目的。

学生思考,小组合作讨论,提出合理建议。

教师总结伴性遗传在实践中的应用。

问题:

(1)材料1中该教师用何种导入方式导入新课?请围绕该材料内容,分析该教师具体做法的设计意图。(10分)

(2)材料2中该教师的教学设计是生物新课程基本理念的体现,请简单谈谈其设计意图。(10分)

29. 材料:

观察植物细胞的质壁分离和复原

教师:今天这节课我们来做"观察植物细胞质壁分离和复原的实验",为的是我们下节课带着问题来更好地学习"物质进出细胞的方式"这节内容。课前老师已布置给同学,让同学们带着问题来研究,现在我们一起来复习细胞膜的结构和特点,还有一起讨论一下各小组的实验方案。

(师生共同交流,复习细胞膜的结构特点,教师捎带将原生质体的概念和质壁分离所发生的现象进行描述。)

一、分析学生的实验方案

教师:现在我们对各小组针对不同问题的实验设计进行交流。

学生(小组1):我们的问题是:植物细胞发生质壁分离的原因是什么,是水分子从细胞内排出到细胞外还是溶液从细胞内排出到细胞外?所以我们的实验设计是……

学生(小组2):我们想知道不同浓度的溶液对质壁分离的影响,所以我们的实验设计是……

学生(小组3):我们要研究的问题是不同物质的溶液对植物细胞质壁分离产生的影响,所以我们的实验设计是……

教师:同学们谈得都很好,说明大家在课前的预习是有效的,但有些小组的实验设计还是有点小问题,刚才别的小组都帮你们纠正了,等会儿做实验时还要注意。

教师:(简要说明实验关键步骤)好!现在开始按各小组设计的实验方案进行实验。

二、学生独立实验

(教师在学生进行实验时,在各组之间与学生进行交流讨论。)

三、实验结果汇报和交流

教师:现在让我们来看看各小组的实验结果和结论如何。

学生(小组1):我们的实验结果是,随着质壁分离的进行,液泡中的色素溶液颜色越来越深,说明细胞液的浓度在增大,这一结果说明可能是水分子从细胞内向细胞外流动。

学生(小组2):我们小组的实验结果是,随着外界溶液浓度的增大,细胞质壁分离现象就越来越明显,说明水分子进出细胞与膜两侧的浓度差有关。我们在实验中还发现一种现象就是当细胞外液浓度大到一定程度时,质壁分离就不能复原了,对于这种现象,我们不能作出解释。

学生(小组3):我们小组的实验结果是:用0.3 g/mL的蔗糖溶液进行实验时质壁分离现象明显,换成清水作为外界溶液后,质壁分离才能复原;而用KCl或尿素溶液作为外界溶液时,质壁分离发生后就会自动复原。表明:水分子能够进出细胞,K^+等可以进入细胞,蔗糖分子则不能进入细胞。

四、师生共同总结归纳

1. 水分子进出细胞与膜两侧浓度差有关,水分子的运动方向是从低浓度溶液向高浓度溶液扩散。

2. 并不是所有物质都能随意进出细胞的,物质进出细胞的方式也是不一样的,说明细胞膜对

4. 现有三支试管甲、乙、丙，先向试管内加入2 mL可溶性淀粉溶液，再按右下图中所示步骤操作，然后分别用斐林试剂检验。下列分析不正确的是（　　）

A. 甲试管和乙试管对照，说明酶具有专一性

B. 甲试管和丙试管对照，说明酶的活性受温度的影响

C. 实验结果是甲试管内出现砖红色沉淀

D. 实验结果是乙试管和丙试管内出现砖红色沉淀

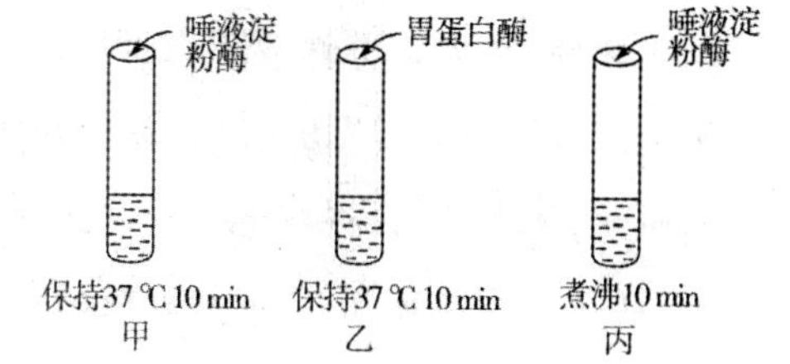

5. 下列关于高等动物细胞增殖的叙述，错误的是（　　）

A. 有丝分裂前的间期和减数分裂前的间期，都进行1次染色质DNA的复制

B. 细胞周期的G_2期已经形成了1对中心体，有丝分裂前期形成纺锤体

C. 染色体数为2n=24的性原细胞进行减数分裂，减数第二次分裂中期染色体数和染色体DNA分子数分别为12和24

D. 若在G_2期某染色质的1个DNA分子发生片段缺失，则该细胞有丝分裂产生的2个子细胞均含有该异常DNA

6. 关于高等植物叶绿体中色素的叙述，错误的是（　　）

A. 叶绿体中的色素能够溶解在有机溶剂乙醇中

B. 构成叶绿素的镁可以由植物的根从土壤中吸收

C. 通常，红外光和紫外光可被叶绿体中的色素吸收用于光合作

D. 黑暗中生长的植物幼苗叶片呈黄色是由于叶绿素合成受阻引起的

7. 下列关于动、植物激素的说法，不正确的是（　　）

A. 动、植物激素的化学成分都是有机物

B. 动、植物激素都是微量高效的细胞代谢调节物质

C. 动、植物激素都是由特定的器官（或细胞）产生的

D. 动、植物的一生都需要多种激素相互作用、共同调节

8. 艾弗里和同事用R型和S型肺炎双球菌进行实验，结果如下表。从表可知（　　）

实验组号	接种菌型	加入S型菌物质	培养皿长菌情况
①	R	蛋白质	R型
②	R	荚膜多糖	R型
③	R	DNA	R型、S型
④	R	DNA（经DNA酶处理）	R型

A. ①不能证明S型菌的蛋白质不是转化因子

B. ②说明S型菌的荚膜多糖有酶活性

C. ③和④说明S型菌的DNA是转化因子

D. ①～④说明DNA是主要的遗传物质

9. 某植株从环境中吸收的前体物质经一系列代谢过程合成紫色素，此过程由A、a和B、b两对等位基因共同控制（如下图所示）。其中具紫色素的植株开紫花，不能合成紫色素的植株开白花。据图所作的推测不正确的是（　　）

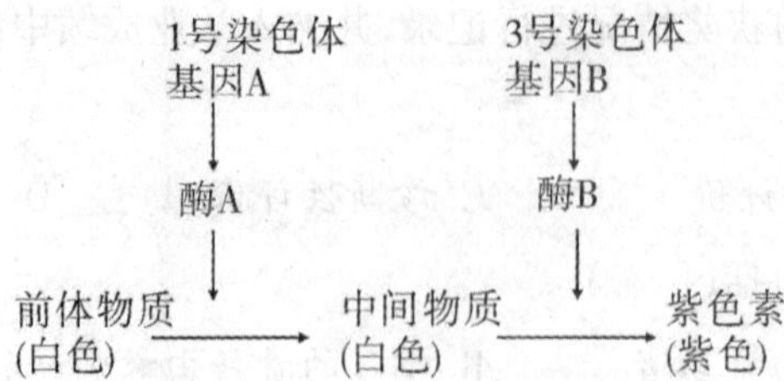

A. 只有基因A和基因B同时存在，该植株才能表现紫花性状

B. 基因型为aaBb的植株不能利用前体物质合成中间物质，所以不能产生紫色素

C. AaBb×aabb的子代中，紫花植株与白花植株的比例为1∶3

D. 基因型为Aabb的植株自交后代必定发生性状分离

10. 下图为某单基因遗传病系谱图，4号和6号表示男性患者，则3号是杂合子的概率为（　　）

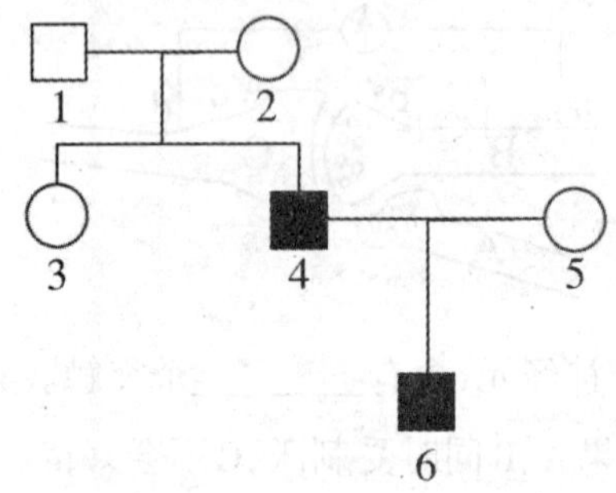

A. 2/3　　　　B. 1/2

C. 1/3或2/3　　　　D. 1/2或2/3

11. 下图是酵母菌在不同条件下培养时得到的种群数量变化曲线，下列有关叙述错误的是（　　）

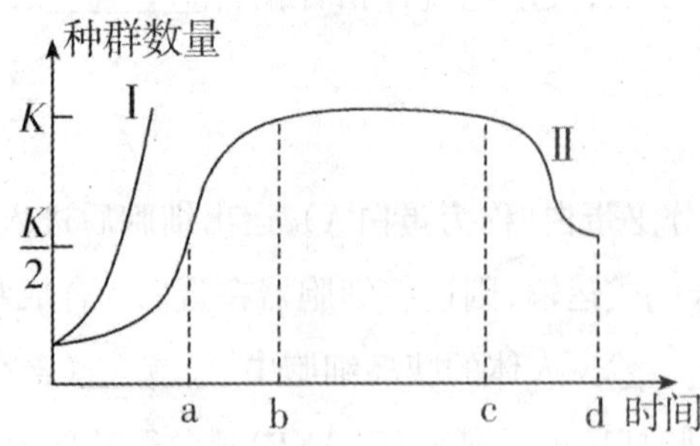

A. 曲线Ⅰ表示"J"型增长，其种群增长率保持不变

B. 曲线Ⅱ表示"S"型增长，种群增长率在a点时最大

C. 在曲线Ⅱ的bc段，其种群的年龄组成为稳定型

D. 在曲线Ⅱ的cd段，其种群的年龄组成为衰退型

22. 根据《普通高中生物学课程标准》(2017年版)高中生物学课程的必修学分为(　　)个学分。

A. 2　　B. 4　　C. 6　　D. 10

23. 为了鼓励学生努力学习和全面发展,学校对学生在日常生活和学校、班级事务中所做的事情,以及在各种检查、评比、竞赛中的获奖情况进行记录,并纳入学业成绩中给予加分。这种评价方法我们称之为(　　)

A. 绝对评价　　B. 相对评价　　C. 诊断性评价　　D. 表现性评价

24. 合作学习的基本含义中不包括(　　)

A. 教师角色由传播者转变为帮助者　　B. 学习的责任由教师转移到学生

C. 学生要克服依赖别人的心理　　D. 学生以小组的形式一起学习

25. 在了解鱼的尾鳍在游泳中的作用时,如果单凭观察难以得出结论,可采用的方法是(　　)

A. 归纳法　　B. 观察法　　C. 调查法　　D. 实验法

二、简答题(本大题共2小题,每小题15分,共30分)

26. 下图为突触的结构,在a、d两点连接一测量电位变化的灵敏电流计。据图回答:

(1)图示的结构涉及________个神经元,含有________个突触。(4分)

(2)如果B受刺激,C会兴奋,如果A、B同时受刺激,C不会兴奋。由此判断A、B释放神经递质的性质依次是________、________。(4分)

(3)细胞合成的神经递质,经过________加工,形成突触小泡,释放到突触间隙,与突触后膜上相应的"受体"结合,引起反应。(1分)"受体"的化学本质是________。(2分)

(4)如图,已知ab=bd,则刺激b点,灵敏电流计指针偏转________次,如刺激c点,则偏转________次。(4分)

27. 回答问题:

(1)人体肝细胞可产生一种分泌蛋白(称为蛋白A),运出细胞后进入血液。已知内质网、核糖体和高尔基体参与了蛋白A的合成或运输,则这些细胞器在蛋白A合成和运输过程中行使功能的顺序是________、________、________。人体的胰岛细胞中________(含有、不含有)蛋白A基因。(7分)

(2)为了研究小鼠在接受大肠杆菌碱性磷酸酶(AKP)刺激后其体内抗体水平的变化,提取大肠杆菌AKP,注射到小白鼠腹腔内,进行第一次免疫。一段时间后,检测到抗体水平达到峰值。在这个过程中,________细胞在淋巴因子的作用下增殖、分化形成的________细胞可以产生抗体。经过一段时间后,再用大肠杆菌AKP进行第二次免疫,________可以快速增殖、分化并产生大量抗体。上述免疫属于________(特异性、非特异性)免疫。(8分)

三、材料分析题(本大题共2小题,每小题20分,共40分)

28. 阅读下面案例材料,回答问题。

林老师为了上好《细胞的结构》一课,精心制作了PPT,并准备了细胞模型、三张挂图和视频材料。课前林老师将这些教具摆放、悬挂好后,马上吸引了许多学生围观。课上他先是播放了视频材料,接着他展示了细胞模型,因为模型过小,后面的同学伸长脖子也看不清;然后他不断翻着PPT,却没有适时作出讲解。下课铃响了,准备好的PPT还没翻完。课后学生们反映说:"我们忙着看这看那,老师讲什么没听清,而且有的PPT白色背景上浅色的字很模糊。"

问题:

(1)材料中的林老师在教学过程中存在哪些问题?(10分)

(2)谈谈在教学过程中教师如何提高知识直观的效果。(10分)

29. 材料:

"联会、同源染色体、四分体"的概念学习

为了帮助学生比较和掌握同源染色体、联会、四分体概念的区别与联系,教师没有直接告诉学生概念的区别,而是在黑板上用不同颜色的笔绘出减数分裂中染色体行为变化(教师同时也在做模型构建的示范),就概念的生成展开了下面的一系列对话:

教师:在老师所画的图中,让长度相同、颜色不同的两条染色体配对代表什么?

学生:联会。

教师:我们下面要学习的一个概念是"同源染色体",按照对字面的理解,你认为该怎么定义呢?

学生:来源相同的染色体。

教师:既然来源相同,那为什么配对的染色体要用两种颜色表示呢?

(学生思考、讨论)

学生:同源染色体不是指来源相同的染色体,而是指在减数分裂过程中配对联会的两条大小和形状相同的染色体,两种颜色分别代表一条来自父方,一条来自母方。

教师:大家对这样的定义有没有不同意见?

教师:配对的两条染色体大小和形状是不是绝对相同呢?是不是只有进行减数分裂的细胞在联会配对之后才出现同源染色体呢?

A. 图Ⅰ显现出该植物细胞正处于光合速率小于细胞呼吸速率的状态

B. 图Ⅱ虚线表示酶促反应中提高底物浓度后的变化曲线

C. 图Ⅲ中Y曲线不能超过K值是受食物、空间、气候、天敌等因素的限制

D. 图Ⅳ曲线表明肝脏中肝糖原在a点时含量最多

5. 下列关于神经调节的叙述中,不正确的是(　　)

A. 神经调节的基本方式是反射

B. 当神经纤维的某一部位受到刺激产生兴奋时,该部位细胞膜内为正电位、膜外为负电位

C. 兴奋只能以局部电流的形式在多个神经元之间单向传递

D. 传出神经元轴突上的某一点受到刺激时,兴奋会由此处向两侧传导

6. 下列关于植物生长素的叙述,错误的是(　　)

A. 植物幼嫩片中的色氨酸可转变为生长素

B. 成熟茎韧皮部中的生长素可以进行非极性运输

C. 幼嫩细胞和成熟细胞对生长素的敏感程度相同

D. 豌豆幼苗切段中乙烯的合成受生长素浓度的影响

7. 下列与绿色植物新陈代谢有关的叙述中,不正确的是(　　)

A. 绿色植物在适宜条件下进行光合作用,突然停止供应CO_2,C_5/C_3的比值将增大

B. 光合作用过程中产生的ATP可以直接用于大豆根吸收无机盐

C. 向水果贮存仓中充入N_2和CO_2的主要目的是抑制有氧呼吸,减少有机物的消耗,延长水果的仓储时间

D. 从植物体内提取的叶绿素溶液,即使给予适宜的温度、光照和CO_2,也无法检测到有氧气生成

8. 如下图表示温棚内光照强度(X)与农作物净光合作用强度(实际光合作用强度与呼吸作用强度之差)的关系(棚内温度、水分和无机盐均处于适宜的条件下)。请据图分析,下列说法中不正确的是(　　)

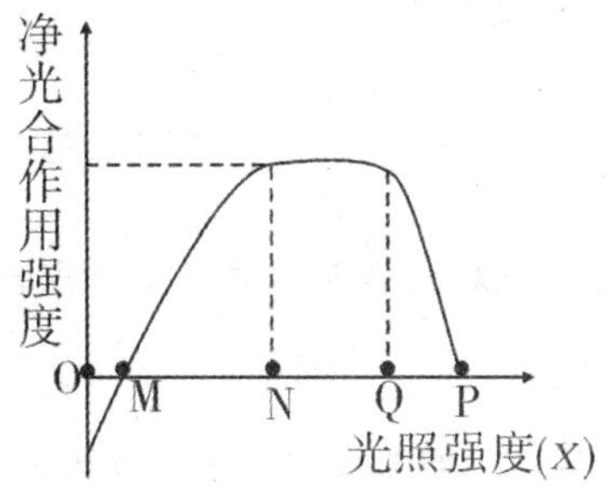

A. 当X＞Q时,可采取遮光措施确保作物的最大光合速率

B. 和Q点相比,P点时叶肉细胞内C_5化合物的含量较Q点低

C. 在N和Q点时分别取农作物上部成熟叶片用碘蒸气处理,Q点所取的叶片显色较深

D. 当X=P时,叶肉细胞内形成ATP的场所有叶绿体、线粒体、细胞质基质

9. 下列有关孟德尔豌豆杂交实验的叙述,正确的是(　　)

A. 孟德尔在豌豆开花时进行去雄和授粉,实现亲本的杂交

B. 孟德尔研究豌豆花的构造,但无需考虑雌蕊、雄蕊的发育程度

C. 孟德尔根据亲本中不同个体表现型来判断亲本是否纯合

D. 孟德尔利用了豌豆自花传粉、闭花授粉的特性

10. 如下图表示某生物细胞内发生的一系列生理变化,X、Y分别表示两种功能不同的酶,请据图分析下面有关叙述不正确的是(　　)

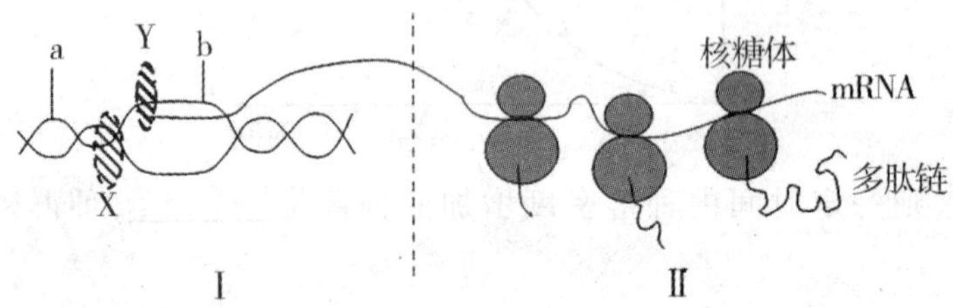

A. X为解旋酶,Y为RNA聚合酶

B. 该图中最多含5种碱基8种核苷酸

C. 过程Ⅰ在细胞核内进行,过程Ⅱ在细胞质内进行

D. b部位发生的碱基配对方式可能有:A—T、A—U、C—G

11. 下图甲、乙、丙为组成生物体的有关化合物,下列叙述中正确的是(　　)

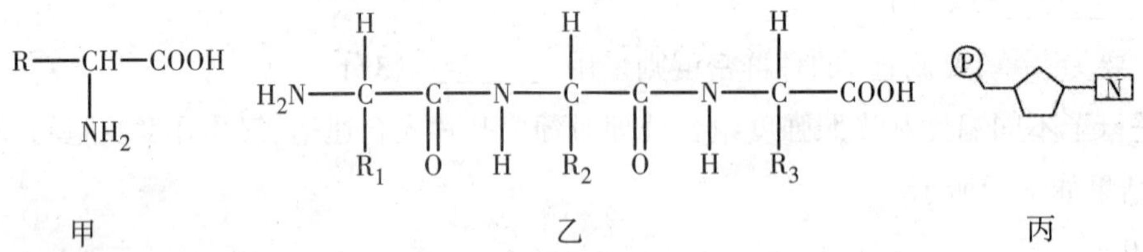

A. 甲为乙的基本单位,乙的结构取决于甲的"R"

B. 乙图肽链中的氨基酸数目和肽键数目均为3

C. 丙主要存在于细胞核中,且在乙的生物合成过程中具有重要作用

D. 若甲中的R为$C_3H_5O_2$,则由二分子甲形成的化合物中含有16个H

12. 下列关于细胞的全能性的叙述,不正确的是(　　)

A. 具有全部遗传信息是细胞的全能性的基础

B. 是指细胞具有分裂分化成完整个体的潜能

C. 细胞的全能性随着细胞分化程度增高而降低

D. 种子萌发长成幼苗体现了植物细胞的全能性

13. 已知果蝇的红眼对白眼为显性,而长翅、残翅显隐性关系未知,下列有关分析或推断,正确的是(　　)

A. 让长翅雌蝇与残翅雄蝇杂交,若后代中的性状及比例为长翅雌蝇∶长翅雄蝇∶残翅雌蝇∶残翅雄蝇=1∶1∶1∶1,可判断长翅为显性,基因位于常染色体上

二、简答题(本大题共2小题,每小题15分,共30分)

26. 假设a、b、c、d是一个简单生态系统中最初仅有的四个种群,其中a、c、d的营养关系为a→c→d,a与b的关系如下图,a是该生态系统主要的自养生物,请回答:

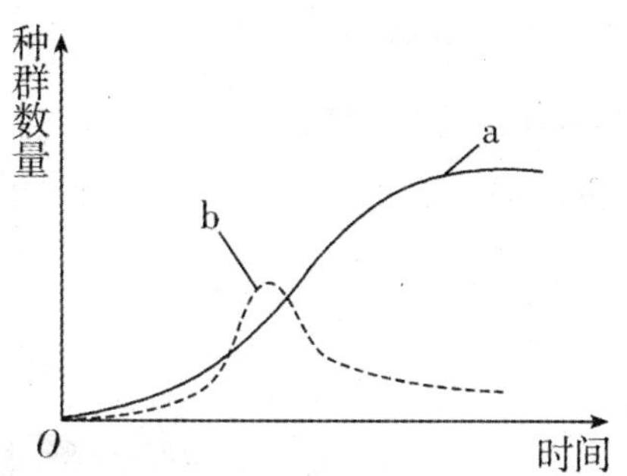

(1)若d大量死亡,则一定时间内种群密度增加的种群是________,种群密度减少的种群是________。(4分)

(2)若持续干旱使a大量死亡,c和d的种群密度将会________。(2分)

(3)当受到外界的轻微干扰后,经过一段时间,该生态系统可以恢复到原来的状态,说明该系统具有________。(2分)

(4)为了调查该生态系统中c种群的密度,捕获了80个个体,将这些个体标记后放掉,一段时间后重新捕获了60个个体,其中有8个带有标记,c种群的数量约为________个。这种种群密度的调查方法称为________。(4分)

(5)若a主要为杂草,要调查a的种群密度则采用________。(3分)

27. 研究者进行了不同温度和光照强度组合处理对葡萄叶片光合速率、气孔开度及胞间CO_2浓度的影响实验,结果如下图所示:

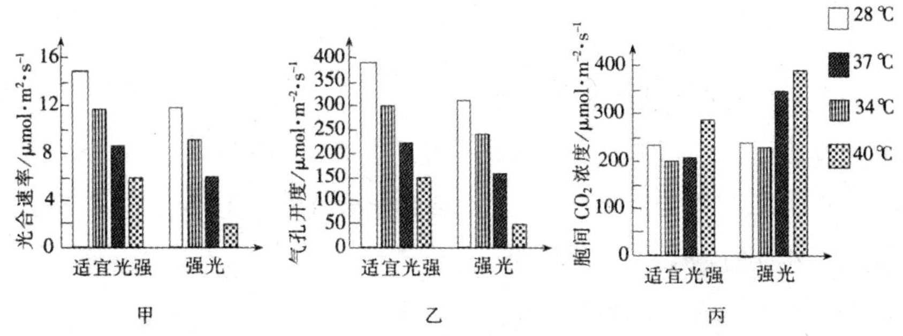

请回答:

(1)在两种光照强度下,随着温度升高,叶片光合速率均________。从甲、乙两图分析,原因可能是:随着温度升高,________,使叶片吸收的二氧化碳减少,________循环受到抑制。(6分)

(2)据丙图可知:适宜光强/40 ℃、强光/37 ℃及强光/40 ℃的组合处理,胞间CO_2浓度均明显升高,推测这些条件下叶片光合速率下降的原因是________。(3分)

(3)分析甲图数据可知,强光或高温都会抑制光合作用,而且________。因而在炎热夏季的葡萄生产中,可采用________措施。(6分)

三、材料分析题(本大题共2小题,每小题20分,共40分)

28. 材料:

教师在"杂交育种和诱变育种"教学结束环节设计如下:

师:这节课我们学习了杂交育种和诱变育种,另外,在上一章我们已经学习了多倍体育种、单倍体育种的方法,现在请同学们列表比较:杂交育种、诱变育种、多倍体育种、单倍体育种在方法、原理、优缺点的异同点。

	杂交育种	诱变育种	多倍体育种	单倍体育种
方法				
原理				
优缺点				
实例				

问题:

(1)这位教师采用的结束方式属于哪种类型?(6分)

(2)简述结束技能的目的以及应用要点。(14分)

图书反馈

重磅！真题重奖征集!

凡提供当年度考试真题者，均可获得现金奖励。具体请联系QQ:3232490489。

（温馨提示：所提供真题须是当年度考试真题，且真实有效。最终解释权归山香教育所有）

亲爱的考生：

感谢您对山香教育的信任和支持，您的建议是我们前进的动力！为进一步提高图书质量，我们特向全国各地的考生开展有奖反馈活动。

1.凡提供山香图书的错题反馈者，均能获得价值99元的山香网课《高频考点》（基础版）大礼包1份。

2.凡提供反馈项目者，可获得价值299元的山香网课《高频考点》（豪华版）超级大礼包1份。

3.我们从意见被采纳人员中每月抽取幸运者2名，各奖励价值1380元的山香网校网课大礼包一份。

图书反馈链接

¥99
大礼包

¥299
超级大礼包

反馈项目

姓名： 专业： 报考地区：

手机号： QQ号：

1.您认为图书中可以增加哪些模块或内容，有助于您的学习？

2.您对本书的印刷、装订、封面有何意见和建议？

3.结合山香现有图书和考情需要，您还需要哪些形式的备考资料？

图书订正链接

联系方式：400-600-3363 研发部QQ：1831595423

招教网：http：//www.zhaojiao.net 山香网校：http：//www.sx1211.cn

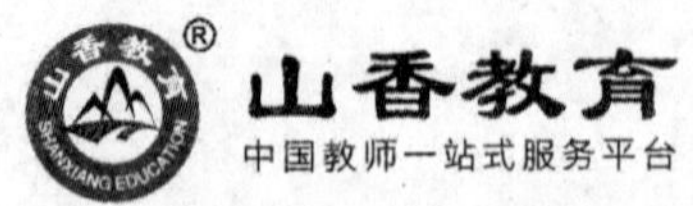

国家教师资格考试

历年真题解析及预测试卷

生物学科知识与教学能力

丨高级中学丨

山香教师资格考试命题研究中心　主编

关注公众号,点击“笔试练习”领取学科笔记

国家教师资格考试

历年真题解析及预测试卷

参考答案及解析

生物学科知识与教学能力

高级中学

山香教师资格考试命题研究中心　主编

目 录

真题试卷

2020年下半年中小学教师资格考试真题试卷(精编)……1
2019年下半年中小学教师资格考试真题试卷……4
2019年上半年中小学教师资格考试真题试卷……8
2018年下半年中小学教师资格考试真题试卷……13
2018年上半年中小学教师资格考试真题试卷……18
2017年下半年中小学教师资格考试真题试卷……23
2017年上半年中小学教师资格考试真题试卷……26
2016年下半年中小学教师资格考试真题试卷……30
2016年上半年中小学教师资格考试真题试卷……35
2015年上半年中小学教师资格考试真题试卷……38

预测试卷

教师资格考试预测试卷(一)……43
教师资格考试预测试卷(二)……47
教师资格考试预测试卷(三)……50
教师资格考试预测试卷(四)……53
教师资格考试预测试卷(五)……57
教师资格考试预测试卷(六)……60
教师资格考试预测试卷(七)……64
教师资格考试预测试卷(八)……67

2020年下半年中小学教师资格考试真题试卷(精编)

答案速查:

1	2	3	4	5	6	7	8	9	10	11	12	13
A	B	A	C	D	D	A	C	B	C	D	C	B
14	15	16	17	18	19							
B	B	B	C	C	D							

一、单项选择题

1. A 【解析】本题考查生物膜流动镶嵌模型。生物膜具有一定的流动性,磷脂分子和大部分蛋白质分子是流动的。故选A。

2. B 【解析】本题考查半透膜。由于细胞色素C(红色)不能通过半透膜,所以a侧浓度高,水分从b侧向a侧运输,导致a侧液面升高,b侧液面下降;由于红色的色素分子不能通过半透膜,所以a侧红色,b侧无色。故选B。

3. A 【解析】本题考查动物行为。题干所述动物行为所依赖的信息类型是化学信息,而候鸟的长途迁徙行为依赖的是物理信息,故选A。

4. C 【解析】本题考查种子萌发。大豆种子在萌发过程中,有机物含量不断减少,种类不断增多,种子鲜重增加的原因是种子吸水,大豆种子在萌发的过程中自由水比结合水的比值升高,代谢增强,故选C。

5. D 【解析】本题考查动物的消化与吸收。Y在反应前后保持不变,代表酶。大多数酶的化学本质是蛋白质,少数酶是RNA。动物消化道中的酶主要为蛋白质类酶。淀粉为糖类,不属于酶。因此,A、B两项错误。X与水反应,生成2分子物质Z。麦芽糖经麦芽糖酶催化水解后产生2分子葡萄糖,符合题图中的反应过程。故Y最可能是麦芽糖酶,D项当选。C项,脂肪酶催化脂肪水解产生的是甘油和脂肪酸,产物为两种不同的物质,C项错误。

6. D 【解析】本题考查实验生物特征。拟南芥是自花传粉植物,是目前已知植物基因组中最小的,易获得突变株,A正确;果蝇属于双翅目,有三对足、两对翅,发育经过受精卵、幼虫、蛹、成虫四个阶段,且幼虫与成虫的差别明显,为完全变态发育,B正确;拟南芥、果蝇等基因组小,因此经常作为遗传学的模式实验生物,C正确;秀丽杆线虫和马蛔虫是线形动物,由结构相似的体节构成是环节动物的特点,D错误。

7. A 【解析】本题考查植物激素。乙烯可以促进果实成熟,不能用于水果保鲜,A错误。

8. C 【解析】本题考查生物遗传。棕猴(Bb)之间相互交配,子代出现一定比例的白猴是性状分离的表现,基因重组至少需要两对等位基因,A错误;对雌雄异株的植物进行异花传粉,需做套袋处理,但不需要做去雄处理,B错误;纯合的甜玉米和纯合的非甜玉米间行种植,可由亲代植株结的籽粒情况判断其显隐性,如果甜玉米植株上出现非甜玉米,则非甜为显性;如果非甜玉米植株上出现甜玉米,则甜为显性,C正确;高茎豌豆与矮茎豌豆杂交,其子代既有高茎又有矮茎出现,是不同的配子随机组合的结果,D错误。

9. B 【解析】本题考查光合作用。NADPH和ATP是在叶绿体类囊体薄膜上合成的,不是在叶绿体基质中形成的,A错误、B正确;只有少数处于特殊状态的叶绿素a能实现光能的转换,C错误;温度为0℃时,酶的活性会降低,光合作用会减弱,不一定停止,D错误。

10. C 【解析】本题考查生物现象。玉米的缺粒现象主要是由传粉不足引起的,A正确;花的类型分为单性花和两性花,既有雌蕊又有雄蕊的是两性花,只有雄蕊或只有雌蕊的是单性花,只有雄蕊的花叫雄花,只有雌蕊的花叫雌花,雄花没有雌蕊,结不出果实,B正确;蕨类植物有了根、茎、叶的分化,根能吸收大量的水和无机盐,并且体内有输导组织,能为植株输送大量的营养物质供植物生长利用,因此蕨类植物一般长得比较高大,C错误;萝卜的根地上部分呈绿色,地下部分呈白色,是因为在培育的过程中,地下部分没有受到阳光的照射,没有叶绿素形成,地上部分见光能形成叶绿素,因此是绿色,所以萝卜的根地上部分和地下部分的不同是由光照引起的,D正确。

11. D 【解析】本题考查有性繁殖的特点。有性生殖生物在进行减数分裂形成配子时,由于非同源染色体自由组合以及同源染色体的非姐妹染色单体交叉互换,形成多种多样的配子,在受精过程中,雌雄配子的结合是随机的,因此形成的受精卵的染色体组成多种多样,使后代具有更大的变异性和适应性,D正确。

12. C 【解析】本题考查种群和群落。A项表述不清楚;B项种群数量不仅取决于出生率和死亡率,还跟迁入率、迁出率有关,B错误;年龄组成可以通过影响种群的出生率和死亡率来影响种群数量,C正确;在某片林区发生火灾以后,长出植物属于次生演替,D错误。

13. B 【解析】本题考查细胞自噬。自噬体和溶酶体各有分工,相互协作,其功能是不同的,A错误;细胞自噬能够加快废旧细胞器的处理速度,B正确;膜吞噬细胞质不具有特异性,C错误;细胞自噬机制发生问题后,细胞代谢减慢,细胞内能量转化效率会降低,D错误。

14. B 【解析】本题考查植物细胞的结构及功能。C指的是细胞壁,不具有选择透过性,N区域即质壁分离间隙的空间,其大小和原生质层的选择透过性有关,A错误;M的颜色加深和原生质层的半透性有关,B正确;C指细胞壁,M指的是细胞液,N指的是细胞壁和原生质体之间的间隙,C错误;根尖分生区细胞没有中央大液泡,不能用来作为本实验的实验材料,D错误。

15. B 【解析】本题考查神经递质的相关知识。由题图可知,物质C能够循环使用,A正确;如果D酶由于某种原因失效,那么下个神经元会持续兴奋,B错误;除了乙酰胆碱外,去甲状腺激素和一氧化碳也能做神经递质,C正确;当兴奋传到神经末梢的时候,突触小泡里面的乙酰胆碱经过胞吐释放到突触间隙,作用于突触后膜,D正确。

16. B 【解析】本题考查动物细胞工程。试管动物的培育主要采用的是体外受精、早期胚胎培养技术和胚胎移植技术,A错误;在细胞传代过程中,细胞可能会发生突变,可无限的传代,B正确;多数动物细胞培养的适宜pH为7.2~7.4,胃蛋白酶在此环境中没有活性,C错误;动物细胞没有细胞壁,膜融合即可,而植物细胞融合的标志是形成新的细胞壁,所以筛选方式不同,D错误。

17. C 【解析】本题考查生态系统、种群和群落。南极冰藻是以硅藻为主的一大类藻类植物,而不是一种生物,A错误;企鹅主要以磷虾为食,所以企鹅种群密度也会随着磷虾种群密度下降而下降,B错误;南极冰藻、磷虾、企鹅与该区域的其他生物组成生物群落,C正确;南极生态系统中全部的能量除了南极冰藻所固定的全部的太阳能之外,还有其他的生产者所固定的能量,D错误。

18. C 【解析】本题考查发酵工程。制作酸奶需要乳酸菌,A错误;乳酸菌在发酵过程中需要无氧条件,B错误;酸奶的酸味来源于乳酸,C正确;将牛奶煮沸后如果立即加入酸奶发酵的菌种,高温会杀死菌种,因此需要冷却后再加入菌种,D错误。

19. D 【解析】本题考查无菌操作。接种、稀释涂布、倒平板均需要无菌操作,配置培养基不需要无菌操作,因为配置完之后要进行灭菌处理,故选D。

二、简答题

20. (1)DACB;两重性

(2)细胞分裂素

(3)乙烯;衰老和脱落

【解析】(1)受光照影响,题图中生长素浓度B>A、C>D,根向C侧弯曲生长是因为其对生长素浓度更敏感,C侧因生长素浓度过高而生长受抑制进而弯曲生长,茎向光弯曲生长是由于A侧生长素浓度低,促进作用不如B侧强而造成的,因此题图乙中①对应D,②对应A,③对应C,④对应B。题图乙曲线体现了生长素作用的两重性。

(2)细胞分裂素一般在植物根部产生,是一类促进胞质分裂的物质,促进多种组织的分化和生长,与植物生长素和赤霉素有协同作用。

(3)植物激素中与赤霉素、生长素、细胞分裂素具有拮抗作用的是脱落酸和乙烯。脱落酸抑制细胞分裂,促进叶和果实的衰老和脱落,乙烯促进果实成熟和器官脱落。

21. (1)基因;自然选择

(2)光;神经—体液

(3)辅助呼吸

【解析】(1)蛙的肤色受基因控制,蛙的肤色变化是经过长期的自然选择形成的。

(2)该实验研究的是在不同光照条件下蛙的肤色变化,因此需要控制光这一环境因素;实验中(1)(2)反映了神经调节的过程,(3)和(4)体现了体液调节的过程。

(3)蛙的皮肤有辅助呼吸、伪装的作用。蛙的皮肤与下层组织之间疏松,且存在多条血管便于与外界进行气体交换,体现的是皮肤的辅助呼吸功能。

三、材料分析题

22.【参考答案】(1)①教师用市场的活性干酵母菌替换原来的新鲜酵母菌,这样做的好处是能够缩短实验时间,有利于课堂教学实验的开展;

②教师用500毫升的厚玻璃瓶和钢管替换锥形瓶和玻璃管,并用带活塞的橡皮塞替换原来的橡皮塞,这样做的好处是玻璃瓶和钢管质地坚硬,不易破碎,与活塞配合使用,密闭性更好。带活塞的橡皮塞使得酵母菌呼吸产生的气体更

加容易进入锥形瓶，方便检测气体。

③用50 mL的锥形瓶替换500 mL锥形瓶来放置澄清的石灰水，可以使反应更快速、现象更明显。

④用专门的仪器来替换原来的气球，这样做的目的是能够更好地通氧，确保氧气的供应，降低实验操作难度，提高实验成功率。

⑤采用让学生闻一闻的方式来代替酸性重铬酸钾溶液检测酒精的方式，这样做的好处是利用学生的生活经验和感官，使学生对实验结果印象更加深刻，并且提升学生灵活进行实验的意识。

(2)中学生物实验一般可以从以下几个方面进行改进：

①简便性原则，比如实验材料方面，尽可能选用方便易得、方便实验操作的材料。材料中的教师很好地替换了相应的材料和仪器使得实验有序合理地开展；

②可行性原则，既要考虑时间也要考虑可操作性。材料中教师采用仪器泵通氧，成本不会太高，学校既可满足学生需求又可以使得实验更加严谨，使得实验更好地开展；

③对照性原则，材料中采用的装置很好地将有氧和无氧两种方式进行对照，便于观察；

④安全性原则，在中学生物实验中，要确保实验的安全性，材料中教师的所有操作都是在安全范围内进行的，试剂的选用、仪器的操作等都遵循了实验的安全性原则。

23.【参考答案】(1)完整的反射弧包括感受器、传入神经、神经中枢、传出神经和效应器。根据该学生绘制的示意图发现，该反射为膝跳反射，缺少反射弧中的神经中枢，并且膝跳反射属于非条件反射，神经中枢在脊髓，不在大脑。另外，示意图中感受器和效应器标注错误。膝跳反射的感受器位于髌骨下面的韧带，效应器位于股四头肌。传入神经和传出神经标注错误，与感受器相连的是传入神经，与效应器相连的是传出神经。

(2)概念转变，就是认知冲突的引发和解决的过程，是个体原有的某种知识经验由于受到与此不一致的新经验的影响而发生的重大改变。引发认知冲突是促使学生实现概念转变学习的契机和动力。教学中一般采用以下两种策略来引发认知冲突。

①通过特殊文本产生认知冲突。一种是批驳性文本，也就是直接呈现学生的错误观念，然后予以批驳，接着再呈现正确的科学观念。材料中，教师组织学生画出膝跳反射的示意图，暴露出学生对于概念理解上的不足，即错误概念，此时教师就可以展示正确的示意图，根据概念进行指正。另一种是非批驳性文本。在这种文本中，首先呈现与错误观念无直接关系的新现象、新事实，以此来激活学生头脑中与新信息相关的原有的错误观念，进而促使学生对原有的错误观念与新信息之间的异同点作出比较，由此引发认知冲突。

②通过合作学习中学生的讨论与对话引发认知冲突。社会建构主义认为，知识具有社会性，即通过社会性相互作用可以加速知识的意义建构。在这种社会建构中，认知冲突是由他人的不同观点引发的。对于每个学习者来说，由于对问题的认识的深度和广度不同，对事物的理解都会受到自身条件、认知水平的局限性的影响，尤其会受到原有认知结构的影响。因此，对同一问题的认识往往会因人而异，有的较全面，有的较片面，有的较深刻，有的则完全错误。这样，学习者之间就会产生不同观点的对立、交锋，从而引发学习者的认知冲突。教师按照不同学生的生活经验和知识储备进行分组讨论，不同学生认知是不同的，经过交流讨论改变原有的认知结构，冲破错误的概念，重新建立新的概念。材料中，教师组织学生画出示意图，不同的学生会有不同的方式，在学生之间就会产生交流，在不同学生的不同观点中引发认知冲突，从而冲破错误概念，建立新的概念。

总之，只有通过这种认知冲突，学习者才易于接受新的、正确的科学观念，实现错误概念向科学概念的转变。

四、教学设计题

24.【参考答案】

(1)

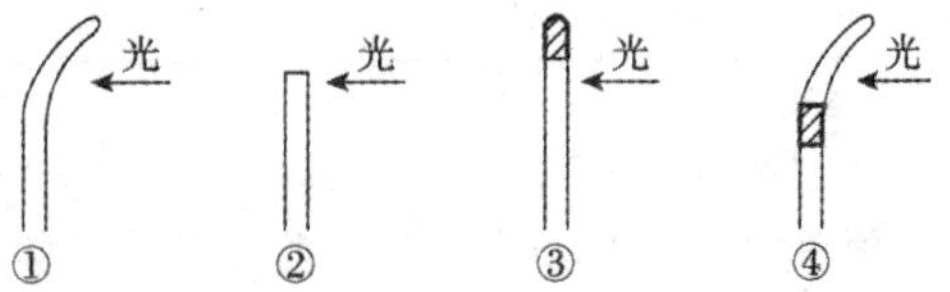

光 光 光 光

① ② ③ ④

正常胚芽鞘（向光弯曲） 尖端切除（不向光弯曲） 尖端遮盖（不向光弯曲） 尖端下部遮盖（向光弯曲）

(2)教学过程：

一、导入新课

教师用多媒体展示春天杏花开放的图片，朗诵诗句："春色满园关不住，一枝红杏出墙来"，随后提出问题：1. 可能是哪种环境刺激引发了杏树生长方向的改变？这种变化有什么意义呢？2. 这种生长方向的改变，是发生在植物幼嫩部分还是成熟部分呢？从生活中常见现象出发，通过问题激发学生的求知欲，从而引出课题。

二、新课教学

首先，教师通过多媒体展示胚芽鞘的尖端和尖端下部图片，引导学生认识胚芽鞘的结构。

然后，教师展示达尔文实验的示意图，解释锡箔纸的作用(不透光)，简单介绍实验过程。

接着，教师组织学生以小组为单位讨论以下问题：

1. 该实验中所涉及的实验条件和实验现象分别是什么？

正确回答：

(1)实验条件：单侧光、完整的胚芽鞘、去掉尖端的胚芽鞘、胚芽鞘尖端与锡箔罩、胚芽鞘尖端下面一段与锡箔罩。

(2)实验现象：①完整的胚芽鞘受到单侧光照射，朝向光源弯曲；②去掉尖端后受到单侧光照射，胚芽鞘不生长、不弯曲；③用锡箔纸罩住尖端后受到单侧光照射，胚芽鞘直立生长；④用锡箔纸罩住尖端下部，单侧光照射，胚芽鞘朝向光源生长。

2. 为什么要分别遮盖胚芽鞘顶端和它下面一段呢？胚芽鞘弯曲生长的是哪一个部分？感受单侧光刺激的又是哪一个部分？

正确回答：分别遮盖胚芽鞘尖端和它下面一段，是采用排除法，观察某一部分不受单侧光刺激时，胚芽鞘的反应，从而确定是胚芽鞘哪一部分在起作用。结果显示胚芽鞘弯曲生长的部位是尖端下面一段，感受光刺激的是尖端。

3. 你怎么解释这一结果？

正确回答：这说明是胚芽鞘尖端接受单侧光照射后，产生某种“影响”传到下面，引起下面一段弯曲生长。

最后，教师通过倾听学生的回答，进一步引导学生做出实验推测：植物的向光弯曲生长是因为单侧光照射胚芽鞘，能使胚芽鞘尖端产生某种刺激，并传到下部，造成背光面比向光面生长快，从而出现胚芽鞘向光弯曲生长的现象。

设计意图：

通过以问题为中心，以思维训练为基准的教学方式，不仅能够体现学生的主体性，也能够提升学生观察、分析与归纳的能力。

三、巩固提升

利用本节课的知识，解决导入中遇到的问题。

四、小结要点

学生总结本节课的所学知识点，教师进行补充完善。

五、布置作业

课后思考：(1)课后查阅资料，思考：如何去证明这种刺激从尖端传递到下部的呢？

(2)通过对达尔文实验的学习，你对于生物科学探究有什么样的感悟呢？

2019年下半年中小学教师资格考试真题试卷

答案速查：

1	2	3	4	5	6	7	8	9	10	11	12	13
B	A	D	B	D	D	B	C	A	D	A	A	D
14	15	16	17	18	19	20	21	22	23	24	25	
D	D	C	D	B	B	B	D	C	D	B	C	

一、单项选择题

1. B 【解析】本题考查生命活动的相关叙述。鱼有流线型的身体，在水中运动时可以减少水的阻力，有利于在水中生活，A项正确；不是所有的间作套种都可以提高农作物的产量，间作套种时要充分考虑农作物的种类、农作物的光能利用等情况，B项错误；滥用抗生素会催生耐药菌的出现，C项正确；DNA的双螺旋结构使DNA的半保留复制成为可能，D项正确。

2. A 【解析】本题考查细菌的相关知识。乳酸菌是原核生物，属于厌氧菌，有细胞壁；醋酸杆菌是原核生物，属于好氧菌，有细胞壁。二者生长的最适温度不相同，故选A。

3. D 【解析】本题考查ATP的合成的相关知识。根据题意知，细菌视紫红质在光的驱动下起到质子泵的作用，质子泵可以引发质子浓度差，从而为ATP的合成提供能量，所以人工小泡中不仅要添加ADP和磷酸，还要添加细菌视紫红质和ATP合成酶，这样在光下就可以生成ATP。

4. B 【解析】本题考查生物膜系统的相关知识。无氧呼吸的第一、二阶段都在细胞质基质中进行，B项错误。

5. D 【解析】本题考查细胞的结构及功能。原核细胞没有核仁，也能形成核糖体，A项错误；细胞间的信息交流不是都必须依赖细胞膜上的受体蛋白，如高等植物细胞间可以通过胞间连丝相互连接，进行细胞间的信息交流，B项错误；细胞内的蛋白质有的是在游离的核糖体上合成的，C项错误；核孔是某些生物大分子进出细胞核的通道，其具有选择性，D项正确。

6. D 【解析】本题考查种子的萌发。因为煮熟的种子已死亡，无法进行呼吸作用，所以瓶内温度、氧气的含量、种子的质量都不会发生变化，A、C项错误；若Y表示种子的质量，曲线b水平，表示质量不变，而萌发的种子可以进行呼吸作用消耗有机物，其质量会减小，所以b不表示萌发的种子，B项错误；因为萌发的种子呼吸作用旺盛，会不断消耗氧气，产生二氧化碳，所以瓶内二氧化碳量逐渐上升，D项正确。

7. B 【解析】本题考查鸟类的行为。鸟类的繁殖行为一般包括求偶、交配、产卵、孵卵和育雏等行为，但并不是所有鸟类都有这些繁殖行为，例如杜鹃不孵卵、不育雏。B项错误。

8. C 【解析】本题考查基因工程技术。通过图示可知，Cas9蛋白是一种核酸内切酶，其作用是破坏DNA特定位点的磷酸二酯键，C项错误。

9. A 【解析】本题考查病毒的相关知识。有的病毒在侵染细胞时，其蛋白质会进入宿主细胞，例如HIV病毒。A项错误。

10. D 【解析】本题考查病毒的研究、预防和诊断。发现H7N9型禽流感患者应及时隔离是控制传染源，A项错误；在光学显微镜下看不到病毒，B项错误；用PCR技术在体外扩增H7N9型禽流感病毒的基因时需要引物，C项错误；用DNA分子做探针，利用分子杂交原理可以检测H7N9型禽流感病毒，D项正确。

11. A 【解析】本题考查植物的光合作用和呼吸作用的影响因素。根据题图可得，光照强度等于1时，35 ℃条件下CO_2的吸收速率等于0，呼吸速率等于总光合速率，A项正确；光照强度大于7时，25 ℃和15 ℃条件下植物的CO_2吸收速率相等，即净光合速率相等，但是总光合速率=呼吸速率+净光合速率，由于25 ℃和15 ℃条件下植物的呼吸速率不相同，所以两个温度下植物的总光合速率也不相同，B项错误；光照强度大于7时，5 ℃条件下与光合作用有关的酶的活性不是最高的，C项错误；光照强度等于8时，15 ℃条件下植物释放氧气的速率比5 ℃、35 ℃实验组的大，与25 ℃实验组的相等，D项错误。

12. A 【解析】本题考查人体生命活动的相关知识。组织液渗回血浆或渗入淋巴受阻可导致组织液增多，会导致组织水肿，A项正确；血红蛋白存在于红细胞中，不属于内环境成分，B项错误；抗体与抗原特异性结合发挥作用后通常被吞噬细胞吞噬，C项错误；在寒冷环境中下丘脑可分泌促甲状腺激素释放激素，D项错误。

13. D 【解析】本题考查植物激素的生理作用。该实验的自变量是油菜素内酯的浓度，A项错误；根据题表可知，促进芹菜幼苗生长的最适油菜素内酯浓度在0.2～0.4 mg/L之间，B项错误；从题表中可以看出，油菜素内酯的浓度为0 mg/L时，芹菜幼苗平均株高为16 cm，油菜素内酯的浓度分别为0.1 mg/L、0.2 mg/L、0.3 mg/L、0.4 mg/L和0.5 mg/L时，芹菜幼苗平均株高都比16 cm高，所以在调节芹菜幼苗生长的过程中，油菜素内酯的生理作用只显示出了促进作用，没有显示抑制作用，C项错误；芹菜幼苗的初始生长状况、培养幼苗的各种条件等是该实验的无关变量，D项正确。

14. D 【解析】本题考查陆地植物的特征。热带雨林的植被类型为常绿阔叶林，随季节变化不明显，A项错误。靠近森林一侧的草原，草群茂盛，植被种类繁多；靠近沙漠一侧的草原，草群低矮稀疏，植被种类非常少。草原植物的生长发育受雨水的影响大，B项错误。苔原植被以苔藓、地衣为主，C项错误。荒漠植物抗逆性强，其适应性特征有利于吸收土壤中的水分或减少体内水分的散失，保持体内水分的收支平衡，D项正确。

15. D 【解析】本题考查实验材料或试剂的相关知识。色素溶于有机溶剂而不溶于水，故蒸馏水不能代替层析液进行叶绿体色素的分离，A项不符合题意；斐林试剂无法给DNA染色，所以观察DNA的分布时不能用斐林试剂代替甲基绿染色，B项不符合题意；0.14 mol/L NaCl中DNA溶解度最小，2 mol/L NaCl中DNA溶解度最大，C项不符合题意；大蒜根尖和洋葱根尖分生区都可以进行旺盛的有丝分裂，D项符合题意。

16. C 【解析】本题考查种群和群落的相关知识。该水库拥有的多种生物构成了水库的物种多样性，属于生物多样性之一，A项错误；物种丰富度指生物种类的多少，B项错误；不同动植物分布于不同水层体现了群落的垂直结构，C项正确；标志重捕法适用于调查活动能力强、活动范围广的动物的种群密度，调查该水库中浮游动物的种群密度不适合用标志重捕法，D项错误。

17. D 【解析】本题考查常染色体和性染色体上基因的遗传。F_1雌鸡中光腿∶毛腿=3∶1，雄鸡中光腿∶毛腿=3∶1，由此可见，控制光腿与毛腿的基因在常染色体上，与性别无关；F_1雌鸡中片羽∶丝羽=1∶1，而F_1雄鸡全是片羽，所以控制片羽与丝羽的基因在性染色体上，故选D。

18. B 【解析】本题考查常见的育种方法。杂交育种能将不同植株的优良性状集中在一个个体，若利用高产不抗病和低产抗病的玉米培育出高产抗病的玉米品种，在农业生产中一般采用杂交育种的方法。故选B。

19. B 【解析】本题考查种群的相关知识。种群变小，种群数量减少，导致种群基因频率变化的速度加快，会在世代间发生显著的变化，A项错误；种群变小，近亲交配机会增大，导致有害基因纯合的概率增加，B项正确；种群变小后种内斗争减弱，C项错误；种群变小，种群基因库变小，基因多样性降低，可能导致适应环境的变异减少，D项错误。

20. B 【解析】本题考查不同植物的特征。从题表中可以看出，随着每克茎枝上的生根数的逐渐减少，花蜜产量逐渐增多，所以茎枝上的生根数与花蜜的产量呈负相关，A项错误；物种R的每朵花蜂鸟采蜜的次数和每朵花产生种子的数目都是低于物种C的，所以如果蜂鸟数量下降，对C繁殖的影响比R的更大，B项正确；R、E主要进行无性生殖，N、V、C主要进行有性生殖，C项错误；从题表中可以看出花蜜中蔗糖的相对浓度与蜂鸟是否采蜜并无必要的联系，D项错误。故本题选B。

21. D 【解析】本题考查中学生物学课程标准的相关知识。教学大纲和课程标准均是生物课程教学的重要参考，各有侧重，无高低之分，A项错误；课程标准的规定仅是教师实施教学时的重要参考之一。除此之外，教师还需根据学生的认知、具体实施条件等做出适宜的调整，而不是机械地执行，B项错误；教学大纲侧重于知识方面的要求，C项错误；课程标准主要描述了学生的学习成果，且对学习成果的描述都是可见的行为，D项正确。

22. C 【解析】本题考查学生生物科学素养的发展过程。学生在开始中学生物学课程学习之前就有了一定的经验和生活积累，中学生物学课程学习是在此基础上开始的，所以学生进行中学生物学课程学习的起点是b；由于学生的中学生物学课程学习结束后，学生还会在生活实践或其他因素的影响下提升生物科学素养，所以中学生物学课程学习的终点是c。故选C。

23. D 【解析】本题考查概念的转变。概念转变需要满足的四个条件是对原有概念的不满、新概念的可理解性、新概念的合理性、新概念的有效性。题干中教师引导学生触发对原有概念的不满，进而建立正确的概念，这种教学突出体现了概念转变的基础是对原有概念的不满。

24. B 【解析】本题考查行为主义学习理论。巴甫洛夫最早提出强化的概念，强化是在行为之后，以有助于该行为重复出现而进行的奖惩过程，所以定期对已学内容进行复习巩固符合行为主义学习理论。

25. C 【解析】本题考查区分度。区分度是指某题目对不同水平的答题者的反应的区分程度和鉴别能力。即水平好的得高分，水平差的得低分，题干中程度差的反而成绩较好，说明区分度为负值。

二、简答题

26.【答案】

(1)突触小泡；胞吐；受体

(2)C；乙酰胆碱

(3)基因工程

【解析】(1)乙酰胆碱在神经元的胞质中合成后，贮存在突触小泡中；乙酰胆碱通过胞吐这一跨膜运输的方式，由突触前膜释放作用于突触后膜；乙酰胆碱与突触后膜上的受体结合，从而进行信息传递。

(2)由题图看出可以被重复利用的物质是C；VX神经毒剂可以迅速与乙酰胆碱酯酶结合，从而使乙酰胆碱酯酶无法分解乙酰胆碱，导致乙酰胆碱积累。

(3)丁酰胆碱酯酶在人体内的含量非常低，可以通过基因工程技术大量生产。

27.【答案】

(1)排除其他因素对实验结果的干扰

(2)较低；减少水分的散失

(3)信号分子介导的细胞信号转导

【解析】(1)对照实验的目的是排除其他因素对实验结果的干扰。

(2)由题图可以看出，当6号植株接受刺激后，6～8号植株的气孔开放度比9～11号植株的低；用高浓度的甘露醇来浇灌刺激6号植株，此时细胞外液的渗透压升高，导致细胞失水，为了减少水分的散失，植株的气孔开放度降低。

(3)6号植株遭受干旱胁迫的信息在植株之间传递的可能机制是信号分子介导的细胞信号转导。

三、材料分析题

28.【参考答案】

(1)材料中教师的教学设计包含以下几个方面：

教学重点：生长素的生理作用。

教学目标：①知识目标：举例说明植物生长素的生理作用及其在农业生产中的应用；②能力目标：进行生长素类似物促进插条生根的最适浓度的探究，通过分析图表总结生长素发挥作用时的特点，提高分析和处理数据的能力；③情感态度与价值观目标：认同合作对于科学探究的重要性。
教学过程:①导入新课:通过复习旧知识来导入新课;②新课讲授:课前进行实验,并制成录像。上课时利用多媒体在课堂上播放,引导学生绘制柳树茎切段在不同浓度生长素下的生根数量曲线图,让学生总结图中不同生长素浓度对茎生根的影响。用同样的实验方法,画出不同浓度生长素对茎、芽生长的影响的曲线图。结合三幅图,总结生长素对不同器官的作用与其浓度的关系,总结同一器官生长素的作用与浓度的关系,从而得出生长素作用的"两重性"。③巩固:最后设置问题检验学生的掌握情况。

(2)该教学设计的优点主要包括:按照教学目标来组织教学,有利于教学目标的达成;引导学生通过画曲线图自主分析不同浓度的生长素对植物根、芽和茎的生长的影响,有利于纠正学生的误区,充分调动学生的积极性,能够更好地突破本节课的教学重难点,取得良好的教学效果。

29.【参考答案】

(1)①借助生活实例创设的教学情境。课前2分钟教师从困扰学生的真实烦恼"青春痘"入手,介绍了"青春痘"的引发原因和预防、治疗的方法,引出激素调节的课题,结合学生的生活实际,有利于调动学生的学习兴趣。②借助图像创设的教学情境。材料中教师在引导学生学习生长激素时,借助多媒体展示两幅不同的照片,从而进行对比,提出相关教学问题。③借助活动创设的教学情境。材料中教师在课后组织学生选做"用动物激素来饲喂小动物"课题研究,并通过研究理解甲状腺激素对蝌蚪发育的影响。④借助问题创设的教学情境。材料中教师在引导学生学习胰岛素、甲状腺激素和生长激素时分别提出相关的教学问题,引发学生思考,从而得出结论。

(2)①要根据教学目标、教学内容的特点等来创设教学情境。材料中教师为了帮助学生理解所学知识,从困扰学生的真实烦恼"青春痘"入手,介绍了"青春痘"的引发原因和预防、治疗的方法,从生活实际入手引出激素调节的课题,更贴近学生生活。②创设的教学情境要能更好地促进学生进行课后练习。材料中教师通过一系列实验引导学生理解探究实验,这有利于课后教师组织学生选做"用动物激素来饲喂小动物"课题研究,从而进一步加深学生对激素调节的理解。③创设的教学情境要能启发学生的思维。材料中教师结合实验提出一系列的问题,引导学生主动参与到课堂活动中,引导学生自主探究,启发学生的思维。

四、教学设计题

30.【参考设计】

(1)引入:胰腺能分泌胰液,胰液通过导管注入小肠,其中的酶用来消化食物。胰液的分泌是如何调节的呢?引入新课时提出问题,引发学生思考。

探究:19世纪学术界普遍认为是胃酸刺激小肠的神经,神经将兴奋传给胰腺,胰腺才分泌胰液。分析沃泰默的实验:把稀盐酸注入狗的上段小肠肠腔内。提问:这样做会发生什么现象?学生回答:会引起胰腺分泌胰液。为了进一步验证这个结果,沃泰默直接将稀盐酸注入狗的血液中,结果发现这不会引起胰液的分泌。然后有人作出假设:如果胰液的分泌要通过神经调节,就需要完整的反射弧参与,一旦反射弧遭到破坏,反射就无法进行,则胰腺就不能分泌胰液。为了证明这个假设是正确的,沃泰默又进行了实验:他进而切除了通向该段小肠的神经,只留下血管,再向小肠内注入稀盐酸,提问:这个时候会出现什么实验现象?学生回答:神经被切除,反射弧不完整,神经冲动无法传到胰腺,因此胰腺不会分泌胰液。观看实验结果:胰腺可以分泌胰液。这与大家猜测的是不一样的,那么沃泰默是怎么解释这个实验现象的呢?他对这一结果的解释是这是一个十分顽固的神经反射。之所以说它顽固,是由于小肠上微小的神经难以剔除干净。通过这些实验得出胰液的分泌不是神经系统的调节。那究竟是什么在调节胰液的分泌?进而展示斯他林和贝利斯的实验,他们大胆地作出另一种假设:这不是神经反射而是化学调节——在盐酸的作用下,小肠黏膜可能产生了一种化学物质,这种物质进入血液后,随血流到达胰腺,引起胰液的分泌。为了验证这一假设,他们把狗的一段小肠剪下,刮下黏膜,将黏膜与稀盐酸混合加砂子磨碎,制成提取液。将提取液注射到同一条狗的静脉中,提问学生:这个时候会发现什么?学生回答:发现这能促进胰腺分泌胰液。这可以证明他们的假设是正确的,他们把小肠黏膜分泌的这种化学物质称作促胰液素,巴甫洛夫也验证了他们的实验结论。

解释:沃泰默、斯他林和贝利斯的实验证明了稀盐酸刺激小肠黏膜所产生的化学物质才是促进胰液分泌的原因,之后,他们就将这种化学物质称为促胰液素,也是人们发现的第一种激素。

迁移:通过这节新知识的学习,引导学生结合新旧知识思考讨论激素是如何调节生命活动的。

评价:引导学生思考讨论激素是什么物质,从而评价学生概念及应用能力的掌握。

(2)“探究”环节的具体教学过程如下:

师:19世纪学术界普遍认为是胃酸刺激小肠的神经,神经将兴奋传给胰腺,胰腺才分泌胰液。这种说法是否正确呢?那么我们首先来分析法国学者沃泰默的实验,沃泰默把稀盐酸注入狗的上段小肠肠腔内,这样做会有什么现象发生呢?

生:会引起胰腺分泌胰液。

师:为了进一步验证这个结果,沃泰默直接将稀盐酸注入狗的血液中,结果发现这样不会引起胰液的分泌。这时有人作出假设:如果胰液的分泌是通过神经调节,就需要完整的反射弧参与,一旦反射弧遭到破坏,反射就无法进行,那胰腺就不能分泌胰液。为了证明这个假设是正确的,沃泰默又进行了实验:他进而切除了通向该段小肠的神经,只留下血管,再向小肠内注入稀盐酸,那么这个时候会出现什么实验现象?

生:神经被切除,反射弧不完整,神经冲动无法传到胰腺,因此胰腺不会分泌胰液。

师:他的实验结果是胰腺可以分泌胰液。与大家猜测的是不一样的,那么沃泰默是怎么解释这个实验现象的呢?他对这一结果的解释是这是一个十分顽固的神经反射。之所以说它顽固,是由于小肠上微小的神经难以剔除干净。通过这些实验可以得出胰液的分泌不是神经系统的调节。那么究竟是什么在调节胰液的分泌?英国科学家斯他林和贝利斯读了沃泰默的论文,他们大胆地作出另一种假设:胰液的分泌不是神经反射而是化学调节——在盐酸的作用下,小肠黏膜可能产生了一种化学物质,这种物质进入血液后,随血流到达胰腺,引起胰液的分泌。为了验证这一假设,他们把狗的一段小肠剪下,刮下黏膜,将黏膜与稀盐酸混合后加砂子磨碎,制成提取液。将提取液注射到同一条狗的静脉中,这个时候会发现什么现象呢?

生:发现这样能促进胰腺分泌胰液。

师:对,这证明了他们的假设是正确的。他们把小肠黏膜分泌的这种化学物质称作促胰液素,巴甫洛夫也验证了他们的实验结论。

2019年上半年中小学教师资格考试真题试卷

答案速查:

1	2	3	4	5	6	7	8	9	10	11	12	13
A	B	D	B	B	D	B	C	D	B	C	A	A
14	15	16	17	18	19	20	21	22	23	24	25	
B	C	D	D	B	B	A	A	A	B	A	A	

一、单项选择题

1. A 【解析】本题考查细胞器。大肠杆菌是原核生物,原核生物的细胞中无核膜包被的细胞核,无线粒体、叶绿体、内质网等细胞器,但有核糖体。小肠上皮细胞是真核细胞,真核细胞中有核膜包被的细胞核,还有核糖体等各类细胞器。故二者共有的细胞器是核糖体,故本题选A。

2. B 【解析】本题考查病毒的相关知识。病毒没有细胞结构,不能独立生存,只能寄生在活细胞内生存,故A、C两项错误。病毒的遗传物质是DNA或RNA。如题图所示,SARS病毒是RNA病毒,其存在的遗传物质为RNA,不含DNA,故存在的碱基是A、G、C、U,D项错误。RNA病毒的变异率较DNA病毒高,B项正确。

3. D 【解析】本题考查细胞中的化合物。细胞中的水解反应是生物大分子与水之间发生的取代反应,其结果是生物大分子分解成单体。胰岛素是由两条肽链组成的蛋白质,其单体为氨基酸;纤维素是多糖,其单体为葡萄糖;核糖核酸是由多个核糖核苷酸组成的。三者都是生物大分子,都能发生题图中的水解反应。脱氧核糖是一种五碳糖,属于单糖,不能发生此类水解反应。故本题选D。

4. B 【解析】本题考查细胞膜的流动性。细胞膜主要由蛋白质、脂质和糖类组成。磷脂双分子层构成细胞膜的基本支架,且具有流动性。随着细胞的融合,标记为红、绿两种不同颜色的荧光物质在融合细胞表面从各占半边变为均匀分布,说明被荧光物质标记的蛋白质发生了“移动”,进而说明细胞膜具有流动性。故本题选B。

5. B 【解析】本题考查细胞的凋亡。由题中左图可知,随着蜂毒素浓度的升高,胃癌细胞的凋亡率不断升高,且当蜂毒素浓度大于4 μ/mL时,其诱导效应增强。分析题中右图可知,随着蜂毒素浓度的升高,*Bax*基因表达增强、*Bel*-2基因表达减弱,说明蜂毒素能促进*Bax*基因的表达,而抑制*Bel*-2基因的表达。两个结果共同说明了蜂毒素可影响胃癌细胞基因的表达,进而诱导胃癌细胞凋亡。综上所述,A、C、D三项正确。癌细胞具有无限增殖的能力,其新陈代谢较旺盛,酶的活性较强,其细胞周期较正常细胞短,题图不能证明*Bax*蛋白和*Bcl*-2蛋白均可明显缩短癌细胞增殖的周期,B项错误。

6. D 【解析】本题考查细胞周期。细胞周期分为分裂间期和分裂期,其中分裂间期又分为G_1期、S期和G_2期。G_1期是一个生长期,此时期主要进行RNA和蛋白质的合成,并为下一阶段DNA的合成做准备,因蛋白质的合成场所是核糖体,故此时期是核糖体最活跃的时期,B项错误。S期是DNA合成期,此时期进行DNA分子的复制,C项错误。G_2期有少量RNA和蛋白质的合成,为M期做准备。M期主要进行细胞分裂,所需要的时间较分裂间期短得多,故M期较长的细胞更适合做"观察细胞有丝分裂"实验的材料。故A项错误、D项正确。

7. B 【解析】本题考查细胞膜。由题图可知,K^+通道只允许K^+通过,Na^+通道只允许Na^+通过,说明通道蛋白对离子运输有选择性,A项错误。题图中钠-钾泵能将K^+运到细胞内,同时将Na^+运到细胞外,有ATP催化部位,说明其有运输和催化两种功能,B项正确。膜内K^+浓度高于膜外,膜外Na^+浓度高于膜内,细胞内K^+外流和Na^+内流都可通过各自的通道蛋白顺浓度梯度运输,不消耗ATP,C项错误。由题图可知,细胞内K^+浓度高,细胞外Na^+浓度高,D项错误。

8. C 【解析】本题考查细胞核。根据题干信息,有无细胞核的对照实验说明细胞核对细胞的新陈代谢有明显影响,说明细胞核的存在能使细胞维持正常的生命活动,细胞核是细胞代谢的控制中心。

9. D 【解析】本题考查DNA的复制。DNA的复制方式是半保留复制,即新合成的DNA分子中的两条脱氧核苷酸链,一条链来自亲代,另一条链是新合成的。标记^{15}N的DNA链随着复制过程会进入两个不同的DNA分子,所以无论培养至第几代,总有两个DNA分子中的一条链是被^{15}N标记的。培养至第n代后,DNA分子个数为2^n。根据15:1这一比例,可以计算出在培养至第n代后共32(即15×2+2)个DNA分子,所以$2^n=32$,$n=5$。故本题选D。

10. B 【解析】本题考查伴性遗传。红绿色盲是由X染色体上的隐性基因控制的,若用B、b分别表示该性状的显隐性,则色盲男子的基因型为X^bY,所有体细胞中都有性染色体X^bY,其产生的精子有X^b、Y两种,含Y的精子没有色盲基因。故A、C两项错误。色盲女子的基因型为X^bX^b,产生的卵细胞中都有X^b染色体,即都有色盲基因,B项正确。表型正常的女子的基因型有X^BX^B、X^BX^b两种,可能是色盲基因的携带者,D项错误。

11. C 【解析】本题考查生物变异应用:育种方法。无子西瓜是三倍体,通过多倍体育种得到的。青霉素高产菌株的育种方法是诱变育种,原理是基因突变。矮秆抗病小麦是通过高秆抗病和矮秆易感病两个小麦品种,经过不断杂交得到的,其育种方法是杂交育种。无子番茄和无子西瓜培育原理不同,无子番茄是在未传粉之前,在雌蕊的柱头上涂上一定浓度的生长素,因生长素能促进果实发育,可促进子房直接发育成果实,从而得到无子番茄。

12. A 【解析】本题考查基因的表达过程。图中①表示转录过程,在细胞核中进行,需要4种游离的核糖核苷酸,正确。②表示mRNA修饰加工过程,需要RNA酶的催化,此过程发生在细胞核,错误。③表示翻译过程,此过程需要核糖体的参与,因得到的产物是促甲状腺激素,发生该过程的细胞应是垂体,错误。④表示蛋白质的加工过程,此过程中需要内质网和高尔基体的参与,消耗ATP,错误。

13. A 【解析】本题考查免疫。在体液免疫和细胞免疫过程中,吞噬细胞能摄取、处理进入机体的抗原,并将抗原呈递给T细胞。根据题干描述,DC的免疫功能与吞噬细胞相似,既能参与细胞免疫也能参与体液免疫,故A项正确、C项错误。DC是一种免疫细胞,由造血干细胞分化而来。记忆细胞可以分化为效应B细胞或效应T细胞,B项错误。DC识别抗原后才能激发免疫应答,D项错误。

14. B 【解析】本题考查减数分裂。根据题意,低温诱导可使二倍体草鱼卵原细胞在减数第一次分裂时不形成纺锤体,所以初级卵母细胞不会发生同源染色体分离,进而导致次级卵母细胞中含有同源染色体,在减数第二次分裂后期,姐妹染色单体分离,染色体数目加倍。故A项错误、B项正确。因染色体数目加倍,减数分裂后得到的卵细胞应与体细胞染色体数目一致,含两对同源染色体,而C图所示细胞中只有三条染色体,故C项错误。题中卵细胞与二倍体个体产生的精子结合得到的胚胎细胞是有两组同源染色体的三倍体,而D图所示细胞中有三对同源染色体,且为二倍体,故D项错误。

15. C 【解析】本题考查基因与性状。AABbcc与aaBbCc杂交,由题干可知后代中显性基因的数量影响着棉花纤维的长度。要想判断F_1棉花纤维的长度范围只需找出后代中显性基因最多和最少的个体即可。根据基因的自由组合定律，后代中显性基因最多的个体的基因型为AaBBCc，显性基因最少的个体的基因型为Aabbcc。已知基因型为aabbcc的棉花纤维长度为6 cm，基因型中每多一个显性基因，棉花纤维的长度就增加2 cm，所以基因型为AaBBCc的棉花纤维长度为14 cm，基因型为Aabbcc的棉花纤维长度为8 cm。故本题选C。

16. D 【解析】本题考查人工选择与自然选择。由题图可知，在持续选择的情况下，面粉甲虫蛹的平均重量持续增加，说明实验者在每个世代中选择了体重较大的蛹作为亲本，使体重较大的个体的基因保留了下来，A项错误。在停止人工选择后，平均蛹重逐渐下降，说明在自然环境下，体重大的个体易被环境淘汰，体重越小的个体在自然环境下生存和繁殖能力更强，B项错误。该实验中，人工选择的甲虫蛹的体重越来越大，而自然选择的甲虫蛹的体重越来越小，可见人工选择的方向与自然选择的方向是相反的，C项错误。实验中，由于选择的作用，基因频率处于不断变化中，D项正确。

17. D 【解析】本题考查植物激素。比较表格数据可知，喷洒5 ppm生长素的水稻，产量和成熟粒率都是最高的，所以5 ppm生长素促进增产的综合效果最好，A项正确。和空白对照组相比，喷洒20 ppm乙烯利的水稻成熟率增大了，说明20 ppm乙烯利可以促进水稻籽粒的成熟，B项正确。与空白对照组相比，喷洒30 ppm赤霉素的水稻的千粒重数值更大，说明30 ppm赤霉素可促进水稻籽粒淀粉的累积，C项正确。该实验中，每次只喷洒了一种激素，而没有进行同时喷洒两种或以上激素的实验，无法判断各类激素对水稻籽粒成熟的作用关系，可能是协同作用，也可能是拮抗作用，D项错误。

18. B 【解析】本题考查种群。栖息地片段化使动物活动范围变小，不利于动物个体的迁入、迁出，阻碍了基因交流，且片段化的栖息地内的食物、空间等各种资源有限，会使种内斗争加剧。故A、D两项正确。大种群中个体较多，基因交流范围更大且不容易受到不利因素的影响；小种群中个体较少，基因交流范围有限，容易发生近亲繁殖，使种群遗传的多样性下降，且易受不利因素影响，基因频率易发生较大变化，不利于种群的生存与繁衍。故B项错误、C项正确。

19. B 【解析】本题考查传染病：艾滋病。艾滋病是由艾滋病病毒(HIV)引起的。HIV是一种RNA病毒，HIV进入人体后，主要攻击人体的T细胞，导致患者几乎丧失免疫功能。艾滋病的主要传播途径是性接触传播、血液传播和母婴传播，握手、拥抱、游泳等日常接触不会传播。选项中，A、C、D三项属于日常接触，B项属于血液传播，故本题选B。

20. A 【解析】本题考查生物技术：基因工程。过程①表示反转录法获取目的基因的过程，可以不用PCR扩增，A项正确。过程②表示重组质粒的构建，需要用限制酶对质粒进行切割，再用DNA连接酶，将质粒与目的基因组装起来。过程①用到的酶是DNA聚合酶和限制酶(与切割质粒的限制酶相同)，B项错误。定向变异是按照人的意愿通过一定的技术手段(主要是基因工程)让生物朝人需要的方向进行的变异。重组质粒转入农杆菌中，目的基因不能在农杆菌中表达，农杆菌没有发生变化，C项错误。DNA探针只能检测目的基因是否在受体细胞中复制、转录，不能用于检测目的基因的表达。检测目的基因的表达可以使用抗原-抗体杂交的方法，D项错误。

21. A 【解析】本题考查教学目标。该教学目标中，“理解……”“掌握……”这一系列的要求过于笼统，不够具体，这些目标是否达成不容易检测出来。表达教学目标时，应用明确、具体、可观察的行为动词来陈述学生要学习的内容、相应的学习行为，如“描述”“列出”“概述”等，故A项正确。应用水平的教学目标应是在新的情境中使用抽象的概念和原则进行总结和推广，建立不同情境下的合理联系。该教学目标中，“光合作用的基本过程”“光合作用的概念”等为了解水平，“光反应与暗反应的区别”为理解水平，故B项错误。制订教学目标需要考虑课程标准、教学内容、学生实际、社会需要等多重因素，故C项错误。教学目标是对学生的基本要求，课程标准是国家对教学设定的最高要求，故D项错误。

22. A 【解析】本题考查科学探究环节。科学探究的各个环节都有其基本要求。提出问题的基本要求包括：①尝试从日常生活、生产实际或学习中发现与生物学相关的问题；②尝试书面或口头表述这些问题；③描述已知科学知识与所发现问题的冲突所在。作出假设的基本要求包括：①应用已有知识，对问题的答案提出可能的设想；②估计假设的可检验性。制订计划的基本要求包括拟订探究计划、列出所需要的材料与用具、选出控制变量、设计对照实验。实施计划的基本要求包括：①进行观察、实验；②收集证据、数据；③尝试评价证据、数据的可靠性。

得出结论的基本要求包括描述现象,分析和判断证据、数据,得出结论。表达和交流的基本要求包括写出探究报告、交流探究过程和结论。综上所述,A项正确,B、C两项错误。学生在每一次科学探究活动中不一定要亲历上述的所有环节,如提出问题可以由教师完成,D项错误。故本题选A。

23. B 【解析】本题考查教学片段的分析。在该教学片段中,教师通过带领学生学习、分析达尔文"生长素发现"实验的过程,让学生对达尔文的实验设计思路有了一定的了解,同时也能够掌握一定的科学实验的分析方法,以便巩固科学探究的过程。该教学片段中,未涉及当时特定文化背景,也没有讲全部的生长素发现过程,故本题选B。

24. A 【解析】本题考查知识水平。布卢姆将认知领域的目标分为识记、理解、运用、分析、综合和评价六个层次。识记指对具体事物和普遍原理的回忆,对方法和过程的回忆,或者对一种模式、结构或框架的回忆。理解水平指以一种语言或一种交流形式被译述或转化成另一种语言或另一种交流形式时的严谨性和准确性为依据,对材料进行初步重新整理与排列,指出材料包含的意义和趋势。分析指将材料分解成各组成要素或组成成分,弄清各种观念的有关层次,或者明确所表达的各种观念之间的关系,阐明材料各要素的组织原理,即对材料内容组合起来的组织、系统和结构的分析。综合指对各种要素或组成成分加工,形成新的结构整体或新的模式;制订出合理的工作计划或操作步骤;确定一套抽象关系,用以对特定的资料或现象进行分类或解释;或者从一套基本命题或符号表达式中演绎出各种命题关系。题中所示题目,要求学生能够判断各概念之间的关系,类似于对一种结构或框架的回忆,属于识记水平。故本题选A。

25. A 【解析】本题考查教育研究:访谈法。用访谈法开展教育研究,需要进行的主要准备工作之一是确定访谈提纲。访谈提纲一般是列出研究者想要了解的主要问题。访谈问题是从研究问题的基础上转换而成,是为了回答研究问题而设计的。该师范生拟通过访谈法开展"高中生物学课程内容适切性"的研究,并确定了访谈问题的维度,说明他不仅选定了要研究的课题,还进行了相关研究内容的学习。文献是进行教育科学研究的基础,该师范生所设计的问题维度,都是围绕课程内容设置的,其首要依据是关于课程内容的文献研究结果。故本题选A。

二、简答题

26.【答案】

(1)神经递质受体

(2)ATP对突触后神经元的电位变化无作用

(3)抑制

(4)抑制细胞膜上的Ca^{2+}通道开放,从而使Ca^{2+}内流受阻

(5)抑制突触前神经元释放神经递质,进而抑制突触传递

【解析】(1)在突触传递过程中,突触前神经元上的兴奋传递至突触小体,突触小体与突触前膜结合,引起神经递质释放,神经递质与突触后膜上的神经递质受体结合,从而将兴奋由突触前神经元传递至突触后神经元。

(2)与Glu处理培养的突触后神经元相比,用Glu+ATP处理离体培养的突触后神经元电位变化无差异,说明ATP对突触后神经元的电位变化无作用。

(3)用Glu受体抑制剂处理突触后膜,突触后膜不能接受来自突触前膜的兴奋,抑制了兴奋的传递。用ATP处理突触前神经元,突触后膜的电位变化与对照组相比,电位变化减弱了,说明ATP对突触传递具有抑制作用。

(4)由题图可知,用ATP处理后,Ca^{2+}通道电流相对值减小,说明流入细胞的Ca^{2+}减少,可推测出Ca^{2+}通道的开放受到了ATP的抑制。

(5)由(4)可知,ATP可以抑制Ca^{2+}通道开放,进而使流入突触前神经元的Ca^{2+}减少。而Ca^{2+}又能使突触小泡与突触前膜融合,释放递质。综上可知,ATP通过抑制突触前神经元释放神经递质,进而抑制突触传递。

27.【答案】

(1)增加

(2)灌木;多年生草本

(3)垂直和水平;次生演替

【解析】(1)由题中表格数据可以看出,无小叶章入侵时,样方群落内只有两种灌木,随着入侵程度的增大,植物的种类变多,即群落的丰富度增加。

(2)题中表格数据显示,随着入侵程度的增加,群落内的笃斯越橘与牛皮杜鹃数量逐渐减少,最终消失,而群落内的大白花地榆、高山乌头等植物增多,即灌木逐渐消失,多年生草本植物种类明显增加。

(3)群落的空间结构分为垂直结构和水平结构。垂直结构指群落在垂直方向上的分层现象。水平结构指群落中的各个种群在水平状态下的格局或片状分布。小叶章入侵后,在多年生草本

取代灌木的过程中，植被的高度由低到高，且生态系统形成植被景观明显不同的“斑块”，说明群落的垂直结构和水平结构都发生了变化。群落的演替分为初生演替和次生演替。初生演替指在一个从来没有植被覆盖的地面，或者原来存在过植被，但被彻底消灭了的地方发生的演替。例如在火山岩、冰川泥上发生的演替。次生演替是指在原有植被虽已不存在，但原有土壤条件基本保留，甚至还留下了植物的种子或其他繁殖体(如能发芽的地下茎)的地方发生的演替。例如火灾过后的草原、过量砍伐的森林、弃耕的农田上进行的演替。题中的演替发生前，地面上已有植被覆盖，属于次生演替。

三、材料分析题

28.【参考答案】

(1)教师展示地衣的图片是为了向学生说明裸岩上可以生长植物，并能发生群落演替。因此，教师展示的地衣图片必须包括地衣的生活环境、地衣的形态结构、其他生物以及文字说明，说明地衣就是生长在裸岩上的，地衣是藻类和真菌共生而成，可以为其他生物的生长提供条件。

(2)生物教学理论强调直观、重视合作。材料中的教师通过以下方式，帮助学生形成了初生群落演替的概念。

①需要向学生提供各种丰富的、有代表性的事实来为学生的概念形成提供支撑。教师首先需向学生呈现地衣图片，提供初生演替类型的相关概念如：裸岩、地衣等；接着结合学生的生活经验，从而帮助学生获得概念支撑。

②教学活动不应仅仅停留在让学生记住一些零散的生物学事实的层面上，而是要通过对事实的抽象和概括，帮助学生建立生物学概念，并以此来建构合理的知识框架，为学生能够在新情境下解决相关问题奠定基础。以材料教学过程为例，教师通过一系列的提问，层层递进帮助学生了解初生演替不同阶段的特征，引导学生结合生活经验绘制出四格漫画，最终进行抽象和概括，得出初生演替的过程和概念。

③在教学过程中，教师还必须注意学生头脑中已有的前概念，特别是那些与科学概念相抵触的错误概念。课堂教学活动要帮助学生消除错误概念，建立科学概念。以材料中的重要概念为例，教师需要帮助学生消除“裸岩上不能长东西”这一错误观念。

综上，学生在小组合作和动手绘制四格漫画的过程中形成重要概念，提高生物学核心素养。

29.【参考答案】

(1)案例1、案例2中的教师均以学生为中心开展教学活动，体现了“以人为本”的教育理念。

①案例1中，该教师变“教学”为“导学”，首先组织学生课前学习相关的概念，了解相关的理论知识，接着组织学生去乡镇医院检验科进行学习，设身处地地感受生物学与社会实际的联系，可以无形地提高学生的“科学素养”，重视学习过程中的体验，能够使学生更加直观地理解相应的生物学知识。此外，该教师在课堂上组织学生开展大讨论的合作学习，尊重了学生学习的主体性，将课堂还给学生，这符合新课标“以人为本”的基本理念。

②案例2中，教师在教学活动开始之前，组织学生进行探究实验，自主探究体温的日变化规律，进而组织、引导学生自主总结出相关的结论。经过探究自然的过程来获得知识，不仅提高了学生学习的积极性，也培养了学生发现问题和解决问题的能力；在课堂上，教师组织学生合作学习，共同得出生物体维持稳态的调节机制，达到学习效果的最优化。

(2)①首先，案例1中教师在课堂上指导学生开展合作学习，开展健康大讨论，体现了教学策略中的合作学习策略；其次，材料中教师组织学生到乡镇医院检验科参观学习。根据医生介绍各种疾病引起的对应指标参数的变化案例，使学生联系社会实际，更深刻地领悟生命健康的重要性，并养成良好生活习惯，体现了教学策略中科学—技术—社会(STS)教育教学策略；最后，材料中教师和学生共同归纳出内环境稳态是机体进行正常生命活动的必要条件，体现了讲授教学策略。

②首先，案例2中教师组织学生分组实验合作探究“生物体维持pH稳定的机制”的活动，体现了探究性学习教学策略；其次，材料中学生根据统计表汇报结果，并且分组讨论，通过这种方法，得出健康人的体温总是在37 ℃附近波动，并不随着环境的温度变化而变化，体现了合作学习教学策略。

四、教学设计题

30.【参考答案】

(1)实验步骤：

①利用已给蔗糖和清水采用稀释的方法制作 0 g/mL、0.05 g/mL、0.10 g/mL、0.15 g/mL、0.20 g/mL、0.25 g/mL、0.30 g/mL不同浓度梯度的蔗糖溶液。

②制作多个洋葱鳞片叶外表皮的临时装片。

③用低倍显微镜观察洋葱鳞片叶外表皮细胞中

紫色中央液泡的大小，以及原生质层的位置。

④在不同盖玻片的一侧滴入不同浓度的蔗糖溶液，在盖玻片的另一侧用吸水纸吸引，如此反复多次，使盖玻片下面的洋葱鳞片叶外表皮浸润在蔗糖溶液中。

⑤用低倍显微镜观察不同蔗糖浓度下细胞中央液泡和原生质层的变化程度，确定洋葱鳞片叶外表皮细胞细胞液浓度所在的区间。

⑥在确定的大致浓度区间中再次细化浓度梯度，并利用稀释的方式进行配制，配制完成之后重复步骤④。

⑦用低倍显微镜观察不同蔗糖浓度下细胞中央液泡和原生质层的变化程度，找出液泡变化的临界值，即为洋葱鳞片叶外表皮细胞的平均细胞液浓度。

(2)教学思路：

教师：根据已知条件“洋葱鳞片叶外表皮细胞浸泡在0.3 g/mL的蔗糖溶液中能够观察到质壁分离现象”，引导学生回答出洋葱鳞片叶外表皮细胞的平均细胞液浓度一定小于0.3 g/mL。

追问：采用什么样的方法能够在0～0.3 g/mL范围内更加准确地判断出细胞液的平均浓度？

预设学生：洋葱鳞片叶外表皮细胞浸泡在蔗糖溶液中，液泡大小不发生变化时的蔗糖浓度即等于细胞液的浓度。可以利用不同浓度梯度的蔗糖溶液找到发生质壁分离现象的临界状态。

分组讨论：如何设置蔗糖溶液浓度梯度？

预设小组1：先确定出洋葱鳞片叶外表皮细胞的细胞液浓度大致范围，比如设置蔗糖溶液浓度为 0 g/mL、0.05 g/mL、0.10 g/mL、0.15 g/mL、0.20 g/mL、0.25 g/mL、0.30 g/mL，然后将洋葱鳞片叶外表皮细胞分别浸泡在不同浓度蔗糖溶液中，观察液泡大小，确定洋葱鳞片叶外表皮细胞细胞液浓度所在的区间。

预设小组2：在以上区间继续设置浓度梯度较小的蔗糖溶液，利用同样的方法观察，确定洋葱鳞片叶外表皮细胞细胞液的平均浓度。

教师引导学生明确实验步骤及注意事项：学生分组执行实验方案并在如下表格中记录实验结果。

教师巡视：强调注意事项，并让学生按照实验步骤进行操作。

试剂浓度(g/mL)	原生质层的位置	中央液泡的大小	细胞大小
0			
0.05			
0.10			
0.15			
0.20			
0.25			
0.30			

数据分析与处理：该实验中会存在一些误差，包括实验材料本身细胞液浓度有差别、每组学生配置的溶液浓度会存在不可避免的误差、学生观察时主观上的差异。因此，在误差范围内的数据可以保留。若有的小组记录的结果与其他小组相差较大，应当帮助学生分析可能的原因，但他们组的数据不能计入全部数据内。最后，将各组测得的细胞液浓度综合在一起，计算出的平均值就是洋葱鳞片叶外表皮细胞的平均细胞液浓度。本实验中的数据处理方法为列表取平均值法。

表达与交流：教师引导学生完成如下问题：

①根据实验现象和数据能够得到什么实验结论？

②从实验过程中的细胞变化确定洋葱鳞片叶外表皮细胞的平均浓度的原理是什么？

让各小组将本小组探究过程中存在的疑问与其他小组交流。

2018年下半年中小学教师资格考试真题试卷

答案速查：

1	2	3	4	5	6	7	8	9	10	11	12	13
B	A	C	A	C	C	D	A	A	C	B	A	D
14	15	16	17	18	19	20	21	22	23	24	25	
D	C	C	D	D	C	C	D	A	B	D	C	

一、单项选择题

1. B 【解析】本题考查细胞中化合物的组成元素。胰岛素、抗体和淀粉酶的化学本质都是蛋白质，蛋白质中除含有C、H、O外，还含有一定比例的N和少量的S。核糖核酸(RNA)的基本组成元素为C、H、O、N、P。四个选项中，只含C、H、O三种元素的化合物是蔗糖、乳糖、脂肪、纤维素。故本题选B。

2. A 【解析】本题考查细胞分类及结构。大肠杆菌属于细菌,是原核生物,没有成形的细胞核,有拟核,没有复杂的细胞器,只有核糖体。酵母菌属于真菌,是真核生物,有成形的细胞核。细菌和真菌都具有细胞壁、细胞膜和细胞质,故大肠杆菌和酵母菌两者差异的最主要结构是细胞核。

3. C 【解析】本题考查生命系统结构层次。生命系统的结构层次(以多细胞动物为例):细胞→组织→器官→系统→个体→种群→群落→生态系统→生物圈。细胞是生物体结构和功能的基本单位,细胞器是组成细胞的结构。故本题选C。

4. A 【解析】本题考查蛋白质的功能。蛋白质功能多样性主要表现在以下几个方面。①构成生物体:如结构蛋白;②催化作用:如酶;③运输作用:如载体蛋白;④细胞识别作用:如细胞膜表面的糖蛋白;⑤免疫作用:如抗体。脂肪的主要功能是储存能量。故选A。

5. C 【解析】本题考查核酸的基本组成单位。小麦属于真核生物,其细胞内含有DNA和RNA两种核酸,故含有5种碱基,即A、G、C、T、U;核苷酸有8种,分别是4种脱氧核糖核苷酸和4种核糖核苷酸。故本题选C。

6. C 【解析】本题考查种群数量变化。从题图中可以看出,该种群的增长速率随着时间的推移先增大后减小,在第10年时达到最大值,在第20年时减小至0,此时种群数量达到最大值(K值),故A、B两项错误。该种群的增长速率先增后减,20年间该种群数量变化呈“S”型增长,C项正确。第20年时,该种群数量达到K值,即使此后天敌消失,也还存在其他环境阻力,如生存空间、食物等,故该种群不会按“J”型增长,D项错误。故本题选C。

7. D 【解析】本题考查物质进出细胞的方式。可根据糖蛋白的分布情况判断细胞膜内外侧:有糖蛋白的一侧为外侧,没有糖蛋白的一侧是内侧。故图示中的四种物质均是从细胞膜外侧进入细胞膜内侧,A项错误。b表示物质通过自由扩散的方式进行运输。水分子除可通过自由扩散的途径进入细胞,还可通过水通道蛋白的协助扩散进入细胞,B项错误。静息电位恢复,K^+外流,C项错误。葡萄糖进入人成熟红细胞的运输方式为通过载体蛋白的协助扩散,D项正确。

8. A 【解析】本题考查细胞凋亡。细胞凋亡(细胞程序性死亡)是指由基因决定的细胞自行结束生命的过程。细胞凋亡过程相对于其生命周期而言是非常迅速的,A项正确。对于多细胞生物而言,细胞凋亡不是个体衰老的开始,如人的胚胎时期就有细胞的凋亡,B项错误。细胞凋亡过程不一定都需要效应T细胞的作用,比如人在胚胎时期尾部的消失、五指的形成等,C项错误。细胞凋亡是机体正常的生命现象,在多细胞生物去除不需要的或异常的细胞的过程中起着重要作用,也在生物体的进化、内环境的稳定以及多个系统的发育中起着重要的作用,D项错误。

9. A 【解析】本题考查反应物浓度对酶促反应速率的影响。在适宜的温度和pH条件下,影响酶催化的化学反应速率的因素包括酶的浓度和底物浓度。在酶浓度一定的情况下,增大反应物浓度,可以增大反应速率。当反应物浓度很高时,所有酶都与反应物结合成复合物,此时酶促反应达到最大速率,酶的浓度成为影响反应的主要因素。若此时增加酶的浓度,酶促反应的最大反应速率将提高,A项正确、B项错误。由图示可知,曲线AB段内,随着反应物浓度增加,反应速率增高,限制反应速率的主要因素是反应物浓度,C项错误。曲线BC段内,增大反应物浓度,反应速率几乎不再变化,限制反应速率的主要因素是酶的浓度,D项错误。故本题选A。

10. C 【解析】本题考查有丝分裂。DNA复制的特点是半保留复制,即新合成的每个DNA分子中,都保留了原来的DNA分子中的一条链。染色体上DNA的两条链全部被^{32}P标记的玉米体细胞,放在不含^{32}P的培养基中,第一次有丝分裂后产生的细胞中,每个DNA分子的一条链被^{32}P标记,另一条链没有标记。进行第二次有丝分裂时,细胞中DNA经过复制,则一个着丝点连着的两条姐妹染色单体中,一条姐妹染色单体中的DNA分子的一条链被^{32}P标记,另一条链没有标记;另一条姐妹染色单体中的DNA分子的两条链都没有标记。在第二次有丝分裂的后期,着丝点分裂,姐妹染色单体分离,细胞中染色体数目加倍,即由20条变为40条,其中被标记的染色体数目可能为20条,未被标记的染色体条数可能为20条。故本题选C。

11. B 【解析】本题考查碱基计算。双链DNA分子中,互补碱基两两相等,A=T,C=G,且A+G=T+C。根据题意可知,C占碱基总数的28%,则G也占碱基总数的28%,A与T各占碱基总数的22%。已知一条链中的A占DNA碱基总数的10%,那么另一条链中的A占DNA碱基总数的22% − 10% = 12%。

12. A 【解析】本题考查生物的变异。由题意可知,F_2的4种表现型数量比为9:3:3:1,符合基因的自由组合定律,说明糯性与非糯性、甜粒与非甜粒这两对性状分别由两对同源染色体上的两对等位基因控制。设这两对性状分别由等位基因

A、a和B、b控制，由杂交结果F_1的表现型可知，非糯和非甜粒为显性性状。若某一F_1植株自交，产生的F_2只有非糯非甜粒和糯性甜粒2种表现型，说明在减数第一次分裂后期，这两对非同源染色体的组合方式只有AB和ab这一种，造成此种现象最可能的原因是非同源染色体之间发生易位。B项，染色体组数目整倍增加不会影响非同源染色体的自由组合。C、D两项，基因中碱基对的替换和增减属于基因突变，性状遗传时仍遵循基因自由组合定律。

13. D 【解析】本题考查细胞器：核糖体的功能。多聚核糖体只是让很多核糖体可以一起工作，以增加肽链的合成效率。每条肽链还是只能由一个核糖体来完成，而且所用时间并没有缩短，D项错误。

14. D 【解析】本题考查基因表达：密码子。密码子为mRNA上决定1个氨基酸的3个相邻的碱基。反密码子指与mRNA中的密码子互补配对的tRNA一端的3个碱基。已知反密码子为CUG，则对应的密码子为GAC，该tRNA运载的氨基酸为天冬氨酸。

15. C 【解析】本题考查反射。效应器指的是神经末梢和其所支配的肌肉或腺体。在反射弧中传出神经末梢与其所支配的肌肉或腺体之间是以突触联系的。在突触部位，兴奋传递发生了电信号→化学信号→电信号的转化。故本题选C。

16. C 【解析】本题考查生态系统：生产者。生产者包括绿色植物、蓝藻和能进行化能合成作用的细菌（如硝化细菌）等。A项中的蘑菇属于分解者，B项中的酵母菌属于分解者，棉铃虫属于消费者，D项中的大肠杆菌、乳酸菌、蚯蚓都属于分解者，故选C。

17. D 【解析】本题考查生态系统的综合应用。该生态系统中能量含量最多的是甲（生产者），A错误；该生态系统中只有1条具有捕食关系的食物链，即甲→乙→丙→丁→戊，B错误；生物群落是指同一时间内聚集在一定区域中各种生物种群的集合。除了图中所示的生物外，该生态系统的生物群落还包括其他生物，C错误；如果丙种群数量急剧减少，在短时间内，乙的数量会增加，则甲种群的数量会减少，D正确。

18. D 【解析】本题考查基因频率。若某基因只位于X染色体上，则某基因的基因频率=[种群中某基因的总数/(雌性个体数×2+雄性个体数)]×100%。根据该公式可知B基因频率为92%。

19. C 【解析】本题考查新物种的形成。根据现代生物进化理论，突变和基因重组为生物进化提供原材料，故为物种形成的内因。自然选择使种群的基因频率发生定向改变，故为物种形成的外因，A错误。种群基因频率的改变是生物进化的标志，B错误。生殖隔离是新物种形成的必要条件，C正确。地理隔离指同一种生物由于地理上的障碍而不能发生基因交流的现象，是物种形成的量变阶段，D错误。

20. C 【解析】本题考查遗传图谱。Ⅱ-3和Ⅱ-4均患甲病，但他们的儿女中，有不患甲病的个体，可以判断甲病为显性遗传病（有中生无为显性）。若致病基因位于X染色体上，因Ⅱ-3患病，则Ⅲ-9一定患病，与图中所示不符。故可以判断甲病的遗传方式是常染色体显性遗传（设致病基因为A），A正确。Ⅱ-7与Ⅱ-8不患乙病，但生出患乙病的儿子，可判断控制乙病的致病基因为隐性（无中生有为隐性），且Ⅱ-8不携带致病基因，故乙病为伴X隐性遗传病（设致病基因为X^b）。由此可以进一步判断出Ⅰ-1和Ⅰ-2的基因型分别是aaX^BX^b和AaX^BY，则Ⅱ-5个体是乙病携带者的概率为$\frac{1}{2}$，B正确。Ⅲ-13只患乙病，则其基因型为aaX^bY，而Ⅰ-2不携带乙病致病基因，故其致病基因只能来自Ⅰ-1，C错误。对于甲病，Ⅲ-10的基因型为$\frac{1}{3}AA$、$\frac{2}{3}Aa$；对于乙病，Ⅲ-10的基因型为$\frac{1}{4}X^BX^b$、$\frac{3}{4}X^BX^B$。若Ⅲ-10和Ⅲ-13结婚，则他们后代患甲病的概率为$\frac{1}{3}+\frac{2}{3}\times\frac{1}{2}=\frac{2}{3}$，患乙病的概率为$\frac{1}{4}\times\frac{1}{2}=\frac{1}{8}$。整体而言，Ⅲ-10和Ⅲ-13结婚，他们的子女患病的概率较高，D正确。

21. D 【解析】本题考查生物学教学与公民教育。题干中的两个问题都是生物学与社会相联系的议题，教师要求学生通过收集资料，撰写研究性学习报告来对这两个问题进行回答。这项教育活动不是让学生参与公民社会实践和树立公民意识，也不是让学生参与议题的决策，而是让他们运用所学科学知识理性思考并分析公民事务。故本题选D。

22. A 【解析】本题考查生物学科核心素养。《普通高中生物学课程标准》(2017年版)提出的生物学学科核心素养包括生命观念、科学思维、科学探究和社会责任。"生命观念"是指对观察到的生命现象及相互关系或特性进行解释后的抽象，是人们经过实证后的观点，是能够理解或解释生物学相关事件和现象的意识、观念和思想方法。"科学思维"是指尊重事实和证据，崇尚严谨和务实的求知态度，运用科学的思维方法认识事物、解决实际问题的思维习惯和能力。"科学探究”是指能够发现现实世界中的生物学问题,针对特定的生物学现象,进行观察、提问、实验设计、方案实施以及对结果的交流与讨论的能力。“社会责任”是指基于生物学的认识,参与个人与社会事务的讨论,作出理性解释和判断,解决生产生活问题的担当和能力。根据上述概念,可找出对应关系:教学目标①是基于对生物学的认识,“为常见生态系统的利用和可持续发展提出有价值的建议”,从而参与社会事务,反映的是“社会责任”;教学目标②中的“尝试制作生态瓶”属于探究性实验,反映的是“科学探究”;教学目标③属于对“生态系统稳定性”的理解,反映的是“生命观念”;教学目标④属于运用所学知识解决问题的能力,反映的是“科学思维”。故本题选A。

23. B 【解析】本题考查生物课程标准与教材。国家课程标准是教材编写、教学、评估和考试命题的依据,是国家管理和评价课程的基础,应体现国家对不同阶段的学生在知识与技能、过程与方法、情感态度与价值观等方面的基本要求,规定各门课程的性质、目标、内容框架,提出教学建议和评价建议。教育工作者、编书者、教育研究者,甚至学生都需要仔细认真阅读课程标准,B项错误。

24. D 【解析】本题考查推理的分类。归纳推理是由具体事物归纳出一般规律的推理过程。演绎推理是由一般到特殊或具体的推理过程。类比推理是根据两个或两类对象部分属性相同,从而推理出它们的其他属性也相同。“细胞学说”是施莱登和施旺在进行实验、分析结果、总结归纳之后得出的观点,属于归纳推理。萨顿将看不见的基因与看得见的染色体的行为进行类比,根据其惊人的一致性,提出基因位于染色体上的假说,其思维过程是类比推理。故本题选D。

25. C 【解析】本题考查教育研究方法的辨析。文献法(资料研究法)主要是指收集、鉴别、整理文献,并通过对文献的研究,形成对事实科学认识的方法。实验法是研究者运用科学实验的原理和方法,以一定的教育理论及其假设为指导,有目的地控制一些教育因素或教育条件,通过观测与所控制条件相伴随的教育现象的变化结果,来揭示教育活动规律的一种方法。访谈法是以谈话为主要方式来了解某人某事、某种行为或态度的一种调查方法。内容分析法是一种主要以当前样本的文献为研究对象的研究方法,通过对文献的定量分析、统计描述来实现对事实的科学认识。题干中的教师不是要形成科学性事实认识,也不是要研究某个因素对教育的影响,不适合用文献法、内容分析法和实验法,故本题选C。

二、简答题

26.【答案】

(1)70;60

(2)相对偏低

(3)50~60 ℃;在该温度范围内,酶的活性及热稳定性均较高,符合工业生产要求

【解析】(1)由曲线①可知,70 ℃时相对酶活性接近100%,即70 ℃为该酶的最适温度。故曲线②中数据点是在70 ℃下测得的。由曲线②可知,60 ℃后该酶的残余酶活性急剧降低。

(2)将酶在不同温度下保温足够长的时间,再在最适温度下测其残余酶活性,由此得到的数据为酶的热稳定性数据,即曲线②。由曲线②可知,随温度的升高,尤其是60 ℃后,残余酶活性急剧降低,即其热稳定性急剧下降。若反应前延长各组酶的保温时间,各组酶的活性较原来保温时间均有所下降。60 ℃后酶的活性将急剧降低,由(1)可知,该酶的最适温度为70 ℃,此温度下酶热稳定性不足,活性很低。故反应前延长各组酶的保温时间,测得酶的最适温度将低于70 ℃。

(3)应用于工业生产中的酶,需要持久地保持较高的催化效率,既要求酶活性较高,又要求酶有较好热稳定性。综合两曲线数据,该酶在工业生产中使用时的最佳温度范围是50~60 ℃,因为此温度范围内酶的相对酶活性和残余酶活性都较高,即酶的活性及热稳定性均较高,符合工业生产要求。

27.【答案】

(1)^{35}S;^{32}P(两空顺序可颠倒)

(2)使吸附在细菌上的噬菌体与细菌分离

(3)^{31}P;^{32}S

【解析】(1)蛋白质中含有S元素,不含P元素;DNA中含有P元素,不含有S元素。因此使用^{35}S标记噬菌体蛋白质外壳,用^{32}P标记噬菌体DNA。

(2)第三步搅拌的目的是使吸附在细菌上的噬菌体与细菌分离。

(3)如果图示中的噬菌体标记的是蛋白质,在噬菌体侵染细菌时,噬菌体的蛋白质外壳不会进入细菌。而子代噬菌体合成DNA和蛋白质外壳的原料均来自细菌,原料未被标记,因此子代噬菌体所含有的P元素和S元素分别是不具有放射性的^{31}P和^{32}S。

三、材料分析题

28.【参考答案】

(1)①描述生态系统能量流动的过程,分析能量流动的特点。

②尝试用数据来分析能量流动的特点,在归纳总结的基础上,提高自身的分析、综合和推理思维能力。

③在分组讨论的过程中,体验合作学习。

(2)该教师为达成教学目标所运用的具体教学措施包括:

①创设情境,激发学习欲望。该教师所采用的导入方式是情境导入,具体生动的情境有很强的感染力和说服力,也容易引发学生思考,快速进入教学内容。材料中,教师让学生代入鲁滨逊的角色,思考并选择更好的生存策略,既活跃了课堂气氛,也激发了学生的学习欲望。

②师生问答,层层启发。材料中,教师的问题从"能量流动的源头"到"太阳能在生态系统中逐级流动的具体过程",再到"能量流动的规律",是层层递进的。这样的问答方式,符合学生思考的规律。教师再通过适时的引导,启发学生思考,带动了学生学习的主动性、积极性。

③分组讨论,合作学习。材料中,在探究"能量流动的规律"的时候,因为问题比较发散,教师采取的是合作学习策略。这种小组讨论的形式,既能调动学生的学习积极性,也能培养学生相互合作的意识,使学生一起学习并达到学习效果的最优化。

在学生思考问题前和讨论结束后,教师采用课件直观演示的方法,以降低学生理解的难度,也便于归纳总结。总而言之,该教师在不同的环节选择了适当的教学方法,突出了教学重点。

29.【参考答案】

(1)听课笔记的记录主要包括两个方面:教学实录和教学点评。钱老师听课笔记只是简单记录了本节课的教学流程,与钱老师相比,孙老师的听课笔记的优点在于:

第一,给予了执教者一定的教学点评。好的听课记录应是实录与点评兼顾,而孙老师对赵老师本节课的教学活动、教学目标是否达成给予了一定的评价。这体现出了听课者孙老师有一定的思考与分析,不仅反映了执教者的课堂教学情况,也反映了听课者的基本素质。

第二,孙老师在记录中主要关注了赵老师在教学过程中目标的达成和信息技术的应用情况,这样能够充分体现执教者的教学活动是否能更好地帮助学生学习,顺利达成课标要求。

第三,在笔记记录上,孙老师采取流程图的形式,避免了大段文字的描述,条理更加清晰,突出重点,记录详略得当,能够清晰明了地展示课的内容,同时也节约了记录的时间。

第四,孙老师的笔记中记录了学生的活动,与教师的活动一一对应,真实地展现了课堂活动,更有利于听课者课后的反思。

第五,孙老师将听、看、记、思的内容有机灵活地结合起来,加入了反思的内容,体现了听课者在听课中的收获,也有利于听课者在课后与执教老师研讨和交换意见,同时也能够通过分析听课笔记来弥补自身的经验不足。

(2)孙老师在听课记录上已经有一定的优势,但是还有可以改进的地方:

第一,在教学实录方面可以详细记录听课时间、课时安排及各教学环节的时间安排,这样在以后的反思活动中更加有迹可循,也能够判断授课人的时间安排是否合理,是否做到详略得当。

第二,孙老师的听课笔记只记录了优点,且多集中于信息技术的应用上,他应该对执教者在教学活动中存在的突出问题也进行详细的记录,这样可以使执教者认识到自己还有需要改进的地方和可以提升的空间,促进双方的进步。

第三,孙老师还可以把自己尚未理解和明确的内容记录下来,课后向赵老师沟通请教,取长补短。

四、教学设计题

30.【参考设计】

(1)教学目标:

①说出科学家在光合作用的探究历程中所做的经典实验,理解实验中所涉及的有关实验设计的基本理论知识。初步掌握科学探究的一般方法,能够简述光合作用的原料、产物、条件和反应场所。

②培养分析实验、设计实验的能力。

③认识到科学发展的艰辛,科学研究的重要性,进而认识学习方法的重要性,树立进行科学研究的信心。

(2)问题串设计:

①海尔蒙特实验:

海尔蒙特的实验能得出什么结论呢?(小组讨论总结:海尔蒙特认为植物生长所需要的养料主要来自水,而不是土壤;水分是植物建造自身的原料)

那他的实验结论完全正确吗?(学生思考)

从植物生活环境的角度分析,还应考虑什么因素?(光、空气等)

空气对植物的生长有影响吗?(有影响)

②普利斯特莱实验:

观察有无植物的两组实验，能得出什么结论？(植物可以更新空气)

实验中，玻璃罩的作用是什么？(排除外界空气的干扰)

人们重复普利斯特莱的实验时，有的人成功了，而有的人失败了，你能找到原因吗？(光照条件不同)

2018年上半年中小学教师资格考试真题试卷

答案速查：

1	2	3	4	5	6	7	8	9	10	11	12	13
B	A	D	A	C	B	A	B	D	D	C	A	D
14	15	16	17	18	19	20	21	22	23	24	25	
A	D	A	A	C	B	B	B	C	A	D	B	

一、单项选择题

1. B 【解析】本题考查植物分类。根据种子外面有无果皮包被，种子植物可分为裸子植物和被子植物两大类。被子植物的种子外面有果皮包被，能形成果实；裸子植物的种子外面无果皮包被，是裸露的，不能形成果实。红豆杉的种子外的假种皮不是果皮，种子裸露，属于裸子植物。裸子植物和被子植物都是以种子进行繁殖的，蕨类植物和苔藓植物以孢子进行繁殖。

2. A 【解析】本题考查动物分类及结构特点。多数鸟类营飞行生活，其结构特征总是与其生活方式相适应的，主要包括：前肢特化为翼，适于飞行；身体呈流线型，可以减少飞行时的阻力；体内有气囊，辅助肺完成双重呼吸，可以供给充足的氧气；有的骨中空，有的骨愈合，直肠很短，能减轻体重；胸肌发达，利于牵动两翼完成飞行动作。A项是鸟类可以离开水而适应陆地生活的特征，B、C、D三项都属于鸟类适应飞行生活的特点。故本题选A。

3. D 【解析】本题考查动物行为。鸟的繁殖行为包括占区、求偶、交配、筑巢、产卵、孵卵和育雏等行为。“须臾十来往，犹恐巢中饥。辛勤三十日，母瘦雏渐肥”描述的是母鸟哺育雏鸟的现象，属于繁殖行为中的育雏行为。“几处早莺争暖树，谁家新燕啄春泥”描述的是燕子在屋檐下筑巢的现象，属于筑巢行为。“孔雀开屏”是指雄孔雀通过展开尾屏，向雌孔雀炫耀自己的美丽，以此吸引雌孔雀，属于求偶行为。故本题选D。

4. A 【解析】本题考查蛋白质的相关知识。蛋白质中含有肽键，使用双缩脲试剂检测蛋白质时主要是检测蛋白质中的肽键。故蛋白质均可与双缩脲试剂产生紫色反应，A项正确。蛋白质合成过程以mRNA为模板，tRNA的功能是运输氨基酸，不是提供模板，B项错误。组成蛋白质的氨基酸的R基上可能有氨基或羧基，蛋白质也可能包含有多条肽链，所以不一定只有一个氨基、一个羧基，C项错误。分泌蛋白的合成需要内质网和高尔基体的参与，但并不是所有蛋白质的合成与加工都需要高尔基体，D项错误。

5. C 【解析】本题考查物质进出细胞的方式。大分子有机物进出细胞的方式主要是胞吞和胞吐，A项错误。离子在逆浓度梯度下进出细胞的方式属于主动运输，需要消耗能量，B项错误。葡萄糖分子在顺浓度梯度下进出细胞需要载体，不需要能量，属于协助扩散，C项正确。水分子进出细胞属于渗透作用，与细胞内外溶液的浓度差有关。一般浓度差越大，水分子的运输速率越快，D项错误。

6. B 【解析】本题考查酶的催化效应。曲线A表示的化学反应消耗的能量多，反应不容易发生；曲线B表示的化学反应消耗的能量少，反应较容易发生。所以，曲线A表示无酶催化的化学反应，曲线B表示有酶催化的化学反应，A项错误。酶的作用是降低反应所需的活化能。E表示A、B两个化学反应消耗能量的差值，即酶降低的化学反应的活化能，B项正确。通过题图可知该反应的进行需要消耗能量，是一个吸能反应，需要水解ATP，C项错误。该结果只能说明酶能降低化学反应的活化能，不能说明酶的催化作用具有专一性，D项错误。

7. A 【解析】本题考查细胞呼吸。有氧呼吸和无氧呼吸的第一阶段都是葡萄糖被分解为丙酮酸，在真核细胞中完全相同，A项错误。有氧呼吸过程中，丙酮酸最终氧化分解形成CO_2和H_2O，场所是线粒体；在无氧呼吸过程中，丙酮酸被分解成酒精和二氧化碳或者乳酸，场所是细胞质基质，B项正确。在有氧呼吸过程中，还原型辅酶Ⅰ参与有氧呼吸第三阶段，场所是线粒体内膜；在无氧呼吸过程中，还原型辅酶Ⅰ参与无氧呼吸第二阶段，场所是细胞质基质，C项正确。葡萄糖经过有氧呼吸过程产生的ATP多,经无氧呼吸产生ATP少,D项正确。

8. B 【解析】本题考查微生物:细菌的结构。蓝藻细胞可以进行细胞呼吸,所以可以进行[H](还原态氢)的氧化,A项正确。蓝藻细胞属于原核细胞,没有成形的细胞核,不存在染色体,所以不会发生染色体变异,B项错误。蓝藻细胞内有光合色素及相关的酶,可以进行光合作用,能进行CO_2的固定,C项正确。蓝藻细胞以二分裂方式进行繁殖,可以进行DNA的复制,D项正确。

9. D 【解析】本题考查植物激素。乙烯利是优质高效的植物生长调节剂,具有促进果实成熟的作用,A项正确。细胞分裂素的主要作用是促进细胞分裂、诱导芽的形成并促进其生长,B项正确。赤霉素能诱导α-淀粉酶的产生,促进种子萌发,C项正确。萘乙酸的主要作用是防止落花落果和形成无子果实,还能增强植物的抗旱、抗涝、抗盐碱、抗倒伏能力。所以,用萘乙酸处理西瓜幼苗可以得到无子西瓜,用秋水仙素处理可以得到多倍体西瓜,D项错误。

10. D 【解析】本题考查信息传递。内分泌细胞产生的激素可以通过体液的传送,特异性地作用于靶细胞,A项正确。胞间连丝是贯穿两个相邻的植物细胞的细胞壁,并连接两个原生质体的胞质丝,是高等植物细胞之间物质运输与信息传递的重要通道,B项正确。根据中心法则,DNA可以通过转录将遗传信息传递给RNA,RNA经翻译将遗传信息传递给蛋白质,C项正确。在生态系统中,信息传递可以是双向的。在一条食物链中,被捕食者能感知捕食者的气味并作出应对策略,同样捕食者也能感知被捕食者的信息以进行捕杀,所以信息传递是双向的,D项错误。

11. C 【解析】本题考查发酵菌种。制作果酒、果醋、腐乳和泡菜所使用的菌种分别为酵母菌(单细胞真菌)、醋酸菌(细菌)、毛霉(多细胞真菌)和乳酸菌(厌氧型细菌)。所以,在制作果酒和腐乳时用到的菌种是真菌,制作果醋和泡菜时用到的菌种是细菌。C项正确,A、B、D三项错误。

12. A 【解析】本题考查种群数量变化曲线。环境容纳量是指在环境条件不受破坏的情况下,一定空间中所能维持的种群最大数量。图中所示数据不是连续的,不能确定瓢虫的环境容纳量,A项错误。样方法适用于植物和活动能力弱、活动范围小的动物和虫卵等,B项正确。棉蚜与瓢虫是捕食关系,据曲线可知,棉蚜与瓢虫种群数量相互影响,瓢虫的存在可以抑制棉蚜数量的增长,属于群落内部的负反馈调节,C项正确。等瓢虫数量增长时,棉蚜数量已经较多,所以瓢虫数量上升具有滞后性,故应在棉蚜发生初期及时进行人工防治以减小蚜虫对棉花的危害,D项正确。

13. D 【解析】本题考查演替。初生演替是指在一个从来没有被植物覆盖的地面,或者是原来存在过植被、但被彻底消灭了的地方发生的演替。例如在沙丘、火山岩、冰川泥上进行的演替。次生演替是指在原有生态系统被破坏,但依然保留了基本土壤条件的土壤上进行的演替。该山坡原有的土壤条件基本保留,发生的演替属于次生演替,A项错误。优势物种指在一定区域占优势的物种,具有较强的竞争力。竞争会改变不同阶段的优势物种,B项错误。森林阶段相对稳定,但随着时间的推移,仍然存在树种的更替和组成变化或出现不同的林型,即发生着演替,C项错误。垂直结构是群落在空间中的垂直分化或成层现象。植物因群落中的生态因子——光的分布不均,由高到低分为乔木层、灌木层、草本层;动物分层主要是因群落中不同层次的食物和微环境不同。上述演替过程中,草本、灌木和乔木相继出现,群落的垂直结构变得复杂,D项正确。

14. A 【解析】本题考查细胞的全能性:干细胞。细胞分化的实质是基因的选择性表达。造血干细胞经过细胞分化可形成白细胞,二者表达的遗传信息存在差异,A项正确。造血干细胞通过细胞分化的方式形成不同类型的血细胞,细胞分化具有不可逆性,B项错误。动物细胞的细胞核具有全能性,而人体成熟的红细胞没有细胞核,不具有细胞的全能性,C项错误。人体成熟的红细胞无细胞核,是细胞分化的结果,D项错误。

15. D 【解析】本题考查神经细胞。静息电位的产生与K^+的外流有关,静息电位时细胞膜电位为外正内负。受到刺激时,细胞膜对Na^+的通透性增加,Na^+内流,使兴奋部位膜内侧阳离子浓度高于膜外侧,表现为内正外负。把神经细胞浸浴在无Na^+的等渗溶液中时,给予刺激时无Na^+内流,仍然表现为外正内负的静息电位,不能产生兴奋。故本题选D。

16. A 【解析】本题考查伴性遗传。红绿色盲为伴X染色体隐性遗传病,设致病基因为b。父母色觉正常,则父亲一定不带致病基因,基因型为X^BY。若该孩子患红绿色盲,则母亲一定是携带者,基因型为X^BX^b,且该孩子的基因型为X^bX^bY,出现异常的配子来自母亲而不是父亲,A项正确、B项错误。若孩子不患红绿色盲,其基因型为X^BX^BY或X^BX^bY。则出现异常的配子可能来自父亲,也可能来自母亲,C、D两项错误。

17. A 【解析】本题考查生物变异:碱基缺失。密码子是指mRNA上决定一个氨基酸的3个相邻的碱基。密码子直接决定翻译的起止和肽链中氨基酸的排列顺序。编码CFTR蛋白基因的模板链上缺失AAA或AAG三个碱基,导致CFTR蛋白缺少一个苯丙氨酸。根据碱基互补配对原则,苯丙氨酸的密码子应该是UUU或UUC,A项错误。基因突变是指基因中碱基对的增添、缺失或替换。因此,编码CFTR蛋白基因中发生碱基缺失属于基因突变,B项正确。细胞中合成CFTR蛋白需经历转录和翻译两个过程,其中转录过程形成了mRNA,翻译过程需要tRNA、mRNA、rRNA参与,C项正确。根据碱基互补配对原则,CFTR蛋白基因缺失碱基后转录形成的mRNA中缺失UUU或UUC,缺失的是尿嘧啶、胞嘧啶,可见是嘧啶比例降低,D项正确。

18. C 【解析】本题考查细胞分裂。细胞①中有同源染色体,姐妹染色单体分离,为有丝分裂后期。细胞②中同源染色体分离,为减数第一次分裂后期。细胞③的同源染色体没有配对,染色体的着丝点排列在赤道板上,为有丝分裂中期。细胞④中没有同源染色体,姐妹染色单体分离并移向细胞两极,为减数第二次分裂后期。据此可判断:细胞②中,等位基因随同源染色体的分开而分离,A项正确;细胞①和细胞③处于有丝分裂过程中,B项正确;细胞④发生减数分裂,应在生殖器官中,生殖器官中的细胞也要进行有丝分裂,C项错误;处于有丝分裂中期的细胞中,染色体、染色单体、DNA的数量之比为1:2:2,D项正确。

19. B 【解析】本题考查现代生物进化理论。共同进化导致生物多样性的形成,例如很多植食性昆虫和寄主植物的协同进化促进了昆虫多样性的增加,A项正确。生物进化的实质是种群的基因频率的明显改变,生殖隔离的产生标志着新物种的形成,B项错误。外来物种的入侵能使生物所处的环境发生改变,能改变生物进化的速率和方向,C项正确。地理隔离的实质是阻碍不同种群间基因的自由交流,D项正确。

20. B 【解析】本题考查现代生物技术:基因工程。经同一限制性内切酶切割后产生的黏性末端是可以进行碱基互补配对的。图中只有②④两个黏性末端可以进行碱基互补配对,形成一个完整的双链DNA。所以,②④是由同一限制性内切酶切割而成的。

21. B 【解析】本题考查教学策略。概念图是组织和表征知识的工具,它包括众多的概念以及概念与命题之间的关系,每两个概念之间的关系通过连接线和连接线上的词表示。合作学习是指学生为了完成共同的任务,有明确的责任分工的互助性学习。STS教育探讨和揭示科学、技术和社会三者之间的复杂关系。探究式学习是指从学科领域或现实生活中选择和确立主题,在教学中创设类似于学术研究的情境,学生通过动手做、做中学,主动地发现问题、实验、操作、调查、收集与处理信息、表达与交流等探索活动,获得知识、培养能力、发展情感与态度,特别是发展探索精神与创新能力。本题强调的是教师鼓励学生交换资源,并和组内同伴进行讨论。该教师运用的教学策略是合作学习。

22. C 【解析】本题考查能力辨析。在题干中,针对教师给出的结论,学生提出了自己的疑问,这是一种对已有结论的批判,反映了该学生具有批判性思维的能力。故本题选C。

23. A 【解析】本题考查教学目标。能力目标要求学生初步学会生物科学探究的一般方法,具有较强的生物学实验的基本操作技能、收集和处理信息的能力、获取新知识的能力、批判性思维的能力、分析和解决实际问题的能力以及交流与合作的能力。制作“自由水和结合水相互转化”的物理模型可以培养学生的基本操作技能,属于能力目标。“养成节约用水的好习惯”属于情感目标。“归纳出水的功能特点”,目的是获得生物科学基础知识,属于知识目标。“得出水的含量特征”属于知识目标。故本题选A。

24. D 【解析】本题考查提问类型。分析性提问要求学生识别条件与原因,或者找出条件之间、原因与结果之间的关系。评价性提问主要包括两方面,评价他人的观点和判断方法的优劣。应用性提问主要用于检查学生的知识,分析、应用与评价性提问要求学生运用所学知识去面对问题。综上所述,根据题意判断,该提问要求学生用所学知识找出条件之间的关系,属于分析性提问。故本题选D。

25. B 【解析】本题考查教学评析。根据题干分析,教师避免对学生进行直接评判,有利于建立良好的师生关系,建立宽松的氛围;教师组织学生讨论实验方案,便于发挥学生的主体地位,促进学生思考;在此教学过程中,教师采用了相应的教学方式,认识到了学生的发展性特点,有利于过程性评价。

二、简答题

26.【答案】

(1)线粒体内膜;[H]

(2)下降;随着光合作用的进行,密闭容器内CO_2逐渐减少,光合速率逐渐降低

(3)此时植物的光合作用速率等于呼吸作用速率

【解析】(1)植物处于暗环境时,叶肉细胞只进行呼吸作用,O_2参与有氧呼吸的第三阶段,即O_2和[H]在线粒体内膜上反应生成水,并释放出大量能量。

(2)由于该容器是一个密闭容器,C点对应的O_2量大于B点,意味着BC段的光合作用速率大于呼吸作用速率,该段的CO_2含量在不断下降,CO_2和C_5反应生成C_3的过程受到抑制,所以C点叶肉细胞中C_3物质的合成速率下降。

(3)C点以后容器内O_2量保持不变,这意味着O_2的产生量与消耗量相等,即光合作用速率与呼吸作用速率相等。

27.【答案】

(1)遵循;常

(2)aaX^BY

(3)不能;白眼果蝇的基因型是aa_ _,而A、a基因位于常染色体上,其遗传与性别无关

【解析】(1)由题意知,果蝇眼色由两对等位基因控制,F_2中表现型比例是9:3:3:1的变形,所以遵循基因的自由组合定律。F_1中出现紫眼果蝇,意味着亲代白眼果蝇中必定携带有B基因。如果A、a、B、b基因均位于常染色体上,则两个纯合亲本的基因型分别为AAbb(红眼雌性)和aaBB(白眼雄性),则F_1中只会有紫眼果蝇(AaBb)。所以,该假设不成立,必定有一对等位基因位于性染色体上。若A、a基因位于性染色体上,则亲本的基因型分别为bbX^AX^A和BBX^aY,则F_1中的雌雄果蝇均为紫眼,与F_1有紫眼雌果蝇和红眼雄果蝇相矛盾。所以,A、a基因必定位于常染色体上,B、b基因位于X染色体上。

(2)因F_1中出现了紫眼雌果蝇,那么亲代中,红眼雌果蝇的基因型为AAX^bX^b,白眼雄果蝇的基因型为aaX^BY。

(3)白眼果蝇的基因型是aa_ _。而根据分析已知A、a基因位于常染色体上,其遗传与性别无关,所以该小组的实验无法成功。

三、材料分析题

28.【参考答案】

(1)结束技能是教师结束教学任务的方式,是通过归纳总结和转化升华,对学生所学的知识进行及时的系统化和巩固,使新知识有效地融入学生原有的知识结构中。该教师以诗歌作为结束的方式具有以下特点:

①水到渠成,自然妥帖。该教师结束本节课方式恰当,小结精要,抓住了关键知识点。诗歌突出了重点,帮助学生强化所学知识,紧扣教学中心。

②语言精美,激发学习。该教师用诗歌进行结课,方式新颖,语言富有启发性和感染力,使教学更有深度,让学生的思维进入积极状态,主动地求索知识的真谛。

③内外沟通,立意开拓。结课时教师没有局限于课堂中,而是与语文学科相结合。这样,结课既指导了课堂学习,又加强了学科联系,成为学生走向更广阔天地的推动力。

④结构完整,首尾照应。该教师在结课时将零散的知识用诗歌的形式串联起来,形成完整的知识结构,做到知识相连、前后照应,使课堂教学变得完美。

(2)教学语言是课堂上教师进行教学活动过程中所运用的语言,在教学中使用时应注意的问题包括:

①教学语言要保证准确、清晰地传递教学信息。材料中教师运用诗歌的形式对知识点进行表述,概括了各细胞器的功能,语言简洁准确,紧扣中心,概括性极强,做到了画龙点睛,能够顺利完成教学任务。

②教学语言要有助于学生的智力发展和能力培养,教学语言要形象生动。材料中教师使用优美的语言总结知识点,并没有直接将知识点呈现给学生,而是用拟人化的形式进行表达,既抓住了学生的兴趣,又给学生一定的思考空间,使他们拓宽知识面,增强总结归纳和语言表达的能力。

③使用教学语言时要注意学科性。教师没有将思路只集中于本学科方向,而是利用语文中优美的语言进行表述,同时也准确地运用本学科的专门术语来进行教学,立意新颖,富有创意,体现了学科性。

④使用教学语言时要注意科学性。材料中教师对于知识的总结精炼,思想无谬误,知识没差错,清晰准确地概括了各细胞器的功能,具有科学性。

⑤使用教学语言时要注意简明性。教师的语言要简明扼要,干净利落。材料中教师的结课语言高度浓缩,抓住重点,言简意赅。

⑥使用教学语言时要注意启发性。材料中教师通过诗歌启迪学生的思维,充分调动学生的积极性。通过拟人化的形式启发学生联想和想象,生动形象,趣味盎然。

29.【参考答案】

(1)该模拟实验教学存在的问题有:

①没有提供足够且合理的材料用具。教师只提供了黄豆,无法科学地完成该实验。该实验需要的材料用具可以是黄豆若干,大头针1枚,大小烧杯各1个。

②发给各个组的黄豆数量各不相同,会影响后续实验结果的统计。对于该实验,为确保实验结果的科学性,每个小组的黄豆数量总数应该一致。

③实验前没有让学生明确实验步骤以及注意事项。对于该实验,方法步骤如下:

a. 从黄豆中取出50粒,用大头针扎眼,然后将所有豆子放入大烧杯中,充分搅拌,使两种豆子混合均匀。

b. 闭上眼睛抓豆子,每次从大烧杯中随机抓取一粒豆子,放入小烧杯中。依此方法,抓取豆子20次。(注意:一个一个抓,闭上眼睛随机抓更能减少误差)

c. 数一下小烧杯中共有多少粒扎眼的黄豆(a)。

d. 假设纸包内的黄豆总数为x,写出x的表示式:x=________。

e. 重复测算3次,求平均值。(注意每做完一次,材料放回后要搅匀,然后再做下一次模拟实验)

f. 数黄豆总数:将大烧杯中的豆子倒在桌上,数清共有多少粒黄豆。将步骤e中测出的平均值与这个数字做比较,看是否相近。

g. 计算各小组数值的平均值$\bar{x}$。

可将全班中每小组的计算结果综合起来,扩大样本范围,这样得出的实验数据更可能与实际值相符。

④在实验的过程中,教师没有深入到小组中进行适当的指导。

(2)模拟实验教学中教师应注意的事项如下:

第一,教师在模拟实验前,应充分考虑学生进行模拟实验设计中需要用到的实验用具,做好充足的准备。如果需要在课堂上做实验,教师在课前应给学生设计、印发实验报告单,要求学生把实验设计、实验过程和观察到的实验现象记录下来。

第二,根据学生特点和教学内容需要使用模拟实验法,要有知识背景的交代。教师对学生进行必要的引导。例如说明实验材料、用具的用途,提示实验的操作步骤和注意事项。

第三,模拟实验法经常与讲述、讨论、指导自学等教学方法结合使用,相互配合,才能达到教学效果。

第四,在组织学生小组讨论设计方案后,让多名学生分别汇报设计思路、互相交流讨论。对学生提出的不科学的实验设计,教师要及时予以实事求是的评价。

第五,"分析现象和数据,得出结论"这个环节中教师要有耐心,切实起到组织者和指导者的作用。应该让学生充分讨论,尽量引导学生独立得出结论,教师不能包办代替。

第六,采用模拟实验法进行教学,主要在于体现实验法的思路,而不是刻意追求每个课堂都完全地引入模拟实验法的全过程。如果课堂上无法完成模拟实验法的某些环节,可以采取课上课下相结合的方式,确保达到教学效果。

四、教学设计题

30.【参考设计】

(1)教学过程:

(一)创设情境,导入新课

教师组织学生进行缩手反射的游戏活动。随机找一名学生上讲台,双手背后站立。教师站在此学生后面,拿牙签示意给其他学生看,注意不让讲台上的那位学生看到。教师用牙签去轻扎这位学生的手,让其他学生观察现象,并提出问题:当老师用牙签扎他手的时候,他有什么反应?

学生发表看法后,教师进行总结:我们把这种现象叫做缩手反射。

教师讲解:神经元在受到刺激后会产生兴奋并把兴奋传递到其他神经元,于是各个神经元就连成了人体信息传递的网络系统。那么在人体信息感知的过程中,神经系统究竟是如何发生作用的呢?这个活动是在人体什么系统的调节下完成的呢?又是通过什么方式来调节的呢?由此引出新课。

(二)新课教学

1. 提出概念,认识反射

教师提问:刚才台上同学的反应是缩手反射,究竟什么叫做反射呢?

播放视频:手遇到烫的东西会回缩、物体在眼球前突然出现时会眨眼、婴儿膀胱里尿液多了会立刻排尿和人感受到寒冷时会打哆嗦的场景。

提问:这些例子都是反射,你能通过这些活动概括出什么是反射吗?

学生以小组形式开始讨论,教师进行引导得出结论:在中枢神经系统的参与下,动物体或人体对内外环境变化作出的规律性应答就叫做反射。

2. 师生互动,辨析概念

教师讲解:缩手反射就是由于牙签扎手这个外界刺激,在人的神经系统的调控下,发生了把手缩回的这样一个有规律的反应。哪位同学能再举出一些例子来呢?

学生积极讨论并回答。

教师引导学生对老马识途、惊弓之鸟、杯弓蛇影等内容进行分析,重点突出中枢神经系统在受到刺激的条件下作出的反应,如"温水煮青蛙"的现象,加深对"反射"概念的理解。

3. 巩固概念,探究提升

教师再次采用多媒体展示下列现象的图片,并让学生根据反射的定义判断下列现象中哪些可以称为反射,并简单说出原因。

A. 摆在窗台上的花草向外生长。(不是反射,花草是植物,没有中枢神经系统。只有动物体或人体对内外环境变化作出的规律性应答才叫做反射)

B. 草履虫对环境中温度的变化表现出趋热性。(不是反射,草履虫没有神经系统,属于应激性)

C. 人一碰含羞草,它的叶子马上卷起。(不是反射,含羞草是植物,没有中枢神经系统。只有动物体或人体对内外环境变化作出的规律性应答才叫做反射)

D. 手偶然碰到火会迅速缩回。(是反射,在中枢神经系统的参与下,人体对火作出的规律性应答是缩手,叫做反射)

最后组织学生进行膝跳反射的活动,加深对反射概念的理解。

(三)小结作业

教师提问反射的概念,重点强调中枢神经系统、动物体或人体、规律性应答等关键词。

课后思考:大家知道了反射的概念,那么反射到底是如何完成的呢?课后搜集资料,下节课上分享。

(2)概念图设计如下:

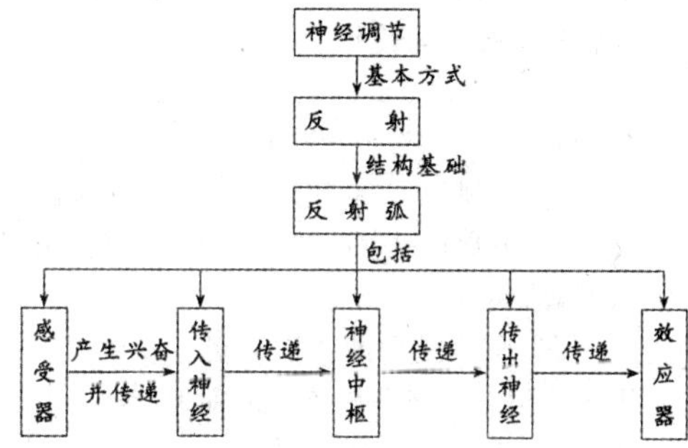

2017年下半年中小学教师资格考试真题试卷

答案速查:

1	2	3	4	5	6	7	8	9	10	11	12	13
D	D	B	B	C	A	A	C	B	B	A	B	C
14	15	16	17	18	19	20	21	22	23	24	25	
B	C	D	B	A	B	D	A	A	B	A	B	

一、单项选择题

1. D 【解析】氰离子对细胞线粒体内呼吸链的细胞色素氧化酶具有很高的亲和力。氧化型细胞色素氧化酶与氰离子结合后便失去传递电子的能力,以致氧气不能被利用,进而导致氧化磷酸化受阻、ATP合成减少、细胞摄取能量严重不足等现象。

2. D 【解析】由题表中的数据分析可知,蛋白质在血浆与肾小囊中的含量差距悬殊,说明蛋白质几乎不能通过肾小球和肾小囊壁而进入肾小囊。而葡萄糖、无机盐、尿素的含量无变化,水的重量反而增加,说明它们都可以通过肾小球和肾小囊壁。

3. B 【解析】在引物作用下,DNA聚合酶从引物3′端开始延伸DNA链,即DNA的合成方向是从子链的5′端向3′端延伸的,故B项说法错误。

4. B 【解析】愈伤组织是由排列疏松、无规则、高度液泡化、无固定形态的薄壁细胞组成的。

5. C 【解析】在减数分裂过程中,非同源染色体发生自由组合。若致病基因位于常染色体上,而常染色体与性染色体为非同源染色体,在形成配子时进行自由组合,故患病概率与性别无关,男女相等。

6. A 【解析】据题意要想在多肽X的基础上研发抗菌性强的多肽药物,首先要测定该多肽的氨基酸序列,然后再对其进行改造及扩增。

7. A 【解析】筛选的原则是人为提供有利于目的菌株生长的条件,同时抑制或阻止其他微生物的生长。在含青霉素的培养基中,因青霉素具有杀菌作用,所以能筛选出具有抗性的大肠杆菌,而非抗性大肠杆菌会死亡,故A不能成功。

8. C 【解析】被子植物柱头的分泌物可以黏附花粉,诱导花粉萌发,长出花粉管,引导花粉管伸入柱头。助细胞的作用是诱导花粉管进入胚囊,同时还可能分泌某些酶物质,使进入胚囊的花粉管末端溶解,促进精子和其他内含物质注入胚囊。

被子植物柱头的分泌物不会引起助细胞的凋亡，C项错误。

9. B 【解析】植物体内长距离运输有机物的组织是韧皮部，运输水分和无机盐的是木质部。输送有机物质这一过程是通过韧皮部的筛管和伴胞来完成的。

10. B 【解析】植物幼嫩的茎的表皮细胞中有叶绿体，可以进行光合作用。

11. A 【解析】a点无氧气，细胞会进行无氧呼吸，仍有ATP生成。

12. B 【解析】RNA一般不能在细胞间穿梭，某些病毒的遗传物质是RNA，但也不能在细胞间传递信息，细胞间传递信息的一般是递质和激素等。

13. C 【解析】缺碘造成甲状腺激素分泌减少，将会促进促甲状腺激素释放激素和促甲状腺激素的分泌，促甲状腺激素的过度分泌，可能会引起甲状腺增生。

14. B 【解析】细胞全能性指细胞经分裂和分化后仍具有形成完整有机体的潜能或特性。B过程并不能体现细胞的全能性。

15. C 【解析】A为腺嘌呤，G为鸟嘌呤，T为胸腺嘧啶，C为胞嘧啶，U为尿嘧啶。图中的DNA含有三种核苷酸，RNA含有三种核苷酸，故共有6种核苷酸。

16. D 【解析】如果视野过暗，应调节反光镜、光圈增加视野的亮度；低倍镜下看不到细胞，应移动玻片的位置，寻找细胞；赤道板是一个虚拟的结构，实际上不存在。故选D。

17. B 【解析】根据标志重捕法的计算公式：种群数量/标记数量=重捕个体数/重捕个体中标记数量。所以该种群数量为：$\frac{x}{32}=\frac{36}{4}$，即$x$=288（只）；即种群密度约为144只/$hm^2$。

18. A 【解析】硝化细菌不含叶绿素等光合色素，不能进行光合作用，但可以利用硝化作用合成有机物，为自养生物。

19. B 【解析】温度对光合速率的影响主要是通过影响酶的活性实现的，植物的光反应阶段和暗反应阶段均有酶的参与，故温度可制约植物光合作用的整个过程，A项错误、B项正确。

20. D 【解析】蚂蚁运动能力不强，调查种群密度一般用样方法；调查鲫鱼种群密度一般用标志重捕法；示踪法一般用于调查海龟等的洄游路线，鲫鱼不是洄游鱼类。

21. A 【解析】由题意知，该实验中设置的温度不同，故自变量为温度。

22. A 【解析】教科书反映了主编和作者对课程标准的理解及对教学安排和活动的构想，是教师备课时必要的课程资源，教师需要理解教科书的编写意图。

23. B 【解析】考虑到学生的学习需要与兴趣，教师不应拒绝学生的请求，但应采取合理的方式。标本是生物课程中重要的教具，可由老师把蝙蝠做成标本，排除其危险性，供学生学习。

24. A 【解析】根据新课改倡导的教学理念，学生是学习的主体，教师是学生学习的引导者，故该实习教师应对该学生进行引导。有丝分裂是一个抽象的概念，而生物学科具有鲜明的实验性和形象性，教师可以运用直观手段将抽象概念形象化，帮助学生识记与理解。综上所述，只有A项措施能够最为有效地帮助学生获得细胞分裂的基本概念。

25. B 【解析】理解是以一种语言或一种交流形式被译述或转化成另一种语言或另一种交流形式时的严谨性和准确性为依据，对材料进行初步的重新整理与排列，指出材料包含的意义和趋势。细胞壁的主要功能是维持细胞形态，图中所示题目是以另一个语言形式对细胞壁的功能进行描述，属于理解水平。

二、简答题

26.【答案】

(1)突触小泡；外负内正；动作

(2)抑制

(3)抑制性

【解析】(1)神经递质合成后先贮存在突触小泡内，接受刺激后再从突触小泡释放出来；题中左图的突触后膜接受刺激后，Na^+内流导致突触后膜电位由外正内负变为外负内正；题中右图的另一种递质与受体结合后导致Cl^-内流，因此不会引起突触后膜动作电位的产生，无法产生兴奋。

(2)根据题意可知，GABA是一种抑制性递质，而癫痫病人由于脑内的GABA被氨基丁酸转氨酶降解后失活，不能起到抑制作用，因此脑神经会异常兴奋而发病，因此可以将抑制氨基丁酸转氨酶的物质作为药物施用于病人，以缓解其病情。

(3)某些麻醉剂与抑制性神经递质作用效果相似，主要作用于抑制性突触。

27.【答案】

(1)两

(2)AABB；aabb

(3)测交；性状

【解析】(1)根据题干信息，紫花与白花比为9:7，是9:3:3:1的变形,故麝香豌豆花的花色受两对等位基因控制。

(2)由题意,亲本均为纯种,F_1均为紫色花,说明紫色为显性,F_1基因型为AaBb。"F_2中有9/16开紫色花,7/16开白色花",说明F_2中紫花的基因型为A_B_,白花的基因型为aaB_,A_bb,aabb。亲代为纯种,故亲代紫花的基因型为AABB,亲代白花的基因型为aabb。

(3)紫花纯种的基因型只能为AABB,要证明F_2中的紫色花并不都是纯种,可以采用的方法是自交或测交。只要出现了性状分离,则说明紫色花并不都是纯种。

三、材料分析题

28.【参考答案】

(1)液面变化的原因是渗透作用。渗透作用发生的条件是半透膜和浓度差。半透膜是一层选择透过性膜,水分子可以通过,蔗糖分子不能通过。水透过半透膜,双向扩散。当半透膜两侧存在浓度差时,水分子从浓度较低的溶液透过膜进入浓度较高的溶液的数量多,经过一段时间,浓度高的一边液面升高。图中a侧为蒸馏水,b侧为15%的蔗糖溶液,b侧的溶液浓度高于a侧,两侧溶液之间为半透膜,所以单位时间内从a侧透过半透膜进入b侧的水分子数量多于从b侧进入a侧的水分子数量,使得b侧液面上升,a侧液面下降。

(2)该同学在第Ⅱ题存在错误理解。错误理解一:液面平衡的条件并非半透膜两侧浓度相等,浓度差始终存在。错误理解二:液面稳定的原因是b侧高出a侧的液柱产生的静水压力与b侧的渗透压力相等而抵消,导致a、b两侧的吸水能力相等而达到平衡状态。

(3)教师可以通过问题串来引导学生思考:

①半透膜只允许水分子通过,不允许蔗糖分子通过,所以蔗糖分子只能存在于b侧,也就是说,b侧的蔗糖溶液浓度始终高于a侧的蒸馏水,浓度差会消失吗?学生可以得出浓度差始终存在。

②既然半透膜两侧溶液的浓度差始终存在,那么浓度差产生的力就会使水分子发生渗透作用使b侧液面上升,b侧液体受到的重力作用就会增强,重力作用会使b侧液面下降,两种力的作用是相反的,那么什么时候液面才会稳定下来不再继续上升呢?学生可以根据已有的物理知识得出:当二力平衡时,水分子运动达到动态平衡,液面会稳定下来不再继续上升。

29.【参考答案】

(1)达成教学目标的途径有创设情境法、讲解法、问题引导法等。在该案例中,教师首先采用播放视频的形式,将学生引入到本节课所学的知识中,既从学生的生活经验出发,拉近学生与本节课所学知识的距离,同时引起学生的兴趣,为后面的学习打下基础。其次,在播放视频的同时,提出一系列的问题,为后面讲解无氧呼吸原理做好了铺垫。同时在学生回答之后,教师及时的评价讲解有助于学生形成正确的知识基础,使学生更加容易理解无氧呼吸的过程。最后,通过问题引导学生思考生活中有哪些事例应用了无氧呼吸的原理,达到探讨无氧呼吸在生活生产中的应用的教学目标。

(2)问题串的设计要求包括问题串要有目的性、情境性、价值性、层次性,同时符合学生的认知习惯。在该案例中,具体体现了以下五个要求:

①目的性。本案例的教学目标就是学生可以说明无氧呼吸的原理、发生条件、过程、结果和应用。案例中的问题串依次提出酒曲的作用、保持温度和加盖的作用,这些问题是围绕无氧呼吸的发生条件设计的;揭开盖子闻到什么气味,该问题是针对无氧呼吸的结果设计的。

②情境性。本案例中播放制酒的视频,贴近学生的生活实际,更容易激发兴趣。

③价值性。案例中的每一个问题都反映出无氧呼吸涉及的知识。学生通过思考与回答更能加深对知识的记忆和理解。

④层次性。教师在设置问题时,应当由识记层次到理解层次,再到综合评价层次,逐步上升,有步骤地加强学生的思维能力。案例中的问题串由进行无氧呼吸的菌种,到发生条件和结果,逐步提高层次。

⑤符合学生的认知习惯。学生的认知是有一定规律的,在教学中也要遵循这种规律,才能更有利于学生接受新知。案例中的问题串来源于学生实际的生活体验,不存在认知上的障碍,学生可以在轻松的环境中接受知识。

四、教学设计题

30.【参考设计】

(1)①肌肉收缩:细胞内各种结构的运动都是在做机械功,所消耗的都是机械能,如肌肉的收缩,是由ATP提供能量来完成的。②神经活动:大脑的思考——神经冲动在神经纤维上的传导所做的电功消耗的就是电能。电能是由ATP提供的能量转化而成的。③ATP药物:ATP作为药品,如三磷酸腺苷二钠片,用于进行心肌萎缩、脑出血后遗症、肝炎等辅助治疗。

(2)探究实验的步骤如下表：

提出问题	生物的直接能源物质是什么
作出假设	ATP或葡萄糖或两者皆是
制订计划	1. 制备实验材料。用小刀将数十只萤火虫的发光器割下，干燥后研磨成粉末。取等量两份分别装入A和B两支试管中，各加入少量水摇匀，置于暗处，可见到试管内有淡黄色荧光出现 2. 设置实验变量。将试管A、B静置15 min后，荧光消失，这说明发光器中的能源物质已经消耗完。这时，将ATP溶液加入A试管中，将等量葡萄糖溶液加入B试管中，摇匀后用荧光检测仪进行检测 3. 记录现象，得出结论。若A试管中有荧光出现，B试管中无荧光出现，则说明直接能源物质为ATP；若A试管中无荧光出现，B试管中有荧光出现，则说明直接能源物质为葡萄糖；若两支试管中均有荧光出现，则说明直接能源物质为葡萄糖和ATP
实施计划	将学生分为若干实验小组，按照计划进行实验，教师进行巡视指导
得出结论	A试管中有荧光出现，B试管中无荧光出现，即葡萄糖不能为萤火虫的发光器直接供能，但ATP能，故生物的直接能源物质是ATP
表达交流	全班学生共同进行，通过分析实验现象与实验结论，寻找实验内容与教材知识的结合点，为全面、系统地把握知识，提升学生的能力打下基础

2017年上半年中小学教师资格考试真题试卷

答案速查：

1	2	3	4	5	6	7	8	9	10	11	12	13
C	C	C	C	A	D	B	D	B	D	B	D	A
14	15	16	17	18	19	20	21	22	23	24	25	
D	B	D	C	C	D	A	B	D	B	D	B	

一、单项选择题

1. C 【解析】玉米和小麦都是单子叶植物，单子叶植物的营养物质主要来自于胚乳。

2. C 【解析】动物完整的个体发育是指从受精卵发育到性成熟个体的过程，即ag段，A项正确。甲状腺激素具有促进生长发育和新陈代谢、提高神经系统兴奋性的作用，而碘是合成甲状腺激素的主要原料。缺碘会导致蝌蚪生长发育过程中不能完成变态发育，B项正确。处于ad段的是蝌蚪，不是青蛙，用鳃呼吸，C项错误。在de段，蝌蚪的尾巴逐渐消失，这是细胞凋亡的结果，即细胞的程序性死亡，D项正确。

3. C 【解析】脊椎动物等级越高，心脏结构越复杂，血液循环越完善，动、静脉血混合的程度越低，越有利于机体对氧气的利用。脊椎动物的心脏从低等到高等的顺序是：鱼纲（一心房一心室）→两栖纲（二心房一心室）→爬行纲（二心房一心室，心室中有不完全间隔）→鸟纲、哺乳动物（二心房二心室）。故选C。

4. C 【解析】抗原具有异物性、大分子性和特异性特征，如细菌、病毒、花粉等。生活在人体内的细菌不都是抗原，如大肠杆菌，A项错误。计划免疫是使可能生病的人不被感染，属于保护易感人群，B项错误。“种痘”种的是抗原，引起的是特异性免疫，D项错误。C项说法正确。

5. A 【解析】原核细胞与真核细胞相比，没有成形的细胞核和复杂的细胞器（如叶绿体），有核糖体，能合成相应的蛋白质和酶系统，A项正确。真核细胞有三种分裂方式，即有丝分裂、无丝分裂和减数分裂，原核细胞的分裂方式是二分裂，B项错误。原核细胞无线粒体，而且有的原核生物（如乳酸菌）只能进行无氧呼吸，C项错误。原核生物的遗传物质也是DNA，以RNA为遗传物质的只有RNA病毒，如烟草花叶病毒，D项错误。

6. D 【解析】线粒体是有氧呼吸的主要场所，液泡可调节细胞的渗透压，A项错误。中心体主要参与细胞的有丝分裂，B项错误。核糖体是蛋白质的合成场所，C项错误。高尔基体是完成细胞分泌物（如蛋白质）最后加工和包装的场所，还合成一些分泌到胞外的多糖和修饰细胞膜的材料。叶绿体是光合作用的场所，在叶绿体基质中可合成淀粉等多糖。D项正确。

7. B 【解析】脂肪和糖类的组成元素都是C、H、O。不同的是脂肪分子中氢原子所占比例比糖类高。故本题答案选B。

8. D 【解析】所观察的总细胞数目远大于分裂期细胞数目，剩下的没有统计的就是处于间期的细胞，A、B项错误。没有观察到并不意味着没有细胞完成有丝分裂的全部过程，有可能它们已完成分裂过程后正处于间期，所以表中没有统计到，C项错误。编号1中没有看到处于中、后、末期的细胞，证明处于分裂期的细胞数目少，不利于观察；而比较编号2和3，在细胞总数相差不多的情况下，编号2中处于分裂期的细胞多于编号3，所以编号2更有利于观察，D项正确。

9. B 【解析】本题考查的是对细胞的吸水和失水的理解。当外界溶液的浓度比细胞质的浓度低时，细胞吸水膨胀；反之，则细胞失水皱缩；当外界溶液的浓度与细胞质的浓度相同时，水分进出细胞处于动态平衡。故答案为B。

10. D 【解析】由表格中数据可看出，在光照条件下消耗的水分比黑暗条件下多，A项正确。当水分吸收比矿质元素吸收快时，矿质元素离子浓度升高，反之则离子浓度降低。表格中K^+浓度占实验开始时的百分比最少。可知吸收K^+的相对速率较水快，B项正确。表格中各种矿质离子占实验开始时的浓度不同，表明大麦对各种离子的吸收具有选择性，C项正确。在光照和黑暗情况下各种离子浓度不同，表示大麦对矿质离子的吸收受到光照的影响，D项错误。

11. B 【解析】由题干信息可知这种抗癌药可以抑制细胞的DNA复制，DNA不能进行复制，细胞就不能分裂。A、C、D三项均是不需要通过细胞分裂就能完成的生命活动。而B项中，血细胞的生成是通过细胞分裂完成的，故使用这种药物对机体产生的副作用可能是白细胞数量减少。故选B。

12. D 【解析】纯种甜玉米和非甜玉米间既有同株间异花传粉，也有不同株间的异花传粉。甜玉米上的非甜玉米，是非甜玉米授粉的结果，而非甜玉米上没有甜玉米，也就是没有显示出来。说明甜与非甜这对相对性状中，非甜是显性性状，甜是隐性性状。故选D。

13. A 【解析】肺炎双球菌的转化实验是用不同的菌种去感染小鼠或分别用S型细菌DNA和蛋白质等物质与R型细菌混合培养，没有采用放射性同位素示踪技术。噬菌体侵染细菌的实验是蔡斯和赫尔希用带有^{32}P标记的DNA和^{35}S标记的蛋白质的噬菌体分别去侵染大肠杆菌，以确定DNA是遗传物质。探究分泌蛋白的合成与分泌是在豚鼠的胰腺细胞中注射用^{3}H标记的亮氨酸。检测到放射性的踪迹以说明蛋白质的合成和分泌过程。探究光合作用释放的氧气是在光合作用中用^{18}O去标记水，在氧气当中检测到了^{18}O；用^{18}O标记二氧化碳，在氧气中没有检测到^{18}O，说明氧气中的O全部来自于水而不是二氧化碳。

14. D 【解析】生长素及其类似物(2,4-D)能促进果实的发育，用一定浓度的生长素类似物涂抹未受粉的子房，可以获得无子果实。表中数据显示不同浓度2,4-D对番茄子房发育的影响。2,4-D浓度在0~25 $mg\cdot L^{-1}$时，随着2,4-D浓度的升高，促进作用增强；2,4-D浓度超过25 $mg\cdot L^{-1}$时，随着2,4-D浓度的升高，促进作用逐渐减弱，而不是产生抑制作用。A项错误。本题没有将2,4-D和生长素对照使用，因此并不能说明2,4-D与生长素的作用效果相同。B项错误。题中没有涉及枝条生根，没有实验数据说明2,4-D可以促进扦插枝条生根。C项错误。从表中数据可以看出2,4-D诱导无子番茄的最适浓度范围为20~25 $mg\cdot L^{-1}$，D项正确。

15. B 【解析】RNA是RNA病毒的遗传物质，A项正确。RNA是细胞核组成成分之一，B项错误。rRNA是核糖体RNA，是核糖体的重要组成成分，C项正确。酶的本质是蛋白质和部分RNA，所以RNA可以催化某些化学反应，D项正确。

16. D 【解析】图中第一个基因产物对a、b、c、d四种性状都有影响，说明单个基因可以控制和影响多个性状，A项正确。图中e性状由三个基因控制，说明多个基因可以控制和影响一个性状，B项正确。基因控制蛋白质的合成，产物可以是酶也可以是结构蛋白，C项正确。当某一基因是隐性基因，跟它同源的染色体上有等位的显性基因时，就不会表现出其所控制的相应性状，D项错误。

17. C 【解析】由题图中信息可知，子代中黑蚕:淡赤蚕=75:25=3:1，黄茧:白茧=1:0，符合基因分离定律，说明黑色相对于淡赤色为显性性状，黄茧相对于白茧为显性性状，且亲代黑蚕一定为杂合子，黄茧为显性纯合子，即亲本基因型可表示为DdBB和Ddbb，二者交配产生的子代表现型为黄茧黑蚕、黄茧淡赤蚕，故A、D项错误。C项正确。杂交后代中的黄茧黑蚕与亲本表型一致，它属于亲本类型而不是重组类型，B项错误。

18. C 【解析】根据题意分析本实验的目的是检验两种抗生素的杀菌作用，该实验应遵循对照原则，即设计只有细菌的空白对照组和两个实验组，两个实验组分别是有细菌的培养基中加抗生素甲和抗生素乙。从而可根据实验结果判断甲、乙两种抗生素的杀菌作用。故C项的方案更合理。

19. D 【解析】限制酶,即限制性核酸内切酶,其作用是能够识别并切割特异的双链DNA序列,在构建重组载体时,需用限制性核酸内切酶切割目的基因和载体,并不是限制两个核苷酸之间磷酸二酯键的连接。故D项错误。

20. A 【解析】植物细胞工程包括植物组织培养、植物体细胞杂交等,植物组织培养不能定向改造生物的遗传性状。故选A。

21. B 【解析】生物课程中的探究学习是指学生在教师指导下,为获得科学素养以类似或模拟科学探究的方式所进行的学习活动。研究问题不一定都需要由学生提出,也可以由教师提或者是教材上的问题,学生进行探究,A项错误。探究式学习既可在课堂上进行,也可以在课后进行,B对。在探究式学习中,对于要掌握的概念和原理,不能为完成教学任务把答案直接告诉学生,让他们被动地接受。C项错误。探究学习的形式根据活动情况分为发现式探究、推理式探究和实验式探究三种,其中推理式探究是“没有自己动手做”而应用探究方法的探究,所以不是所有探究都要遵循一个固定过程,D项错误。

22. D 【解析】调查法要遵循客观性原则,不能带主观倾向。D项说“先向当地生物教师讲解科学史的教育价值,然后进行调查”可能会改变现有的客观倾向,从而导致调查结果失真。

23. B 【解析】在教学中可以适当地教授超出课程标准要求的内容,对内容进行扩展,A项错误。在教学中,应当根据实际情况灵活运用内容标准中的“活动建议”,B项正确。课程标准中没有规定学生应达到的最高水平,C项错误。课程标准是课程计划中每门学科以纲要的形式编定的、有关学科教学内容的指导性文件。它规定了学科的教学目的与任务,知识的范围、深度和结构,教学进度以及有关教学法的基本要求。不可以用高考考试说明代替课程标准,D项错误。

24. D 【解析】20分钟时间过长,会耽误正常的教学进度,A项错误。学生的问题并不是与教学无关,说明其存在错误概念,不能说没有价值,也不能说学生故意捣乱,这样会打击学生的好奇心和学习积极性,B、C项错。D项做法正确,既没有耽误整体的教学,也能让学生保持学习的热情。

25. B 【解析】纸笔测验是指书面形式的测验工具,主要侧重于评定学生在学科知识方面学习成就高低或在认知能力方面发展强弱的一种评价方式。实作评价指使用多种工具或形式,评定学生在实际情景下应用知识的能力,以及在情感态度和动作技能领域学习成就的一种评价方式。配置性评价旨在了解学生的背景、性向、学习兴趣,以便根据学生的个别差异,安排适合的学习过程,实施适当的教学和辅导。终结性评价是在学期末或学年末对学生学习成果所作的全面评价。它不仅对生物学习目标达成程度进行判断,同时也提供了教学目标是否适当、教学策略是否有效的信息,如期末考试。教师为学生准备材料、工具对学生的学习情况进行评定属于实作评价,故答案选B。

二、简答题

26.【答案】

(1)6

(2)幼嫩叶片,含叶绿体少;位置靠下,接受到的阳光少

(3)净光合作用强度

(4)第9片

【解析】(1)从题图中所知,第6片叶片光合速率相对值最高,吸收的二氧化碳最多,放射性最强。

(2)位于上层的叶片比较幼嫩,相对于成熟叶片来说叶绿体含量较少;位于下层的叶片由于上层叶片的遮挡,接受到的阳光少,所以光合作用速率较低。

(3)植物光合作用吸收CO_2,呼吸作用释放CO_2,二者之差为净光合作用速率。室内CO_2浓度的变化反映的就是净光合作用强度。

(4)钙在植物体内不能重复利用,即不能由老叶向嫩叶转移,故老叶片中含量较多。

27.【答案】

相对性状;一;多对;数学统计;测交

【解析】豌豆的相对性状之间差异明显、易于区别,如高茎和矮茎,不存在介于两者之间的第三高度。另外,豌豆是自花传粉和闭花授粉的植物,可以避免外来花粉的干扰,孟德尔因此选用了豌豆作为实验材料。

孟德尔探索遗传学基本定律的过程是由简单到复杂,层层深入进行的。先选用一对相对性状研究分离定律,再选用两对或多对相对性状来研究自由组合定律。孟德尔通过实验得到的子代数量比较大,如果不进行数学统计,很难发现其中蕴含的规律。利用测交(即与隐性亲本杂交)看后代的性状分离及比例,可以反映出被测亲本产生配子的种类及比例,判断其是否为纯合子,从而验证假设是否正确。

三、材料分析题

28.【参考答案】

（1）该实验与教材中的实验相比有以下几个优点：

①选材方便易获取，经济成本低。教材中的实验用的是酚酞、琼脂、氢氧化钠；该实验用的是塑料瓶、水、红墨水等。

②操作简单。教材中的实验需要对琼脂块用酚酞处理，进行切块；该实验只需加水及固定塑料瓶等简单操作。

③安全性较好。教材中实验试剂用到了氢氧化钠，氢氧化钠是强碱，具有强腐蚀性，且在实验中用量较大，有一定的危险性；该实验试剂只用到了水和红墨水。

④实验现象明显，反应时间短。氢氧化钠进入琼脂块出现明显的实验现象用时会比较长一些，不利于实验结果的观察，不适于在实验课堂重复使用；该实验装置可以很快地观察到水进出“细胞”的明显现象。

（2）利用模拟实验进行教学有以下不足：

①无法完全模拟活细胞的形态。活细胞的细胞膜有选择透过性，能够控制物质进出细胞。而琼脂块和塑料瓶都没有这样的功能，所以模拟实验的结果具有局限性，不能广泛推广。

②实验结论缺乏科学性。如模拟实验仅用水流出塑料瓶的时间代表水进出细胞的速率是不科学的。实验现象容易产生偶然性或巧合性，容易形成以点代面的思想意识，发生由主观原因导致的错误。

29.【参考答案】

（1）利用这道试题可以考查的知识主题主要有：

①种子萌发的条件：种子萌发的条件包括环境条件和自身条件两方面。

环境条件包括充足的水分、足够的氧气和适宜的温度；自身条件是种子必须具有完整的、有生物活性的且渡过休眠期的胚。

②种子的结构：绿豆属于双子叶植物，种子结构包括种皮和胚，而胚又包括胚根、胚轴、胚芽和两片子叶。其中，主要由子叶储存营养物质供种子萌发。

③种子萌发的过程：胚根首先突破种皮，向下生长，形成根。胚轴的细胞也相应生长和伸长，把胚芽或胚芽连同子叶一起推出土面，形成茎和叶。子叶随胚芽一起伸出土面，展开后转为绿色，可以进行光合作用。待胚芽的幼叶张开进行光合作用后，子叶也就枯萎脱落。至此，一株能独立生活的幼小植物体也就全部长成，这就是幼苗。

④有丝分裂与细胞分化：有丝分裂是真核细胞增殖的一种方式。细胞分化是指在个体发育中，由一个或一种细胞增殖产生的后代，在形态结构和生理功能上发生稳定性差异的过程。在由绿豆种子长成绿色幼苗的生长发育过程中，需要不断进行有丝分裂大量增殖细胞，也需要细胞分化形成不同的组织进而形成不同的器官（如根、茎、叶）。

⑤光合作用与有氧呼吸：光合作用指绿色植物通过叶绿体，利用光能把二氧化碳和水转变成储存能量的有机物，并且释放出氧气的过程。有氧呼吸是指活细胞在有氧气的参与下，通过多种酶的催化作用，把某些有机物彻底氧化分解，产生二氧化碳和水，同时释放大量能量的过程。绿豆种子可以进行有氧呼吸，之后形成的绿色幼苗既可以进行有氧呼吸作用又可以进行光合作用。

【答出三个即可得满分】

（2）这道题属于开放性试题。开放性试题是与封闭性试题相对的、没有固定答案或唯一结论的一种试题形式。概念图是一种用节点代表概念，连线表示概念间关系的图示法。

利：一方面，开放性试题在很大程度上弥补了封闭性试题的种种不足，特别在考查学生思维的灵活性和广泛性，学生的实践能力和创新意识，以及情感态度与价值观等方面有着封闭性试题所无法取代的优点。开放性试题更符合新课程发展性评价，在新课程的模块学业评价中应提倡适量使用开放性试题。另一方面，概念图的制作有利于学生对已有的相关知识进行系统性的整合，有利于知识网络的建构。

弊：开放性试题的主要弊病在于其评分带有比较明显的主观随意性。

四、教学设计题

30.【参考设计】

（1）“酶的特性”知识目标

①说出酶的三大特性。

②能结合实验说明影响酶活性的条件。

（2）“酶的特性”能力目标

①通过进行“影响酶活性的条件”的探究，学会控制自变量，观察和检测因变量变化以及设置对照组等实验设计方法。

②正确使用和处理实验器具、实验材料，进行生物学实验操作；锻炼动手实践、小组合作、交流、发现问题、分析问题及解决问题等能力。

（3）教学过程

酶的特性

1. 提出问题：酶是否具有专一性，即一种酶是否

只能催化一种或一类化学反应

2. 作出假设：酶具有专一性

3. 设计实验

(1)讲解实验原理

乳糖酶只能催化乳糖进行水解，得到1分子半乳糖和1分子葡萄糖。葡萄糖可以用葡萄糖检测试纸检测，试纸会由浅蓝色变为红棕色。乳糖溶液中滴加适量乳糖酶反应一段时间以后可以使葡萄糖检测试纸变为红棕色，其他糖溶液中滴加等量乳糖酶反应一段时间以后不能使葡萄糖检测试纸变色。

(2)准备实验材料

实验组为6号，其他为对照组。1号，葡萄糖溶液；2号，乳糖酶溶液；3号，乳糖溶液；4号，麦芽糖溶液；5号，蔗糖溶液；6号，乳糖溶液+乳糖酶溶液；7号，麦芽糖溶液+乳糖酶溶液；8号，蔗糖溶液+乳糖酶溶液。

(3)实施实验

①全体学生按照既定实验组，准备实验材料。

②对8个试管分别编号，按照实验方案加入等量的糖溶液和酶溶液。

③轻轻震荡，充分混匀，然后把试管放入37 ℃温水中保温5～10分钟。

④吸取8个试管的反应液，分别滴加到葡萄糖检测试纸上，观察实验结果。

4. 思考讨论

问题①：做好本实验的关键是什么？(葡萄糖、乳糖的纯度要高，避免污染；试纸保证清洁、有效)

问题②：为什么要放在37 ℃的温水中保温？(乳糖酶催化乳糖分解的最适温度就是37 ℃)

问题③：保温5～10分钟以后，分别吸取8个试管中的溶液，滴在葡萄糖检测试纸上，观察分别有什么现象发生，并说明为什么。(1号、6号试管中的反应液均可以使葡萄糖检测试纸变红棕色，其他的试管中的反应液不可以，说明乳糖酶只能催化乳糖分解)

5. 表达交流、得出结论

对比各组的实验结果，分析实验结果略有差异的原因并分享，并提出进一步的优化解决方案。最终得出结论——酶具有专一性。

2016年下半年中小学教师资格考试真题试卷

答案速查：

1	2	3	4	5	6	7	8	9	10	11	12	13
B	C	D	A	A	B	B	C	C	A	D	D	D
14	15	16	17	18	19	20	21	22	23	24	25	
C	D	C	C	A	D	A	C	D	A	C	B	

一、单项选择题

1. B 【解析】DNA分子是双螺旋结构，遵循碱基互补配对原则，嘌呤数等于嘧啶数，A错误；cDNA的五碳糖是脱氧核糖，mRNA的五碳糖是核糖，B正确；组成DNA和ATP的元素相同，都是C、H、O、N、P，C错误；烟草花叶病毒的遗传信息贮存在RNA中，D错误。

2. C 【解析】胆汁在肠道中乳化脂肪是物理性消化，不需要激素的调节，A错误；ATP与ADP的相互转化过程都需要酶的催化，B错误；寒冷时动物体内的下丘脑发挥作用，分泌促激素释放激素，促使甲状腺激素、肾上腺素分泌增多，提高代谢速率，增加产热，C正确；血液中的酸碱度是由一种弱酸和强碱盐组成的缓冲物质进行调节的，D错误。

3. D 【解析】蜘蛛结网是先天性行为，先天性行为是由遗传物质决定的本能行为，因此决定这种行为出现的因素是遗传物质。

4. A 【解析】由题图可知，a、b两种运输方式受物质浓度影响，因此为被动运输，顺浓度梯度运输，不消耗能量。其中a为自由扩散，b为协助扩散，故A正确，C、D错误。协助扩散需要载体，低温会影响载体蛋白的活性，故B错误。

5. A 【解析】蓝藻为原核生物，无以核膜为界限的细胞核，无叶绿体，含藻蓝素和叶绿素，可进行光合作用，为自养生物，大量蓝藻繁殖会造成水华，故A正确，B、C错误；植物细胞的细胞壁成分主要为纤维素和果胶，蓝藻的细胞壁主要成分为肽聚糖，D错误。

6. B 【解析】由题图可知该行为是同源染色体间的交叉互换，结果是导致同源染色体上的等位基因交换。

7. B 【解析】由于大多数生物的遗传物质是DNA，一些病毒的遗传物质是RNA，故DNA是主要遗传物质。使用同位素标记技术可证明DNA是遗传物质，但无法直接说明DNA是主要遗传物质。故选B。

8. C 【解析】细胞凋亡会出现在胚胎发育过程中，

如尾体(尾巴)的消失,手指、脚趾之间蹼的消失。

9. C 【解析】该区域经过200年时间由湖泊演变为草场,环境的改变导致该区域的生物种群发生变化,C项正确。A项,物种是交互繁殖的相同生物形成的自然群体,可包括多个种群。题干中说原来的种群被替代,但不能说明原来的物种已灭绝,故A错误。B项,在生物群落中,各个种群占据了不同的空间,使群落具有一定的结构,群落的结构包括垂直结构和水平结构。群落结构改变是结果而不是原因,故B不符合题意。D项,题中未提到有外来物种入侵影响原有生物种群,故D错误。

10. A 【解析】乙家族5号为红绿色盲患者,故其母亲4号为红绿色盲致病基因的携带者,且该致病基因一定来自母亲1号,故1号为杂合子,既含有B基因,又含有b基因,A正确;由甲家族1、2、5,可知该病为常染色体显性遗传病,B错误;若甲家族7号与8号为异卵双生,因Ⅱ-4为患病者,携带显性致病基因,故Ⅲ-8表现型不一定正常,C错误;Ⅲ-8可能患Z遗传病,而Ⅲ-5是红绿色盲患者,其儿子一定患色盲,故二人结婚有可能生下同时患两病的孩子,D错误。

11. D 【解析】技术Ⅰ为杂交育种,方法是通过连续自交,不断选种,其缺点是育种年限长,效率低;技术Ⅱ、Ⅲ是单倍体育种,单倍体育种所得后代都是纯合子,可以明显缩短育种年限,故A错误;③④为再分化过程,需要在无菌环境中进行,B错误;过程①是花药离体培养,花药中的花药壁、药隔等二倍体细胞会有干扰,可能产生二倍体植株,C错误;①②脱分化过程需要添加植物激素,如生长素和细胞分裂素,D正确。

12. D 【解析】编码水母发光蛋白的基因可以作为标记基因,可使成功转基因的个体更容易被检测出。

13. D 【解析】植物胚芽鞘尖端可产生生长素,单侧光照射引起生长素分布不均,导致植物向光生长,故A、C正确;植物不同器官对生长素浓度敏感程度不同,一般来说是根>芽>茎,B正确;钠离子在根的向重力性作用中不起重要调节作用,起作用的是Ca^{2+},Ca^{2+}与CaM结合活化Ca泵和IAA(生长素)泵,使根下侧积累较多的Ca和IAA。

14. C 【解析】图示为均等分裂,不含同源染色体,可判断为减数第二次分裂中,第一极体的分裂后期,分裂结束后产生两个极体。基因重组发生在减数第一次分裂后期,故A正确。形态和功能上各不相同,但又互相协调、共同控制生物生长、发育、遗传和变异的一组非同源染色体,叫做一个染色体组。由图示可判断该细胞有2个染色体组,①②③④、⑤⑥⑦⑧各为一个染色体组,故B正确。卵细胞为生殖细胞,产生卵细胞的分裂方式为不均等分裂,故C错误。①和⑤是姐妹染色单体分开后产生的两条染色体,所含遗传物质应相同,若基因M和m分别位于①和⑤上,很可能是基因突变的结果。

15. D 【解析】男婴父亲表现型正常,该男婴从母亲遗传到一个隐性基因而患病,母亲不含有Y染色体,故该基因不可能存在于Y染色体的非同源区段,故选D。

16. C 【解析】由题干可知,α型毒素在b处突触后膜上起作用,β型毒素抑制神经末梢释放乙酰胆碱,即在a处起作用,A、B错误;α、β两种毒素作用效果均是对神经传导产生抑制,但作用原理不同,C正确,D错误。

17. C 【解析】酶发生作用后不会失活,酶是通过降低化学反应活化能催化化学反应,而不是作用于特定的靶细胞,A、B错误;激素、神经递质的化学本质不全是蛋白质,故不一定需要核糖体、内质网、高尔基体的参与,D错误。

18. A 【解析】由题图可知,自1900~2000年间,出生率始终大于死亡率,故该地区人口数量在这一时期的变化趋势为持续增长,故选A。

19. D 【解析】题干中涉及的技术是动物乳腺生物反应器,技术原理是将外源基因插入奶牛受精卵DNA中,外源基因在乳腺中特异表达,达到使转基因动物的乳腺组织生产药用蛋白的目的。

20. A 【解析】试管婴儿技术的生物学原理是有性生殖,A正确;试管婴儿技术没有利用转基因技术,B错误;女性切除输卵管后仍可以在卵巢采集卵细胞,可以通过试管婴儿实现他们的生育愿望,C错误;父亲正常,母亲患红绿色盲,因为红绿色盲是伴X隐性遗传病,若后代为男孩,则一定患红绿色盲,D错误。

21. C 【解析】教学方法是教学过程中教师与学生为实现教学目的和教学任务要求,在教学活动中所采取的行为方式的总称。教学模式是并不规定在具体实施教学时的方法步骤,而只是一个笼统的指导性的结构框架,比如奥苏伯尔的有意义接受学习教学模式和布鲁纳所倡导的发现式学习的教学模式。教学策略则更加细节化,它可以指向具体的一节课,具体的教学内容和具体的教学活动过程,甚至是具体的教学环节。教学理论是教育学的一个重要分支。它既是一门理论科学,也是一门应用科学。本题是教师设计的具体的一节课的教学环节,属于教学策略。

22. D 【解析】题干中该同学形成的概念"细胞分化导致基因的选择性表达"是与科学概念相悖的，属于前科学概念。

23. A 【解析】题中的教学兼顾了不同水平的学生，通过对不同水平的学生采取不同的教学方法，有针对性地面向每一个学生，兼顾全体学生，这样的教学着重体现的课程理念是面向全体学生。

24. C 【解析】表现性评价是指对学生在实际完成某项任务或一系列任务时所表现出的，在理解与技能方面的成就的评定。本测评主要对学生的表现进行评价，所以属于表现性评价。发展性评价是指评价不再仅仅是甄别和选拔学生，而是促进学生的发展，促进学生潜能、个性、创造性的发挥，使每一个学生具有自信心和持续发展的能力。本测评表着眼于学生的发展，所以为发展性评价。档案袋评价法是指教师和学生有意地将各种有关学生表现的材料收集起来，并进行合理的分析与解释，以反映学生在学习与发展过程中的努力、进步状况或成就。本测评只记录学生的学业成绩，所以不属于档案袋评价。本测评表不仅有各单元、期中、期末测试的表现，也有自我、他人、教师的评价，所以属于多元主体评价。

25. B 【解析】题中教师的做法使用了学生资源，教师资源等多种课程资源，所以本题选B。

二、简答题

26.【答案】

(1)线粒体、叶绿体；消耗叶片中贮藏的有机物

(2)光照强度与光合作用的关系

(3)CO_2浓度；呼吸作用强度等于光合作用强度，O_2的产生和消耗相等，所以释放量为0

【解析】(1)叶肉细胞中线粒体通过呼吸作用释放ATP，叶绿体通过光合作用产生ATP，所以能够产生ATP的细胞器为线粒体、叶绿体。进行黑暗处理的目的是消耗叶片中原有的有机物，以减少干扰。

(2)光源距离的长短是为了给予实验不同的光照强度，O_2释放速率可表示光合强度的大小。

(3)AB段达到光饱和点，所以主要的外界因素是CO_2浓度。C点的O_2释放量为0，是因为呼吸作用消耗的O_2与光合作用产生的相同，达到光补偿点。

27.【答案】

(1)相同；DNA连接

(2)氯化钙；感受态

(3)白

【解析】(1)使用相同的限制性内切酶才能保证切割位点相同。DNA连接酶可连接DNA得到重组质粒。

(2)重组质粒导入受体细胞大肠杆菌时，需要用氯化钙处理使受体细胞变成能够吸收DNA分子的感受态细胞。

(3)由题图可知重组质粒具有Amp^r基因，不具有*lacZ*基因，所以该受体细胞具有抗氨苄青霉素的能力，但是不能使X-gal物质变蓝色，所以选择白色的菌落培养。

三、材料分析题

28.【参考答案】

(1)①短小精悍，使用方便

教学微视频的一个最重要的特点就是短小，时间长度普遍在10分钟左右，有的甚至只有2～3分钟。符合学生注意的维持时间，而且不会占用太多的课堂时间。材料1中的教师仅用2分钟的时间就呈现出所要展示的内容。其次，微视频容量较小，一般在几十兆左右，便于师生流畅地在线观摩。

②主题突出，目标明确

教学微视频一般围绕一个知识点呈现，主题明确，目标突出。材料1中的教师只围绕南美洲亚马逊雨林的物种和捕食关系进行呈现，能够让学生尽快把握主要内容。

③直观生动，激发兴趣

用微视频进行教学，可以将普通教学手段难以讲清楚的难点、重点变得形象而直观，便于激发学生的学习兴趣。材料2中教师将"探索遗传物质的过程"一节利用微视频技术讲解得生动、有趣，从而活跃学生思维，激发学习兴趣。

④碎片化学习方式，学习时间灵活，学生可自己掌握学习进度

实际教学中，教师将微视频以及反馈评测题等学习资源上传至网络，学生根据自己的情况可以在任何时间、任何地点在有限的时间内学习短小视频，符合当今网络时代信息碎片化的学习方式。学生在学习过程中记录自己的问题和学习难点，学习后完成反馈测评题，便于掌握自身学习情况。

(2)传统的教学模式是教师在课堂上讲课，布置家庭作业，让学生回家练习。与传统的课堂教学模式不同，在翻转式教学模式下，学生在家完成知识的学习，而课堂变成了教师与学生、学生与学生之间互动的场所，包括答疑解惑、知识的运用等，从而达到更好的教育效果。教学视频承担起了知识传授的责任，其质量对知识传授

的效果有着重要的影响。总的来说,翻转式教学有以下几个优点:

①"翻转"突破传统课堂教学的时空限制。可以帮助繁忙的学生。翻转课堂后,利用教学视频,学生能根据自身情况来安排和控制自己的学习。学生在课外或回家看教师的视频讲解,完全可以在轻松的氛围中进行;而不必像在教室集体教学的课堂上那样紧绷神经,担心遗漏什么,或因为分心而跟不上教学节奏。

②"翻转"能帮助学习有困难的学生,实现个性化学习。翻转课堂真正实现了根据学生的兴趣和特点进行分层教学。学生自己在观看视频的时候节奏快慢全在自己掌握,懂了的快进跳过,没懂的倒退反复观看,也可停下来仔细思考或记笔记,甚至还可以通过聊天软件向老师和同伴寻求帮助。

③"翻转"增加课堂互动。学生在家中或课外观看视频中教师的讲解,回到课堂上师生面对面交流和完成作业,实现了传统课堂中知识传授与知识内化两个阶段的颠倒。在翻转式教学中,教师从知识的传授者转变为学习的指导者和促进者。这让教师参与到学生的学习小组中,回答学生的问题,甚至对学生的学习进行个别指导。在学生完成作业时,找出共性的问题给予及时的指导纠正。

④"翻转"改变了课堂管理。在传统教学课堂上,教师往往密切关注学生的动向,担心学生分心跟不上进度。而采用翻转式教学后,学生都在忙于和其他同学讨论问题或协作完成任务,没有时间分心或者做与学习无关的事,自然而然改变了课堂的管理模式。

⑤"翻转"让教师更了解学生。一个好的教师总能与学生建立良好的关系。翻转课堂让教师花更多的时间与学生在一起,因此教师能更好地了解学生,更清楚地知道谁学习有困难,谁能迅速地掌握学习内容并可从一些额外的挑战性工作中受益。进一步,教师还能了解学生的生活。并有机会确认他们需要帮助的点在哪里,或者识别和跟踪他们潜在的问题。

(注:答出①②③④即可得满分)

29.**【参考答案】**

(1)我国与国外教材中实验的区别有以下几点:

①实验内容不同。国外版本只是做了绿叶中色素的分离实验,我国版本先做了绿叶中色素的提取实验,然后做了分离实验。

②实验材料用具不同。我国版本中此实验材料是新鲜的绿叶,国外版本中实验材料是提前制备好的植物悬液;我国版本中实验试剂较多,包括二氧化硅、碳酸钙、无水乙醇、层析液,国外版本只有无水乙醇;我国版本中实验用具包括定性滤纸、试管、棉塞、试管架、研钵、尼龙布、剪刀等用具,而国外版本只有滤纸和烧杯。

③分离原理、方法相同——纸层析法,但层析液成分不同。我国版本中绿叶中的色素能够溶解在有机溶剂无水酒精中,绿叶中的色素在层析液(由20份在60~90 ℃分馏出来的石油醚、2份丙酮和1份苯混合而成,92号汽油也可代用)中分离;而国外版本选择无水乙醇分离植物叶中的各种色素。

④实验方法不同。我国版本中首先从新鲜绿叶中提取色素,然后制备滤纸条,画滤液细线。而国外版本直接在滤纸上滴植物悬液,并且只滴一次。

⑤分析和讨论的内容不同。我国讨论的问题更加详细,国外版本描述较为简单,注重实验原理和实验过程。而我国版本不仅注重原理和过程,还比较注意关键操作步骤。

(2)根据上述比较,我认为该实验教学中应注意的要点包括以下几点:

①明确实验目的。同一个实验在不同版本中有不同的实验原理、实验步骤,归因于最初的实验目的不同。所以实验开始之前让学生明确实验目的,这样才更加具有针对性。

②让学生理解实验原理。在内容开始之前,要给学生讲解清楚实验原理,这样才可以解释实验现象,得出实验结论。

③注意实验操作规范。如提取叶绿素时加入碳酸钙和二氧化硅的作用,研磨要迅速充分;滤液细线不仅要求细、直、均匀,而且要求含有较多的色素(可以重复画二至三次);滤液细线不能触及层析液,否则色素溶解到层析液中,将得不到清晰的色素带;制备滤纸条时,要剪去两角,这样可以减小边缘效应,使色素在滤纸上扩散均匀,便于观察实验结果;收集滤液后,要及时用棉塞将试管口塞紧,防止滤液挥发。

④实验过程中要注意实验安全。本实验中涉及挥发性的有机试剂,为避免学生吸收较多的有害气体,建议在通风橱中进行。

⑤实验过程实事求是。实验过程中要求学生如实记录实验现象,不要随意改动实验结果。

四、教学设计题

30.**【参考设计】**

(1)根据教材特点及学生的实际情况,用教学用具辅助教学,帮助学生理解染色体、单倍体、二倍体、多倍体,通过采用介绍各个概念再结合图片进行理解的方法进行教学,我制作的卡纸教具如下：

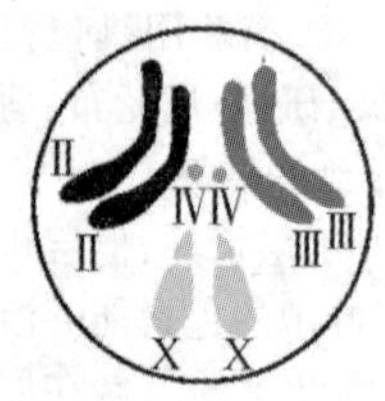

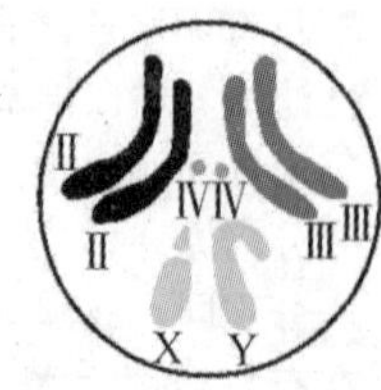

本教具以果蝇染色体组为蓝本，用不同颜色的硬卡纸，剪出分别代表雌、雄果蝇的常染色体和性染色体（数目、颜色如上图），同样颜色、形状的染色体多准备4～6条。再剪两个圆形大纸片表示细胞。然后按如上图所示进行摆放。根据染色体组的定义：形态、功能各不相同的一组非同源染色体为一个染色体组。说明果蝇为二倍体。

各个"染色体"为活动的，即可粘贴在"细胞"内或拿出"细胞"做随意拼接摆放，以便表示三倍体、四倍体或单倍体等。

（2）教学流程设计：

①总结染色体结构变异类型，引出染色体数目变异

指导学生阅读染色体数目变异的两种类型。展示21三体综合征患者图片及病因。

设问：这种病属于哪种染色体数目变异？

教师讲解：前面所说的仅是染色体"个别数目"的增加或减少，它只是染色体数目变异的一种类型。染色体数目变异的另一种类型是染色体数目以"染色体组"为单位成倍增加或减少，这种类型的变异在实践中的应用更为普遍。因此，我们将重点介绍这一种类型的染色体数目变异。

②展示教具，提出染色体组概念

教师讲解：在学习染色体数目变异之前，我们要先了解什么是染色体组。

展示教具，教师说明：大家看，这是老师制作的雌雄果蝇体细胞染色体构成图。

设问：果蝇体细胞中有几对同源染色体？几对常染色体？几对性染色体？（学生看书、小组讨论，讨论后每组选出一到两个代表发言或补充。）

点评学生回答，总结：果蝇细胞中有8条染色体，共4对同源染色体，其中3对常染色体和1对性染色体。

教师：根据已学的减数分裂知识，能不能用老师这个拼图拼出果蝇雌雄配子染色体构成图呢？分小组发放缩小版教具。

各组学生进行拼图，并思考问题：a. 一个配子中是否有形态相同的染色体？b. 这些染色体之间是什么关系？

学生思考后做出拼图，各小组派代表展示拼图，并说明构成配子（如精子）的4条染色体的特点：配子中没有相同的染色体，且这些染色体之间是非同源染色体。

教师明确概念，总结出："果蝇的一个生殖细胞内的全部染色体称为一个染色体组。"

教师：那么如何理解染色体组的概念？请同学们充分挖掘你的才智，通过阅读理解帮老师解答这个难题。以小组为单位，看哪一组理解得最快、最准确。（学生看书，小组讨论）

学生经过反复讨论，相互补充，总结出"一个染色体组"的概念："细胞中的一组非同源染色体，它们在形态和功能上各不相同，但是携带着控制一种生物生长发育、遗传和变异的全部信息，这样的一组染色体，叫做一个染色体组。"

教师：若把形状、大小不同的归为一组，每一组都包括了3条常染色体和1条性染色体，且是每对同源染色体中的某一条染色体。这样一个生殖细胞中的全部染色体即为一个染色体组。一个染色体组内的染色体大小、形状均不相同，但却包含了控制生物体生长发育、遗传和变异的全部信息。

③利用教具，明确单倍体、二倍体、多倍体概念

教师：同学们已经知道了果蝇的一个染色体组的有关知识，那么你能知道"人的精子、卵细胞的染色体组"的情况吗？看谁理解得最快（要求说明理由）？（学生抢答）

学生：人的一个精子、卵细胞中的23条染色体组成一个染色体组，人的体细胞有两个染色体组。

教师点评，说明：果蝇和人都是由受精卵发育而成的个体，体细胞中含有两个染色体组的就叫做二倍体。

在展示教具中用相同颜色、形状的染色体拼出一个三倍体、四倍体细胞，提问：如果一个个体的体细胞中，相同染色体有三条、甚至四条，这样的个体称为什么呢？

学生答案：三倍体、四倍体。

教师明确：体细胞中含有三个或三个以上染色体组的叫做多倍体。举例说明：普通小麦、陆地棉等农作物，苹果、梨、樱桃等果树都是多倍体。

教师：同样的，刚才同学们拼出了果蝇配子的染色体组，现在还请同学们拼出一个六倍体配子的染色体组成。

学生拼图完成，教师提问：请大家观察并思考，你们手中拼出来的配子，有几个染色体组？（学生回答：三个）那由含有三个染色体组的生殖细胞直接发育而成的生物称为什么呢？（答案选项：单倍体、三倍体、二倍体、六倍体）

生1:三倍体,因为有三个染色体组。

生2:不对,应该是单倍体,因为是由生殖细胞直接发育来的个体。

教师:大家同意哪一个同学的观点?(学生充分发言的基础上,教师总结)

结论:二倍体和多倍体都是由受精卵发育而成的个体,而由配子直接发育成的新个体,不管细胞中有几个染色体组都是单倍体。

④巩固提高

完成课后练习,课后讨论“无子西瓜的形成”。

⑤小结作业

利用学生所学的知识对单倍体、二倍体和多倍体的区别进行小结。将讨论的拓展作为课后发散性作业。

2016年上半年中小学教师资格考试真题试卷

答案速查:

1	2	3	4	5	6	7	8	9	10	11	12	13
C	C	A	D	A	B	C	B	B	C	D	D	A
14	15	16	17	18	19	20	21	22	23	24	25	
B	D	C	A	D	A	B	D	A	D	A	C	

一、单项选择题

1. C 【解析】蓝藻属于原核生物,水绵是低等的植物,属于真核生物。原核生物和真核生物最主要的区别是原核细胞没有核膜包被的成形的细胞核和复杂的细胞器,它们的共同点是均具有细胞膜、细胞质、核糖体和遗传物质。因此C正确。

2. C 【解析】DNA中的五碳糖是脱氧核糖,而RNA中的五碳糖是核糖,A错误;T_2噬菌体是DNA病毒,其遗传信息贮存在DNA中,B错误;组成DNA和RNA的元素种类相同,都是C、H、O、N、P,C正确;洋葱根尖细胞中的DNA主要分布在细胞核中,D错误。故选C。

3. A 【解析】图1表示的是光合作用的光反应阶段(场所为叶绿体的类囊体膜)。水的光解:$H_2O \rightarrow [H]+O_2$,ATP的形成:ADP+Pi+光能→ATP。图2表示的是呼吸作用的第三阶段(场所为线粒体内膜):$24[H]+6O_2 \xrightarrow{酶} 12H_2O+34ATP+$热能。因此A正确、C错误。图2中B是[H],它来自葡萄糖和水,B错误。呼吸作用的发生不受光的影响,D错误。

4. D 【解析】酵母菌是兼性厌氧菌,既可以进行无氧呼吸又可以进行有氧呼吸,前期密封时主要进行无氧呼吸产生酒精和CO_2,后充入氧气,主要进行有氧呼吸产生CO_2和水,二者均消耗葡萄糖。因此只有D正确。

5. A 【解析】分析题图可知:图①为间期,图②为减数第二次分裂后期,图③为减数第一次分裂前期,图④为减数第二次分裂末期,图⑤为减数第一次分裂后期。③中同源染色体发生联会,可能会有交叉互换的发生,因此可能会发生重组,A对;⑤中同源染色体发生分离,若该百合为杂合子,则移向两极的基因组成不同,B错。图②为减数第二次分裂后期,该时期没有同源染色体,C错;减数分裂过程的正确排序是①→③→⑤→②→④,D错。故选A。

6. B 【解析】淀粉在口腔中经唾液淀粉酶的作用,变为麦芽糖;麦芽糖经小肠液中的麦芽糖酶的作用,消化为葡萄糖,A正确。胆汁是肝脏分泌的消化液,胆汁中不含有消化酶,但可以把脂肪乳化成脂肪微粒,利于脂肪的消化,B错误。胃液中有胃蛋白酶,能够初步消化蛋白质,C正确。小肠绒毛的存在,扩大了小肠吸收营养物质的表面积,D正确。

7. C 【解析】由于遗传物质发生改变而引起的疾病,叫做遗传病,其特点是致病基因可通过生殖细胞在家族中传递,遗传病一般具有家族性;血液遗传病的症状表现为血液异常,致病基因来自父母,且可以将致病基因传给后代。白血病是血液病,但是致病基因不是来自父母,是后天物理、化学、生物因素导致的细胞癌变引起的疾病,A错误。白化病是遗传病,但不是血液病,B错误。血友病是血液病,且致病基因来自父母,因此属于血液遗传病,C正确。败血症是指致病菌或条件致病菌侵入血液循环,并在血液中生长繁殖,产生毒素而发生的急性全身性感染,不是遗传病,D错误。

8. B 【解析】粮食腐败变质是由于微生物的生长和大量繁殖而引起的。因此粮食保存就要尽量杀死微生物或抑制微生物的生长和大量繁殖。食品保存方法有低温、保持干燥、隔绝空气等,而高温、保持湿润、暴露空气中细菌真菌的繁殖会加快,加速食物变质,因此答案选B。

9. B 【解析】一个蛋白质分子中的肽键数(脱去的水分子数)=氨基酸数-肽链条数。因此具有m

个氨基酸，n条肽链的蛋白质分子，其肽键的数目是$m-n$，因此答案选B。

10. C 【解析】线粒体是半自主细胞器，具有DNA。线粒体有两层膜，磷脂是生物膜的组成部分。线粒体内膜中有催化反应的酶，由于大部分酶的本质是蛋白质，因此可以说线粒体中也有蛋白质。但线粒体中不含有色素，因此答案选C。

11. D 【解析】由题图可以看出，随着光照强度的增强，光合速率也逐渐增加，当光照强度到达c和d点时，虽然光照强度在增加，但光合速率趋于稳定，且CO_2浓度越高，光合速率越强，由此可知a和b点的限制因素有光照强度和CO_2浓度，而光照强度不再是c和d的限制因素，故A、B正确、D错误。c点时，较高CO_2浓度和强光照条件下，光合速率仍然趋于稳定，其限制因素可能为酶的数量或是温度影响了酶的活性，C正确。

12. D 【解析】无子西瓜是由于三倍体植株在减数分裂中同源染色体联会紊乱（即同源染色体无法正常配对）而不能形成正常的生殖细胞，所以不会有种子。无子番茄是用一定浓度的生长素类似物溶液来处理未授粉的番茄花蕾，由子房发育成无子果实。只有D选项说法正确，故选D。

13. A 【解析】①突触小泡中的神经递质以胞吐的形式释放，A正确；②突触前膜处电信号转变为化学信号，B错误；③是神经递质的特异性受体，具有专一性，C错误；突触可以由轴突和树突或轴突和胞体连接，④不一定是树突膜，D错误。故选A。

14. B 【解析】赤霉素的主要作用：①促进细胞伸长，引起植株增高；②促进种子萌发和果实发育。"恶苗病"的出现可能与赤霉素产生的某种物质有关。故选B。

15. D 【解析】酵母菌是兼性厌氧型真菌，有氧呼吸产生二氧化碳和水，无氧呼吸的产物是酒精和二氧化碳，可以利用酵母菌探究细胞呼吸的方式，A正确；花生子叶富含脂肪，可以作为鉴定生物组织中脂肪的材料，B正确；藓类叶片仅有一层叶肉细胞，含有叶绿体，是观察叶绿体形态的理想材料，C正确；过氧化氢酶在较高温度下也会加快分解，不能用过氧化氢酶作为探究温度对酶活性影响实验的反应物，D错误。故选D。

16. C 【解析】酵母菌在无氧条件下进行无氧呼吸产生酒精和二氧化碳，是果酒制作中用的菌种。故选C。

17. A 【解析】呼吸量是指群落中生产者、各级消费者和分解者呼吸作用的总量，A错误；据题图分析，群落演替至成熟阶段时，初级生产量与呼吸量大致相等，B正确；在演替过程中群落的生物量不断增加，最终达到最大并保持稳定，C正确；每年的采伐输出量控制在当年增加的生物量以内，可保持原有演替方向，D正确。故选A。

18. D 【解析】根据种群的年龄结构分为：增长型种群（金字塔形，幼体多，老年个体较少，出生率>死亡率）；稳定型种群（子弹形，老、中、幼比例合理，出生率、死亡率大致相平衡）；衰退型种群（倒梯形，幼体少，老年个体较多，死亡率>出生率）。根据表格能够明显得出甲是增长型、乙是稳定型、丙是衰退型。故选D。

19. A 【解析】由题图可知，a生物的数量远多于b，而且b生物随a生物数量的增多而增多，故a是被捕食者，b是捕食者，A错误；生态系统的各种生物之间具有直接或间接的联系，由于a是被捕食者，b是捕食者，因此，a灭绝，b必然会受到影响，B正确；生物的进化是适者生存，不适者被淘汰，a和b两种生物可以通过捕食关系而进行相互选择，适应者生存下来，C正确；由题图看出，两种生物的数量的变化有规律性，这说明生态系统具有一定的自我调节能力，D正确。故选A。

20. B 【解析】滴加0.3 g/mL蔗糖溶液，观察的是质壁分离实验，A不符合；观察细胞有丝分裂，低倍镜转换到高倍镜的目的是观察细胞有丝分裂各时期的特点，C不符合；在液面滴加一薄层石蜡是为了阻绝外界空气，探究酵母菌在无氧条件下的产物，D不符合。故选B。

21. D 【解析】用来表达生命活动规律的计算公式、函数式、曲线图以及由实验数据绘制成的柱形图、饼状图等称为数学模型。种群数量变化曲线属于数学模型。故选D。

22. A 【解析】自变量是指研究者主动操纵，而引起因变量发生变化的因素或条件，草履虫存活数量和温度的关系中，温度是自变量，草履虫存活数量是因变量。故选A。

23. D 【解析】观察法是一种较为基本和常见的科学研究方法。其他一些研究方法，或者是从观察法发展来（如实验法），或者要建立在观察法所提供事实的基础上。个案研究法是对单一的研究对象进行深入而具体研究的方法。教育叙事是研究者以叙事、讲故事的方式表达对教育的理解和解释。根据定义，本题答案选D。

24. A 【解析】假说—演绎法是指在观察和分析基础上提出问题以后，通过推理和想象提出解释问题的假说，根据假说进行演绎推理，再通过实验检验演绎推理的结论。如果实验结果与预期结论相符，就证明假说是正确的，反之，则说明假说是错误的。这是现代科学研究中常用的一种科学方法。促胰液素的发现、DNA双螺旋结构的提出、孟德尔遗传定律的提出适合用来学习“假说—演绎法”。显微镜的发明没有经过提出假说、验证假说的过程,故选A。

25. C 【解析】社区资源包括:博物馆、少年宫、医院、卫生防疫站、社区中的生产实践人员、生物科研人员、实验技术人员等。当地医院的医生属于社区课程资源,故本题选C。

二、简答题

26.【答案】

(1)促甲状腺激素释放激素;促甲状腺激素

(2)负反馈;增加

(3)垂体

【解析】(1)下丘脑分泌促甲状腺激素释放激素,作用于垂体,使垂体释放促甲状腺激素,然后作用于甲状腺,导致甲状腺分泌甲状腺激素增多。

(2)当甲状腺激素的含量增加到一定程度的时候,就会抑制下丘脑和垂体的分泌活动,这种调节方式为负反馈调节。寒冷时,冷觉感受器刺激下丘脑活动,甲状腺激素增加,从而机体产热增加。

(3)注射促甲状腺激素释放激素以后,促甲状腺激素的含量并未变化,说明病变的是垂体。

27.【答案】

(1)两;AABB;aabb

(2)选用实验二的F_1与品系乙杂交;有豌豆素:无豌豆素=1:3

【解析】(1)分析实验二:F_2中有豌豆素:无豌豆素=3:13(是9:3:3:1的变式),说明遵循基因的自由组合定律,据此可推测:品系甲与品系乙中存在两对等位基因的差异,F_1的基因型为AaBb。若将表现型用基因型填空的形式表示,则无豌豆素的植株有A_B_、aabb、A_bb或A_B_、aabb、aaB_两种情况,有豌豆素的植株有aaB_或A_bb两种情况。分析实验一:F_2中有豌豆素:无豌豆素=1:3,说明F_1的基因组成中,有一对基因杂合,一对基因纯合。结合题意“豌豆素是野生型豌豆产生的一种抵抗真菌侵染的化学物质”,若野生型纯种的基因型为aaBB,品系甲为aabb时,F_2的基因型为:aaBB(有豌豆素):2aaBb(有豌豆素):aabb(无豌豆素),与题干不符;品系甲为AABB时,F_2的基因型为:AABB(无豌豆素):2AaBB(无豌豆素):aaBB(有豌豆素),与题干相符。同理可得野生型纯种的基因型为AAbb时,不能产生豌豆素的纯种品系甲的基因型应为AABB、品系乙的基因型为aabb。

(2)现要进一步验证上述推测,可设计测交实验(让双杂合子与双隐性纯合子交配)加以验证,即选用实验二的F_1(AaBb)与品系乙(aabb)杂交,其后代的基因型及其比例为AaBb:Aabb:aaBb:aabb=1:1:1:1,表现型及其比例为有豌豆素:无豌豆素=1:3。

三、材料分析题

28.【参考答案】

(1)材料中的教学活动具有以下优点:

①该教学活动能够很好地激发学生的学习兴趣。材料中所有的学生都积极主动地参与活动,在浓厚的兴趣氛围下进行学习。

②该教学活动充分体现了学生的主体性。材料中教师只是指导学生进行鱼进化图的绘画,其他都是学生自己动手进行,充分体现了学生的主体性和教师的引导性。

③该教学活动能够培养学生的创新能力。在活动中学生的个性得到充分发挥,促进求异思维的发展,培养了学生的创作能力;学生在绘制鱼的整个过程中充分发挥自己的主观能动性,培养了创新能力。

④以认知活动为突破口,创设良好的课堂气氛,以活动为形式,注重外显行为活动与思维内化活动的结合,整个教学过程中课堂气氛很活跃,学生能在轻松的氛围中掌握好知识。

(2)由于学生思维发展水平有差异,学生动手操作能力亦有所不同,新课改中指出,运用活动教学法,教学过程、教学进度都不容易控制,因此,活动教学的设计要求是:

①课前必须让每个学生准备好学习中所用的学具或教师在课前准备好课上所用的教具。材料中教师为学生准备好了白纸。

②学习过程中,对于如何使用学具,教师要给予适当的指导,提出具体的要求,材料中教师明确说明了鱼绘制的要求。

③加强对学生的组织纪律教育和良好习惯的培养,材料中教师明确要求2分钟完成,保证了课堂纪律。

④活动必须有明确目的,使活动有序进行。材料中活动的目的是达尔文选择学说的选择过程的演示,通过手绘鱼的临摹,很好地演示了选择的过程,达到了教学目的。

29.【参考答案】

(1)教学目标

①阐明证明DNA是遗传物质的两个实验的过程和原理,以及从实验中得出的结论(DNA是遗传物质)。

②通过重演科学家发现DNA是主要遗传物质的过程,说明科学研究的方法和实验设计的基本

步骤。提高分析问题、解决问题的能力，发展科学思维和创新的能力。

③概述人类对遗传物质的探索过程，认同科学是不断深化、不断完善的过程。

(2)本课教学难点：肺炎双球菌转化实验的原理和过程。

材料中，教师没有直接讲解肺炎双球菌转化实验的原理及过程，而是给学生创设了一个问题情境，并明确了问题，让学生带着这样的问题去进行自主阅读和合作讨论。这样能够激发学生的学习兴趣，并引发他们的积极思考，同时也体现了学生是学习的主体和教师的指导作用。通过合作讨论得出的结论，是大家共同学习后的结果，既可以学习到相关知识，又能收获更多不同的思考方法。在学生得出结论后，教师进行总结，根据上一个实验本身存在的缺陷而自然地过渡到了下一个实验。从而进一步证明转化因子就是DNA。这样一个教学过程，是一个以小组为单位，进行科学实验探究的过程，从而自然突破了本课的难点。

四、教学设计题

30.【参考设计】

(1)血糖调节的图解式模型：

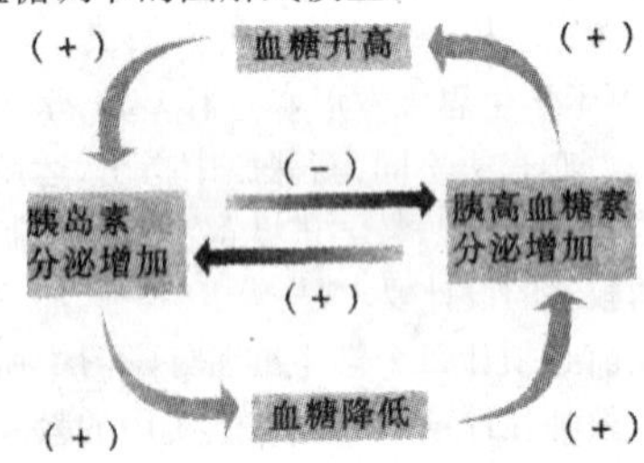

(2)"建立血糖调节的模型"教学过程：

①设置悬疑，导入新课

设置疑问：当机体处于长期饥饿或肝功能不强时，血糖浓度会降低。血糖含量过低时，体内细胞缺少能量供应，就会出现头昏、心慌、四肢无力等症状，严重时甚至导致死亡。血糖浓度过高时，会使葡萄糖从肾脏排出，形成糖尿，造成体内营养物质流失，同样有损健康。因而，血糖的平衡对于保证人体各组织和器官能量的供应，维持人体的健康具有非常重要的意义。那么人体内血糖是怎样保持平衡的呢？有哪些激素在起作用呢？是怎样起作用的呢？

(教师用PPT展示胰岛A细胞和B细胞以及它们分泌的激素。引导学生分析胰高血糖素和胰岛素的生理作用，并引入活动——建立血糖调节的模型。)

②合作探究，模型建构

教师介绍建立血糖调节的模型的方法、要求、表演者的职责和注意事项，然后让6名同学为一组进行模拟活动。每小组成员自行分配角色，其中3人进行角色扮演，1人监督，另2人负责画出血糖调节示意图。

请3名学生上台做示范性表演。提示：

当血糖浓度升高时，胰岛素分泌增多，胰高血糖素分泌减少。

当血糖浓度降低时，胰岛素分泌减少，胰高血糖素分泌增多。

请一位同学上黑板画出血糖调节机制的示意图，另一位同学用语言描述血糖调节过程。

教师组织小组交流构建模型的过程和结果，展示小组绘制的血糖调节机制示意图，小组之间相互点评，最后教师总结讲评。

(PPT展示血糖平衡调节示意图。教师辅助讲解，引出反馈调节的概念以及意义。)

③总结提升，延伸课外

引导学生分析各自所建模型的优点、缺点，以及本次活动有哪些收获和体会。最好还能提出自己在活动中想到的其他问题，与大家交流。

④提出课后思考题

A. 胰岛素的分泌是怎样调节的？

B. 糖尿病是不是遗传病？是否只是缺乏胰岛素而引起的？

2015年上半年中小学教师资格考试真题试卷

答案速查：

1	2	3	4	5	6	7	8	9	10	11	12	13
D	C	D	A	D	D	B	C	D	A	A	D	A
14	15	16	17	18	19	20	21	22	23	24	25	
C	C	D	C	B	A	C	A	B	D	C	B	

一、单项选择题

1. D 【解析】本题考查酶的相关知识。酶的作用机理是降低反应所需的活化能，从而提高反应速率，但不影响产物总量和反应物的能量水平，因此答案选D。

2. C 【解析】本题考查物质进出细胞的方式。细胞内外Ca^{2+}分布是外高内低，Ca^{2+}从细胞内向细胞外运输是低浓度向高浓度运输，需要载体和能量，属于主动运输。

3. D 【解析】本题考查核酸的结构组成。1分子DNA由1分子磷酸、1分子脱氧核糖和1分子含氮碱基(A、T、G、C)组成，1分子RNA由1分子磷酸、1分子核糖和1分子含氮碱基(A、U、G、C)组成。组成这两者的五碳糖不同，嘌呤碱基(A、G)相同，故选D。

4. A 【解析】大肠杆菌属于原核生物，无成形的细胞核，也就没有核膜，但有环状DNA、细胞壁和核糖体。

5. D 【解析】核苷酸是核酸的基本组成单位，不属于生物大分子。

6. D 【解析】本题考查叶绿素的相关知识。镁元素是叶绿素的组成元素，A正确。叶绿素吸收的光参与光合作用的光反应，用于水的光解和ATP的生成，B正确。从叶绿素的吸收光谱来看，叶绿素a在红光区的吸收峰值大于叶绿素b，C正确。植物呈现绿色是由于植物吸收绿光最少，将绿光反射回来的原因，D错误。故选D。

7. B 【解析】本题考查呼吸作用相关的知识。破伤风杆菌是厌氧菌，在有氧条件下会被抑制，适宜生活在无氧环境中，A正确。毛霉属于真菌，是真核生物，细胞中含有线粒体，线粒体中有少量DNA，也可编码与呼吸作用有关的酶，B错误。肺炎双球菌是原核生物，没有线粒体，但含有与有氧呼吸相关的酶，能进行有氧呼吸，C正确。酵母菌有氧呼吸产生CO_2和H_2O，无氧呼吸产生酒精和CO_2，D正确。

8. C 【解析】本题考查有关细胞核作用的相关知识。图中伞藻具有细胞核，为真核生物，有线粒体、叶绿体、液泡、溶酶体、内质网、高尔基体等多种具膜的细胞器，A正确。实验结果表明，第一次长出的帽状体呈中间类型是受B中含有的伞藻乙的蛋白质的影响；第二次的帽状体仍为菊花形帽，说明帽状体的形态建成是受伞藻甲的细胞核的控制，故B正确、C错误。由于细胞核是由甲提供的，所以若再次切除帽状体，长出的帽状体仍为菊花形帽，D正确。故选C。

9. D 【解析】本题考查光合作用、呼吸作用、物质运输的方式等相关知识。分析题图可知，来自线粒体的一部分CO_2进入叶绿体进行光合作用，说明此时类囊体薄膜上能进行光反应合成ATP，A错误。该图中线粒体产生的CO_2一部分进入叶绿体，一部分释放到细胞外，说明该图显示的过程是呼吸作用大于光合作用，B错误。影响光合作用的因素有温度、CO_2、水分、矿质元素等，光照适宜的条件下，其他因素不适宜，也可能会使光合作用小于呼吸作用，C错误。CO_2的跨膜运输属于自由扩散，由高浓度向低浓度运输，图中CO_2由线粒体向叶绿体运输，说明线粒体基质中CO_2浓度比叶绿体基质中高，D正确。

10. A 【解析】在田间试验时，即使土壤条件是相同的，但由于每一植物个体所占空间的不同和相连试验区的影响以及气候的小差异等原因，而使得周边部分与中央部分的作物在株高、粒数和病虫害的危害等方面出现差异，这种现象称为边缘效应。这是由环境差异引起的，并不涉及基因重组、基因突变和染色体变异。故选A。

11. A 【解析】孟德尔分离定律的本质是杂合子在减数分裂时，位于一对同源染色体上的一对等位基因分离，进入不同的配子中去，独立地遗传给后代。验证孟德尔分离定律一般用测交的方法，即杂合子与隐性个体杂交。杂交的两个个体如果都是纯合子，验证孟德尔分离定律的方法是杂交再测交或杂交再自交，子二代出现1∶1或3∶1的性状分离比；如果不都是或者都不是纯合子可以用杂交的方法来验证，A符合题意。显隐性不容易区分容易导致统计错误，影响实验结果，B不符合题意。所选相对性状必须受一对等位基因的控制，如果受两对或多对等位基因控制，则可能符合自由组合定律，C不符合题意。不遵守操作流程和统计方法，实验结果很难准确，D不符合题意。

12. D 【解析】产生生殖细胞要经过减数分裂，所以生殖细胞中的染色体是体细胞中染色体数目的一半，由精子和卵细胞通过受精作用结合成受精卵，恢复体细胞染色体数目。故选D。

13. A 【解析】抗性基因的产生是基因突变的结果，基因突变具有低频性，A正确；甲地区抗性基因频率应为20%/2+2%=12%，B错误；仅根据以上数据，而没有个体总数，无法比较三个地区抗性基因突变频率的高低，C错误；丙地区抗性基因频率低，敏感性基因频率高，这是自然选择的结果，D错误。故选A。

14. C 【解析】内环境指细胞外液，由组织液、淋巴和血浆组成。故选C。

15. C 【解析】还原糖与斐林试剂反应，生成砖红色沉淀，而不是染成砖红色。

16. D 【解析】甲是下丘脑，乙是垂体，丙为甲状腺；a为促甲状腺激素释放激素，b为促甲状腺激素，结构乙除了受甲分泌的激素的调节，还会受到甲状腺激素的负反馈调节，故本题选D。

17. C 【解析】抗体的化学本质是蛋白质。故选C。

18. B 【解析】本题考查种间关系、种群的数量变动。一种生物数量增多(减少),另一种也随着增多(减少),表示捕食关系。由题图可知N_1的数量始终多于N_2,且N_1的峰值和最低值的出现总是早于N_2的峰值和最低值,因此N_2表示捕食者,N_1表示被捕食者,A错误,B正确。两种生物的数量变化一致,才表示“同生共死”的互利共生关系,C错误。一种数量增多,另一种生物大量减少,才表示“你死我活”的竞争关系,D错误。

19. A 【解析】本题考查种群特征和种群数量变化的相关知识。对于不活动或活动能力弱、活动范围小的动物,可用样方法估算该种动物的种群密度,A正确。当种群数量达到$K/2$时种群的增长速率最大,B错误。K值是环境允许动物生存的最大容纳量,迁入大量同种个体不会使该种群的K值增大,C错误。幼年个体很多,老年个体很少的种群属于增长型,D错误。

20. C 【解析】本题考查实验材料的选择。猪的成熟红细胞中没有细胞核,不易提取到DNA,故选C。

21. A 【解析】本题考查教学评价的种类。过程性评价,是在生物学教学过程中,为及时了解阶段教学的结果及学生学习的进展情况、存在问题等,以便及时修正生物学教学活动的轨道,使教与学获得最佳效果所进行的评价。终结性评价旨在评定学习的进展和成就,作为成绩报告或教育决策的参考,如各级学校的期末考试。诊断性评价一般指在某项教学活动之前,为了了解学生的学习准备状态进行的评价,主要是对学生的知识、技能、智力体力和情感等摸底。诊断性评价一般在学年、学期、单元开始前进行。本题是在“探究肝脏中过氧化二氢酶的最适pH”教学中所应用的评价,属于过程性评价,A正确。

22. B 【解析】本题考查研究的方法。研究者按照一定的目的和计划,在自然条件下,对研究对象进行系统的、连续的观察,并做出准确、具体和详尽的记录,以便全面而正确地掌握所要研究的情况。观察法不限于肉眼观察、耳听手记,还可以利用视听工具,如录音机、录像机、电影机等手段。本题通过设计相关表格记录学生的课堂学习行为,属于观察法,故答案选B。

23. D 【解析】本题考查提问技能的类型。评价提问,一般是评价他人的观点。在讨论时,要求学生对相关的问题给出自己的看法。题中“亚里士多德的观点正确吗?”就是对他人观点的评价,故答案选D。

24. C 【解析】本题考查考试及评价的类型。高考很明显是传统的纸笔测验。终结性评价旨在评定学习的进展和成就,作为成绩报告或教育决策的参考,如各级学校在学期末举行的期末考试,因此高考属于此类评价。标准参照型考试,是以某种既定的标准为参照系进行解释的考试。这种考试是将每个人的成绩与所选定的标准做比较,达到标准即为合格,与考生总人数无关,如各种执照考试、计算机等级水平考试等。区别于常模参照考试,公务员录用等选拔性考试。因此答案选C。

25. B 【解析】本题考查模型的分类与实例。模型一般分为三种。(1)概念模型:以图示、文字、符号等组成的流程图形式,对事物的生命活动规律、机理进行描述、阐明,如动植物细胞的有丝分裂图解、减数分裂图解、光合作用过程图解、中心法则图解、过敏反应机理图解、反射与反射弧图解、物质循环图解、能量流动图解等。(2)物理模型:以实物或图画形式直观反映认识对象的形态结构或三维结构,这类实物或图画即物理模型,如DNA双螺旋结构模型、真核细胞亚显微结构模型、模拟实验探究生物膜的结构等,C_3、C_4植物叶片结构示意图、池塘生态系统模式图等。(3)数学模型:用来表达生命活动规律的计算公式、函数式、曲线图以及由实验数据绘制成的柱形图、饼状图等称为数学模型,如酶的活性变化曲线、种群增长曲线、微生物生长曲线、种群密度计算公式、细胞的化学元素饼状图、能量金字塔等。因此本题答案选B。

二、简答题

26.【答案】

(1)黑;Bb、Bb

(2)$\frac{1}{3}$;棕色

(3)BB

【解析】(1)同种生物同一性状的不同表现形式叫做相对性状,毛色的黑色和棕色就是一对相对性状。在一对相对性状的遗传过程中,子代个体出现了亲代没有的性状,则亲代个体表现的性状是显性性状,子代新出现的性状一定是隐性性状,由一对隐性基因控制,因此如果两头黑牛交配,产下了一头棕色子牛,则在黑色和棕色这对相对性状中,黑色是显性性状,棕色是隐性性状。若用B和b表示牛的毛色的显性基因和隐性基因,两头黑牛交配产下了一头棕色子牛,则棕色牛的基因组成是bb,这对基因由两头黑牛各提供一个,即亲代黑牛的基因组成是Bb。

(2)根据题意可得遗传图解如下：

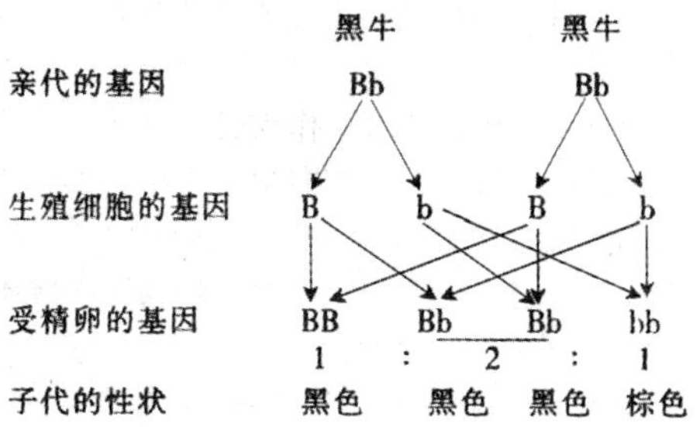

上述两头黑牛产下一黑色子牛的可能性是75%，即$\frac{3}{4}$，该黑色子牛的基因型为BB的可能性是25%，即$\frac{1}{4}$。若题中两头黑牛交配产下一头黑色子牛，该子牛是纯合子的概率是$\frac{1}{4}\div\frac{3}{4}=\frac{1}{3}$。判断某一动物是纯合子还是杂合子，一般用测交。因此要判断这头黑色子牛是纯合子还是杂合子，应选用毛色为棕色的牛与其交配。

(3)某黑色雄牛与多头雌牛交配，共产下20头子牛，若子牛全是黑色，则此牛很可能是显性纯合子，基因型最可能是BB。

27.【答案】

(1)②；糖蛋白；单向的

(2)①；反馈

【解析】细胞间信息交流的方式主要有3种：第一种，细胞分泌的化学物质(如激素)，随血液到达靶细胞，再与靶细胞的细胞膜表面的受体结合，将信息传递给靶细胞；第二种，相邻两个细胞膜接触，信息从一个细胞传递给另一个细胞；第三种，相邻两个细胞之间形成通道，携带信息的物质通过通道进入另一个细胞。

(1)据题图分析：方式①需要经过血液运输，属于体液调节；方式②中细胞甲释放化学物质作用于细胞乙，类似于神经递质的传递。神经递质可与突触后膜上相应的受体结合引起反应，其受体的化学本质是糖蛋白。由于神经递质只能由突触前膜释放作用于突触后膜，因此兴奋在神经元之间的传递方向是单向的。

(2)垂体释放促性腺激素作用于性腺属于激素调节，需通过体液运输，是方式①，性激素分泌过多时会抑制下丘脑和垂体的分泌活动，这种调节方式属于反馈调节。

三、材料分析题

28.【参考答案】

(1)概念图和思维导图的主要区别有以下几个方面：

①从定义的角度

概念图是用来组织和表征知识的工具。它通常将某一主题的有关概念置于圆圈或方框中，然后用连线将相关的概念和命题连接，连线上标明两个概念之间的意义关系。

思维导图是对发散性思维的表达，是人类思维的自然工具，是一种非常有用的图形技术，是打开大脑潜能的万能钥匙，可以应用于生活的各个方面。

②从对知识的表示能力

概念图在表达逻辑关系和推理方面发挥着很好的作用。从某种意义上说，概念图是一种多线程的流程图，表达由起点到终点的事物发展过程和推理过程，结果可能是一种或多种。一般使用一些几何图形来作为不同概念的分类和表达，它对引导人们思考问题，了解事物发展过程方面起到积极的推动作用。在很大的程度上，它是多线性的思维表达方式。

思维导图则能够帮助人们在认识事物方面拥有一个整体的、全局化的观念。它注重表达与核心主题有关联的内容，并可展示其层次关系以及彼此之间的关系。思维导图是一种放射状的、辐射性的思维表达方式。所表达的观念之间通过与核心主题的远近来体现内容的重要程度，强调人们思想发展过程的多向性、综合性和跳跃性。

③从形式上

概念图可以有多个主要的概念，而且是先罗列所有的概念，然后绘制成网状结构。

思维导图往往只有一个主要概念，中心节点只有一个。注意的焦点清晰地集中在中央图形上；主题的主干作为分支从中央向四周放射；分支由一个关键的图形或者写在产生联想的线条上面的关键词构成；各分支形成一个连接的节点结构。思维导图在表现形式上是树状的结构。

(2)以高中必修1的“细胞的基本结构”这一章为例：以细胞为核心，将细胞“分割”成细胞核、细胞质、细胞壁、细胞膜四个知识模块，有序布局；从主题的中心向外扩张，从中心将有关联的要点分支出来，纵观全局，再现整体，即通过知识概念间的内在联系构成了细胞的知识放射型树枝状结构。该思维导图可以应用于教师的板书设计和学生的课堂笔记，也可应用于教师的复习教学和学生的自主复习。其优点主要有：

①实现了与新课程标准的接轨。生物新课标的目标是“改变课程过于注重知识传授的倾向，强调形成积极主动的学习态度，学生在获得基础知识与基本技能的同时还可以学会学习和形成正确价值观”，而思维导图教学法重在指导学生

形成更高效、更有意义的学习方法,其目标是全体教育和全面素质教育,这正是新课程标准的教学目标。

②利于组织概念,勾勒知识结构图。思维导图教学促使学生积极动手和动脑思考,使学生从整体上掌握基本知识结构和各个知识间的关系,形成清晰的概念网络,尤其利于复习课课堂教学的实施。

③利于创建学习者共同体,促进合作与对话。通过合作学习,小组成员共建思维导图,合作协商,使各自的认识得到完善和拓展,使小组成员共同理清知识线索,理解和表征问题,寻找解答方法,得出方案。实施合作学习也能培养学生的团队意识和批判性思维,并引发生动的课堂讨论,促使学生积极参与教学活动。

④利于评价和反馈。通过对学生绘制思维导图的过程评价以及对学生最初和最终的思维导图加以比较,能够及时了解学生的学习进展,诊断学生的问题,以激发学生努力把新的意义并入已有的知识中,这就是思维导图的形成性评价。同时利于学生及时进行自我评价。另外,也可作为终结性评价的方式。

29.【参考答案】

(1)学情分析主要包括以下内容:

①分析学生的知识基础。如材料中"学生已经了解了植物和动物的呼吸,初步形成了呼吸作用的基本概念,理解了 ATP 是细胞的能量'通货'"即为对学生知识基础的分析,把握学生大致的知识储备,这样才能采取适当的策略促使学生知识的迁移。

②分析学生的认知和思维特点。如材料中"学生易于接受感性知识,抽象思维的能力初步形成但尚待发展"即是对学生认知及思维方式特点的剖析,这样才能扬长避短。

③分析学生的学习兴趣、学习动机和能力。如材料中"学生对学习生物学有着浓厚的兴趣,对未知事物充满好奇,乐于探究……"。

④班级整体个性。如"该班学生课堂参与度高,气氛活跃……"。

(2)正确进行学情分析能帮助教师科学地选择教学方法,进而提高教学效果。可采取以下的方法:

①经验分析法。即教师在教学过程中基于已有的教学经验对学情进行一定的分析与研究。

②观察法。这是指教师在日常教学活动中,有目的、有计划地对教育对象、教育现象或教育过程进行考查的一种方式。

③资料分析法。这是教师基于已有的文字记载材料间接了解,分析学生基本情况的一种研究方法。

④问卷调查法。即教师通过已有的相关问卷或专门设计的问卷对学生的已有学习经验、学习态度、学习动机和学习期望进行较为全面的了解,并通过多元的统计分析,为教学活动提供更进一步的量化与质化数据。

⑤访谈法。即通过研究者与被研究者口头谈话的方式从被研究者口中收集第一手资料的一种研究方法。

⑥基于一定的教育教学理论进行分析。比如皮亚杰的认知发展阶段理论、当代社会建构主义理论等等,都可为学情分析提供基本的分析依据、分析视角与分析方法。

四、教学设计题

30.【参考设计】

(1)"蛋白质的结构及其多样性"教学目标:

①说出氨基酸形成蛋白质的过程,能解释细胞中蛋白质种类繁多的原因。

②通过图文结合,提高分析归纳和处理信息的能力,通过小组合作提高口头表达和逻辑思维能力。

③认同蛋白质是生命活动的主要承担者,树立结构与功能相统一的辩证唯物主义观点。

(2)单项选择题示例:

①某一多肽链中共有肽键 151 个,则此分子中含有—NH_2和—COOH 的数目至少有(　　)

A. 152 和 152　B. 151 和 151

C. 1 和 1　D. 2 和 2

【答案】C

②下列与蛋白质结构多样性无关的是(　　)

A. 氨基酸的数目、种类和排列顺序多样

B. 构成蛋白质的多肽链的数目多

C. 构成蛋白质的多肽链的空间结构多样

D. 氨基酸至少含有一个氨基和羧基

【答案】D

③下列能表示蛋白质分子由简到繁的结构层次的一组是(　　)

a. 氨基酸

b. C、H、O、N 等化学元素

c. 氨基酸分子相互结合

d. 多肽

e. 肽链

f. 形成具有一定空间结构的蛋白质分子

A. abcdef　B. badcfe

C. badcef　D. bacdef

【答案】D

教师资格考试预测试卷(一)

答案速查:

1	2	3	4	5	6	7	8	9	10	11	12	13
A	D	C	D	A	D	B	B	C	D	D	A	D
14	15	16	17	18	19	20	21	22	23	24	25	
D	C	B	D	A	D	D	B	A	D	D	D	

一、单项选择题

1. A 【解析】致癌因子诱发细胞原癌基因、抑癌基因发生改变可导致细胞癌变,A正确;组成糖原和淀粉的单体均为葡萄糖,葡萄糖不具有多样性,B错误;核糖体是蛋白质的合成场所,酶和激素不全是蛋白质,神经递质一般不是蛋白质,C错误;格里菲思的肺炎双球菌转化实验仅证明死亡的S型菌中存在使R型菌发生转化的物质,D错误。

2. D 【解析】据"逆浓度梯度运入液泡"可知,Na^+由细胞质基质进入液泡的过程属于主动运输,A正确;Na^+通过主动运输进入液泡的过程体现液泡膜的选择透过性,且该载体蛋白作用的结果是使细胞液浓度升高,有利于增强细胞在盐碱地的吸水能力,提高植物的耐盐性,B、C正确,D错误。植物细胞的吸水能力大小与细胞液的浓度有关,细胞液浓度越大,细胞吸水力越强。

3. C 【解析】风干种子含水量下降,细胞呼吸的强度降低。C项错误,故选C。

4. D 【解析】受精卵中有Y染色体的概率为$\frac{1}{2}$,排除A、C选项;精原细胞经过减数分裂后形成的精子经过同源染色体的分离,其中含有的性染色体是Y或X,排除B选项;D项中初级精母细胞还未进行同源染色体的分离,一定含有Y染色体。雄猴的体细胞中都有Y染色体。

5. A 【解析】图中甲表示DNA的复制,乙表示同时进行的转录和翻译,原核细胞中甲、乙可以在同一场所发生,A正确:DNA的复制需要的原料是四种脱氧核苷酸,B错误;转录过程中的碱基配对为T-A、A-U、C-G、G-C,翻译过程中的碱基配对为U-A、A-U、C-G、G-C,二者不完全相同,C错误;图乙合成的各条肽链是以同一条mRNA为模板合成的,长度相等,D错误。

6. D 【解析】显微镜的放大倍数是指对观察标本的长度或宽度的放大倍数,A错误;显微镜视野中有异物,移动装片异物不动,则异物一定不在装片上,可能在物镜或目镜上,B错误;低倍镜转换为高倍镜时,应先将要观察的细胞移至视野中央,再转换高倍镜头,C错误;显微镜视野中的物像是倒置的,要将位于视野右上方的细胞移至视野中央,应向右上方移动装片,D正确。

7. B 【解析】细胞外液渗透压升高,可使垂体释放的抗利尿激素增加,细胞外液渗透压降低,可使垂体释放的抗利尿激素减少,A正确;肾小管是通过被动运输吸收水分的,B错误;摄盐过多后,细胞外液渗透压升高,机体在大脑皮层产生渴感可通过增加饮水量来维持细胞外液渗透压相对恒定,C正确;饮水增加,细胞外液渗透压降低,使垂体释放的抗利尿激素减少,导致尿生成量增加,有利于维持细胞外液渗透压相对恒定,D正确。

8. B 【解析】大豆是双子叶植物,与单子叶杂草相比对生长素更为敏感,则用高浓度2,4-D作除草剂,除草过程中双子叶大豆也会大量死亡。

9. C 【解析】对于性染色体,由于该配子不含性染色体,说明性染色体在减数第一次分裂后期时未分离,两条性染色体进入同一个次级精母细胞中,因此另一个次级精母细胞就不含性染色体,产生的精子中也不含性染色体;当然也可能在减数第二次分裂时,性染色体的着丝点没有分裂,使姐妹染色单体都进入同一个精细胞中,另外一个精细胞也就没有性染色体,A正确,B正确;对于2号染色体,两个A基因原本位于一条染色体上的两条姐妹染色单体上,应在减数第二次分裂后期随着丝点的分裂而分开,并分别进入不同的配子,若含有A基因的两条子染色体未分离而进入同一个配子,则会出现AA型配子,C错误,D正确。

10. D 【解析】当机体内、外环境变化时,可能影响内环境稳态,机体可通过神经-体液-免疫调节维持内环境稳态,其中包括调节激素的分泌等,A正确;生长激素是由垂体分泌的,B正确;蛋白质类激素的合成需经过转录和翻译过程,C正确;血液中胰岛素增加可抑制胰岛A细胞分泌胰高血糖素,D错误。

11. D 【解析】本题考查了细胞间信息交流方式的相关知识。细胞间信息交流的方式主要有三种,一是细胞分泌的激素等化学物质通过血液运输到靶细胞,与其表面的受体结合完成信息交流;二是相邻细胞间的细胞膜直接接触完成信息交流;三是相邻细胞之间通过通道完成信息传递。哺乳动物卵巢细胞分泌的雌激素需要通过血液循环运输到乳腺细胞发挥作用,而哺乳动物的精子进入卵细胞的过程中,其识别与结合依赖于细胞间的直接接触,D正确。

12. A 【解析】成熟个体中的细胞增殖过程中,间期DNA复制和蛋白质合成需要消耗能量,分裂期纺锤丝牵引染色体运动需要消耗能量,A错误;细胞的核膜、内质网膜和细胞膜都属于生物膜,主要由磷脂和蛋白质组成,都含有磷元素,B正确;两个相邻细胞的细胞膜直接接触,信息可以从一个细胞传递给另一个细胞,C正确;哺乳动物造血干细胞分化为成熟红细胞,属于细胞分化,细胞分化一般不可逆,D正确,所以选A。

13. D 【解析】从形成沙丘开始发生的演替是初生演替,A错误;阶段Ⅰ的沙丘上草本植物占优势,群落结构比较简单,但已经形成垂直结构,B错误;阶段Ⅱ由阶段Ⅰ演替而来,两个阶段沙丘上生长的植物种类部分相同,C错误;和阶段Ⅰ、Ⅱ相比,阶段Ⅲ沙丘上的群落结构复杂,对外界干扰的抵抗力稳定性最强,D正确。

14. D 【解析】图①细胞处于减数第二次分裂中期,下一时期为后期,后期着丝点分裂、染色体数目暂时加倍、DNA数目不变,A错误;图②有同源染色体,且着丝点位于赤道板中央,无染色体联会现象,故图为有丝分裂图像,B错误;图③有可能是卵细胞或者极体,C错误;由题图分析可知,图②、③所示的染色体行为分别对应图④中的BC、DE段。D正确。

15. C 【解析】①突变和基因重组产生进化的原材料,①正确;②达尔文自然选择学说研究的对象是个体水平,现代生物进化理论研究的对象是种群,种群是进化的基本单位,②正确;③自然选择是通过生存斗争实现的,属于达尔文自然选择学说的主要内容,③错误;④自然选择决定生物进化的方向属于达尔文自然选择学说的主要内容,④错误;⑤生物进化的实质是基因频率的改变,⑤正确;⑥隔离导致物种的形成,⑥正确;⑦适者生存,不适者被淘汰,属于达尔文自然选择学说的主要内容,⑦错误。所以现代生物进化理论对自然选择学说的完善和发展表现在①②⑤⑥几个方面。故选C。

16. B 【解析】正常双亲生出了患甲病的女儿,说明甲病是常染色体上的隐性遗传病。双亲均为杂合子,基因型表示为Aa,则S的母亲关于甲病的基因型为1/3AA、2/3Aa,根据题意,S的父亲关于甲病的基因型是70%AA、30%Aa。S的母亲关于色盲的基因型为$1/2X^BX^b$、$1/2X^BX^B$,S的父亲关于色盲的基因型为X^BY,则S患甲病的概率为2/3×30%×1/4,患色盲的概率是1/2×1/4,S同时患两种病的概率是2/3×30%×1/4×1/2×1/4=0.00625。故选B。

17. D 【解析】根据有氧呼吸的三个过程,可以判断图中①②④是能量,③⑥是H_2O,⑤是O_2。三个阶段中释放能量最多的是第三阶段,即④代表的能量数值最大;对真核细胞来说,三个阶段中第一阶段是在细胞质基质完成的,后两个阶段是在线粒体完成的;部分原核生物没有线粒体,但是含有与有氧呼吸有关的酶,仍可以完成有氧呼吸,如硝化细菌。

18. A 【解析】观察植物细胞有丝分裂的解离液由酒精和盐酸按1:1混合而成,A正确;用甲基绿对DNA进行染色前,需用盐酸使DNA与蛋白质分离,B错误;鉴定花生子叶中的脂肪,用苏丹Ⅲ染色后需用50%乙醇洗去浮色,C错误;用健那绿对线粒体染色时不需要用酒精处理,D错误。

19. D 【解析】自然界的资源和空间总是有限的,当种群密度增大时,种内斗争就会加剧,种群密度就会制约种群数量增长,A、B正确;当鱼塘中某种鱼的密度高于或低于最适密度时,单位水体该鱼的产量均会下降,即鱼塘中某种鱼的养殖密度不同时,单位水体该鱼的产量有可能相同,C正确;培养瓶中细菌种群数量达到K值前,随种群密度的增加,密度对种群增长的制约作用逐渐增强,D错误。

20. D 【解析】能量的流动中,一般来说,从上一营养级流向下一营养级的效率为10%~20%。生物要进行呼吸作用等生命活动,会消耗能量,所以能量不可能完全流入下一营养级。D项错误,故选D。

21. B 【解析】题干中通过设置疑问,激发学生学习兴趣,从而导入新课,这种导入类型属于设疑导入,故选B。

22. A 【解析】系统归纳是在教师指导下,让学生动手动脑,总结知识的规律、结构和主线,及时强化重点、明确关键的方式。小结时,可采用“纲要信号”、概念图或列表对比等方式。

23. D 【解析】应用水平是在理解的基础上,能够分析知识的联系和区别,能够在新的情景中综合运用所学知识,解决一些实际问题,能运用知识对有关的见解、实验方案和结果进行评价。

24. D 【解析】教师在互联网上搜索到的图片、动画和视频属于网络资源,故选D。

25. D 【解析】检核表是一组列出表现或成果的测量维度,并且提供简单记录“是”或“否”判断的资料表。档案袋评价法是指教师和学生有意地将各种有关学生表现的材料收集起来，并进行合理的分析与解释，以反映学生在学习与发展过程中的努力、进步状况或成就。评价量表类似检核表，都是用来作为判断过程和成果的一种评价工具。两者的区别主要在于检核表仅提供是或否等简单的二分法判断，而评价量表是评定某个表现出现的频度大小，它所评价的表现行为特质通常都是属于连续性变量资料。观察和轶事记录是通过系统地观察学生对于一些事情的专注情况、细心情况、态度以及在一些有意义的事件发生后，做简短、客观的描述，并对事件所隐含意义进行个别诠释。根据题意，该教师想探查该校学生对生物学课程的态度，应选择观察和轶事记录。

二、简答题

26.【答案】

(1)遗传效应的DNA；双螺旋；碱基互补配对；碱基对(或脱氧核苷酸对)的排列顺序

(2)无尾；AA

(3)常；X；F_1雌猫中无蓝眼，雄猫中出现蓝眼

(4)基因的自由组合；AaX^BX^b；AaX^BY

【解析】(1)基因是有遗传效应的DNA片段，DNA具有双螺旋结构，为复制提供了精确的模板，复制时遵循碱基互补配对原则，DNA储存的遗传信息指的是碱基对(或脱氧核苷酸对)的排列顺序。

(2)分析题中表格数据可知，后代无尾:有尾＝2:1，因此无尾纯合子不能完成胚胎发育，基因型应为AA。

(3)控制有尾和无尾性状的基因位于常染色体上，控制眼色的基因位于X染色体上，因为后代有尾和无尾的性状与性别无关，而F_1雌猫中无蓝眼，雄猫中出现蓝眼，眼色性状与性别有关。

(4)独立遗传的两对及两对以上的基因遗传时遵循基因的自由组合定律；根据后代无尾:有尾＝2:1，亲本基因型为Aa×Aa，后代黄眼:蓝眼＝3:1，并且只有雄猫中出现蓝眼，故亲本为$X^BX^b \times X^BY$。综上，亲本基因型为AaX^BX^b和AaX^BY。

27.【答案】

(1)逐渐减小；<

(2)ATP和[H]；内

(3)<

(4)9 mg/h

【解析】(1)从16时到18时，光照强度逐渐减小，光反应强度逐渐减弱，因此叶绿体内ATP合成速率逐渐减小；D点和E点时植物的光合速率与呼吸速率相等，若D点和E点所对应时刻的温度相同，则D点和E点时的呼吸速率相等，而D点时的二氧化碳浓度大于E点时的二氧化碳浓度，因此D点时的光照强度小于E点时的光照强度。

(2)光反应产生的ATP和[H]在暗反应中被利用；C_3在叶绿体基质中转化成葡萄糖。

(3)图甲中D点表示植物体光合速率与呼吸速率相等，而在植物体内只有部分细胞能进行光合作用，因此就每一个能进行光合作用的细胞来说，其光合速率必定大于呼吸速率，即图乙中a小于b。

(4)暗处理1 h后重量减少3 mg，说明呼吸速率为3 mg/h，光照1 h积累的有机物为3＋3＝6(mg)，表示净光合速率，真正光合速率＝净光合速率＋呼吸速率＝3＋6＝9(mg/h)。

三、材料分析题

28.【参考答案】

(1)这位教师教学中存在以下不足：第一，从教学环节的角度来说，这位教师的教学过程缺乏导入，没有激发学生的学习兴趣，讲解完毕后缺乏巩固提升，没有带学生及时复习。第二，从教学方法与教学手段来说，这位教师只是讲授，学生只能被动接受，忽略了学生的主体地位。第三，从教学效果来说，由于教学环节不完整，方法不恰当，导致教学效果不理想。

(2)首先在教学环节上，增加必要的导入环节，以此来激发学生的学习兴趣；新课讲解后应该增加必要的巩固提升环节，帮助学生及时复习知识。其次在教学方法和教学手段上，应该注意要以学生为主体，以教师为主导，引导启发学生积极参与到课堂中去，激发学习兴趣。

29.【参考答案】

(1)属于数学模型。

(2)生物教学中常用到的模型有物理模型、概念模型、数学模型等。

物理模型是指以实物图或图画形式直观表达对象特征的模型，如真核细胞三维结构模型、人工制作或绘制的DNA分子双螺旋结构模型等。物理模型能使学生更加直观地知道学习对象的整体结构形态，使抽象的知识形象化、具体化。

概念模型是指通过分析大量的具体形象，分类并揭示其共同本质，将其本质凝结在概念中，把各类对象的关系用概念与概念之间的关系来表述，用文字和符号突出表达对象的主要特征和联系。如用光合作用图解描述光合作用的主要反应过程，就是一种概念模型。概念模型有助于学生整合零碎知识，帮助学生更好地理解记忆。

数学模型是描述一个系统或它的性质的数学形式，如"J"型种群增长的数学模型 $N_t=N_0 \cdot \lambda^t$。构建数学模型有利于培养学生透过现象揭示本质的洞察能力，同时，通过生物与数学的整合，有利于培养学生简约、严密的思维品质。

四、教学设计题

30.【参考设计】

(1)人体细胞与外界环境进行物质交换的模型图解如下：

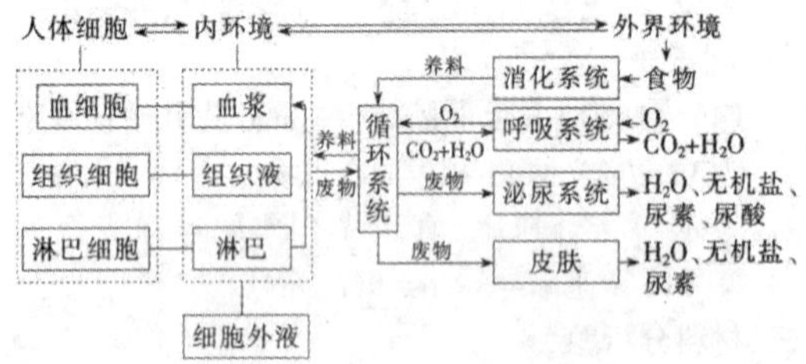

(2)教学过程：

①设疑

教师设问：人体细胞并不能直接与外界的环境完成物质交换，那我们人体通过什么途径来获得养分并将废物排出体外以维持自身活动呢？

(学生讨论得出内环境是细胞与外界进行物质交换的媒介)

教师：现在我们知道内环境是细胞与外界环境进行物质交换的媒介，而细胞外液的渗透压和酸碱度都是依靠各类离子来维持的，那这些离子怎么进入内环境发挥功能呢？现在请同学们按照我们之前分的学习小组，在小组内讨论一下教材上"思考与讨论"的第1题和第2题，一会儿请代表来发言。

(学生小组内讨论，确定结论，选定发言代表)

②表达交流

各小组代表发言，问题1：

预设学生回答①：Na^+和Cl^-等直接来自食物，不需要经过消化就可以直接被吸收。

预设学生回答②：葡萄糖与氨基酸分别是主要来自食物中的糖类和蛋白质。糖类和蛋白质必须经过消化系统的消化，分别分解为葡萄糖和氨基酸后才能被吸收进入内环境。

教师点评并明确：同学们总结得很好，并提到了消化与吸收的相关知识，可见我们对于原有的知识掌握得比较牢固。就像刚才同学们说的，Na^+和Cl^-等小分子物质，直接来自食物，不需要经过消化就可以直接被吸收。而葡萄糖、氨基酸等物质主要来自食物中的糖类和蛋白质。糖类和蛋白质是两类大分子物质，必须经过消化系统的消化，分解为葡萄糖和氨基酸才能被吸收。上述物质进入小肠绒毛内的毛细血管中，经血液循环运输到全身各处的毛细血管中，再通过物质交换过程进入组织液和淋巴。这些过程中涉及人体的消化系统和循环系统。

(引导学生在学案上写上消化系统、循环系统，营养物质通过消化系统进入循环系统，再进入内环境)

各小组代表发言，问题2：

预设学生回答：根据我们在化学课上所学知识，碳酸根离子是由碳酸和碳酸盐水解而来的。

教师点评明确：这个过程可能大家还不熟悉。不过刚才同学们有说到要点，碳酸水解。细胞代谢过程中产生的CO_2与H_2O结合，在碳酸酐酶作用下，发生反应：$CO_2+H_2O \rightleftharpoons H_2CO_3 \rightleftharpoons H^+ + HCO_3^-$，$HCO_3^-$通过与细胞外的阴离子交换到达细胞外液，即内环境(组织液、血浆或淋巴等)中，这个过程主要与呼吸系统的活动有关。

③承上启下

教师：通过刚才的讨论，我们已经找出人体呼吸系统、消化系统、循环系统与内环境之间的关系，那除了这些系统以外，人体还有哪些系统参与内环境与外界物质交换过程的呢？我们来看第3、4题。

(学生思考并讨论)

教师明确：第3题的相关知识，会在后续小节中学到，我们可以先用已学过的知识来解决第4题。体内细胞产生的代谢废物主要通过皮肤的汗液、泌尿系统形成和排出尿液以及呼吸系统的呼气这三条途径排出，其中以泌尿系统和呼吸系统的排泄途径为主。例如，血浆中的尿素主要通过肾脏形成的尿液排出体外。血浆中的CO_2通过肺动脉进入肺泡周围的毛细血管，由于血液中的CO_2分压大于肺泡中的CO_2分压，CO_2就从血液向肺泡扩散，再通过呼气运动排出体外。

(引导学生在学案上补充模型图解)

教师讲解第3题，人体具有体温调节机制以保持内环境温度的相对稳定。详细内容我们在以后的课程中将会学到。参与体温调节的器官和系统有皮肤、肝脏、骨骼肌、神经系统、内分泌系统、呼吸系统等。

④总结回顾，完成模型图解

教师讲解：通过刚才对这四个问题的讨论可以看出，内环境与外界环境的物质交换过程依赖于人体内各个器官、系统的参与，同时细胞和内环境之间相互影响、相互作用。它们之间的关系，我们可以用这样一个模型图(PPT展示)表示。请同学们跟老师一起完成刚才我们在学案上绘制的模型图。

（回顾知识，完成大致模型图解）

教师总结：这个模型图是我们共同完成的，有一些要点需要同学们在课下进行补充，就是技能训练部分，同学们还是按照学习小组，共同完成模型的建构，以各小组独有的方式呈现出来，在下节课上进行展示。

（答案合理即可）

教师资格考试预测试卷（二）

答案速查：

1	2	3	4	5	6	7	8	9	10	11	12	13
A	A	B	B	A	D	B	C	C	A	A	B	B
14	15	16	17	18	19	20	21	22	23	24	25	
D	D	D	D	C	D	B	C	D	C	B	B	

一、单项选择题

1. A 【解析】tRNA分子为“三叶草”形，单链RNA在某些区域折叠形成局部双链，双链中含有氢键，A项正确；每个ADP分子中含一个高能磷酸键，B项错误；血红蛋白的不同肽链之间可通过二硫键连接，C项错误；DNA的两条脱氧核苷酸链之间通过氢键连接，D项错误。

2. A 【解析】植物细胞的光合作用包括光反应和暗反应，光反应包括水的光解和ATP的生成，发生在叶绿体类囊体薄膜上；暗反应包括CO_2的固定和C_3的还原，发生在叶绿体的基质中。植物细胞的有氧呼吸包括三个阶段，其中第二阶段是前一个阶段产生的丙酮酸和水结合生成CO_2，该过程发生在线粒体基质中。

3. B 【解析】细胞中的核糖体不具有膜结构，A错误。酵母菌是真菌，属于真核生物，细胞核中染色体的主要成分之一是DNA；真核细胞的RNA主要是在细胞核内合成的，B正确。蓝藻是原核细胞，没有线粒体，C错误。叶绿体是光合作用的场所，既可以进行光反应，产生ATP，也可以进行暗反应，进行CO_2的固定和C_3还原，消耗ATP，D错误。

4. B 【解析】一条由39个氨基酸形成的环状多肽，应有39个肽键，A错误；因为谷氨酸的R基上没有游离氨基，又不知其他的R基的情况，则可能没有游离氨基，B正确；由于谷氨酸的R基上共有4个游离羧基，则至少有4个游离羧基，C错误；由于组成蛋白质的氨基酸一般为20种，所以D错误。

5. A 【解析】蜘蛛用书肺或气管呼吸，它的外骨骼起保护作用，还可以防止水分蒸发，并没有限制呼吸运动，A项错误。水螅的身体呈辐射对称，没有方向性，可以从各个方向捕食，B项正确。蚯蚓的身体由许多彼此相似的体节组成，运动灵活自如，转向方便，C项正确。血吸虫寄生在人和哺乳动物的静脉血管中，以消化经过的营养物质为食，所以消化器官简单，与它的寄生生活相适应，D项正确。

6. D 【解析】正常的细胞不能无限增殖，随着分裂次数的增加，细胞会衰老，A正确。效应T细胞可以作用于靶细胞，使靶细胞裂解死亡，B正确。细胞凋亡是由基因决定的细胞主动有序地结束生命的过程，C正确。随着年龄的增加，细胞代谢速率减小，衰老细胞中的线粒体数量减少，细胞体积减小，D错误。故选D。

7. B 【解析】同一动物个体的神经细胞与肌细胞在功能上不同是细胞分化的结果，其实质是基因的选择性表达，合成了特定的蛋白质，从而表现出特定的生理功能，B正确；二者都是高度分化的细胞，均不具有分裂能力，所以二者均没有细胞周期，核DNA也不能进行复制，A、D错误；细胞分化过程中基因组不变，所以二者基因组相同，C错误。

8. C 【解析】黄色小鼠与黄色小鼠交配，其后代黄色鼠:黑色鼠=2:1，说明小鼠的毛色由一对等位基因控制，其遗传遵循基因的分离定律，且双亲均为杂合子，而杂合子表现为显性性状，即黄色为显性性状，同时也说明，黄色鼠均为杂合体，纯合的黄色鼠在胚胎发育过程中死亡，A、B、D均正确；黄色鼠和黑色鼠交配，后代黄色鼠:黑色鼠=1:1，C错误。

9. C 【解析】胰岛素降低血糖浓度的原理主要是减少血糖的来源、增加血糖的去路，A项错误；抗利尿激素由下丘脑合成分泌，垂体释放，能促进肾小管对水的重吸收，B项错误；激素的调节作用，能使靶细胞中原有的生理活动发生变化，且在发挥作用后灭活，C项正确；神经元受刺激产生的兴奋，传递给下一个细胞要经过突触，兴奋在突触中的传递是单向的，D项错误。

10. A 【解析】噬菌体侵染大肠杆菌时，以亲代噬菌体的DNA为模板,以大肠杆菌的成分为原料,合成子代噬菌体的DNA和蛋白质,故子代噬菌体中部分含^{32}P标记,全部含^{35}S标记。

11. A 【解析】图④产生的子细胞一定为精细胞,A正确。图中属于体细胞有丝分裂过程的有②③,四分体只出现在减数分裂过程中,B错误。图示细胞中含有同源染色体的有①②③⑤,④中没有同源染色体,C错误。该生物的正常的未分裂的体细胞中均含有2个染色体组,若进行有丝分裂,在其后期有4个染色体组,D错误。故选A。

12. B 【解析】DNA分子中的碱基对排列顺序蕴含着大量的遗传信息,A正确;DNA分子中脱氧核苷酸链的脱氧核糖上连接一个或两个磷酸基团和一个含N碱基,B错误;G、C间有3个氢键,A、T间有2个氢键,故DNA分子中G与C碱基对含量越高,分子结构越稳定,c正确;DNA分子的两条单链中的(A+G)/(T+C)比例互为倒数,D正确。

13. B 【解析】神经元是真核细胞,线粒体的内膜上能进行有氧呼吸的第三阶段,产生大量ATP,A正确。突触间隙充满了组织液,神经递质在突触间隙中的移动是扩散,不消耗ATP,B错误。蛋白质合成需要消耗ATP,C正确。神经细胞兴奋后恢复为静息状态时要排Na^+吸K^+,该过程属于主动运输,消耗ATP,D正确。

14. D 【解析】扦插的枝条应去掉成熟的叶子,以降低蒸腾作用,保留插条内的水分,A错误;扦插的枝条生根是由于幼芽产生的生长素的作用,B错误;低浓度的生长素促进生根,高浓度的生长素抑制生根,具有两重性,C错误;在促进生根的最适浓度的两侧会出现两种不同浓度的生长素促进根生长的效果相同,D正确,故选D。

15. D 【解析】小脑的主要作用是维持身体平衡,小脑损伤可导致身体平衡失调,A正确;脑和脊髓构成了人的中枢神经系统,B正确;躯体感觉区和运动区都位于大脑皮层,C正确;下丘脑既能参与神经调节,又可以通过分泌激素参与体液调节,D错误。

16. D 【解析】物种之间的共同进化主要是通过物种之间的生存斗争实现的,也可以是在互利的条件下,相互选择,共同进化,A错误;生物进化的实质是种群基因频率的改变,而不是基因型频率的改变,B错误;基因型Aa的个体逐代自交后代所形成的种群中,A基因的频率与a基因的频率相等,C错误;突变和基因重组导致出现了可遗传的变异,这些不定向的变异即为进化的原材料。自然选择淘汰了不利变异,使有利变异逐渐累积,从而使生物朝着一定的方向进化,D正确,故选D。

17. D 【解析】对a曲线分析,种群密度越大,个体存活率越低,说明该动物获得的能量少,营养级较高,体型一般较大,A正确;对b曲线分析,种群密度中等时,存活率最大,可推测人工养蜂时,种群密度中等最好,B正确;由于大型动物的种群密度越大,存活率越低,故对大型动物迁地保护,迁移的种群密度不宜过大,C正确;种群密度越大,种群个体间竞争越激烈,故d点不是竞争最剧烈的点,D错误。

18. C 【解析】由题意知,锁阳从其依附的小果白刺根部获取营养,说明锁阳与小果白刺为寄生关系,A错误;该地区为生物多样性较低的沙漠地区,故该地区生态系统的自我调节能力弱,恢复力稳定性也较低,B错误;小果白刺等沙生植物的固沙作用体现了生物多样性的间接价值,C正确;基因突变具有不定向性,干旱环境对锁阳长期的选择使其产生的适应性突变被保留下来,D错误。

19. D 【解析】抗体由浆细胞产生,T细胞产生淋巴因子,A错误;抗体具有特异性,一种抗体只与特定抗原结合,B错误;抗体与病原体结合形成沉淀或细胞集团,由吞噬细胞吞噬,C错误;抗体是蛋白质,可被蛋白酶水解,D正确。

20. B 【解析】三倍体植物不能繁殖后代,因此培育三倍体转基因植物可以防止基因污染,A正确;基因工程育种的原理是基因重组,B错误;单倍体育种的优点是明显缩短育种年限,C正确;多倍体育种得到的新品种果实大,但结实率较低,D正确,故选B。

21. C 【解析】变化技能的应用原则主要有:选择变化技能时要针对学生的能力、兴趣、教学内容和学习任务的特点;变化技能与其他技能之间的连接要流畅,有连续性;变化技能是引起学生注意的方式等。应用原则中不包括注意反馈和调节,故选C。

22. D 【解析】"没有动手做"而应用探究方法的探究,主要是开发学生的批判性思维,是推理式探究,故选D。

23. C 【解析】在"探究不同温度对酶活性的影响"实验中,温度属于自变量,pH属于无关变量。

24. B 【解析】网络论坛属于网络资源的一种,网络资源还包括博客、网上动物园、网上植物园等。

25. B 【解析】知识目标分为三个水平:了解水平、理解水平和应用水平。表述了解水平的动词有描述、简述、识别、列出、举例等；理解水平主要用说明、举例说明、概述、评论、区别、解释等；应用水平主要使用得出、设计、拟定等。故本题选B。

二、简答题

26.【答案】

(1)无氧呼吸；该生物无氧呼吸的产物是乳酸

(2)细胞质基质；呼吸酶的数量是有限的

(3)土壤微生物分解有机肥释放CO_2

【解析】(1)图甲所示细胞的呼吸强度不随氧气浓度改变而变化，可见其与氧气浓度无关，最可能表示的是无氧呼吸。无氧呼吸产生乳酸的呼吸类型中不产生CO_2，所以不能用CO_2的产生量表示呼吸强度。

(2)图乙表示氧气浓度对呼吸速率的影响。B点时，氧气浓度为0，只进行无氧呼吸，在细胞质基质中将葡萄糖分解为酒精和CO_2。在M点以后，达到最大呼吸强度，主要是受到呼吸酶数量的限制。

(3)温室中施用有机肥后，土壤微生物将有机肥分解产生CO_2，可提高温室内CO_2含量，增强作物的光合作用，增加产量。

27.【答案】

(1)纤维素；果胶；原生质体；愈伤；再分化(或分化)；植物体细胞杂交技术

(2)体细胞中含有三个或三个以上染色体组的个体；在减数分裂过程中，前者染色体联会异常，而后者染色体联会正常

(3)胚状体、不定芽、顶芽、腋芽

【解析】(1)该新型药用植物是通过植物体细胞杂交技术获得的。要获得有活力的原生质体才能进行体细胞杂交，因此首先用纤维素酶和果胶酶去掉植物的细胞壁，然后用PEG化学诱导剂(物理方法：离心、振动等)诱导二者的原生质体融合。然后采用植物组织培养技术获得杂种植株，植物组织培养的主要过程是：先脱分化形成愈伤组织，然后再分化形成植物体，利用了植物细胞的全能性。

(2)如果植物甲、乙是两个物种，二者不能通过有性杂交产生可育后代，原因是甲、乙有性杂交所产生的后代在减数分裂过程中同源染色体联会异常，也就是存在着生殖隔离。但植物甲、乙通过植物体细胞杂交技术产生的后代却是可育的，因为在减数分裂过程中同源染色体能完成正常的联会，产生正常的配子。由于甲、乙都是二倍体，因此，植物体细胞杂交得到的后代是异源多倍体(四倍体)。

(3)人工种子生产不受气候、季节和地域等因素限制，而且具有避免后代发生性状分离的优点，因此，植物细胞工程重要的应用之一是制备人工种子，用到的核心技术是植物组织培养技术。将植物组织培养得到的胚状体、不定芽、顶芽、腋芽等材料用人工薄膜包装后可得到人工种子。

三、材料分析题

28.【参考答案】

(1)关系图式的板书(或者图文式板书)。其他的板书类型有：线索式、词语式、表格式、提纲式等。

(2)根据题意，可以设计为表格式的板书，如下：

比较项目	光合作用	呼吸作用
场所	叶绿体	主要为线粒体
条件	光、酶、色素	氧气、酶
物质变化	把无机物(CO_2和H_2O)转变为有机物	分解有机物产生CO_2和H_2O，同时产生ATP
能量变化	把光能转变为化学能储存在有机物中	把有机物中的化学能释放出来，一部分转移至ATP中，其余的以热能形式散失
实质	合成有机物，储存能量	分解有机物，释放能量

29.【参考答案】

(1)本材料中教师采用的是直观导入法。

导入的方式还有：经验导入法，旧知识导入法，实验演示导入法，设疑、悬念导入法，故事导入法，情境创设导入法等。(任意写出三种即可)

(2)导入的目的和作用：激发学习兴趣，引起学习动机；引起学生对所学课题的关注，引导学生进入学习情境；为学习新知识、新概念、新原理和新技能作鼓动、引子和铺垫；明确学习目的和要求，使每个学生都了解他们要做什么，他们应达到何种程度。

导入的原则和要点：①导入对学生接受新内容要具有启发性与直观性，以便学生实现知识的迁移，通过浅显而简明的事例，使学生得到启发。

②导入要做到引人入胜，使教材内容以新鲜活泼的面貌出现在学生面前，最大限度地引起学生的兴趣，激发他们的学习积极性。

③导入的语言要具有艺术性，能吸引学生，同时还要注意语言的准确性、科学性和思想性。

④导入的目的性与针对性要强，导入要有关联性。教师设计导入一定要根据教学内容而不能脱离教学内容。所设计的导入方法要具体、简捷。

四、教学设计题

30.【参考设计】

(1)导入环节的教学设计

教师投影展示象与鼠的形体对比图片,提问:象与鼠的形体差距悬殊,象的体细胞是否比鼠的体细胞大?二者形体差距的主要原因是什么?

学生思考并回答:象与鼠相应器官或组织的细胞大小相似。生物体的生长是细胞分裂和细胞生长的结果,但主要因素是细胞数目的增加。顺势导入新课——细胞增殖。

教师评价学生的回答,并出示幻灯片展示动植物细胞的直径大都在20~30微米之间,引导学生思考:为什么生物体大都是由许多体积很小的细胞组成的,而且细胞生长到一定程度会发生细胞分裂或者不再继续生长呢?细胞为什么不能一直生长形成大型的单细胞生物呢?

(2)教学目标以及教学重难点

教学目标:

①说明细胞不能无限长大的原因,并说出真核细胞增殖的方式和意义,掌握细胞周期的概念,能准确描述细胞有丝分裂各阶段的重要特征,比较动、植物细胞有丝分裂过程的异同,阐明有丝分裂的过程、特征和意义,尤其是有丝分裂过程中染色体、DNA的变化规律;

②尝试通过模拟实验进行科学研究,进一步提高合作探究的能力,提高利用数学、物理方法处理和分析实验数据的能力,通过学习有丝分裂的过程以及用曲线图描述染色体、DNA的变化规律,提高观察、分析、解读图像以及绘图的能力;

③形成结构与功能、局部与整体相统一的生物学思想,形成实事求是的科学态度和一丝不苟的科学精神。

教师资格考试预测试卷(三)

答案速查:

1	2	3	4	5	6	7	8	9	10	11	12	13
C	A	C	D	B	D	C	D	D	D	D	A	C
14	15	16	17	18	19	20	21	22	23	24	25	
C	A	C	A	C	C	C	A	D	A	C	B	

一、单项选择题

1. C 【解析】不同的植物细胞,细胞膜上吸收不同矿质元素离子的载体数量不同,吸收不同矿质元素离子的速率也不同,A错误。矿质元素离子的吸收需要细胞呼吸提供能量,低温影响细胞的呼吸作用,因而影响矿质元素离子的吸收速率,B错误。主动运输矿质元素离子的过程需要载体和能量,因此该过程只发生在活细胞中,C正确。叶肉细胞也是活细胞,它吸收矿质元素离子的方式也是主动运输,D错误。故选C。

2. A 【解析】输尿管内的液体、汗腺导管内的液体、消化管内的液体均属于外界环境,内环境主要由组织液、血浆和淋巴组成,淋巴管内的液体淋巴属于内环境,A正确。

3. C 【解析】提倡慢跑的原因之一是体内不会因剧烈运动产生大量的乳酸对细胞造成伤害,A错误。对于多数植物来说,土壤板结应及时进行松土透气,促进根系有氧呼吸,防止植物无氧呼吸产生酒精,B错误。酵母菌的生长繁殖需在有氧条件下,但酵母菌发酵必须在无氧情况下完成,所以控制通气的情况下,能利用麦芽、葡萄、粮食和酵母菌以及发酵罐等生产各种酒,C正确。包扎伤口时,需要选用松软的创可贴,否则破伤风杆菌容易感染伤口深处并大量繁殖,D错误。故选C。

4. D 【解析】由题图可知,A能产生CO_2,是线粒体,B能产生O_2,是叶绿体,在黑暗中B将停止生理作用,故A错误。A和B结构都能产生ATP,故B错误。植物正常生长时,B结构产生的O_2大部分被排放到细胞外,少部分被A结构利用,故C错误。夜晚只有A结构具有生理功能,适当降温,能降低A结构的生理功能,白天B的生理功能远大于A的生理功能,适当升温,B结构的生理功能提高比A结构更显著,故白天适当升温,夜晚适当降温能增加农作物的产量,故D正确。

5. B 【解析】细胞膜的主要成分是磷脂和蛋白质,脂溶性物质优先通过细胞膜与磷脂有关,A错误;吞噬细胞吞噬的抗原—抗体复合物在溶酶体中的水解酶作用下水解,B正确;破伤风杆菌属于原核生物,没有高尔基体,C错误;洋葱是高等植物,没有中心体,D错误。

6. D 【解析】加入化合物X的组别为实验组,未加化合物X的组别为对照组,同一温度下,曲线Ⅱ在底物中加入淀粉酶和化合物X比曲线Ⅰ只在底物中加入淀粉酶的酶促反应速率低,表明化合物X对淀粉酶的活性有抑制作用,但未使酶完全失活,B、C正确;两曲线酶促反应的最适温度一样,表明化合物X未影响淀粉酶活性的最适温度,A正确;题图只给了酶促反应速率和温度的关系,未给出该反应所处的pH条件,因此若底物溶液的pH升高,则曲线Ⅱ的顶点可能上移,可能下移,也可能不变,D错误。

7. C 【解析】有丝分裂和减数第一次分裂过程的最大区别是染色体的行为不同。有丝分裂前期不发生联会,但是,减数第一次分裂前期有联会现象,但DNA分子数目相同,因此A错。有丝分裂中期染色体的着丝点被纺锤丝拉到赤道板位置排列整齐,后期着丝点分裂,姐妹染色单体分离并分别移向细胞的两极,染色体数目加倍。而减数第一次分裂的中期同源染色体被拉到赤道板的两侧,后期,同源染色体分离,非同源染色体自由组合,分裂结束,染色体数目减半,而有丝分裂和减数第一次分裂过程中DNA数目从前期直到后期都是相同的,都经过复制加倍。因此B、D错,C对。

8. D 【解析】由题图可知,兴奋从B处通过C传到A处,所以B处的动作电位先于A处发生,A、B错误。动作电位表现为外负内正,C错误。兴奋在突触处传递过程中信号变化是电信号→化学信号→电信号,D正确。故选D。

9. D 【解析】葡萄糖、生长激素、抗体都可以存在于细胞外液中,因此属于内环境的成分,A项正确;内环境稳态的维持是机体进行正常生命活动的基础,B项正确;血浆中含有多种物质如水分、血浆蛋白质、无机盐等,其中血浆蛋白质和无机盐的含量是决定血浆渗透压的主要因素,C项正确;人体剧烈运动时会产生大量乳酸,但是在血浆中缓冲物质的作用下,血浆pH维持在7.35~7.45,不会出现显著下降,D项错误。

10. D 【解析】狼在追捕猎物的过程中,由于存在突触,兴奋在神经纤维上的传导是单向的,①错误;在静息状态下,由于钾离子外流,神经细胞膜上的电位是外正内负,②错误;H区为听觉性语言中枢,某人大脑皮层H区受损,会听不懂别人的谈话,③错误;感觉是在大脑皮层中形成的,④正确;兴奋的传导方向是由突触前膜传递到突触后膜,即由A的轴突→B的树突或细胞体,⑤正确;语言中枢位于大脑皮层,小脑有使运动协调、准确,维持身体平衡的作用,脑干的灰质中含有一些调节人体基本生命活动的中枢(如心血管中枢、呼吸中枢等),⑥正确。故选D。

11. D 【解析】能量流动包括能量的输入、传递、转化和散失过程,A正确;分解者的作用就是将有机物分解成无机物,并从中获取生命活动所需的能量,B正确;生态系统维持正常功能需要不断地输入光能,C正确;生产者固定的能量除用于自身呼吸外,部分流向分解者,部分流向下一营养级,D错误。

12. A 【解析】用杂交的方法进行育种,F_1后代自交可提高优良性状在后代中的比例,更容易筛选出优良品种,且纯合子在后代中所占的比例较高,A正确。诱变育种的生物学原理为基因突变,基因突变具有多害少利和不定向性,故诱变后的植株不一定比诱变前的植株具有更多的优良性状,故B错误。用基因型为DdTt的植株进行单倍体育种后,所产生的新品种全为纯合子,其自交后代也全为纯合子,故C错误。二倍体植株染色体加倍后称为四倍体植株,四倍体植株和原二倍体植株杂交得到的三倍体植株是高度不育的,故D错误。

13. C 【解析】种群是由同种生物的个体在一定的自然区域内组成的群体,是生物进化和繁殖的基本单位,A正确。基因库是一个群体中所有个体的全部基因的总和。也就是说,种群中的全部个体的全部基因组成了这个种群的基因库,B正确。种群中各年龄期个体数目比例适中,则该种群的年龄组成属于稳定型,种群密度会在一段时间内保持稳定,不会明显变大,C错误。在正常情况下,种群的“S”型增长曲线中,种群的增长速率先增加后减少到0,D正确。

14. C 【解析】处于离体状态的植物细胞,在一定的营养物质、激素和其他外界条件下,可能培养成完整植株,体现植物细胞的全能性,A正确;在生物体所有的细胞中,受精卵的分化程度最低,全能性最高,B正确;高度分化的动物细胞,其细胞的全能性受到限制,不容易表达,克隆羊的诞生证明了高度分化的动物细胞的细胞核具有全能性,C错误;由卵细胞直接发育成雄蜂的过程体现了卵细胞的全能性,D正确。

15. A 【解析】根据图甲可知,利用葡萄制作果醋时,可以先进行酒精发酵然后再进行果醋发酵。但是当氧气、糖充足时,醋酸菌可将葡萄汁中的糖分解成醋酸,而不必经过酒精发酵,A错误。果酒制作过程中,应先冲洗葡萄,但是不能反复冲洗,否则菌种流失,将导致果酒制作的失败,B正确。图乙中的装置排气口弯曲可形成液封,防止发酵液被空气中的杂菌污染,C正确。果酒发酵是在无氧环境中进行的,而果醋制作是在有氧环境中进行的,所以制作果酒要关闭充气口、打开排气口,排出二氧化碳,制作果醋时充气口和排气口都要打开,D正确。故选A。

16. C 【解析】因含X^b的花粉不育，故不可能出现窄叶雌株(X^bX^b)，A正确；宽叶雌株(X^BX^B、X^BX^b)与宽叶雄株(X^BY)杂交，子代可能出现宽叶雌株、宽叶雄株和窄叶雄株，B正确；宽叶雌株(X^BX^B、X^BX^b)与窄叶雄株(X^bY)杂交，只有含Y的花粉可育，子代无雌株，C错误；子代雄株的叶形基因只来自母本，子代雄株全为宽叶，说明母本(亲本雌株)为宽叶纯合子，D正确。

17. A 【解析】稻田中青蛙增加可抑制病毒传播，原因是青蛙捕食水稻飞虱，青蛙与水稻飞虱是捕食关系，A项正确；水稻和青蛙并不利用共同的资源，两者不是竞争关系，B项错误；病毒V和水稻之间是寄生的关系，C、D项错误。故选A。

18. C 【解析】淀粉水解成葡萄糖时没有ATP的生成，A错误；人体大脑活动的能量主要来自糖类的有氧氧化，B错误；叶肉细胞通过光合作用合成葡萄糖，而光合作用的暗反应过程中，三碳化合物的还原过程需要能量，C正确；硝化细菌进行化能合成作用时需要的能量来自氨气氧化成亚硝酸盐和硝酸盐过程中释放的能量，D错误。故选C。

19. C 【解析】久置的鸡霍乱病原菌致病力下降，可作为抗原，A错误；第一次注射鸡霍乱病原菌时，使鸡产生特异性的抗体及记忆细胞，而不是产生抗性变异，B错误；第二次注射后，记忆细胞会迅速地增殖与分化，产生更多的抗体，C正确；第二次注射后死亡鸡也产生了特异性免疫反应，只是产生的抗体太少，不足以清除体内的霍乱病原菌，D错误。

20. C 【解析】乳腺癌细胞的分裂能力比乳腺细胞强，所以乳腺癌细胞比乳腺细胞更容易进行离体培养，A错误；质粒是双链DNA，B错误；由于胚胎分割形成的多个胚胎中遗传物质少，营养物质少，成功的可能性低，所以胚胎分割技术产生同卵多胚的数量有限，C正确；培养早期胚胎的培养液中维生素、激素起调节作用，不是能源物质，D错误。

21. A 【解析】报刊和杂志属于媒体资源，B、C、D均为社区资源。

22. D 【解析】“科学性”是指教学内容的正确性，“思想性”是指在教学过程中渗透思想品德教育和爱国主义教育，故选D。

23. A 【解析】该提问中要求学生回忆学过的事实、概念等，符合回忆提问的特点，因此选A。

24. C 【解析】题干中，以光合作用发现探究历程故事为内容的讲述，属于科学史的教学策略，C正确。

25. B 【解析】调查法是有目的、有计划、系统地收集有关研究对象现实状况或历史状况的材料的方法，包括访谈法和问卷调查法。因此选B。

二、简答题

26.【答案】

(1)逆转录

(2)DNA连接酶；终止子、标记基因

(3)DNA分子杂交；抗原抗体杂交

(4)细胞融合技术

【解析】(1)分析题图可知①是逆转录过程。

(2)构建A基因重组载体时，首先需用限制性核酸内切酶切割含有A基因的外源DNA分子和运载体，再用DNA连接酶连接A基因和运载体形成A基因重组载体。重组载体的结构包括目的基因、启动子、终止子、标记基因、复制原点等。

(3)要检测目的基因是否进入受体细胞，常用的是DNA分子杂交法，检测目的基因是否表达可用抗原抗体杂交的方法。

(4)⑦是动物细胞融合过程，需采用细胞融合技术。

27.【答案】

(1)叶绿体　主动运输

(2)小于　类胡萝卜素(或：叶黄素和胡萝卜素)　[H](或：NADPH)　ATP(注：两空可颠倒)

(3)苏丹Ⅲ(或：苏丹Ⅳ)　可溶性糖和淀粉

【解析】(1)油菜果皮细胞进行光合作用的场所是叶绿体，种子细胞内的蔗糖浓度比细胞外高，则推出种子细胞吸收蔗糖的跨膜运输方式是主动运输。

(2)总光合速率=净光合速率+呼吸速率，比较第24天和第12天的净光合速率和呼吸速率可判断第24天的总光合速率较低；第36天后果皮逐渐变黄的原因是叶绿素含量降低，呈现的是类胡萝卜素的颜色。

(3)由题图乙可知，第36天时种子内含量最高的有机物是脂肪，可用苏丹Ⅲ或苏丹Ⅳ染液进行检测；据题图乙分析，在种子发育过程中可溶性糖和淀粉含量减少、蛋白质含量基本不变、脂肪含量升高，故可判断脂肪由可溶性糖和淀粉转化而来。

三、材料分析题

28.【参考答案】

(1)案例中甲老师提问的问题缺乏启发性，采取设问的形式，将需要学生观察的现象和得出的结论直接告诉学生，进而提问“对不对”“是不是”，这种问题不利于学生观察和思考，违背学生学习的主观能动性。而乙老师提出的问题具有启发性，由易到难，逐渐引导学生了解细胞凋亡的过程及其对机体的作用，然后进一步引入细胞坏死的成因,并与细胞凋亡进行对比。这种层层深入的提问方式一方面可以激发学生学习的兴趣,锻炼学生的思维品质,另一方面也符合课程改革对于生物课程实施的要求。

(2)建议甲老师改变提问方式,第一题改为先观察图片,提问学生根据图片有什么发现,引导学生先通过直观感知获取初步认识,之后总结出细胞凋亡的产生机制。第二题在第一题的基础上进一步提问细胞凋亡对人体有何作用?是否有益?引导学生深入思考。第三题引入细胞坏死的概念,并找出与细胞凋亡的区别,使学生从被动地接受理论知识,到主动地探索思考,养成良好的学习习惯和思维方式。

29.【参考答案】

(1)教学方法是指在教学过程中,为了完成教学任务,教师所采用的工作方式和在教师的指导下学生学习方式的总和。该教师采用的教学方法有:讲授法、谈话法、讨论法、质疑法、角色扮演法。

(2)①依据教学的具体目标与任务。教学方法的选择,主要是看教学目标的内容和层次。例如,如果教学目标是了解、理解水平的目标,运用指导阅读法、讲授法、讨论法、谈话法、演示法是比较合适的;如果教学目标是应用水平的目标,则可考虑演绎法、发现法等。

②依据教学内容特点。对理论性较强的教学内容,多采用启发性较强的讲授方式,并穿插使用实验、演示、探究及推理归纳等方法;对事实性知识,可通过实验演示、实物模型展示等直观手段,并配以图表,以归纳、比较、联系等形式强化学生的记忆;对操作性强的内容则可以考虑实验法、演示法和探究法与讨论、谈话等方法结合的形式。

③依据学生的身心发展状况。学生的身心发展状况,主要是指学生现有的知识水平、智力发展水平、学习动机状态、年龄发展阶段的心理特征、认知方式与学习习惯等因素。

④依据教师的自身素质。教师素质在教学活动中主要表现在教师的语言与表达能力、思维品质、教学技能、个性与特长、教学艺术与风格特征、教学组织与调控能力等方面。

⑤依据教学环境条件。教学环境条件主要是指教学设备条件(信息技术、仪器设备条件、图书资料条件等),教学空间(教室、实验室、生物园地等)和教学时间条件。

⑥依据教学方法本身的特性、教学进度以及课时要求。每种教学方法都是相对辩证的,它们都既有优点又有缺点;每种方法都可能有效地解决某些问题,但不能解决另一些问题。因此,要将教学内容和教学方法的特点结合起来,选择最恰当的教学方法。

四、教学设计题

30.【参考设计】

(1)教学目标

①概述促胰液素发现的过程,描述血糖调节的过程及画出血糖调节图解式模型,并说出激素调节的特点;

②通过建构血糖调节的模型,提高运用所学知识解释和解决实际问题的能力;

③通过经历促胰液素的发现过程,体验科学发现的过程,养成质疑、求实、创新的科学精神。

(2)设计思路

提前设计学案,学生使用学案课前自学。在学案导学的基础上教师组织教学。首先根据学生已有的知识储备和生活常识,通过回顾旧知识,引入新问题。然后循着科学探究之路讨论促胰液素的发现过程,再过渡到激素调节的两个实例,在血糖平衡调节的实例中,尝试利用课前准备好的剪刀和不同颜色的纸构建血糖调节的模型,来理解激素调节中的反馈调节,并在此基础上进一步通过甲状腺激素的反馈调节机制来加深对反馈调节的理解,并总结出激素调节的特点。

教师资格考试预测试卷(四)

答案速查:

1	2	3	4	5	6	7	8	9	10	11	12	13
C	C	A	C	B	C	A	C	B	B	C	B	D
14	15	16	17	18	19	20	21	22	23	24	25	
D	A	D	D	B	D	C	A	C	B	A	B	

一、单项选择题

1. C 【解析】草酸与食物中的钙易结合形成沉淀物而不利于吸收,A正确;铁是血红蛋白的组成成分,血红蛋白的主要作用是运输O_2,B正确;细胞中的无机盐不提供能量,无机盐可以构成某些复杂化合物、维持细胞和生物体的生命活动、维持生物体内的酸碱平衡和渗透压,C错误;植物秸秆燃烧过程中有机物被分解,剩下来的灰烬是无机盐,D正确。

2. C 【解析】胰岛素的分泌方式是胞吐;吞噬细胞对抗原的摄取是胞吞;植物体细胞杂交中原生质体的融合首先需要细胞膜的融合,A、B、D项均直接依赖细胞膜的流动性。DNA聚合酶由核孔进入细胞核,没有涉及生物膜,故选C。

3. A 【解析】①葡萄糖彻底氧化发生在有氧呼吸过程中;③葡萄糖脱水缩合成二糖或者多糖;④葡萄糖分解为丙酮酸,是有氧呼吸的第一阶段(或无氧呼吸的第一阶段),①、③、④在人体和植物体内都会发生。葡萄糖转化为乙醇在植物体内能发生,人无氧呼吸产生乳酸。故选A。

4. C 【解析】DNA的复制方式是以DNA的两条链分别作为模板的半保留复制。故C错。

5. B 【解析】真核细胞的DNA与蛋白质等结合形成染色质,存在于细胞核中,A正确;细胞核是细胞代谢和遗传的控制中心,是DNA复制和转录的主要场所,翻译的场所是核糖体,B错误,C正确;细胞核内DNA的复制(遗传物质的合成)需要消耗能量,D正确。

6. C 【解析】细胞分化形成不同功能的细胞,这些细胞有不同蛋白质,也有相同蛋白质,如生命活动所需要的酶(呼吸酶等),A错误;衰老的细胞内多种酶活性降低,但仍然有细胞代谢,仍然有基因的表达合成蛋白质,B错误;癌细胞不能进行正常的分化,机体清除癌细胞与细胞凋亡有关,C正确;细胞的分裂、分化、衰老对生物体发育、正常生命活动均有积极的意义,而细胞坏死是非正常死亡,对正常生命活动不利,D错误。故选C。

7. A 【解析】果实发育所需的生长素主要来自发育着的种子而不是顶芽,A错误。由于不同器官对生长素的敏感程度不同,因此同一浓度的生长素对不同器官的影响不同,B正确。顶端优势是指顶芽生长素浓度低促进生长,而侧芽生长素浓度高抑制了生长,体现了生长素对植物生长的双重作用,D正确。正常情况下,顶芽、幼芽中生长素浓度一般保持在促进生长的范围,C正确。故选A。

8. C 【解析】健康的人进入低温环境中时,皮肤血管收缩、血流量减少、肝脏和骨骼肌产热增加、甲状腺激素和肾上腺素分泌增加。胰高血糖素的生理作用是升高血糖,寒冷时机体常通过细胞代谢增强来促进产热,葡萄糖消耗增多,故机体胰高血糖素分泌量增加以维持血糖浓度的稳定。体温相对恒定是神经-体液调节共同作用的结果,体温调节中枢在下丘脑,冷觉的产生在大脑皮层,A、B、D错误。人在寒冷环境中皮肤起“鸡皮疙瘩”是人对寒冷的刺激所产生的反应,立毛肌收缩不需要大脑皮层参与,属于非条件反射。C正确,故选C。

9. B 【解析】吞噬细胞既可以在非特异性免疫中发挥作用,也可以在特异性免疫过程中发挥作用,A错误。由于体内存在记忆细胞,因此同种抗原再次入侵时,记忆细胞快速增殖分化形成相应的效应细胞,进而发生二次免疫,且二次免疫比初次免疫效果强,B正确。机体自身的组织和细胞也可能成为抗原,如自身癌变的细胞,C错误。体液免疫过程中发挥作用的主要是效应B细胞,D错误。故选B。

10. B 【解析】稻田中秧苗的均匀分布有利于阳光等资源的充分利用,A正确。通常自然界中的种群增长曲线呈“S”型,达到K值时,种群数量会有一定的波动,但总体上围绕K值变化,不会出现明显偏离。如果环境出现变化,K值可能会发生改变,B错误。池塘养鱼过程中为保持鲫鱼种群的增长需持续投放饲料等,因为生产者少,固定的有机物不足,需要人为投放有机物,C正确。年龄组成是预测种群密度变化趋势的重要指标,因此,预测一个国家或地区人口数量未来动态的信息主要来自现有居住人口的年龄组成,D正确。故选B。

11. C 【解析】由于大象粪便是大象消化后没有吸收的能量,所以不属于大象同化的能量,所以这种专以大象粪为食的蜣螂,不能从大象同化的能量中获取能量,其从大象粪便中获取的能量应该属于大象的上一营养级,A错误。食物链是从生产者开始的,所以第一营养级的生物一定是生产者,而兔子应该属于第二营养级,所以当狼捕食兔子并同化为自身的有机物时,能量就从第二营养级流入第三营养级,B错误。绿色植物(生产者)通过光合作用,利用光能,把二氧化碳和水转化成储存能量的有机物,并释放出氧气,从而使能量和碳元素进入了生物群落,C正确。生态系统的物质是可以循环利用的,而能量是单向传递不循环的,D错误。故选C。

12. B 【解析】①竹林中的所有竹子为同一物种,高低不同,所属范围为种群而非群落;②动物在群落中垂直分布主要与植物的分层现象有关,如森林中的鸟类:林冠层栖息着鹰、杜鹃,中层栖息着山雀、啄木鸟等;③草原群落也存在垂直分层现象;④不同地段的土壤性质、水分、温度、光照不同从而导致生物种类有差异,在水平方向有水平结构。

13. D 【解析】^{35}S和^{32}P分别标记的是T_2噬菌体蛋白质外壳和内部核酸，T_2噬菌体侵染大肠杆菌时，只有DNA进入大肠杆菌中并作为模板控制子代噬菌体的合成，而合成子代噬菌体所需的原料均由大肠杆菌提供，因此子代噬菌体外壳只含^{32}S，由于DNA复制方式为半保留复制，因此子代噬菌体均含有^{31}P，有少数含有^{32}P，D正确。

14. D 【解析】纺锤体在前期出现，植物细胞分裂末期出现的是细胞板，中心粒复制发生在间期，所以①②③都错误。高度分化的细胞不具有分裂能力，染色体数与DNA分子数相等，④、⑤正确，故选D。

15. A 【解析】寒冷会促使下丘脑甲分泌促甲状腺激素释放激素，A正确。机体调节内分泌活动的枢纽是下丘脑，而乙是垂体，B错误。缺碘地区人体血液中甲状腺激素少，反馈作用弱使促甲状腺激素b增多，C错误。下丘脑也可通过传出神经直接控制内分泌腺的活动，D错误。故选A。

16. D 【解析】所谓遗传病，是指生殖细胞或受精卵中的遗传物质发生突变所引起的疾病，是由遗传物质发生异常改变而引起的疾病，通常具有垂直传递的特征。若是一种隐性遗传病，则①中一个家族仅一代人中出现过的疾病也有可能是遗传病，③中携带遗传病基因的个体可能不患此病。而②中一个家族几代中都出现的疾病不一定是由遗传物质改变引起的，因此不一定是遗传病，如由环境引起的。遗传病也可能是由染色体增添或缺失所引起，如21三体综合征(21号染色体多了一条)，个体不携带致病基因但患遗传病。①、②、③、④均错误，故选D。

17. D 【解析】因为子一代果蝇中雌:雄=2:1，可推测该性状为伴X遗传。又据题干可知，亲本用一对表现型不同的果蝇进行交配，可推测亲本杂交组合为X^GX^g、X^gY，理论上，其子代基因型有X^GX^g、X^gX^g、X^GY、X^gY，又因为受精卵中不存在G、g中的某个特定基因时会致死，可推测X^GY的个体致死，从而出现子一代中雌:雄=2:1。由此可推测X^GX^G雌性个体致死。故D项正确，选D。

18. B 【解析】实验中加入质量分数为8%的盐酸的作用：一是改变细胞膜的通透性，加速染色剂进入细胞；二是使染色质中的DNA与蛋白质分离，有利于染色，故B正确、D错误；甲基绿和吡罗红对DNA和RNA的亲和力不同，实验中应配成吡罗红甲基绿染色剂，故A错误；叶肉细胞中含有叶绿体，绿色会干扰实验结果，因此不用叶肉细胞作实验材料，故C错误。

19. D 【解析】载体上的抗性基因主要起着标记基因的作用，有利于筛选含重组DNA的细胞，并不能促进目的基因的表达，D错误，故选D。

20. C 【解析】在观察和分析基础上提出问题后，通过推理和想象提出解释问题的假说，根据假说进行演绎推理，再通过实验检验演绎推理的结论，这就是假说—演绎法。孟德尔的豌豆杂交实验、摩尔根的果蝇杂交实验中均采用了该种方法。类比推理是生物学研究中常用的方法之一，②中萨顿的推理就是类比推理。他将看不见的基因与看得见的染色体的行为进行类比，根据其惊人的一致性，提出基因位于染色体上的假说。故选C。

21. A 【解析】说出、排列、简述属于知识性目标动词，选项中只有运用属于能力性目标动词，故选A。

22. C 【解析】本题考查生物学课程目标，题干中的内容属于情感态度与价值观目标。故选C。

23. B 【解析】“观察植物细胞的有丝分裂”是在教师讲解完教学内容后进行的实验验证，故属于验证性实验。故选B。

24. A 【解析】实验室与图书馆属于学校课程资源，故选A。

25. B 【解析】本题考查教学评价的类型，题干所述的为效标参照评价，也称绝对评价，核心在于检测学生是否达到了预定的教学目标。故本题选B。

二、简答题

26.【答案】

(1)①基因突变；②如图所示：

P	X^AX^A (红雌)	× ↓	X^aY (白雄)
F_1	X^AX^a (红雌)	× ↓	X^AY (红雄)

F_2　X^AX^A(红雌)　X^AX^a(红雌)　X^AY(红雄)　X^aY(白雄)

(2)①灰；②雌；50%；X^yX^yY；X^+O

【解析】(1)新性状的出现是由于出现了新的基因，从而形成新的基因型，只有基因突变能产生新的基因。具有相对性状的个体交配，子代中只有一种表现型，则子代表现出的性状为显性性状，亲本均为纯合子，而F_2雌雄个体的表现型比例不等，说明该基因不是位于常染色体上而是位于X染色体上。书写遗传图解时必须体现亲本的表现型和基因型、F_1和F_2的表现型和基因型，并注意整体的书写格式(包括杂交符号、箭头、比例等)，必要时最好把配子的基因型也写出来。

(2)X^+X^+×X^yY，后代为X^+X^y、X^+Y，均为灰身。

$X^yX^y \times X^+Y$后代出现雌性黄果蝇，则该个体出现了复合染色体，可知其雌性亲本产生了X^yX^y、O的配子，与X^+Y产生的X^+、Y配子结合，则子代个体的基因型为X^yX^yY、$X^yX^yX^+$、X^+O、OY，所以死亡的个体占50%，存活个体的基因型为X^yX^yY、X^+O。

27.【答案】

(1)特有抗原；T细胞；特异性

(2)记忆细胞、效应T细胞

(3)细胞融合

【解析】(1)吞噬细胞处理埃博拉病毒，可暴露埃博拉病毒的特有抗原，而埃博拉病毒侵入机体后，通过靶向感染、破坏吞噬细胞等，使埃博拉病毒特有抗原不能暴露，导致感染信息不能呈递给T细胞，从而无法正常激活细胞免疫和体液免疫应答，导致机体对埃博拉病毒的特异性免疫功能下降。

(2)给志愿者接种埃博拉试验疫苗，疫苗可作为抗原刺激体内B淋巴细胞增殖分化产生浆细胞和记忆B细胞，浆细胞产生相应抗体。同时，接受抗原刺激的T细胞通过分化，形成效应T细胞和记忆T细胞，效应T细胞可以与被抗原入侵的宿主细胞密切接触，使这些细胞裂解死亡。

(3)将免疫过的B淋巴细胞与骨髓瘤细胞通过细胞融合得到杂交瘤细胞，可用于生产单克隆抗体。

三、材料分析题

28.【参考答案】

(1)确定教学目标的依据：①了解课程标准的要求；②同时需要了解教科书中的内容；③还要结合学生的学习基础及发展需要确定教学目标。

教学目标应具有的特征：

①指向性：规定教学活动的目标方向。

②准确性：在分析学生学习背景、学习需要的基础上，依据生物课程标准和教学内容设计教学目标。

③可测量性：对学生的“行为结果”能进行测量并作出客观判断。

(2)教学目标的四要素：行为主体、行为动词、行为条件、行为表现程度。其中行为主体应是学生，即教学目标描述的是学生的学习行为；行为动词是指教学具体目标应采用可观察、可操作、可检验的行为动词来描述；行为条件是指需要表明学生在什么情况下或什么范围里完成指定的学习活动；行为表现程度指学生对目标所达到的表现水准，用以测量学生学习结果所达到的程度。

在确定目标时，要注意两点：①要以生物课程标准为依据。②要尽量用准确、简单的语言表述出来，表述语言要注意目标的可检测性。

29.【参考答案】

(1)材料中包含的评价类型有三方面：

①从实施评价所使用的工具来看，有纸笔测验和实作评价。纸笔测验是指书面形式的测试工具，该评测表中的考试这一栏所呈现的“考试”和“测验”都属于纸笔测验。实作评价是指使用多种工具或形式，评定学生在实际情景下应用知识的能力以及在情感态度与动作技能领域学习成就的一种评价方式。该评测表中实验一栏包括操作与报告，属于实作评价。

②从评价的目的角度看，有诊断性评价、形成性评价和终结性评价。该评测表中的期初摸底考试属于诊断性评价，是对评价对象的现实状况及存在的问题，产生的原因所进行的价值判断。各单元测验和期中考试属于形成性评价，是教学者在教学过程中，为了改进教学方法、提高教学质量而对学生进行的学习阶段及结果的评价。结业考试属于终结性评价，是在课程或一个学习周期结束时对学生学习结果的评价。

③从评价的主体来看，有自我评价和他人评价。该评测表中“我对自己生物课程的学习满意度”“我最满意的生物课程学习成果”“我需要改进的方面”都属于自我评价，而家长、小组、任课教师的评语都属于他人评价。

(2)该学业评价具有如下特点：

①该评价注重评价方式的多元化。材料中的学业评价，利用纸笔测验、实验等多种方式，利用多元主体对学生进行评价，兼顾了知识、能力、情感等多重目标，既可检验教学目标是否达成，也可以避免单方面评价的局限。

②该评价注重终结性评价和形成性评价相结合。材料中的学业评价，既有形成性评价，也有终结性评价，多样化的评价方式可以体现学生在学习过程中的发展和变化。

③该评价重视学生探究能力方面的评定。材料中学业评价的“实验”一栏，既有操作，也有报告，可见该教师不仅关注实验结果。还重视实验操作，关注到了学生探究能力的发展。

四、教学设计题

30.【参考答案】

教学目标：

①说明氨基酸的结构特点。

②理解氨基酸形成蛋白质的过程。

③概述蛋白质的结构和功能。

④通过自主对比观察几种氨基酸的结构，思考

讨论后得出氨基酸的结构通式，培养观察分析能力。

⑤认同蛋白质是生命活动的主要承担者，树立结构与功能相统一的辩证唯物主义观点。

教学活动:【导入】给出以下4种氨基酸:

$$H_2N-\underset{H}{\overset{H}{\underset{|}{\overset{|}{C}}}}-COOH \qquad H_2N-\underset{H}{\overset{CH_3}{\underset{|}{\overset{|}{C}}}}-COOH$$

甘氨酸　　丙氨酸

$$H_2N-\underset{H}{\overset{(CH_2)_2-COOH}{\underset{|}{\overset{|}{C}}}}-COOH \qquad H_2N-\underset{H}{\overset{(CH_2)_4-NH_2}{\underset{|}{\overset{|}{C}}}}-COOH$$

谷氨酸　　赖氨酸

【提问】比较一下这4种氨基酸，有什么相同点与不同点？氨基酸的结构有什么规律？(教师引导:其实其他的氨基酸也都符合这一规律，能否根据这一规律将约20种氨基酸用一个结构通式表示出来?)

【学生活动】邀请两位学生到黑板上书写通式，其他学生尝试在纸上书写。请学生评价黑板上两位同学写出的氨基酸的结构通式，并针对错误进行说明。

【师生共同总结】氨基酸是由C原子上连接一个羧基、一个氨基、一个氢原子和一个R基组成的，不同的氨基酸R基不同。

【过渡】现在我们知道了氨基酸的结构，但是由氨基酸作为基本单位又是如何形成蛋白质的呢？指出是"相互连接"。

【学生活动】请一位同学到前台来，和我做同样的一种姿势伸展双臂，两腿并拢，让学生通过今天课的内容进行联想，可以想到什么？问:我和这位同学连接起来时最简单的方式是什么？再问:那么氨基酸在相互连接时是否也有"左右手"，以及"握手"的地方呢？

【创设情境】观看蛋白质形成的动画。

【提问】(1)描述氨基酸分了间是如何"相互连接"的？

(2)有没有"左右手"和"握手的地方"？总结出"肽键"。

(3)虽然和手牵手有相似的地方，但有没有不同的地方？总结出这种"相互连接"称为"脱水缩合"。

(4)这是不是一种新的分子？指出"二肽"。

【总结】通过一系列的问题引导学生总结出"三肽"、"多肽"、"肽链"。并得出肽链数，脱去水分子数，肽键数，氨基酸数目之间的关系。

【作业】思考:构成蛋白质的氨基酸只有约20种，为何蛋白质的种类如此多？

教师资格考试预测试卷(五)

答案速查:

1	2	3	4	5	6	7	8	9	10	11	12	13
B	C	C	A	D	C	B	B	D	B	A	A	D
14	15	16	17	18	19	20	21	22	23	24	25	
D	A	D	C	A	A	B	B	C	A	B	C	

一、单项选择题

1. B 【**解析**】高等植物细胞发生质壁分离现象必须同时具备两个条件:①细胞是活的、成熟的植物细胞(有中央液泡)；②处在高于细胞液浓度的环境中。并不是所有的高等植物细胞都具大液泡，B项错误，故选B。

2. C 【**解析**】斐林试剂与可溶性还原性糖(葡萄糖、果糖和麦芽糖)在加热条件下相互作用，能形成砖红色沉淀，常用于鉴定可溶性还原性糖的存在。因此，斐林试剂能检测出尿液中是否有葡萄糖。双缩脲试剂与蛋白质反应呈紫色，可用于鉴定蛋白质的存在。如果尿液中含有蛋白质，则说明肾小球可能有炎症，血液中的蛋白质从肾小球滤出到原尿中，形成蛋白尿。故选C。

3. C 【**解析**】有氧呼吸的产物是二氧化碳和水，动物无氧呼吸的产物是乳酸，大多数植物无氧呼吸的产物是酒精和二氧化碳，C错误，故选C。

4. A 【**解析**】由题图判断，a为呼吸作用过程，b为光合作用过程。在绿色植物、动物和人的呼吸过程中都有[H]的生成，在绿色植物光合作用的光反应阶段也有[H]的生成，故A说法正确；光合作用过程在叶绿体中进行，有氧呼吸的第一阶段在细胞质基质中进行，第二、三阶段在线粒体中进行，无氧呼吸的全过程都在细胞质基质中进行，故B说法错误；细胞内ATP和ADP的含量很少，但它们之间的转化非常迅速且时刻不停地发生，故两者的含量均保持动态平衡，故C错误；ATP合成时的能量来自于光合作用和呼吸作用，ATP分解释放的能量用于生物体的各项生命活动，故在能量上，①和②之间是不可逆的，故D错误。

5. D 【解析】酶具有高效性是通过无机催化剂与有机催化剂相比较得出的，题目中能说明酶具有高效性的是2号和3号实验，A错误；1号和3号实验是分别用两种酶催化同一种底物，结果3号实验反应明显，有大量气泡产生，而1号实验反应不明显，故1号和3号对照能说明酶的专一性，B错误；3号和4号实验对照能说明高温会破坏酶的活性，使酶失去原有作用，C错误；3号和5号实验的自变量是pH，反应结果表明pH会影响酶的活性，D正确，故选D。

6. C 【解析】基因突变是分子水平上的变异，只涉及基因中一个或几个碱基对的改变，在光学显微镜下观察不到，原核生物和真核生物都可以发生；染色体结构变异是染色体的一个片段的变化，只有真核生物可以发生。基因突变和染色体结构变异都可能对生物的性状产生较大影响，C错误，故选C。

7. B 【解析】细菌的质粒中也发生DNA的复制，①错误；与细胞基本代谢相关的基因在不同的组织细胞中均能表达（如控制呼吸氧化酶合成的基因），②正确；核糖体是蛋白质合成的场所，而mRNA是蛋白质合成的模板，只要与核糖体结合的mRNA相同，合成的多肽就相同，③正确；DNA可转录出三种RNA，但只有mRNA可作为翻译模板，在核糖体中翻译出蛋白质，④错误；基因突变会导致mRNA上的密码子发生改变，但由于密码子的简并性，故可能不改变其决定的氨基酸，也就不改变相应蛋白质的结构，③正确，故选B。

8. B 【解析】核糖体主要由蛋白质和RNA组成，原核细胞中也有核糖体，A错误；真核细胞存在由蛋白质纤维组成的细胞骨架，与细胞运动、分裂、分化以及物质运输等生命活动有关，B正确；真核细胞内存在有氧呼吸和无氧呼吸，原核细胞内虽然没有线粒体，但有的原核细胞存在有氧呼吸酶，也可进行有氧呼吸，细胞呼吸的第一阶段相同(以葡萄糖为呼吸底物时)，C错误；有细胞结构的生物细胞都存在DNA和RNA，D错误。

9. D 【解析】小肠黏膜中的一些细胞可分泌促胰液素，A项正确；小肠上皮细胞可分泌消化液，也可从消化道中吸收营养物质，另外小肠上皮细胞还可与组织液进行营养物质的交换，B项正确；当小肠上皮细胞吸收溶质发生障碍时，细胞内渗透压降低，可导致小肠吸水减少，C项正确；蛋白质的分泌属于胞吐，不属于被动运输，D项错误。

10. B 【解析】①②胚芽鞘均无尖端，自身均不能产生生长素，且②的顶端放的是普通琼脂块，不含生长素，故①②既不生长也不弯曲。胚芽鞘的感光部位在尖端，③和④的尖端都被去掉，且顶端放置的琼脂块中都含有生长素，③顶端的琼脂块与整个胚芽鞘横切面接触，琼脂块中的生长素均匀传递到下部，故③直立生长；④中的琼脂块只与胚芽鞘的一侧接触，导致生长素在胚芽鞘的下部分布不均匀，故④向左弯曲生长。

11. A 【解析】马和驴杂交的后代骡子是不育的二倍体，而雄蜂可以通过假减数分裂过程，产生正常的配子，是可育的，A正确；花药离体培养获得的单倍体植物常常高度不育，没有果实和种子，单倍体育种中秋水仙素处理的对象是单倍体幼苗，B、C错误；三倍体植株减数分裂过程中，联会紊乱不能产生正常配子，因此三倍体不是一个物种，八倍体小黑麦是通过多倍体育种产生的异源多倍体，D错误。

12. A 【解析】培养基一般采用高压蒸汽灭菌；培养皿能耐高温，可采用干热灭菌；接种环应采用灼烧灭菌，以达到迅速彻底的灭菌效果；实验操作者的双手可用化学药剂进行消毒，如用酒精擦拭双手；空气应采用紫外线灭菌；牛奶为不破坏其营养成分可采用巴氏消毒法。

13. D 【解析】缩手反射是非条件反射，中枢是脊髓。语言、记忆、思维都是在大脑皮层的参与下进行的。意识丧失的人大脑皮层受损，因此排尿不能控制，但脊髓是正常的，仍能正常排尿，意识恢复后可控制排尿，说明高级中枢对低级中枢有控制作用，故选D。

14. D 【解析】单克隆抗体的制备过程中，首先要给实验动物注射抗原，以获取相应的B淋巴细胞，A错误。将B淋巴细胞和骨髓瘤细胞融合，再用特定的选择性培养基进行筛选，以获得杂交瘤细胞，B错误。最后需经专一抗体检验，筛选出特定杂交瘤细胞，才能获取能产生单一抗体的细胞群，C错误。单克隆抗体具有特异性强、灵敏度高的特点，D正确。

15. A 【解析】根据题目所给信息，血压调节过程属于神经调节；在该过程中，系统的结果(血压高)作用于调节系统使结果相反(血压降低)，属于负反馈调节。

16. D 【解析】初生演替中，草本阶段演替为灌木阶段，灌木阶段物种的丰富度大于草本阶段，A错误；与草本阶段相比，灌木阶段群落的空间结构更为复杂，B错误；与草本阶段相比，灌木阶段群落的自我调节能力强，C错误；与上一个阶段相比，草本阶段通过光合作用合成的有机物大幅度增加,导致异养型生物的种类和数量大幅度增加,在动植物的共同作用下,土壤中的有机物越来越丰富,通气性越来越好,从而为灌木阶段群落形成创造了适宜的环境条件,D正确。

17. C 【解析】细胞分化时细胞中的遗传物质未发生改变,其实质是基因的选择性表达,所以A项错误;发生癌变的细胞只是个别个体细胞中的极少一部分,所以B项错误;细胞凋亡是基因决定的细胞自动结束生命的过程,不是细胞癌变的结果,所以D项错误;细胞衰老时其功能会降低,细胞中有关酶的活性降低,导致细胞呼吸速率减慢,答案为C。

18. A 【解析】有感觉说明感受器和传入神经正常,受伤部位是腰部,不可能损伤右下肢运动的效应器,因此造成右侧下肢运动障碍的受损部位可能是传出神经或脊髓内的神经中枢。

19. A 【解析】群体中近亲个体携带相同基因的概率较高,故子代纯合体的比例较高,A正确;各种类型的突变均可为生物进化的原材料,B错误;生物通过基因突变产生新基因并稳定遗传后,与原种间未形成生殖隔离,没有形成新物种,C错误;小群体极易因遗传漂变而导致种群基因频率改变,D错误。

20. B 【解析】消毒指用比较温和的物理或化学方法清除或杀灭除芽孢外的所有病原微生物,使其数量减少达到无害化,A正确;愈伤组织细胞含有细胞壁,加入细胞融合诱导剂不会诱导细胞融合,因此不会得到染色体加倍的细胞,B错误;出芽是细胞再分化的结果,而分化的实质是基因的选择性表达,C正确;在植物组织培养中,当生长素用量比细胞分裂素用量高时,有利于根的分化,D正确。故选B。

21. B 【解析】21三体综合征是染色体变异导致的遗传病,染色体变异和基因突变均属于突变,突变和基因重组均为可遗传变异,B项正确,故选B。

22. C 【解析】对于细胞膜的结构一般采取模型演示的方法进行教学更合适,用模型演示属于直观教学。

23. A 【解析】讲述是指教师用口头语言向学生描述生命现象,叙述事物的发生、发展过程,以及生物的形态、结构、生理功能,实验方法和实验步骤等,讲述一般有利于学生形象思维的培养。故选A。

24. B 【解析】在生物教学过程中,教师处于主导地位,学生处于主体地位,故选B。

25. C 【解析】教科书编写应当融生物科学、技术和社会为一体,充分展现三者的互动,反映生物科学和技术的发展及其对社会发展和个人生活的影响,注意介绍我国生物科学和技术的成就和发展。题干中的教材内容符合此要求。故选C。

二、简答题

26.【答案】

(1)脱分化;再分化;KT

(2)细胞既分裂又分化;分化频率提高;愈伤组织

(3)外植体;消毒

(4)温度;光照时间;酒精灯火焰

【解析】(1)生长素和细胞分裂素是启动细胞分裂、脱分化和再分化的关键性激素,NAA属于生长素类,KT属于细胞分裂素类。

(2)先使用NAA,后使用KT,有利于细胞分裂,但细胞不分化;先使用KT,后使用NAA,细胞既分裂又分化;NAA和KT同时使用,分化频率提高;NAA和KT的用量比值适中时,有利于愈伤组织的形成。

(3)用于离体培养的植物器官或组织称为外植体,组织培养过程中应对外植体消毒。

(4)接种后的锥形瓶最好放在无菌箱中培养,培养期间应注意调节温度和光照时间,接种过程要注意在酒精灯火焰旁进行,以免杂菌污染。

27.【答案】

(1)细胞质基质;线粒体;呼吸作用吸收氧气,导致装置中气体总量减少

(2)光照强度

(3)升高;降低

(4)25 ℃是植物光合作用的最适温度,当升高温度时,光合作用强度减弱,因此氧气的净生成量减少

【解析】(1)组别1中,光照强度为0,此时叶肉细胞只进行呼吸作用,因此细胞产生ATP的场所是细胞质基质和线粒体。由于小室中CO_2缓冲液能够保持小室中的二氧化碳浓度相对稳定,呼吸作用消耗氧气,因此装置中气体总量减少,引起该组液滴左移。

(2)组别3的光照强度为4000 *lx*,组别4的光照强度为6000 *lx*,因此与组别4相比,限制组别3液滴移动的主要环境因素是光照强度。

(3)若光照强度由8000 *lx*突然降低到2000 *lx*,光反应产生的[H]和ATP减少,这将抑制三碳化合物的还原,而二氧化碳的固定仍在发生,因此此时叶绿体内C_3的相对含量将升高。

(4)25 ℃是植物光合作用的最适温度,当升高温度时,光合作用强度减弱,而呼吸作用可能增

强，因此氧气的净生成量减少。因此在6000 *lx*光照条件下，将实验装置的温度提升至30 ℃，由于氧气净生成量减少，导致液滴右移明显减慢。

三、材料分析题

28.【参考答案】

(1)婴儿和成人重量及体积的数据，有丝分裂各个时期细胞图片，动物细胞有丝分裂过程、细胞周期过程动画。

(2)演示与观察策略，师生互动策略，通过观察获得概念策略。

29.【参考答案】

(1)本节课以问题链的设置为主线。先播放有关艾滋病的宣传片，提出问题，引出课题。然后让学生带着问题阅读教材，边读边思考，最后构建体液免疫和细胞免疫的概念图。教师通过层层设疑，使学生积极地参与到教学活动中来，识别示意图、构建概念图，分析讨论、合作探究，发挥了学生的主体性，培养学生自主学习、合作学习的能力。依据学生构建的概念图设置问题链，学生能加深对所学知识的理解。根据第二次免疫的特点设定问题情境，分析注射疫苗的原因，培养了学生分析问题和解决问题的能力，落实了新课标强调的“提高生物科学素养，注重与实际生活联系”的基本理念。激发了学生的求知欲望，发挥了学生的主体意识，落实了课堂教学的有效性，提高了教学质量，达到了预期的教学目标。

(2)①精心设置问题。比如，在讲体液免疫时，列举了两个问题，以加强对学生读书方法的指导，使学生的阅读能力、理解能力、分析问题的能力得到提高；②适时提出问题。如果教师的提问能引起学生的注意，就能使学生在每个阶段都连贯地表现为等待、探索和行动。这样课堂活动就能顺利、高效地进行，直接提高课堂效率。比如，在学完第二次免疫的特点之后，联系实际提问：接种乙肝疫苗为什么能预防乙肝病毒的感染？接种流感疫苗的健康人也可能在短期内不止一次患流感，原因是什么呢？可以启发学生运用新知识解释生活中的实例，加深对新知识的理解。

总之，实施“问题链设置”教学的关键是要创设恰当的情境、准确设置有层次的问题以及教师精心的引导；通过不断创设问题情境，以疑引思，激起学生的创造性思维活动；再通过准确设置的问题内容激起学生探索的欲望，为知识的学习营造良好的氛围；最后，在教师精心的引导下，把学生成功地引向知识海洋的彼岸。

四、教学设计题

30.【参考设计】

“DNA分子的结构”教学目标：

①讨论DNA双螺旋结构模型的构建过程，用自己的语言说出DNA分子的结构特点，并学会利用碱基互补配对原则分析问题；

②通过观察DNA结构模型及尝试制作DNA双螺旋结构模型来提高观察能力、分析和理解能力，培养创造性思维的能力，通过探索求知、制作模型、讨论交流激发独立思考、主动获取新知识的能力；

③通过对DNA结构的学习，探索生物界丰富多彩的奥秘，从而激发学科学、用科学、爱科学的情感，认同与人合作在科学研究中的重要性，讨论技术进步在探索遗传物质奥秘中的重要作用。

教师资格考试预测试卷(六)

答案速查：

1	2	3	4	5	6	7	8	9	10	11	12	13
D	C	A	A	C	C	A	C	A	C	B	B	A
14	15	16	17	18	19	20	21	22	23	24	25	
C	C	C	A	C	D	D	D	C	B	D	D	

一、单项选择题

1. D 【解析】叶绿体是光合作用的场所，光合作用的产物是糖类(淀粉)等有机物；肝细胞能合成肝糖原；核糖体是合成蛋白质的场所；骨骼肌能合成肌糖原；高尔基体参与植物细胞壁的形成，植物细胞壁的主要成分之一是纤维素。故选D。

2. C 【解析】贮藏中的种子自由水含量较少，但并非不含水分，A项错误；水分从根系向地上部分运输的动力主要来自蒸腾拉力，但其要经过只有细胞壁构成的导管向上运输，B项错误；在高渗环境中，动物可通过其自身的水盐平衡调节维持内环境的稳态，C项正确；缺水时，动物体可通过负反馈调节使机体减少水分的散失,D项错误。

3. A 【解析】①、②、③说法均正确,都体现了细胞膜对物质进出细胞的控制;环境中的有害物质可以通过细胞膜进入细胞,④说法错误。故选A。

4. A 【解析】ATP的合成需要酶的催化,酶的合成一定需要ATP供能,A错误;ATP脱去两分子磷酸基团后的产物为腺嘌呤核糖核苷酸,可作为原料参与RNA酶的合成,B正确;在适宜的条件下,ATP和酶都能在细胞外发挥作用,C正确;细胞内ATP和ADP的迅速转化离不开酶的催化作用,D正确。故选A。

5. C 【解析】小分子物质合成为大分子物质时需消耗能量,如DNA复制是把单个脱氧核苷酸连接成脱氧核苷酸长链的过程,需要消耗能量,A正确。暗反应是把CO_2合成为有机物的过程,需要消耗能量,且由光反应产生的ATP提供,B正确。细胞呼吸的第一阶段发生在细胞质基质中并可产生ATP,D正确。协助扩散为被动运输,需要载体蛋白,不需要消耗ATP,C错误,故选C。

6. C 【解析】蓝藻和硝化细菌都是原核生物,无叶绿体、线粒体,A、B错误;大肠杆菌、酵母菌都具有细胞结构,细胞类生物的遗传物质都是DNA,C正确;发菜属于原核生物,没有细胞核,所含的DNA是裸露的,黑藻属于真核生物,其细胞核DNA和蛋白质形成染色体,DNA不是裸露的,D错误。

7. A 【解析】先天性愚型即21三体综合征,染色体数目异常遗传病,A正确;原发性高血压是多基因遗传病,B错误;猫叫综合征是由5号染色体片段缺失引起的,C错误;苯丙酮尿症是单基因遗传病,D错误。

8. C 【解析】人体的第一道防线是体表的屏障,包括身体表面的物理屏障和化学防御。即位于体表的皮肤、黏膜及其分泌物。①、②、④、⑤属于第一道防线,故选C。

9. A 【解析】人类基因组计划的实施对人类疾病的诊治和预防有重要意义,A正确;人类基因组计划是从DNA分子水平上研究自身遗传物质,B错误;人类基因组计划的目的是测定人类基因组(包括1~22号染色体与X、Y染色体)的全部DNA序列,而人类一个染色体组只有23条染色体,C错误;人类基因组计划的实施也可能产生种族歧视、侵犯个人隐私等负面影响,D错误。

10. C 【解析】培养基中的糖类既为青霉菌的生长提供了碳源,又为其代谢提供了能源物质,A正确;青霉菌可通过酶合成的调节来调节其代谢活动,其中分解葡萄糖的酶属于组成酶,分解乳糖的酶属于诱导酶,B正确;由题图可知,青霉菌数量开始减少时,培养基中仍有大量乳糖,因此其数量的减少并非是缺少糖类所致,C错误;青霉素是青霉菌的次级代谢产物,在稳定期会大量积累,D正确。

11. B 【解析】有丝分裂前期不发生同源染色体联会,B错误,故选B。

12. B 【解析】用①和②培育成⑤的过程中所采用的方法Ⅰ和Ⅱ分别称为杂交和自交,A错误。③培育出⑥常用的方法是用秋水仙素处理萌发的种子或幼苗,属于多倍体育种,C错误。图中由Ⅲ、Ⅴ过程培育出⑤所依据的原理是基因重组和染色体变异,D错误,故选B。

13. A 【解析】①过程为蛋白质的盐析,②过程为蛋白质的再溶解,这两个过程不会破坏蛋白质的空间结构及肽键;③过程中的高温可破坏蛋白质的空间结构,但不会生成水;④过程可破坏肽键,要消耗水。溶液甲和乙(含蛋白酶)中都含有蛋白质,故都能与双缩脲试剂发生紫色的颜色反应。综上所述,A正确,故选A。

14. C 【解析】①计数血球计数板常见的是25×16这种格式,计数时往往计四个角和中间这五个中方格。②"观察DNA和RNA在细胞中的分布"和"观察植物细胞有丝分裂"实验中都用到HCl和酒精。前一个实验中,HCl的功能是改变膜的通透性和使DNA和蛋白质分离,酒精的作用是固定细胞时在酒精灯里燃烧;后一个实验中,HCl和酒精的作用是使细胞分离。③"观察线粒体和叶绿体"和"观察植物细胞的质壁分离和复原"实验中都只需低倍显微镜即可。④"检测生物组织中还原糖、脂肪和蛋白质"的实验中只有还原性糖的检测需要加热。⑤用显微镜观察装片时,若用低倍镜观察可以调粗准焦螺旋,若用高倍镜观察只能调细准焦螺旋。因此,①②④⑤正确,故选C。

15. C 【解析】若黑色为隐性,多对黑色个体交配,每对的子代也均为黑色,A错误;若隐性基因的基因频率较高时,则新生的隐性个体可多于显性个体,B错误;若显隐性基因频率相等时(均为1/2),则隐性性状的比例应占1/4,所以若该种群栗色与黑色个体的数目相等,则说明显隐性基因频率不等,C正确;若选择的1对栗色个体之一为显性纯合子,则子代也全部表现为栗色,D错误。

16. C 【解析】蛋白质是植物体的重要组成成分,是生命活动的主要承担者,具有催化、调节、运输、免疫等功能。糖类是生物体的主要能源物质。

细胞膜的主要成分是蛋白质和磷脂，细胞中绝大多数酶的化学本质属于蛋白质，细胞膜上的载体是一种蛋白质。

17. A 【解析】本题考查群落演替的内容，A正确。

18. C 【解析】自养生物都属于生产者，但不一定都可以进行光合作用，如硝化细菌不可以进行光合作用，其进行的是化能合成作用；动物不一定都是消费者，如蚯蚓属于分解者；分解者都是腐生生物，都是生态系统不可缺少的成分，它们能将有机物分解成无机物，返回无机环境；非生物的物质和能量主要包括阳光、热能、水、空气、无机盐等，细菌是生物，不属于非生物的物质和能量。

19. D 【解析】多肽链在核糖体合成后，需要在内质网加工，要通过蛋白酶处理，切掉部分肽段，然后进入高尔基体加工，最后在高尔基体内包装成成熟的蛋白质，D正确，故选D。

20. D 【解析】对有氧呼吸和无氧呼吸反应式的理解是切入点。动物细胞或乳酸菌，无氧呼吸的产物为乳酸，此时细胞既不吸收O_2也不释放CO_2，故D项错。

21. D 【解析】生物学学科核心素养包括：生命观念、科学思维、科学探究与社会责任；“了解传染病的危害与防控知识，养成环境保护意识与行为”属于社会责任水平要求。故选D。

22. C 【解析】教学设计环节包括分析教学内容、学习者，分析教学重点、难点，选择恰当的教学策略，设计教学过程及教学评价的方法。不包括观摩有经验教师的课堂教学。

23. B 【解析】变化技能大致上可分为三类：教态的变化、教学媒体的变化和师生相互作用的变化。

24. D 【解析】直观教学的优势表现在：直观教学有助于学生对生物学知识的理解；直观教学有助于提高学生的学习效率；直观教学有助于引发学生探索的欲望；直观教学有助于培养学生的多种能力。

25. D 【解析】开发性研究涉及教具、学具制作，课程资源的选择与利用等。

二、简答题

26.【答案】

(1)体内血糖含量下降

(2)胰高血糖素；葡萄糖

(3)C组：胰高血糖素促进非糖物质转化为糖类、促进肝糖原的分解；D组：注射葡萄糖，使体内血糖含量升高。

【解析】(1)胰岛素是降血糖激素。

(2)为了缓解上述症状，C组注射的激素是胰高血糖素，可以使血糖含量升高；D组注射的营养物质应是葡萄糖。

(3)胰高血糖素促进非糖物质转化为糖类、促进肝糖原的分解；注射葡萄糖，使体内血糖含量升高。

27.【答案】

实验Ⅰ：(1)探究不同pH对酶活性的影响

(2)pH；过氧化氢酶的活性(或过氧化氢含量、产生气泡的数目)

(3)①30 ℃下过氧化氢酶的活性比较高；②排除温度变化(无关变量)对实验结果的影响

实验Ⅱ：(1)Ⅱ；曲线A显示过氧化氢含量较多，说明加入的马铃薯提取液较少

(2)同一种酶的最适pH是一定的，不会因浓度的不同而改变

实验Ⅲ：如下图。

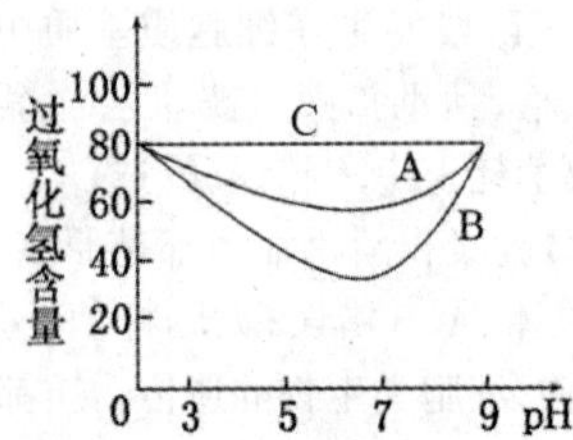

【解析】实验Ⅰ：(1)根据四支试管的pH不同，判断该实验的目的是探究不同pH对酶活性的影响。

(2)实验控制的自变量是pH，因变量是过氧化氢酶的活性，是通过产生气泡的数目来检测的。

(3)温度为无关变量，实验控制在30 ℃下进行是为了排除无关变量对实验的影响，且该温度下酶活性较高。

实验Ⅱ：(1)马铃薯提取液的量减半，即过氧化氢酶的量减半，过氧化氢分解减少，过氧化氢的含量较多。

(2)酶的最适pH是不变的。

实验Ⅲ：对提取液进行高温处理后，提取液中的过氧化氢酶会失活，因此不会分解过氧化氢，所以过氧化氢含量不变，其变化曲线应是一条直线。

三、材料分析题

28.【参考答案】

(1)材料1：应用故事导入法。这个故事和红绿色盲检查图片的使用，都是为了激发学生的学习兴趣，活跃课堂气氛，使学生注意力迅速集中到红绿色盲这一事件中，为后面的学习营造一个良好的探究氛围。红绿色盲检查图片的使用不是为了确定谁是色盲，所以不必道破，要注意保护学生的自尊心和隐私权。

(2)材料2:注重与现实生活的联系,利用生物学原理解决生活生产中的实际问题,是课标中的基本要求和基本理念。可以培养学生的社会责任感,提高实践意识和分析问题、解决问题的能力。可以使学生获得成就感,增强其学习动力。

29.【参考答案】

(1)探究学习的教学策略。探究教学的特征可以归纳为:①学生对自然事物与现象主动地去研究,经过探究自然的过程获得科学上的知识。②为了研究自然而培养所需要的探究能力。③有效地形成自然基础科学概念。④培养探究未知自然的积极态度。⑤通过探究活动学到的知识是科学概念而不是文字知识。

(2)这节课最大的特点是真正地将探究性教学引入课堂中,使探究性学习方式在课堂中淋漓尽致地发挥出来。

本节课在教学内容的处理上匠心独具,将一节可能是千篇一律的教学过程经过合理的处理和资源重新配置,变成了一堂探究知识、技能和运用知识解决问题的新课。这样处理,可为下一节学生讨论学习"物质进出细胞的方式"提供更加广阔的空间,可谓一举两得。在课堂教学中教师采用了问题式教学,学生在预习的过程中产生所要研究、讨论、探究、交流的问题,并将问题带到课堂中去探究,最后通过教师的点评归纳,使学习问题最终解决,学生的自主学习、合作学习在课堂中得到充分的体现。学生在这样的教学气氛下,不仅构建了知识,而且得到了学习知识的方法,提高了学习能力。这样的课堂是对传统课程的继承和突破,体现了真正意义上的课程改革方向。

四、教学设计题

30.【参考设计】

(1)①教学目标

a. 举例说明物质跨膜运输的类型及特点;说出被动运输与主动运输的异同点;阐述主动运输对细胞的意义。

b. 逐渐形成运用类比和对比的方法进行学习的能力;逐渐形成运用表格的方式进行总结归纳知识的能力。

c. 树立结构与功能相适应的生物学观点。

②教学重点

小分子物质和离子跨膜运输的方式:自由扩散、协助扩散、主动运输。

大分子物质跨膜运输的方式:胞吞和胞吐。

③教学难点

几种跨膜运输方式的概念及区别。

(答案合理即可)

(2)教学过程

【导入】

作为生命的基本组成单位,细胞无时无刻不在进行着一系列的生化反应,那么反应的原料如何运进细胞,代谢废物又如何运出细胞呢?让我们带着这些问题进入今天的学习。

【讲授新课】

熟悉教材:

要求:学生快速阅读教材,并标明有疑问的知识点。

出示学习目标:

①通过熟悉教材说出物质跨膜运输的方式的种类。

②通过课堂探究能准确说出自由扩散、协助扩散和主动运输的特点。

③能够在教师的引导下举出每种运输方式所对应运输对象的实例。

④能够说出细胞对大分子物质的转运方式及特点。

【学生活动一】

小组合作对比归纳并记忆物质跨膜运输方式的特点以及实例。

①物质跨膜运输的方式有哪几种?

②两种被动运输的方式有什么异同?

③主动运输与被动运输的区别是什么?

【学生展示】

(1)小分子物质或离子的跨膜运输

①被动运输

a. 自由扩散

往清水中滴一滴蓝墨水,清水很快变为蓝色,这就是扩散。物质顺浓度梯度通过简单的扩散作用进出细胞的方式,叫做自由扩散。自由扩散不需要载体蛋白,也不需要消耗ATP,只能顺浓度梯度运输,如O_2、甘油、乙醇等。

b. 协助扩散

葡萄糖能通过细胞膜,是因为镶嵌在膜上的一些特有的蛋白质,能协助葡萄糖等物质顺浓度跨膜运输。进出细胞的物质借助载体蛋白扩散的方式,叫做协助扩散。协助扩散不需要消耗ATP。

自由扩散和协助扩散统称为被动运输。

②主动运输

从低浓度一侧运输到高浓度一侧,需要载体蛋白的协助,同时还需要消耗细胞内化学反应所释放的能量,这种方式叫做主动运输。如Na^+的吸收。

(2)大分子物质的跨膜运输方式

①胞吞

当细胞摄取大分子时,首先是大分子附着在细胞膜表面,这部分细胞膜内陷形成小囊泡进入细胞内部,这种现象叫胞吞。

②胞吐

细胞需要外排的大分子,先在细胞内形成囊泡,囊泡移动到细胞膜处,与细胞膜融合,将大分子排出细胞,这种现象叫胞吐。

【学生活动二】

运用表格归纳总结小分子物质跨膜运输的三种方式。

运输方式	被动运输		主动运输
	自由扩散	协助扩散	
运输方向			
是否需要载体			
是否消耗能量			
举例说明			

【课后作业】(略)

【教学反思】(略)

(答案合理即可)

教师资格考试预测试卷(七)

答案速查:

1	2	3	4	5	6	7	8	9	10	11	12	13
A	C	B	D	D	C	C	C	D	D	B	A	B
14	15	16	17	18	19	20	21	22	23	24	25	
A	D	D	A	D	C	C	C	B	D	C	D	

一、单项选择题

1. A 【解析】某些RNA病毒的主要成分是RNA和蛋白质,部分病毒外面有囊膜,因此可能含有磷脂,A正确;细胞质中运输氨基酸的载体是tRNA,是一种核酸而不是蛋白质,B错误;蛋白质的单体是氨基酸,核酸的单体是核苷酸(包括脱氧核苷酸、核糖核苷酸),多糖的单体是葡萄糖,C错误;Mg属于大量元素,D错误。

2. C 【解析】血浆中含有许多对酸碱度起缓冲作用的物质。血液中的二氧化碳会刺激控制呼吸活动的神经中枢,促进呼吸运动增强,增加通气量,从而将二氧化碳排出体外,使血浆pH变化不大;过多的碳酸氢盐可以由肾脏排出,使血浆酸碱度不会发生很大的变化。

3. B 【解析】大分子有机物是通过胞吞的方式进入细胞的,该过程不需要载体蛋白的协助,但是需要消耗能量,A错误;细胞膜的选择透过性与细胞膜上蛋白质和磷脂分子有关,B正确;腌制果脯时由于细胞外液浓度过高,细胞失水而死亡,然后糖分大量进入细胞才导致慢慢变甜,不是主动吸收糖分的结果,C错误;被动运输都是顺浓度梯度进行的,但协助扩散需要载体,D错误。故选B。

4. D 【解析】本题是验证性实验,应遵循对照原则、单一变量原则、等量原则。比较甲试管和乙试管,自变量是酶不同,验证酶具有专一性。甲试管和丙试管只有温度不同,说明酶的活性受温度的影响。甲试管中唾液淀粉酶能把淀粉水解为还原糖。乙试管、丙试管不能产生还原糖,用斐林试剂检验,结果无砖红色沉淀。

5. D 【解析】有丝分裂前的间期和减数分裂前的间期都进行1次染色质DNA的复制,A正确;动物细胞有中心体,在G2期已形成了1对中心体,在有丝分裂前期中心体发出星射线形成纺锤体,B正确;减数第二次分裂中期的细胞中,染色体数为体细胞的一半,DNA分子数与体细胞相等,C正确;G_2期染色质DNA复制已结束,若其中有1个DNA分子发生了片段缺失,则该细胞有丝分裂形成的2个子细胞中只有1个子细胞含该异常DNA,D错误。

6. C 【解析】叶绿体中的色素是有机物,可溶于无水乙醇中,A正确;Mg是构成叶绿素的成分,可由植物的根从土壤中吸收,B正确;一般情况下,光合作用所利用的光都是可见光,叶绿体中的色素主要吸收红光、蓝紫光用于光合作用,C错误;叶绿素的合成需要光照,黑暗中生长的植物幼苗叶片呈黄色是由于叶绿素合成受阻引起的,D正确。

7. C 【解析】动、植物激素的化学成分都是有机物,例如胰岛素(蛋白质类激素)、性激素(脂质类激素)、乙烯(简单有机物)等,A正确;植物激素与动物激素都具有调节生命活动的作用,且具有微量、高效的特点,B正确;植物激素是由植物体内一定部位产生的,不是特定的器官(或细胞)产生的,例如幼嫩的芽、叶,发育中的种子均可产生生长素,C错误;动、植物的一生都需要多种激素相互作用、共同调节,D正确。故选C。

8. C 【解析】①、②组:R+S型菌的蛋白质/荚膜多糖,只长出R型菌,说明蛋白质/荚膜多糖不是转化因子。③组:R+S型菌的DNA,结果既有R型菌又有S型菌,说明DNA可以使R型菌转化为S型菌。④组:用DNA酶将DNA水解,结果只长出R型菌,说明DNA的水解产物不能使R型菌转化为S型菌,说明了只有DNA才能使R型菌发生转化。故C正确。

9. D 【解析】由题图解可知,紫色素是否合成与酶A、酶B有关,而酶A、B分别由基因A、B控制,故A对。基因型为aaBb的植物不能合成酶A,也就不能合成中间物质,所以不能产生紫色素,故B对。AaBb × aabb的子代基因型分别为AaBb、aaBb、Aabb、aabb四种,只有AaBb基因型的个体才能合成紫色素,故C对。Aabb的植株自交后代均表现为白色,不发生性状分离,故D错。

10. D 【解析】本题考查单基因隐性遗传病的相关知识。由于4号是患者,而1号和2号正常,所以该遗传病为隐性遗传病。但4号和6号都是男性患者,无法直接判断是常染色体隐性遗传病还是伴X染色体隐性遗传病。相关的遗传基因用A、a表示,若是常染色体隐性遗传病,则3号为AA或Aa,是杂合子的概率为2/3,若是伴X染色体隐性遗传病,则3号为X^AX^A或X^AX^a,是杂合子的概率为1/2,故选D。

11. B 【解析】题图中,曲线Ⅰ表示"J"型增长,其种群增长率保持不变,一直处于高速增长,A正确;曲线Ⅱc点以前表示"S"型增长曲线,但是后来种群密度下降了,所以曲线Ⅱ不是真正的"S"型曲线,B错误;在曲线Ⅱ的bc段,种群数量不变,所以种群的年龄组成为稳定型,C正确;在曲线Ⅱ的cd段,种群数量不断下降,所以种群的年龄组成为衰退型,D正确。

12. A 【解析】种群中的一个个体一般不会含有这个物种的全部基因,A错误;亚洲人和澳洲人属于同一个物种,二者不存在生殖隔离,B正确;在自然选择或人工选择的作用下,具有有利变异或人工选择的变异的个体留下后代的机会多,种群中相应基因频率也会不断提高,C正确;一般来说,越古老的地层中形成化石的生物结构越简单、越低等;越年轻的地层中形成化石的生物结构越复杂、越高等,D正确。

13. B 【解析】将目的基因导入植物细胞一般用农杆菌转化法。外源基因导入受体细胞并不代表基因工程的成功,还要检测它是否能正常表达并体现相应性状。利用PCR技术获取大量目的基因时,不需要RNA聚合酶,需要DNA聚合酶参与。

14. A 【解析】生理学家把正常机体通过调节作用,使各个器官、系统协调活动,共同维持内环境的相对稳定状态叫做稳态。随着海水浓度的改变,血液的浓度变化越小,说明调节内环境的能力越强,反之就越弱。乙种海蟹随着海水浓度的升高,血液浓度呈直线上升,调节内环境相对稳定能力最弱,甲在海水浓度低时还能维持血液浓度,但稍微高一点就不能调节血液浓度稳定了。丙在海水浓度低于正常海水浓度(已知海水的浓度约为0.5 mol/L)时,基本能够维持平衡,说明丙维持内环境相对稳定能力最强。

15. D 【解析】②过程是肝糖原分解形成葡萄糖,只发生在肝细胞中,A错误;①过程发生后,血糖含量上升,胰岛素分泌增加,胰高血糖素分泌减少,B错误;胰岛素具有降低血糖含量的功能,通过抑制②和③过程,促进④⑤⑥⑦过程来实现,C错误;胰岛B细胞分泌的激素是胰岛素,能够促进⑤过程,进而降低血糖,D正确。

16. D 【解析】鳞翅目幼虫摄入含419 J能量的食物至少需要第一营养级同化的能量为(419−209.5)/20%=1047.5 J,A正确。食物中用于幼虫自身生长的能量占(62.85/419)×100%=15%,B正确。能量流动是不可能循环的,因为能量有一部分以呼吸产热的形式散失了,C正确。图表中只有植物和鳞翅目幼虫,无法比较获得的能量多少,D错误。故选D。

17. A 【解析】器官移植产生排异反应是由于效应T细胞把异体器官当做"异己"成分发起攻击,A错误;种植在膜片上的细胞样本最好选择来自本人的干细胞,避免排异反应,B正确;细胞膜上的糖蛋白具有识别、免疫的功能,膜片将细胞顺利"释放"到伤口使烧伤患者自身皮肤愈合,与其有关,C正确;皮肤属于人的第一道防线,起到非特异性免疫的作用,D正确。

18. D 【解析】本题考查的是生态系统中环境的定义。环境既包括空气、水、土地等非生物因素,也包括动物、植物等生物因素,同种生物的生活环境不一定相同。

19. C 【解析】猫叫综合征是5号染色体片段缺失导致的遗传病。

20. C 【解析】细胞分化是指在个体发育中,由一个或一种细胞增殖产生的后代在形态、结构和生理功能上发生稳定性差异的过程。A、B项描述的过程中均出现了新的组织细胞,如新的尾巴中会有肌肉和皮肤组织的分化,新的枝条中会出现表皮、木质部和韧皮部等的分化;D项胚胎发育过程中出现了造血干细胞,因此该过程也发生了细胞分化。C项中蝌蚪尾巴消失是细胞凋亡的结果,而不是细胞分化。

21. C 【解析】理解型的提问包括一般理解、深入理解和对比理解,都是要求学生用自己的话来进行回答。分析型提问要求学生识别条件和原因,或者找出原因与结果之间、条件之间的联系。综合型提问需要学生利用掌握的知识进行综合推理想象,得出结论或看法。评价型提问是指教师为培养学生判断力所做的提问。鼓励学生对认知结构中各类模式的分析、对照和比较进行判断,解释判断的理由。

22. B 【解析】根据《普通高中生物学课程标准》(2017年版)必修课程分为两个模块,每个模块2个学分,共计4个学分。

23. D 【解析】表现性评价指对学生日常的表现进行的评价,它不仅仅得出学生学习成绩的结论,而且还指出学生的其他特点,是对学生进行全面评价的一种手段。

24. C 【解析】本题考查的是合作学习的基本含义。

25. D 【解析】单凭观察难以得出结论,可采用实验法对其进行探究,故选D。

二、简答题

26.【答案】

(1)3;2

(2)抑制性;兴奋性

(3)高尔基体;糖蛋白

(4)2;1

【解析】(1)由题图可知,图中有3个神经元,2个突触。

(2)B受刺激,C会兴奋,所以B释放的神经递质是兴奋性神经递质;A、B同时受刺激,C不会兴奋,所以A释放的是抑制性神经递质。

(3)神经递质属于细胞分泌物,合成分泌与高尔基体有关;受体的本质是糖蛋白,具有识别作用。

(4)兴奋在神经纤维上进行双向传导,在神经元间进行单向传递,而兴奋在神经纤维上传导速度快于在突触中传导的速度,所以刺激b点,兴奋先传导到a点,再传导到d点,电流计发生2次偏转。由于兴奋在突触间的传递是单向的,刺激c点时,兴奋可以传导到d点,不能传导到b点,因此电流表的指针只能偏转一次。

27.【答案】

(1)核糖体;内质网;高尔基体;含有

(2)B;浆;记忆细胞;特异性

【解析】(1)分泌蛋白从合成到分泌经过的细胞器依次是核糖体(合成)、内质网(加工和运输)、高尔基体(再加工);人的体细胞中(除了成熟的红细胞)含有人体的全部基因,只不过基因是选择性表达的,因此人体的胰岛细胞中同样含有蛋白A基因,只是不表达。

(2)抗体是B细胞在抗原的刺激下,增殖分化出的浆细胞产生的;在首次免疫过程中,B细胞除增殖分化为浆细胞外,还产生记忆细胞,因此当二次免疫时,记忆细胞可快速增殖分化为浆细胞,产生大量的抗体,该免疫过程属于特异性免疫。

三、材料分析题

28.【参考答案】

(1)林老师在课堂上展示了细胞结构模型、挂图以及视频资料,其目的是想用直观教具加深学生对知识的理解,但在实施过程中存在一些问题:

首先,直观教具选用不恰当,直观是手段不是目的,模型和挂图选其一即可,而模型太小不足以让全班同学看到,则应该选用挂图。

其次,教具的呈现时间不当。在没有明确教学目标、没有给学生布置任何观察任务时就开始呈现教具,导致学生漫无目的围观,无心听讲。

再次,直观教具和言语缺乏配合,没有加深学生的理解,整堂课都在翻PPT,没有适时地讲解,不利于学生的学习。

最后,在课程设计及PPT制作方面也有问题,PPT内容太多,下课时都没讲完,PPT上的字体与背景颜色没有明显差异性,学生看不清PPT上的内容,使学习效果大打折扣。

(2)在教学中,提高知识直观的效果要从以下几方面做起:

①根据教学任务、内容以及学生的年龄特点恰当地选择直观手段,而不是各种直观手段不加选择地全部用上。

②直观只是手段,一般在学生对教学内容比较生疏或理解遇到困难的时候才需要教师运用直观;如材料中的林老师应该在学生难以理解的地方呈现相关教具而不是把整堂课上成教具展示课。

③直观手段的运用必须与教师讲解密切配合,在直观基础上帮助学生提高认识。结合在课堂上反映的问题及时运用语言直观,生动形象的帮助学生掌握知识。

29.【参考答案】

(1)首先,教学语言要体现出对学生尊重的态度,要饱含丰富的感情,以情激情。其次,教学语言要体现新旧知识的联系,要尽可能把抽象的概念具体化,使深奥的道理形象化。这样的语言,能激发学生丰富的想象和联想,或者联想到其直接经验，或者联想到其间接经验，从而激发学生的思考能力。最后，教学语言要能引起学生合乎逻辑地思考问题，这就要求教师的语言必须具备极强的逻辑性。教师要善于运用分析、综合、抽象和概括等思维形式来组织自己的教学语言，从而使学生的理性思维得到训练。

(2)①清晰与连贯：问题的表述要清晰，意义要连贯，事先必须精心设计。②停顿与语速：在进行提问时，除了掌握好适当的时机外，还应有必要的停顿，使学生做好接受问题和回答问题的思想准备。提问的语速，是由提问的类型所决定的。③指派与分配：请学生回答问题时，要特别注意照顾到坐在教室后面和两边的学生，这些区域常常被教师忽视。同时，也不要让坐在这些位置的同学感到“安全”而不参加思考和讨论。④提示：提示是由为帮助学生而给出的一系列暗示所组成的，当回答不完全或有错误时，为了使回答完整，需要一些提示。

四、教学设计题

30.【参考设计】

“分泌蛋白的合成途径”概念图：

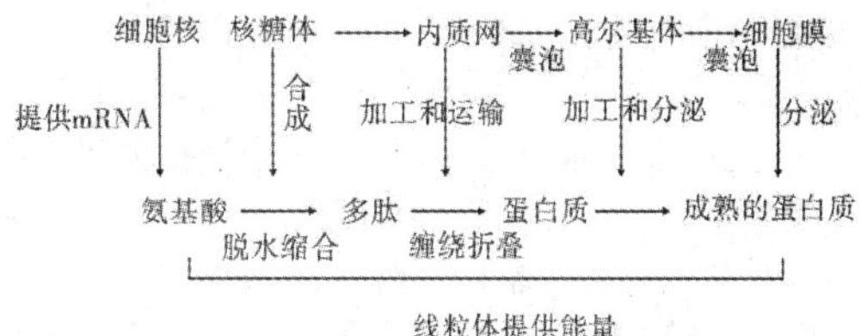

教师资格考试预测试卷(八)

答案速查：

1	2	3	4	5	6	7	8	9	10	11	12	13
C	C	B	C	C	C	B	B	D	C	D	D	D
14	15	16	17	18	19	20	21	22	23	24	25	
C	C	D	A	C	A	B	A	A	A	C	C	

一、单项选择题

1. C 【解析】与能量转换有关的细胞器有①线粒体、②叶绿体，A错误；具有双层膜结构的细胞器只有①线粒体、②叶绿体，B错误；不含膜结构的细胞器只有④核糖体、⑥中心体，C正确；含有核酸的细胞器除了叶绿体和线粒体外还有核糖体，D错误，故选C。

2. C 【解析】染色体的主要组成成分是DNA和蛋白质，A正确；有些蛋白质是酶，具有催化作用，B正确；少量的盐能够促进蛋白质的溶解，但如果向蛋白质溶液中加入浓的盐溶液，可使蛋白质的溶解度降低而从溶液中析出，这种现象叫做盐析，依据的原理是蛋白质在不同浓度盐溶液中的溶解度不同，没有改变蛋白质的空间结构，C错误；蛋白质分子中含有肽键，可以与双缩脲试剂产生紫色反应，D正确，故选C。

3. B 【解析】位于靶细胞膜上的识别并结合激素的蛋白质是受体。细胞膜上的载体负责转运物质。

4. C 【解析】图Ⅰ显示，线粒体(呼吸作用的主要场所)产生的二氧化碳不能满足叶绿体(光合作用的场所)的需要，叶绿体(光合作用的场所)还要从外界吸收二氧化碳，说明光合速率大于细胞呼吸速率，A错误。图Ⅱ中提高底物浓度后，生成物的最大值也将增大，而图示没增大，B错误。图Ⅲ中Y曲线为S型增长曲线，不能超过K值的原因是受食物、空间、气候、天敌等因素的限制，C正确。图Ⅳ中a点之后，与x轴交点之前，糖原的合成速率为正值，不断合成糖原。肝脏中肝糖原含量最多应该在与x轴交点之处，D错误。

5. C 【解析】神经调节的基本方式是反射，故A正确；当神经纤维的某一部位受到刺激产生兴奋时，该部位迅速发生电位变化，由外正内负变为外负内正，故B正确；兴奋在神经纤维上以局部电流的形式传导，而在神经元之间，兴奋传递时会发生电信号与化学信号的相互转化，故C错误；兴奋在神经纤维上的传导是双向的，当传出神经元轴突上的某一点受到刺激时，兴奋会同时向两个方向传导，故D正确。

6. C 【解析】植物幼嫩的叶片中，色氨酸可在相关酶的催化作用下转变为生长素，A正确；生长素在植物体内的运输除了极性运输、横向运输外，还有通过韧皮部进行的非极性运输，B正确；同一植物不同的器官对生长素的敏感程度不同，成熟度不同的细胞对生长素的敏感程度也不同，幼嫩细胞较敏感，成熟细胞相对不敏感，C错误；当生长素浓度增高到一定值时，就会促进切段中乙烯的合成，D正确。

7. B 【解析】突然停止供应CO_2，二氧化碳固定阶段消耗C_5和生成C_3停止，但C_3的还原短时间内仍在进行，所以C_5/C_3的比值将增大，A正确；光合作用形成的ATP只用于其暗反应，B错误；水果贮存时充入N_2和CO_2，降低了空气中氧气的浓度，抑制了有氧呼吸，可以减少有机物的消耗，延长水果的仓储时间，C正确；氧气的生成是在类囊体薄膜上进行的，还需要相关的酶，D正确。

8. B 【解析】当X > Q时，光合速率下降的主要原因是光照强度过强，所以遮光可减弱光照强度增加光合作用强度，A正确。图中Q点以后净光合作用强度不断下降的主要原因是强光照使蒸腾作用过强，散失水分过多，导致部分气孔关闭，CO_2吸收量减少，C_5消耗减少，因此，P点时叶肉细胞内C_5化合物的含量比Q点高，B错误。在光照强度为N到Q的范围内，净光合作用强度不变，即单位时间单位面积内积累的有机物不变，但总有机物积累量在增加，所以在Q点所取的叶片显色较深，C正确。当X=P时，光合作用和呼吸作用同时进行着，故产生ATP的场所应为叶绿体、线粒体和细胞质基质，D正确。

9. D 【解析】A中因为豌豆是自花传粉、闭花授粉，为实现亲本杂交，应在开花前去雄；B中研究花的构造必须研究雌、雄蕊的发育程度；C中不能根据表现型判断亲本的纯合，因为显性杂合子和显性纯合子表现型一样；D是正确的。

10. C 【解析】分析图示过程Ⅰ表示转录，过程Ⅱ表示翻译。在转录过程中DNA的双链首先要在解旋酶的作用下打开，然后以DNA的一条链为模板，以核糖核苷酸为原料，在RNA聚合酶作用下合成mRNA，A正确。图中既有DNA，又有RNA，所以有5种碱基8种核苷酸（组成DNA和RNA的分别为4种），B正确。对真核细胞来说，过程Ⅰ在细胞核内进行，过程Ⅱ在细胞质内进行。而转录和翻译的过程在原核细胞内也能进行，所以C错误。a处的碱基配对为DNA分子两条链上的碱基配对，即A—T、C—G，而b处的碱基配对为A—T、A—U、C—G，所以D正确。

11. D 【解析】由题图可知，甲为氨基酸，乙为多肽，丙为核苷酸。氨基酸为多肽或蛋白质的基本单位，但多肽的结构并不只取决于氨基酸的R基，氨基酸在多肽中的排列顺序不同时形成的多肽也不同，A错误；一条肽链中的肽键数等于氨基酸数目减一，故氨基酸数目为3，肽键数目为2，B错误；核酸包括DNA和RNA，DNA主要存在于细胞核中，RNA主要存在于细胞质中，DNA和RNA对蛋白质的生物合成具有重要作用，而丙为核苷酸，不是DNA，也不是RNA，故C错；若甲中的R为$C_3H_5O_2$，两分子甲形成的二肽脱去一分子水，故形成的二肽中含有16个H，D正确。

12. D 【解析】细胞的全能性的基础是细胞包含该生物的全套遗传物质，A正确；细胞的全能性是指已经分化的细胞，仍然具有发育成完整个体的潜能，B正确；细胞的全能性随着细胞分化程度增高而降低，C正确；种子本身就有已经分化的胚，形成幼苗属于正常生长发育过程，并没有体现细胞的全能性，D错误。

13. D 【解析】若长翅为显性，分三种情况进行讨论：①基因位于常染色体上，则让长翅雌蝇（Aa）与残翅雄蝇（aa）杂交，后代中长翅雌蝇：长翅雄蝇：残翅雌蝇：残翅雄蝇=1:1:1:1；②若基因位于X染色体上，则让长翅雌蝇（X^AX^a）与残翅雄蝇（X^aY）杂交，后代中长翅雌蝇（X^AX^a）：长翅雄蝇（X^AY）：残翅雌蝇（X^aX^a）：残翅雄蝇（X^aY）=1:1:1:1；③如果A基因所在的X染色体片段缺失，且含有缺失染色体的雄性致死，则让长翅雌蝇（X^AX^a）与残翅雄蝇（X^aY）杂交，若后代中长翅雌蝇：残翅雌蝇：残翅雄蝇=1:1:1。综上分析，A、B项错误；让红眼雌果蝇与白眼雄果蝇杂交，若F_1雌雄均为红眼，说明红眼雌果蝇为显性纯合子，相关基因位于常染色体上或X染色体上，C项错误；在已确定红眼、白眼基因仅位于X染色体上的情况下，让纯种红眼雄果蝇（X^WY）与纯种白眼雌果蝇（X^wX^w）杂交，理论上后代雌果蝇都是红眼（X^WX^w），若其后代中出现了一只白眼雌果蝇，则该只白眼雌果蝇可能是基因突变导致的，也可能是W基因所在的X染色体片段缺失（W基因也随之丢失）造成的，染色体变异在光学显微镜下可观察到，但基因突变观察不到，所以可用显微镜进行观察分析其形成的原因，D项正确。

14. C 【解析】本题以实验装置中新鲜土豆片与H_2O_2接触后产生的现象为情景，考查影响酶促反应的因素，根据图示装置可推出该实验研究的是酶的高效性、酶量对酶促反应速率的影响，温度为无关变量，A正确。增大酶的浓度，可以加快反应速率，B正确。气体量取决于过氧化氢的量，与酶的活性和浓度无关，C错误。酶具有高效性，D正确。

15. C 【解析】这个细胞所处的时期为减数第二次分裂后期，可能是次级精母细胞或是第一极体。所以1与2，3与4为姐妹染色单体，体细胞中与3、4对应的同源染色体上的基因也可能是b；如果1是X染色体，那么2也应该是X染色体。体细胞中染色体最多为8条。

16. D 【解析】从题图中可以数出，该食物网中共有6条食物链，故A正确；初级消费者直接以生产者为食，因此昆虫、野兔和鹿都为初级消费者，故B正确；狼和云豹在食物链中都处于第三营养级，故C正确；食物网中生产者的数量变化对食物网的影响最大，故D错。

17. A 【解析】酵母菌可以同时进行有氧呼吸和无氧呼吸，在进行有氧呼吸时吸进氧气的体积与放出二氧化碳的体积之比为1∶1，一个葡萄糖分子消耗6个氧气分子，放出6个二氧化碳；在无氧呼吸时一个葡萄糖分子可以放出2个二氧化碳，又因吸进氧气的体积与放出二氧化碳的体积之比为1∶2，只有当酵母菌进行无氧呼吸的数目是有氧呼吸的3倍时，才能符合，所以选A。

18. C 【解析】由题中"基因型为AA:Aa=1:1的种群中，a使雄配子致死"可知，该种群中AA=1/2，Aa=1/2，雌配子中A=AA+1/2Aa=3/4，a=1/4，雄配子中只有A，即A=1，雌雄配子结合，则子代中AA=3/4，Aa=1/4，子代中A的基因频率为AA+1/2Aa=3/4+1/2×1/4=7/8，C正确。

19. A 【解析】本题考查的是基因突变的诱发因素。射线和药物处理种子可以改变遗传物质，这样性状才能改变。

20. B 【解析】制作腐乳的豆腐含水量以70%为宜。含水量过高，腐乳不易成形；含水量过低，不适于毛霉生长。

21. A 【解析】《普通高中生物学课程标准》(2017年版)中课程结构部分课程设计依据中对高中生物学课程的宗旨的描述是发展学生生物学学科核心素养。

22. A 【解析】本题考查对直观导入方法的辨别，题干中为直观导入。

23. A 【解析】本题考查的是演示技能的含义，A正确。

24. C 【解析】得出调查结论是需要调查活动结束后充分分析调查情况和数据后才能完成的环节。

25. C 【解析】本题考查演示技能的类型。题干中描述的是演示技能中展示法的内容。

二、简答题

26.【答案】

(1)c;a

(2)降低

(3)恢复力稳定性

(4)600;标志重捕法

(5)样方法

【解析】(1)根据营养关系a→c→d可知，c为d的食物，若d大量死亡，则c数量增加，短期内c种群密度会增加；同理，a种群密度会减少。

(2)若持续干旱使生产者a大量死亡，则c和d种群数量会因缺少食物而减少，种群密度将会降低。

(3)生态系统受到外界的轻微干扰后恢复到原来状态的能力，叫做恢复力稳定性。

(4)设该种群数量为N，据题意列出比例关系：N∶80=60∶8，可计算出N=600只。这种调查种群密度的方法叫标志重捕法。

(5)植物种群密度的估算方法最常用样方法。

27.【答案】

(1)下降；气孔开度下降；卡尔文

(2)高温破坏类囊体膜结构(或高温使酶的活性下降)

(3)高温和强光共同作用下抑制作用更强；适当遮光

【解析】(1)根据图甲，在两种光照强度下，随着温度的升高，叶片光合速率均下降；从甲、乙两图分析，原因可能是随着温度升高，气孔开度下降，使叶片吸收的二氧化碳减少，进而使卡尔文循环受到抑制。

(2)根据图丙分析，三种组合处理下胞间二氧化碳浓度均上升，但光合速率下降的原因可能是温度上升影响了光合作用的进行，如高温破坏类囊体膜结构(或高温使酶的活性下降)。

(3)根据甲图强光或高温都会抑制光合作用且高温和强光共同作用下抑制作用更强，因而在炎热夏季的葡萄生产中，要采取适当遮光措施以保证光合作用的正常进行。

三、材料分析题

28.【参考答案】

(1)结束技能的类型包括：归纳法、比较法、悬念启下法、练习法、游戏法、提问法、回应法、点题法、激疑答疑法等，该教师采用的是比较法。

(2)目的和应用要点如下：

结束技能的目的：

①重申所学知识的重要性或应注意之点。

②概括本单元或本节的知识结构，强调重要事实、概念。

③检查或自我检测学习效果，经常通过练习、实验操作、回答问题、进行小结等，使学生所学内容和学生原有的认知结构联系起来。

④布置思考题和练习题，对所学知识及时复习、巩固和运用。

结束技能的应用要点：

①在讲授新知识接近尾声时，要及时小结和复习巩固，尤其讲授那些逻辑性很强的知识的时候更应该及时小结，复习巩固。

②课堂小结要结合教学目的和内容、重点和知识结构，针对学生的知识掌握情况以及课堂教学情境等，采用恰当方式，把所学新知识，及时归纳到学生已有的认知结构中。小结要精要，

要有利于学生回忆、检索和运用。

③授课结束时，应概括本单元或本节知识的结构，深化重要事实、概念和规律。

④要安排适当的学生实践活动，如练习、实验等。

⑤课的结束，包括封闭型和开放型。封闭型的结束，结论明确。开放型的结束，鼓励学生继续探索，运用发散思维，培养学生丰富的想象力。

⑥布置作业，应要求明确、数量恰当，使每位学生都能记录下来。

⑦结束的时间安排要紧凑、合理。

29.【参考答案】

(1)验证性实验。

(2)①有利于帮助学生了解生物学史，形成正确的思维方式，确立辩证唯物主义自然观。

②有利于提高学生的学习兴趣，调动学生的学习积极性。

③有利于帮助学生直接获取、深入理解、巩固掌握生物学知识。

④有利于训练学生的实验操作技能，提高观察能力、思维能力、分析问题和解决问题的能力。

⑤有利于培养学生严谨的科学态度，实事求是的工作作风，认真细致的学习习惯及团队精神。

(3)完整的实验教学活动一般分实验准备，预备实验，实验组织，实验讲解，实验操作，实验结果分析与实验小结，结束清理，杜绝实验室的安全隐患等环节。

四、教学设计题

30.【参考设计】

(1)教学重难点

教学重点：

①绿叶中色素的种类和作用。

②光合作用的发现和研究历史。

③光合作用的光反应和暗反应过程及相互关系。

④影响光合作用强度的环境因素。

教学难点：

①光反应和暗反应的过程。

②探究影响光合作用强度的环境因素。

(2)教学活动环节：如何突破重难点——光反应和暗反应。

①光反应阶段

多媒体演示：类囊体上光反应的动态变化过程。让学生观察，并阅读教材。教师引导思考：

a. 光反应的部位在何处？

b. 光反应的条件是什么？

c. 色素吸收的光能有哪两个方面的用途？

d. 光反应中物质变化和能量变化是怎样的？

e. 光反应中产生的[H]和ATP到哪里去了？

f. 总反应式中光合作用吸收CO_2和放出O_2是在光反应这一阶段吗？

教师在引导、启发学生一一思考回答问题的基础上，带入光合作用光反应的学习中。

②暗反应阶段

多媒体展示：暗反应的动态过程。

学生观看，并对照课本讨论相关知识。教师随后提问有关暗反应的相关知识：

a. 暗反应的场所在何处？

b. 暗反应的条件是什么？

c. 暗反应是否一定不能有光？

d. 反应物CO_2发生了哪些变化？

e. 暗反应中物质变化和能量变化是怎样的？试用反应式写出物质变化。

学生讨论回答。

提示部分要点：

物质变化：a. CO_2和C_5反应即$CO_2+C_5\rightarrow 2C_3$

b. C_3化合物和还原氢、ATP反应即$2C_3+[H]+ATP\rightarrow (CH_2O)+C_5$

能量转化：ATP和还原氢中的活跃化学能→有机物中稳定化学能。

进一步追问：那么光反应与暗反应是两个完全独立的过程么？它们之间有联系吗？提示：光反应是暗反应的基础，为暗反应提供[H]和ATP。光反应停止，暗反应也随即终止。同时，如果暗反应受阻，光反应也会因产物积累而不能正常进行。

引导学生列表比较光反应和暗反应的区别和联系(两人协作进行)。

图书在版编目(CIP)数据

生物学科知识与教学能力. 高级中学 / 山香教师资格考试命题研究中心主编. -- 北京 : 首都师范大学出版社, 2020.6(2021.8重印)

国家教师资格考试历年真题解析及预测试卷

ISBN 978-7-5656-5501-2

Ⅰ. ①生… Ⅱ. ①山… Ⅲ. ①生物课-教学法-高中-中学教师-资格考试-题解 Ⅳ. ①G633.912-44

中国版本图书馆CIP数据核字(2020)第009140号

国家教师资格考试历年真题解析及预测试卷

SHENGWU XUEKE ZHISHI YU JIAOXUE NENGLI GAOJI ZHONGXUE

生物学科知识与教学能力·高级中学

山香教师资格考试命题研究中心　主编

策划编辑　张文强

责任编辑　曹亮亮　　　　封面设计　山香教育

首都师范大学出版社出版发行

地　　址　北京市西三环北路105号

邮　　编　100048

咨询电话　010-68418523(总编室)　　010-68982468(发行部)

网　　址　http://cnupn.cnu.edu.cn

印　　刷　河南黎阳印务有限公司

经　　销　全国新华书店

版　　次　2020年6月第1版

印　　次　2021年8月第3次印刷

开　　本　787mm×1092mm　1/16

印　　张　14.5

字　　数　340千

定　　价　35.00元

前　言

中小学教师资格考试是由国家建立考试标准，省级教育行政部门组织的全国统一考试。通过实施中小学教师资格考试，考查申请人是否具备教师职业道德、基本素养、教育教学能力和教师专业发展潜质。严把教师入口关，择优选拔乐教、适教人员取得教师资格。

中小学教师资格考试包括笔试和面试两部分。笔试各科目采取纸笔考试，笔试各科成绩合格者，方可参加面试。教师资格笔试单科成绩有效期为2年，教师资格考试合格证明有效期为3年，中小学教师资格实行5年一周期的定期注册。目前，除西藏外，我国其余省份全部实行教师资格全国统一考试，不管是师范类专业的考生还是非师范类专业的考生，要想成为一名教师，就必须参加教师资格考试。

山香教育在调研历年教师资格考试真题的基础上，结合最新考试标准和考试大纲，策划出版了本套试卷，致力于帮助广大考生实现教师之梦。

本套试卷具有以下特点：

1. 紧依大纲，浓缩考点。本套试卷按照最新考试大纲编写。试卷知识点全面，题型设置和整体难度也较为准确、全面地反映了大纲的要求，是考生进行备考不可多得的辅导资料。

2. 真题先行，预测居后。本套试卷真题与预测互为补充：真题居前，有助于考生把握国家教师资格考试的题型、难度和命题趋势；预测在后，依真题进行命制，帮助考生有针对性地进行强化训练。

3. 试题海量，答案详尽。试题丰富，且所有试题都附有详细的答案和解析，有助于考生理解知识点，科学备考。

本套试卷难免存在一些不足之处，衷心希望各位读者朋友批评指正，同时希望这套试卷能为考生顺利通过教师资格考试提供帮助。

编　者

断。这类选择题常见的解题方法有:

直接法:依据概念、定律及定律的推论等直接判断得出结论的方法。

筛选法:通过分析“问句”的含义,对所给选项逐一考虑,做出否定淘汰,最后剩下最佳选项的方法。

列举法:通过分析“问句”的含义,先找出符合条件的所有内容并列举出来,再结合选项的内容或题设中的隐含条件做出判断的方法。也可采用列举反例淘汰法。

3. 组合比较选择题

组合比较选择题,是指在题干下面有多个叙述选项的内容,而每个供选答案中一般包含有2个或2个以上选项内容的选择题。此类选择题涉及的内容较广,考查的知识点较多,要对每一个叙述内容做出准确无误的判断,往往会有些困难,但是,如果考生能掌握组合比较选择题的解题技巧,就能达到既正确又快捷简便的目的。

组合比较选择题的解题技巧:从各个叙述选项中找出最有把握的叙述选项予以肯定或否定,然后,再与供选答案作比较,挑选出正确的答案。当然,涉及不同类型的组合比较选择题时,还要针对具体问题进行具体分析。

二、简答题

(一)题型介绍

简答题主要考查学科专业知识,考查覆盖面广。在历年真题中,简答题总题量稳定在2道,分值30分,占试卷总分值的20%。相对于选择题而言,简答题更侧重于考查对某一知识面的掌握,需要考生对考题进行分析、综合、迁移以及简明扼要地组织语言,不仅考查考生对基础知识的掌握是否牢固,还考查考生灵活运用知识、举一反三的能力,是更高层次的能力考查。

(二)解题方法

在解答简答题时,考生要认真读题、仔细思考,首先分析题图或题表的含义是什么,题干是想考查哪方面的知识,然后依据对图表的分析结果回答问题。要记住,无论考题怎样变化,要考的知识是“万变不离其宗”,所以解答时多联系教材、把知识点理解透彻,这一部分题并不难解答。

三、材料分析题

(一)题型介绍

材料分析题,顾名思义就是给出一段材料,提出与科学知识和教学知识有关的问题,并要求回答。

在历年真题中，题量为2道，每道题20分，共40分，约占试卷总分值的26.7%。材料分析题考查的内容十分广泛，主要有教学技能、教学策略、教学目标、教材分析、教学方法、课程资源的利用等与教学知识和教学设计相关的内容。

（二）解题方法

材料分析题这一题型归根到底是考查考生的教育教学能力。理论性强，是材料分析题最突出的特点。理论要有深度，是材料分析题主要的质量要求。理论联系实际，是材料分析题最显著的特色。具体来说，解答材料分析题可以采取以下步骤：

1. 首看题目，迅速搜索与之相关的理论知识（所以理论的识记很有必要，大家一定不要怕难，尤其教材上标记重点的知识，一定要记，否则就是书到用时方恨少），把题目中主要涉及的知识点（尤其是含有材料的案例分析）、核心概念进行解释，这一点类似于名词解释，这一点有时非常必要和重要，而又是不少考生容易忽视的地方，所以复习的时候对于重要的名词含义要记住里面的关键词，即使你记不得原话，也可以答到点子上。

2. 对号入座，具体分析，理论+例子。论点要分开写（如1、2、3等）。一般，每个论点的开头第一句话写理论上关于问题的解释或者思想，然后简单阐述，后面加入简明例子，可以是题中原话，可以是自己概括总结，也可以是自己积累的实际事例。

3. 总结，能简明地回顾这个题目。

四、教学设计题

（一）题型介绍

教学设计题是必考题，每年的分值变化不大，题量基本上是一个大题内含2小题（偶尔为3小题），共30分，约占试卷总分值的20%。一般是让考生阅读一段材料或给出一个主题，然后设计一个教学流程或某个教学片段的教学目标、重难点等。这就要求考生把自己定位成一个老师，站在老师的角度去解决教学的实际问题或开展实际教学工作。

（二）解题方法

教学设计题是对考生教学能力的一个全面考查，考查考生运用相关知识进行教学设计的综合能力。也就是对考生知识和能力两方面的考查。一份好的设计，必须符合教学实际，符合学生的认知规律，做到前后衔接、逻辑严密；做到突出重点、突破难点；做到层次分明、过渡自然。解答教学设计题，其实还是有一定技巧的：

1. 抓住题干，提取有用信息

题干给出的材料其实设定了整个教学设计的框架。

5. 下图为发生在哺乳动物消化道内的某项化学反应的示意图。图中的Y最可能表示的是(　　)

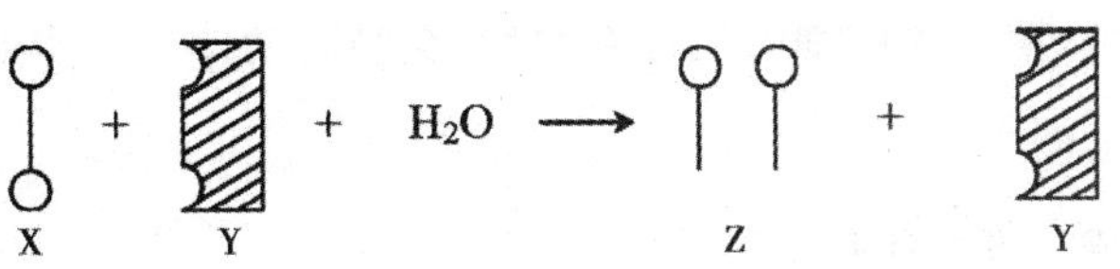

A. RNA　　B. 淀粉　　C. 脂肪酶　　D. 麦芽糖酶

6. 拟南芥、果蝇、秀丽隐杆线虫、马蛔虫等是常用的实验生物。下列说法不正确的是(　　)

A. 拟南芥是自花传粉植物，易获得突变株

B. 果蝇有三对足、两对翅，发育过程是完全变态发育

C. 拟南芥、果蝇等因为基因组小，因此经常作为遗传学的模式实验生物

D. 秀丽隐杆线虫和马蛔虫是线形动物，由结构相似的体节构成

7. 下列关于植物激素的说法，不正确的是(　　)

A. 乙烯可用于水果保鲜　　B. 细胞分裂素能促进细胞分裂

C. 赤霉素能解除种子的休眠　　D. 生长素能保花保果，也能疏花疏果

8. 下列关于生物的遗传的叙述，正确的是(　　)(常考)

A. 棕猴(Bb)个体随机交配，子代中出现一些白猴是基因重组的结果

B. 对雌雄异株的植物进行异花授粉，需要进行两次套袋，一次是去雄后，一次是授粉结束后

C. 纯合甜玉米与纯合非甜玉米间行种植，由亲代植株结的籽粒判断性状的显隐性

D. 高茎豌豆与矮茎豌豆杂交，子代中既有高茎又有矮茎，是基因自由组合的结果

9. 下列关于光合作用的叙述，正确的是(　　)

A. NADPH是在叶绿体基质中形成的　　B. ATP的合成是在类囊体薄膜上

C. 所有的光合色素都能转化光能　　D. 如果温度为0℃，则光合作用停止

10. 下列有关生物现象的表述，不正确的一项是(　　)

A. 玉米有缺粒，是因为传粉不足

B. 有些黄瓜只开花不结果，是因为只有雄花没有雌花

C. 蕨类比苔藓要高大，是因为生活在陆地上

D. 白萝卜的地上部分和地下部分颜色不同，是由光照引起的

11. 进行有性生殖的生物进化速度快，原因是(　　)

A. 繁殖速度快　　B. 产生的后代数量多

C. 后代具有更加稳定的遗传性　　D. 后代具有更大的适应性和变异性

12. 下列关于种群和群落的说法，正确的是(　　)

A. 某群落中生物的数量多就是生物种类多

B. 种群数量只取决于出生率和死亡率

C. 年龄组成也能影响这个种群的数量

D. 某片林区发生火灾以后长出植物，这属于初生演替

13. 2016年，获得诺贝尔奖的日本生物学家——大隅良典，他研究出来的细胞自噬原理是指细胞内的一些膜，会把细胞质吞噬掉。这些细胞质被吞噬后，会被溶酶体进一步处理。下列关于细胞自噬的说法，正确的是(　　)

A. 自噬体和溶酶体的功能是一样的

B. 通过细胞自噬能够加快废旧细胞器的处理速度

C. 膜吞噬细胞质有特异性

D. 细胞自噬机制发生问题以后，细胞内能量转化的效率会提高

14. 下图为洋葱鳞片叶细胞实验中在显微镜下观察得到，下列说法正确的是(　　)(易错)

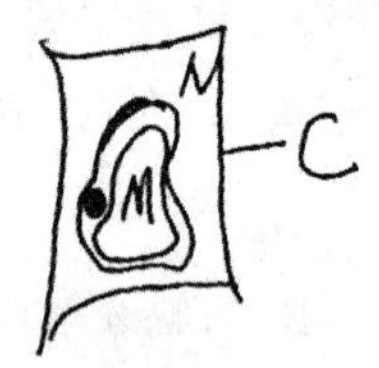

A. N区域的空间大小和C的选择透过性有关

B. M的颜色加深和这个原生质层的半透性有关

C. C指的是细胞壁，M指的是细胞质，N指的是细胞液

D. 用根尖的分生区，也能代替这个来做这个实验

15. 下列关于神经递质——乙酰胆碱的合成与释放的叙述，不正确的是(　　)

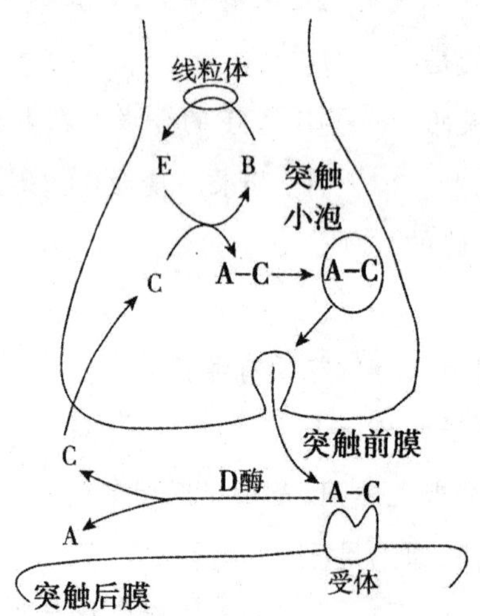

A. 能够循环使用的是C

B. 如果D酶由于某种原因失效，那么下个神经元依然可以正常兴奋

C. 除了乙酰胆碱外，去甲肾上腺素和一氧化碳也能作为神经递质

D. 当兴奋传到神经末梢时，突触小泡里面的乙酰胆碱经胞吐释放，作用于突触后膜

16. 关于动物细胞工程的叙述，正确的是(　　)

A. 培育试管动物所用的技术是核移植技术

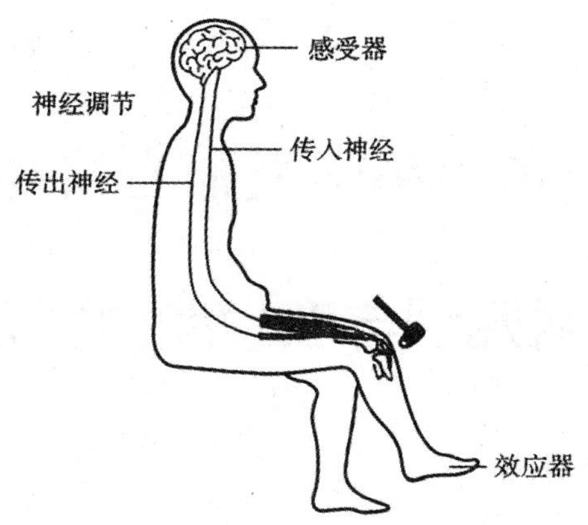

问题:

(1)根据材料中图片所示的学生绘制的反射弧示意图,分析学生存在的错误概念。(8分)

(2)结合本材料,分析概念转变的一般策略。(12分)

四、教学设计题(本大题1小题,30分)

24. 某版本高中生物学教材中,"生长素的发现过程"的部分内容如下。

生长素的发现过程

19世纪末,达尔文(C. Darwin,1809—1882)注意到了植物的向光性,并设计了实验来探究其中的原因。

实验发现,在受到单侧光照射时,金丝雀虉(音yì,一种禾本科植物)草的胚芽鞘会向光弯曲生长;如果去掉胚芽鞘的尖端,或者用锡箔罩子把尖端罩上,则不发生弯曲;如果罩上尖端下面的一段,那么胚芽鞘还会弯向光源生长。

达尔文根据实验提出:胚芽鞘尖端受单侧光刺激后,就向下面的伸长区传递某种"影响"(influence),造成伸长区背光面比向光面生长快,因而使得胚芽鞘出现向光性弯曲。

要求:

(1)根据上述材料设计并绘制达尔文的实验示意图。(10分)

(2)设计使用上述示意图的教学过程。(20分)

机密★启封前　　　　　　　　　　　　　　　　　　姓名________　准考证号________

2019年下半年中小学教师资格考试真题试卷

《生物学科知识与教学能力》(高级中学)

注意事项：

1. 考试时间为120分钟，满分为150分。

2. 请按规定在答题卡上填涂、作答。在试卷上作答无效，不予评分。

一、单项选择题(本大题共25小题，每小题2分，共50分)

在每小题列出的四个备选项中只有一个是符合题目要求的，请用2B铅笔把答题卡上对应题目的答案字母按要求涂黑。错选、多选或未选均无分。

1. 下列有关生命活动的叙述，错误的是(　　)

A. 鱼流线型的身体有利于在水中生活

B. 间作套种一定可以提高农作物的产量

C. 抗生素的滥用催生了耐药菌的出现

D. DNA的双螺旋结构使DNA的半保留复制成为可能

2. 下列关于乳酸菌和醋酸杆菌的叙述，正确的是(　　)(易混)

A. 前者厌氧，后者好氧　　　　B. 两者最适生长温度完全相同

C. 前者有细胞壁，后者没有细胞壁　　　　D. 前者属于原核生物，后者属于真核生物

3. 细菌视紫红质的功能与叶绿素相似，能够吸收光能，并在光的驱动下起到质子泵的作用。质子泵可以引发质子浓度差，从而为ATP的合成提供能量。研究者用含有ADP和磷酸等物质的人工小泡开展研究。下列判断正确的是(　　)

A. 添加ATP合成酶的人工小泡在暗处可以生成ATP

B. 添加ATP合成酶的人工小泡在光下可以生成ATP

C. 添加细菌视紫红质和ATP合成酶的人工小泡在暗处可以生成ATP

D. 添加细菌视紫红质和ATP合成酶的人工小泡在光下可以生成ATP

4. 下列关于人体细胞生物膜系统的叙述，不正确的是(　　)

A. 成熟红细胞的膜系统简单

B. 无氧呼吸主要在线粒体内膜上进行

C. 胚胎细胞有丝分裂过程中核膜的变化具有周期性

D. 核膜、内质网膜、高尔基体膜等的基本骨架都是磷脂双分子层

D. 该实验的无关变量有芹菜幼苗的初始生长状况、培养幼苗的各种条件等

14. 下列关于全球陆地植物的叙述，正确的是(　　)

A. 热带雨林的植物种类的季节性变化明显

B. 草原植物的生长发育受雨水的影响比较小

C. 苔原植被的种类以小乔木、苔藓和地衣为主

D. 荒漠植物的适应性特征有利于其保持体内的水分平衡

15. 下列实验材料或试剂的改变，对实验结果影响最小的是(　　)(易错)

A. 用蒸馏水代替层析液进行叶绿体色素的分离

B. 观察DNA的分布时用斐林试剂代替甲基绿染色

C. 用0.14 mol/L NaCl代替2 mol/L NaCl溶解DNA

D. 用大蒜根尖代替洋葱根尖观察植物细胞有丝分裂

16. 某水库现有浮游植物76种、沉水植物11种、浮游动物52种、底栖动物9种、鱼类33种。根据上述材料分析，下列叙述正确的是(　　)

A. 该水库拥有的多种生物构成了生态系统多样性

B. 该水库物种丰富度指水库中所有生物个体的总和

C. 不同动植物分布于不同水层体现了群落的垂直结构

D. 调查该水库中浮游动物的种群密度可用标志重捕法

17. 鸡的性别决定类型为ZW型，有人做了如下杂交实验，下列叙述不正确的是(　　)

P	F_1	
	♀	♂
光腿片羽♀×光腿片羽♂	光腿片羽3/16、光腿丝羽3/16 毛腿片羽1/16、毛腿丝羽1/16	光腿片羽3/8 毛腿片羽1/8

A. 光腿对毛腿为显性、片羽对丝羽为显性

B. 光腿和毛腿、片羽和丝羽的遗传都遵循分离定律

C. 光腿和毛腿、片羽和丝羽两对性状的遗传遵循自由组合定律

D. 控制光腿和毛腿、片羽和丝羽的基因分别在两对不同的常染色体上

18. 现有高产不抗病和低产抗病的玉米，若要利用它们培育出高产抗病的玉米品种，在农业生产中最常采用的方法是(　　)(易混)

A. 诱变育种　　B. 杂交育种　　C. 基因工程　　D. 细胞融合

19. 栖息地破坏是很多野生动物种群数量减少的重要原因之一。当某野生动物种群数量减少变成小种群时，下列关于该种群的叙述，正确的是(　　)

A. 等位基因频率不会在世代间发生显著变化

B. 近亲繁殖将导致有害基因纯合的概率增加

C. 种内斗争会加剧并会导致种群的出生率下降

D. 基因多样性降低会导致适应环境的变异增加

20. 研究者分别测定了5种沟酸浆属植物的花蜜产量、花蜜中蔗糖的相对浓度、每朵花产生种子的数目、每朵花蜂鸟采蜜的次数及每克茎枝上的生根数,实验数据见下表。据表分析,下列推测正确的是(　　)

物种	花蜜产量(μL)	花蜜中蔗糖的相对浓度	每朵花产生种子的数目	每朵花蜂鸟采蜜的次数	每克茎枝上的生根数
R	4.93	16.6	2.2	0.22	0.673
E	4.94	19.8	25	0.74	0.488
N	20.25	17.1	102.5	1.08	0.139
V	38.96	16.9	155.1	1.26	0.091
C	50.00	19.9	283.7	1.75	0.069

A. 茎枝上的分根数与花蜜的产量呈正相关

B. 如果蜂鸟数量下降,对C繁殖的影响比R的更大

C. R、E主要进行有性生殖,N、V、C主要进行无性生殖

D. 花蜜中蔗糖的相对浓度是影响蜂鸟是否采蜜的重要因素

21. 下列关于中学生物学课程标准的叙述,正确的是(　　)(易错)

A. 课程标准是在教学大纲的基础上发展而来的,因此其要求比大纲更高

B. 教师应严格按照课程标准的规定实施教学,不必考虑更高的教学要求

C. 课程标准的要求包括认知、情感和能力三个领域,侧重于知识方面的要求

D. 课程标准主要描述了学生的学习成果,且对学习成果的描述都是可见的行为

22. 下图示意了学生生物科学素养的发展过程,学生开始中学生物学课程学习的起点和完成课程学习的终点分别对应的点是(　　)

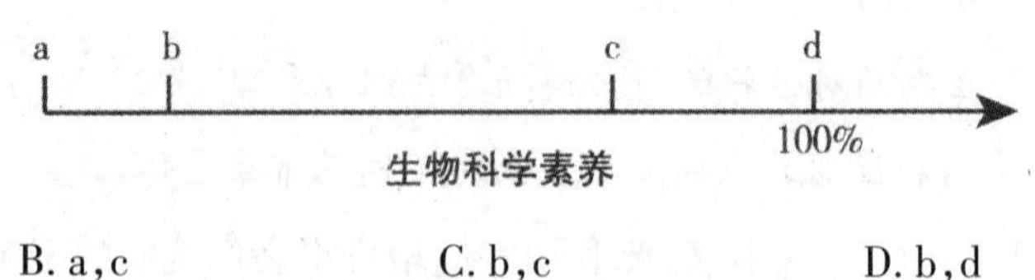

A. a,b　　B. a,c　　C. b,c　　D. b,d

23. 在学习"染色体组"概念时,有学生认为染色体组的数目和染色体形态种类的数目相等。经过教师的教学,学生意识到原来的认识是错误的。在此基础上,教师进一步引导学生建立起正确的概念。该教师这种教学突出体现的概念转变的基础是(　　)

A. 新概念的有效性　　B. 新概念的合理性

C. 新概念的可理解性　　D. 对原有概念的不满

于学生的能力要求较高,同时实验过程较长,想要在一节课内达到预期的效果有较大的难度。所以,该教师决定带领学生在课前进行实验,并制成录像,利用多媒体在课堂上播放;学生通过小组讨论思考相关问题,提高实验设计和分析能力。在具体的教学过程中,该教师拟通过复习旧知识导入新课,播放探究视频并展示课前实验所得到的实验数据,让学生绘制柳树茎切段在不同浓度生长素下的生根数量曲线图,总结图中不同生长素浓度对茎生根的影响。通过同样的实验方法,画出不同浓度生长素对茎、芽生长的影响的曲线图。结合三幅图,总结生长素对不同器官的作用与其浓度的关系,同一器官生长素的作用与浓度的关系,得出生长素作用的"两重性",并解释身边的现象。

最后设置如下的思考问题以检测学生的掌握情况:

(1)选取的插条有何要求?为什么?

(2)实验的自变量、因变量、无关变量各是什么?如何控制?

(3)曲线呈现下降趋势是否代表抑制?如何判断是促进还是抑制?

问题:

(1)根据材料分析该教师的教学设计包含哪几个方面。(12分)

(2)分析该教学设计的优点。(8分)

29. 材料:

在教学过程中通过情境教学创设特定的场景,这能够帮助学生理解所学知识。在"体液调节"一节中,某教师采取的情境教学的教学片段如下。

(一)导入

课前2分钟教师从困扰学生的真实烦恼"青春痘"入手,介绍"青春痘"的引发原因和预防、治疗的方法,从而引出激素调节的课题。

(二)主要激素的生理功能

1. 胰岛素

呈现资料:

早在1886年,为了研究胰脏的消化作用,科学家将狗的胰脏切除,结果狗的尿量大增。同时发现,切除胰脏后,狗排出的尿招引了许多蚂蚁。

分析狗尿,发现切除胰脏的狗尿中含糖很多。另外两位科学家将狗胰液管结扎待胰脏萎缩,只剩胰岛保持正常时将萎缩的胰脏取出,用等渗盐水制成滤液,将滤液注射给另一只切除胰脏而患病的狗,结果切除胰脏的狗血糖下降,不再出现尿量增多的现象。患糖尿病的人,可以用注射胰岛素的方法治疗。

分析问题:

胰岛素在哪里产生?研究胰岛素的生理作用的方法是什么?胰岛素的生理作用是什么?

得出结论……

2. 甲状腺激素

呈现资料：

手术摘除成年狗的甲状腺，狗行动迟缓、精神萎靡、身体发育停滞。若给此狗移植甲状腺，则上述症状消失。用含甲状腺激素抑制剂的饲料喂蝌蚪，蝌蚪在长时间内都不发育成青蛙而变成大蝌蚪。用含甲状腺激素的饲料喂蝌蚪，蝌蚪在短时间内迅速发育成小型青蛙。

分析问题：

甲状腺激素产生于哪个部位？研究甲状腺激素生理作用的方法是什么？甲状腺激素的生理作用是什么？

得出结论……

3. 生长激素

呈现资料：

多媒体投影两幅照片：一幅是身高1.23 m乐观迎高考的高中生的照片；另一幅是因患“脑垂体瘤”而导致“巨人症”的、身高2 m的巨人的照片。提出问题：他们的生长速度为何与常人不一样？引发“侏儒症”“巨人症”的原因是什么？切除垂体后，幼年狗生长立刻停滞，如果每天注射生长激素，狗又开始逐渐生长。

分析问题：

产生生长激素的内分泌腺是什么？研究生长激素的生理作用的方法是什么？

得出结论……

最后，总结对比主要激素的分泌器官及主要生理功能。

（三）课外探究

课后组织学生选做“用动物激素来饲喂小动物”课题研究，并通过研究理解甲状腺激素对蝌蚪发育的影响。

问题：

（1）具体分析材料中教师创设的情境类型。（10分）

（2）结合材料分析情境创设的一般要求。（10分）

四、教学设计题（本大题共1小题，共30分）

30. 材料一：

某版本教科书中关于“促胰液素的发现”的内容如下：

促胰液素的发现

1. 囿于定论的沃泰默

胰腺能分泌胰液，胰液通过导管注入小肠，其中的酶用来消化食物。胰液的分泌是如何调节

Bel−2的表达率。下列表述不正确的是(　　)

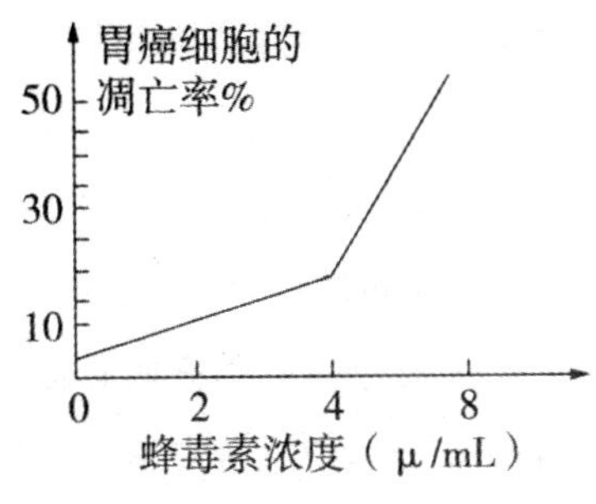

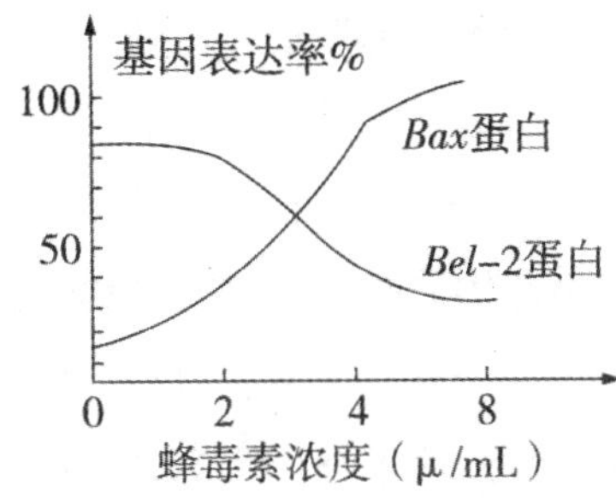

A. 工蜂毒腺细胞合成的蜂毒素影响胃癌细胞凋亡基因表达

B. *Bax*蛋白和*Bel*−2蛋白均可明显缩短癌细胞增殖的周期

C. 蜂毒素能诱导胃癌细胞凋亡,一定浓度内随浓度增大诱导效应增强

D. 蜂毒素能通过促进*Bax*蛋白产生和抑制*Bel*−2蛋白产生,诱导胃癌细胞凋亡

6. 细胞周期包括G_1期、S期、G_2期和M期,下列有关细胞周期的叙述中,正确的是(　　)

A. 细胞周期的G_1期是各个时期中耗时最短的时期

B. 细胞分裂过程中核糖体功能最活跃的时期是S期

C. 在G_2期DNA数目加倍,但染色体数目保持不变

D. M期较长的细胞更适合做“观察细胞有丝分裂”实验的材料

7. 下图为细胞膜上与K^+、Na^+转运有关的结构示意图,依据此图作出的判断正确的是(　　)(易混)

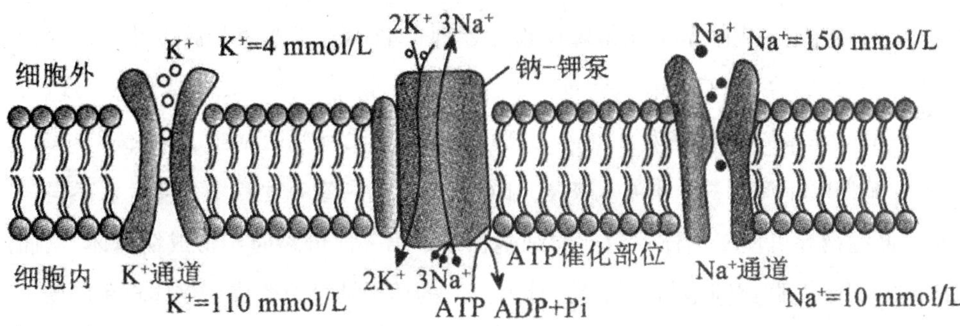

A. 通道蛋白对离子运输没有选择性

B. 钠−钾泵同时具有运输和催化的功能

C. 细胞内K^+外流和细胞外Na^+内流均消耗ATP

D. 细胞内低K^+、高Na^+环境依靠钠−钾泵和脂双层共同维持

8. 从牛的体细胞中取出细胞核,发现去核的细胞代谢减弱。当重新植入细胞核后,发现该细胞的生命活动又能恢复。这说明细胞核(　　)

A. 控制生物的一切性状　　B. 是细胞代谢的主要场所

C. 是细胞代谢的控制中心　　D. 是遗传物质表达的场所

9. 将大肠杆菌的双链DNA分子标记上 ^{15}N 后，将其在只含有 ^{14}N 的培养基中培养至第 n 代后，仅含 ^{14}N 标记的DNA分子的大肠杆菌数与含 ^{15}N 标记的DNA分子的大肠杆菌数之比为15:1，由此可推测出 n 是(　　)

A. 2　　B. 3　　C. 4　　D. 5

10. 红绿色盲是由X染色体上的隐性基因控制的。下列叙述正确的是(　　)

A. 色盲男子产生的精子都有色盲基因　　B. 色盲女子产生的卵细胞都有色盲基因

C. 色盲男子约半数体细胞中含色盲基因　　D. 表型正常的女子体细胞一定不含色盲基因

11. 获得无子西瓜、青霉素高产菌株、矮秆抗病小麦和无子番茄常用的方法分别是(　　)(易混)

①诱变育种　②杂交育种　③单倍体育种　④多倍体育种　⑤生长素处理

A. ④③②⑤　　B. ③②①⑤　　C. ④①②⑤　　D. ②①③④

12. 下图表示人体基因Y表达合成促甲状腺激素的过程。下列叙述正确的是(　　)(易错)

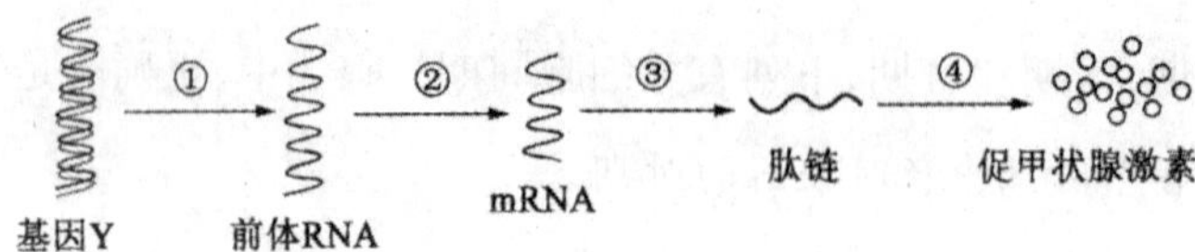

A. ①在细胞核中进行，需要4种游离的核糖核苷酸

B. ②在细胞质中进行，需要RNA酶的催化作用

C. ③在甲状腺细胞中进行，需要核糖体参与

D. ④在内质网和高尔基体中进行，不需要ATP参与

13. 2011年度诺贝尔生理学或医学奖获得者斯坦曼发现了能够激活并调节适应性免疫的树突状细胞(DC)，DC能高效地摄取、加工处理和呈递抗原，从而激发免疫应答。该材料支持的观点是(　　)

A. DC与吞噬细胞有相似的免疫功能　　B. DC来源于记忆细胞的增殖和分化

C. DC只参与细胞免疫而不参与体液免疫　　D. DC激发免疫应答的过程不需要抗原参与

14. 科学家通过低温诱导可使二倍体草鱼卵原细胞在减数第一次分裂时不形成纺锤体，从而产生染色体数目加倍的卵细胞，此卵细胞与二倍体个体所产生的精子结合发育成三倍体草鱼胚胎。若以二倍体草鱼体细胞含两对同源染色体为例，上述过程中四种细胞染色体行为与细胞名称相符的是(　　)

初级卵母细胞
A

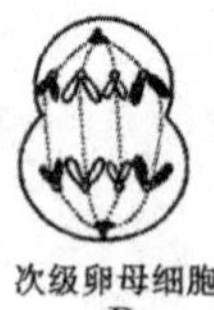

次级卵母细胞
B

卵细胞
C

胚胎细胞
D

15. 控制棉花纤维长度的三对等位基因A/a、B/b、C/c对长度的作用相等，分别位于三对同源染色体上。若基因型为aabbcc的棉花纤维长度为6 cm，每个显性基因的表达使纤维长度增加2 cm。棉花植株甲(AABbcc)与乙(aaBbCc)杂交，则 F_1 的棉花纤维长度范围是(　　)(易错)

A. 6～14 cm　　B. 6～16 cm　　C. 8～14 cm　　D. 8～16 cm

在该教学片段中,教学的主要意图是(　　)

A. 帮助学生理解科学研究是根植于特定文化背景的

B. 帮助学生理解科学研究的基本设计思路和分析方法

C. 帮助学生理解科学知识具有暂定性,是不断发展的

D. 帮助学生理解科学是众多科学家长期共同研究的成果

24. 某位教师利用如下题目考查学生的学习情况。

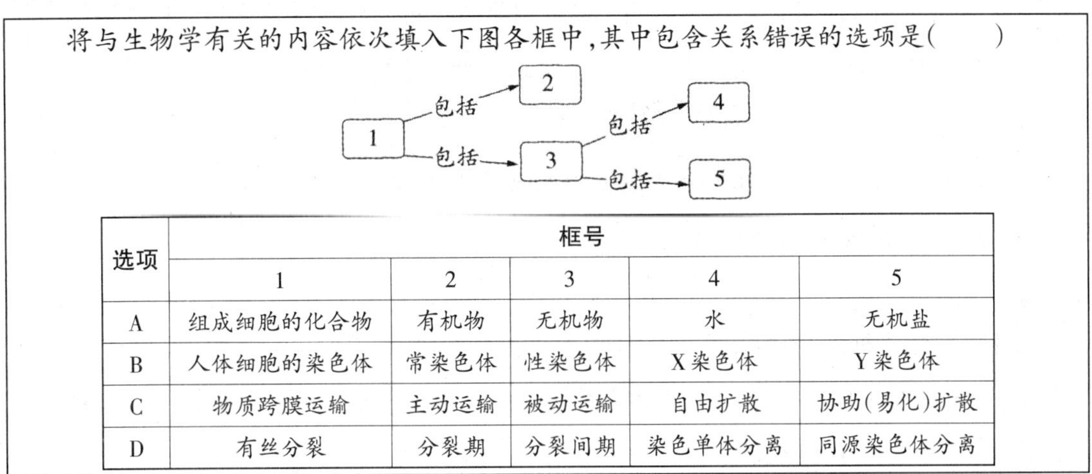

将与生物学有关的内容依次填入下图各框中,其中包含关系错误的选项是(　　)

选项	框号				
	1	2	3	4	5
A	组成细胞的化合物	有机物	无机物	水	无机盐
B	人体细胞的染色体	常染色体	性染色体	X染色体	Y染色体
C	物质跨膜运输	主动运输	被动运输	自由扩散	协助(易化)扩散
D	有丝分裂	分裂期	分裂间期	染色单体分离	同源染色体分离

该题目所考查的认知水平属于(　　)

A. 识记　　B. 理解　　C. 分析　　D. 综合

25. 某师范生拟通过访谈法开展“高中生物学课程内容适切性”的研究。他首先确定了内容及结构的合理性、内容的多少、内容的难易度、内容的衔接性4个维度,然后再据此设计8个具体的访谈问题。确定上述4个维度的首要依据是(　　)

A. 关于课程内容的文献研究结果

B. 针对一线教师和学生的尝试性访谈结果

C. “高中生物学课程内容适切性”的问卷调查结果

D. 关于不同国家高中生物学课程标准框架的比较研究结果

二、简答题(本大题共2小题,每小题15分,共30分)

26. 神经调节的过程中,受刺激产生的兴奋可以沿着神经纤维传导,还会在突触的部位传递到别的神经元或效应器细胞。科研人员以大鼠神经元为材料,研究细胞外ATP对突触传递的作用。

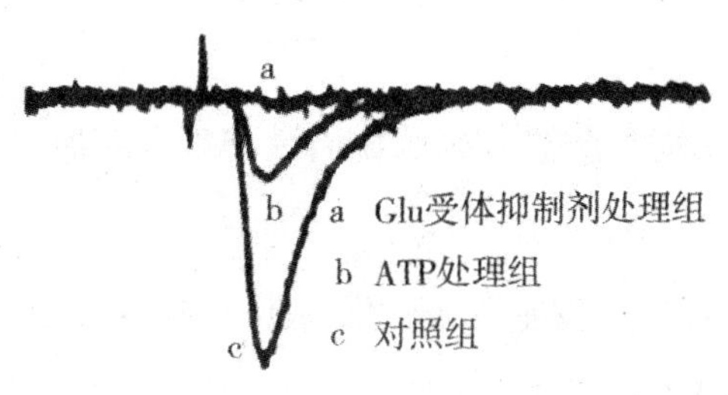

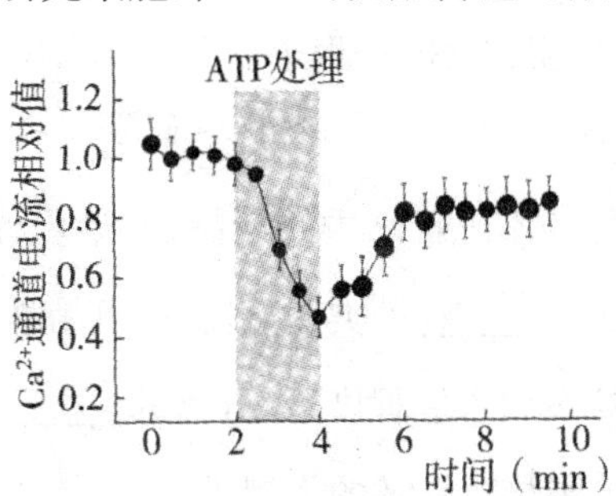

问题:

(1)突触传递的过程,常被描述为“电信号→化学信号→电信号”。突触前神经元上的兴奋传递至突触小体,引起神经递质释放,并与突触后膜上的________结合,引起突触后膜的电位变化。(3分)

(2)Glu是大鼠神经元释放的一种递质,科研人员用Glu+ATP处理离体培养的突触后神经元,检测到突触后神经元产生的电位变化与Glu处理无差异。由此推测________。(3分)

(3)科研人员分别用ATP处理离体培养的大鼠突触前神经元,用Glu受体抑制剂处理突触后膜,检测突触后膜电位变化,结果如上左图所示。实验结果表明,ATP对突触传递具有________作用。(3分)

(4)科研人员给予突触前神经元细胞一个电刺激时,能够引起细胞膜上Ca^{2+}通道的开放,Ca^{2+}流入细胞,使突触小泡与突触前膜融合,释放递质。由上右图所示实验结果分析,ATP能够________。(3分)

(5)综合上述结果可推测,细胞外ATP影响神经元之间信号传递的作用机制是________。(3分)

27. 小叶章是一种多年生草本植物,入侵某生态系统后形成植被景观明显不同的“斑块”。科研人员采用样方法对小叶章入侵后形成的“斑块”进行群落调查,结果如下表。

植物种类	高度(cm)	生长型	对照	轻度入侵	中度入侵	重度入侵
笃斯越橘	10~15	灌木	+	+		
牛皮杜鹃	10~25		+	+	+	
小叶章	25~80	多年生草本		+	+	+
大白花地榆	50~80				+	+
毛蕊老鹳草	30~80					+
高山乌头	20~40					+
藜芦	50~100					+

(注:“+”表示有分布)

问题:

(1)调查结果显示,小叶章入侵后,“斑块”的群落丰富度________(填“增加”“减少”或“不变”)。(3分)

(2)以相邻的本地群落中笃斯越橘、牛皮杜鹃为对照组进行分析,随着入侵程度的加深,________逐渐消失,________种类明显增加,且植株的总体高度增加。(6分)

(3)小叶章不同入侵程度下,群落的________空间结构发生明显变化,表明小叶章入侵会使群落发生演替,这种群落演替的类型为________。(6分)

四、教学设计题(本大题共1小题,共30分)

30. 阅读下列材料,按要求完成教学设计任务。

> 植物细胞在不同浓度的溶液中状态各不相同,当外界溶液浓度大于细胞液浓度时,细胞失水,呈现出质壁分离现象。学生在观察到洋葱鳞片叶外表皮细胞的质壁分离现象时,发现若将洋葱鳞片叶外表皮细胞浸泡在0.3 g/mL蔗糖溶液中时,能够观察到明显的质壁分离现象。
>
> 接下来,教师向学生提出进一步的思考问题“洋葱鳞片叶外表皮细胞的平均细胞液浓度是多少呢?”
>
> 教师要求学生利用实验台上的材料和器具开展研究,以回答上述问题。材料和器具包括紫色的洋葱鳞片叶、解剖刀、镊子、滴管、载玻片、盖玻片、移液管、试管、吸水纸、显微镜、质量浓度为0.3 g/mL的蔗糖溶液、清水。

要求:

(1)利用所提供的仪器和材料,设计“探究洋葱鳞片叶外表皮细胞的平均细胞液浓度”的实验步骤。(10分)

(2)教师拟引导学生分组设计和执行实验方案。请写出相关教学思路(包括数据记录、数据分析、数据处理等环节)和具体的数据处理方法。(20分)

机密★启封前　　　　　　　　　　　　　　　　姓名________　准考证号________

2018年下半年中小学教师资格考试真题试卷

《生物学科知识与教学能力》(高级中学)

注意事项:

1. 考试时间为120分钟,满分为150分。
2. 请按规定在答题卡上填涂、作答。在试卷上作答无效,不予评分。

一、单项选择题(本大题共25小题,每小题2分,共50分)

在每小题列出的四个备选项中只有一个是符合题目要求的,请用2B铅笔把答题卡上对应题目的答案字母按要求涂黑。错选、多选或未选均无分。

1. 下列各组化合物中只含C、H、O三种元素的是(　　)(常考)

A. 蔗糖、胰岛素　　B. 乳糖、脂肪　　C. 抗体、核糖核酸　　D. 纤维素、淀粉酶

2. 大肠杆菌和酵母菌两者差异的最主要结构是(　　)

A. 细胞核　　B. 细胞质　　C. 细胞膜　　D. 细胞壁

3. 下列各项不属于生命系统结构层次的是(　　)

A. 器官　　B. 群落　　C. 细胞器　　D. 生物圈

4. 蛋白质的结构和种类多种多样,在细胞中承担的功能也是多种多样的。下列不属于人体蛋白质主要功能的是(　　)

A. 储存能量　　B. 细胞识别　　C. 催化生化反应　　D. 抵御病菌和病毒的侵害

5. 小麦根尖细胞中,含有的碱基和核苷酸的种类数依次是(　　)

A. 4,5　　B. 5,5　　C. 5,8　　D. 4,8

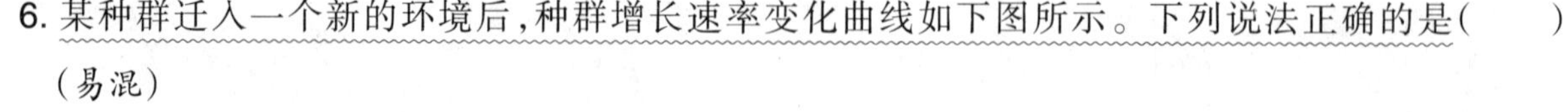

6. 某种群迁入一个新的环境后,种群增长速率变化曲线如下图所示。下列说法正确的是(　　)(易混)

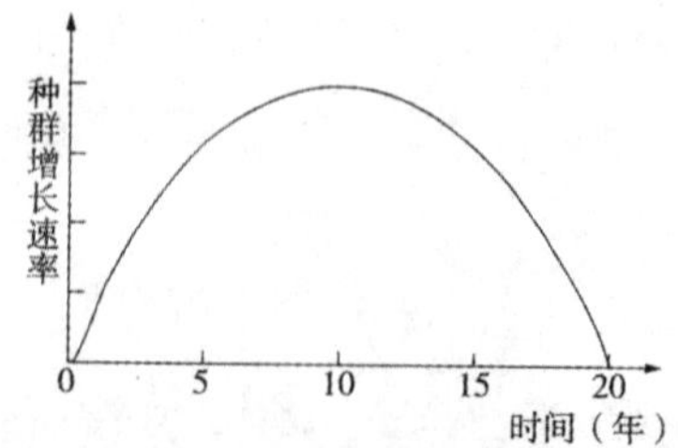

A. 该种群在前5年的增长速率最快　　B. 该种群数量在10年左右达到最大值

C. 20年间该种群数量变化呈"S"型增长　　D. 20年后如果天敌消失,该种群按"J"型增长

20. 如下图所示为甲病和乙病的遗传系谱图，其中Ⅱ-8不携带致病基因，下列说法不正确的是(　　)(易错)

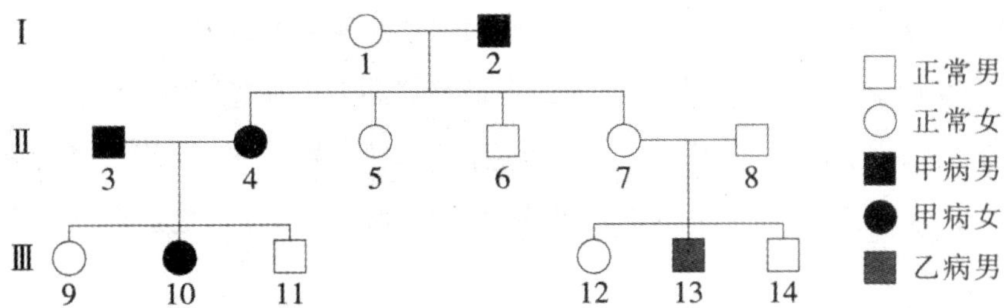

A. 甲病的遗传方式是常染色体显性遗传

B. Ⅱ-5个体是乙病携带者的概率为$\frac{1}{2}$

C. Ⅲ-13个体的致病基因来自Ⅰ-1和Ⅰ-2的概率相等

D. 如果Ⅲ-10和Ⅲ-13结婚，他们的子女患病的概率比较高

21. 生物学教学在公民教育中具有独特的价值。教师在教学过程中要求学生通过收集资料，撰写研究性学习报告，回答下列两个问题：(1)加拿大保险和医药等利益团体出于商业利益的追求，将更能创造经济价值的生命个体保存下来，你认为这样的行为可取吗？(2)达尔文的进化论颠覆了“人类神创说”，你认为生物学是否会改变公民对于道德本质和社会伦理的认识？这样的公民教育着重体现的是(　　)

A. 参与公民实践　　B. 树立公民意识

C. 参与公民议题决策　　D. 理性思考公民事务

22. 生物学科核心素养包含了生命观念(a)、科学思维(b)、科学探究(c)和社会责任(d)四个方面的基本要求。某教师在“生态系统的稳定性”一节中设计了如下教学目标：

①能够为常见生态系统的利用和可持续发展提出有价值的建议

②能够根据生态系统各种成分和结构的关系，尝试制作生态瓶

③能运用物质和能量输入和输出平衡的原理，认识具体生态系统的稳定状态

④能运用反馈调节的原理，判断不同生态系统维持其稳定性的相对能力

上述目标和所反映的核心素养的对应关系，正确的是(　　)

A. ①—d，②—c，③—a，④—b　　B. ①—a，②—c，③—b，④—d

C. ①—d，②—b，③—a，④—c　　D. ①—a，②—d，③—b，④—c

23. 关于生物课程标准与教材的叙述，不正确的是(　　)

A. 一个版本的教材很难完全适合全国各地学生使用

B. 课程标准只适合教师阅读而不适合学生阅读

C. 教材是课程标准的反映，但用教材不等同于用课程标准

D. 教师要创造性地使用教材，可对其内容进行适当的整合

24. 19世纪,施莱登和施旺建立了"细胞学说";20世纪,萨顿提出基因就在染色体上的假说。他们提出自己观点的思维过程分别是(　　)

A. 类比推理和归纳推理　　B. 归纳推理和演绎推理

C. 演绎推理和类比推理　　D. 归纳推理和类比推理

25. 某学校学生在"人体的内环境与稳态"这部分内容的学习中存在的错误认识相似,而其他学校学生则没有此类问题。研究者想初步了解这些错误概念形成的原因,最适合的研究方法是(　　)(常考)

A. 文献法　　B. 实验法　　C. 访谈法　　D. 内容分析法

二、简答题(本大题共2小题,每小题15分,共30分)

26. 应用于工业生产中的酶,需要持久地保持较高的催化效率,通常需测定酶的最佳温度范围。下图中的曲线①表示某耐高温的酶在各种温度下,酶活性相对该酶最适温度下活性的百分比。将此酶在不同温度下保温足够长的时间,再在最适温度下测其残余酶活性,绘制成曲线②。

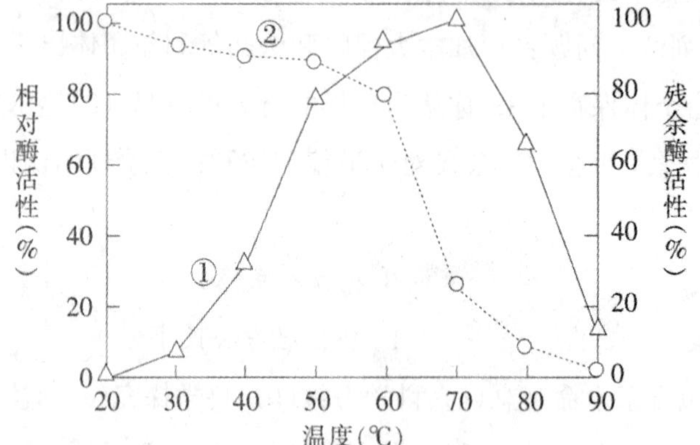

问题:

(1)曲线②中数据点是在________℃测得的,该酶的残余酶活性在________℃后急剧降低。(6分)

(2)若测定曲线①时,反应前延长各组酶的保温时间,测得的酶最适温度与原数据相比________(填"保持不变""相对偏高"或"相对偏低")。(3分)

(3)综合两曲线数据,判断该酶在工业生产中使用时的最佳温度范围是________(填"20~30 ℃""40~50 ℃""50~60 ℃"或"60~70 ℃"),原因是________________。(6分)

27. 下图为噬菌体侵染细菌实验的部分步骤。

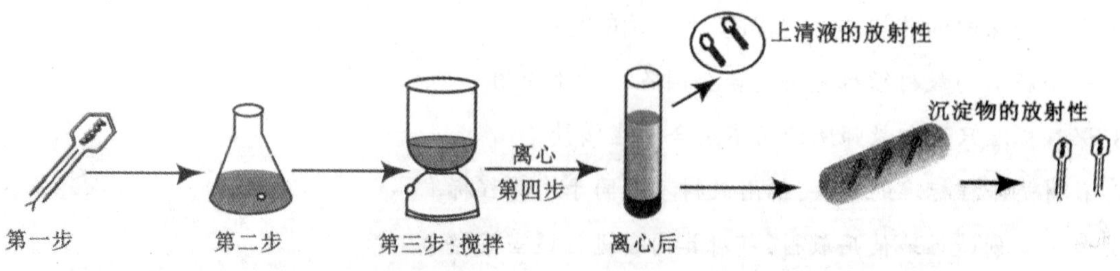

四、教学设计题(本大题共1小题,共30分)

30.《普通高中生物课程标准》(实验)部分内容如下:

具体内容标准	活动建议
说出物质进出细胞的方式。	通过模拟实验探究膜的透性。
说明酶在代谢中的作用。	观察植物细胞的质壁分离和复原、探究影响酶活性的因素。
解释ATP在能量代谢中的作用。	
说明光合作用以及对它的认识过程。	叶绿体色素的提取和分离。
研究影响光合作用速率的环境因素。	
说明细胞呼吸,探讨其原理的应用	探究酵母菌的呼吸方式

某版本高中生物教材“光合作用的发现历程”一节的部分内容如下:

回眸历史　　解开光合作用之谜

17世纪中叶,比利时的范·海尔蒙特(V. Helmont)第一次试图用定量的方法研究植物的营养来源。通过该实验,他认为植物生长所需要的养料主要来自水,而不是土壤。

1771年英国的普利斯特莱(J. Priestley)通过植物和动物之间进行气体交换的实验,第一次成功地应用化学的方法研究植物的生长,得知植物生长需要吸收CO_2,同时释放出O_2。

1779年荷兰的扬·英根豪斯(J. Ingenhousz)把带叶的枝条放到水里。这些叶在阳光下产生O_2,在暗处并不产生O_2。扬·英根豪斯认为植物需要阳光才能制造出O_2。

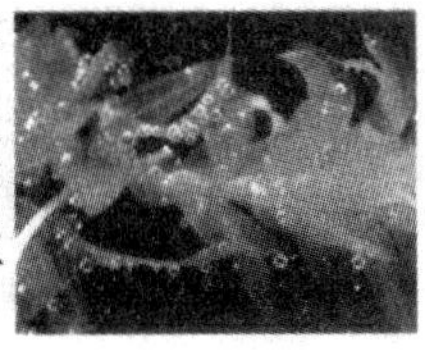

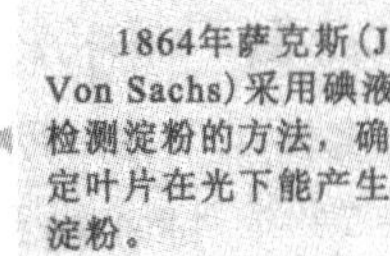

1864年萨克斯(J. Von Sachs)采用碘液检测淀粉的方法,确定叶片在光下能产生淀粉。

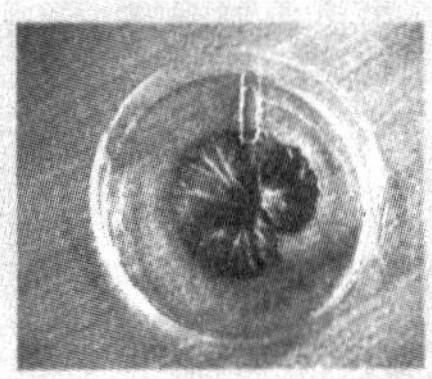

1940年鲁宾(S. Ruben)和卡门(M. Kamen)运用放射性同位素标记法,通过向小球藻提供含^{18}O的水和含^{18}O的CO_2等的实验,证明了光合作用释放的O_2来自水,糖类中的氢也来自水。

1948年美国的卡尔文(M. Calvin)报告了历时10年的科研成果,他用^{14}C标记的CO_2追踪了光合作用过程中碳元素的行踪,结果发现,CO_2被用于合成糖类等有机物。

要求:

(1)设计本节课的教学目标。(10分)

(2)针对海尔蒙特和普利斯特莱两个经典实验,设计两组问题串,帮助学生达成相应的教学目标。(20分)

机密★启封前　　　　　　　　　　　　　　　　　　　　　　　　姓名________　准考证号________

2018年上半年中小学教师资格考试真题试卷

《生物学科知识与教学能力》(高级中学)

注意事项:

1. 考试时间为120分钟,满分为150分。

2. 请按规定在答题卡上填涂、作答。在试卷上作答无效,不予评分。

一、单项选择题(本大题共25小题,每小题2分,共50分)

在每小题列出的四个备选项中只有一个是符合题目要求的,请用2B铅笔把答题卡上对应题目的答案字母按要求涂黑。错选、多选或未选均无分。

1. 红豆杉因其种子成熟时假种皮呈红色而得名。从分类学上看,红豆杉属于(　　)

A. 被子植物　　B. 裸子植物

C. 蕨类植物　　D. 苔藓植物

2. 关于鸟类适应飞行生活特征的叙述,不正确的是(　　)

A. 开放式骨盆,产羊膜卵　　B. 骨轻便、坚固,有些骨中空

C. 胸骨上有龙骨突,胸肌发达　　D. 体表覆盖羽毛,身体呈流线型

3. “须臾十来往,犹恐巢中饥。辛勤三十日,母瘦雏渐肥”“几处早莺争暖树,谁家新燕啄春泥”和“孔雀开屏”所描述的动物行为分别是(　　)

A. 防御行为、筑巢行为、攻击行为　　B. 防御行为、求偶行为、攻击行为

C. 育雏行为、防御行为、求偶行为　　D. 育雏行为、筑巢行为、求偶行为

4. 关于蛋白质的叙述,正确的是(　　)

A. 蛋白质均可与双缩脲试剂产生紫色反应

B. 蛋白质的合成均需mRNA与tRNA提供模板

C. 蛋白质均含有一个氨基、一个羧基和多个肽键

D. 蛋白质的合成与加工均需核糖体、内质网和高尔基体参与

5. 关于物质进出细胞的叙述,正确的是(　　)(常考)

A. 大分子有机物需要通过载体蛋白的转运才能进出细胞

B. 大多数离子在逆浓度梯度下进出细胞不需要消耗能量

C. 葡萄糖分子在顺浓度梯度下可以通过协助扩散进出细胞

D. 水分子进出细胞的速率与细胞内外溶液浓度的差值无关

17. 编码CFTR蛋白基因的模板链上缺失AAA或AAG三个碱基,导致CFTR蛋白缺少一个苯丙氨酸,引发囊性纤维病。下列叙述不正确的是(　　)

A. 与苯丙氨酸对应的密码子为TTT或TTC

B. 编码CFTR蛋白基因中发生碱基缺失属于基因突变

C. 细胞中合成CFTR蛋白需要tRNA、mRNA、rRNA参与

D. CFTR蛋白基因缺失碱基后转录形成的mRNA中嘧啶比例降低

18. 如下图表示同一生物体内不同时期的细胞分裂图,相关叙述不正确的是(　　)

①　②　③　④

A. 细胞②正在发生等位基因的分离

B. 细胞①和细胞③处于有丝分裂过程中

C. 细胞③和细胞④所示过程不可能发生在同一器官中

D. 细胞③中染色体、染色单体、DNA数量之比为1∶2∶2

19. 下列观点不符合现代生物进化理论的是(　　)(常考)

A. 共同进化导致生物多样性的形成

B. 基因频率的改变标志着新物种的产生

C. 外来物种入侵能改变生物进化的速率和方向

D. 地理隔离阻碍了不同种群间基因的自由交流

20. 如下图是4个DNA分子的末端示意图,由同一内切酶切出来的一组黏性末端是(　　)

TAGG ①　GGTA ②　CCAT ③　TACC ④

A. ①②　　B. ②④　　C. ③④　　D. ②③

21. 教师鼓励学生相互交换资源,并和组内同伴进行讨论。该教师运用的教学策略是(　　)

A. 概念图　　B. 合作学习

C. STS教育　　D. 探究式学习

22. 针对教师提出的“双链DNA中G-C含量越高,DNA的热稳定性越强”,有学生提出了疑问:“为什么?难道A-T含量高,DNA的热稳定性就不强了吗?”这种疑问主要反映了学生具有的能力是(　　)

A. 获取新知识的能力　　B. 交流和合作的能力

C. 批判性思维的能力　　D. 处理科学信息的能力

23. 在“细胞中的无机物”教学中,某教师制订的教学目标属于能力目标的是(　　)

A. 制作“自由水和结合水相互转化”的物理模型

B. 探究“为什么要节约用水”,养成节约用水的好习惯

C. 阅读“西瓜中的水”相关资料,归纳出水的功能特点

D. 分析“细胞中各种化合物所占比例”的图表数据,得出水的含量特征

24. 在“DNA是主要的遗传物质”一节的教学中,教师提出问题:“遗传物质能够控制生物性状,而性状是通过蛋白质来体现的,遗传物质与蛋白质的关系是什么?”此提问属于(　　)(常考)

A. 知识性提问　　B. 评价性提问

C. 应用性提问　　D. 分析性提问

25. 在“探究影响酶活性的因素”教学中,教师尽量避免对学生的实验设计进行直接评判,而是组织学生讨论实验设计方案,这样教学的优点有(　　)

①节省教学时间　　②促进学生思考

③建立宽松氛围　　④简化教学过程

⑤利于过程性评价　　⑥利于树立教师权威

A. ①②④　　B. ②③⑤　　C. ②④⑥　　D. ④⑤⑥

二、简答题(本大题共2小题,每小题15分,共30分)

26. 研究小组将某绿色植物置于密闭玻璃容器内,在适宜条件下,经黑暗和光照处理,测量容器内O_2量的变化,结果如下图所示。

问题:

(1)黑暗处理过程中,叶肉细胞可吸收容器中的O_2,在________(填部位)上与________(填物质)结合生成水,同时释放出大量能量。(6分)

(2)光照处理后,容器内O_2含量发生变化,细胞内的物质含量也发生变化。与B点相比,C点叶肉细胞内C_3物质的合成速率________(填“上升”“下降”或“不变”),其根本原因是________。(6分)

(3)随光照时间延长,到达C点以后,容器内O_2总量将不再发生改变,其原因是________。(3分)

27. 野生型果蝇的眼色有红色、紫色和白色,其遗传受两对等位基因A、a和B、b控制。当个体同时含有显性基因A和B时,表现为紫眼;当个体不含A基因时,表现为白眼;其他类型表现为红眼。现有

四、教学设计题（本大题共1小题，共30分）

30. 某版本高中生物教材“通过神经系统的调节”一节，“神经调节的结构基础和反射”的部分内容如下：

神经调节的结构基础和反射

神经调节的基本方式是反射(reflex)，它是指在中枢神经系统参与下，动物体或人体对内外环境变化作出的规律性应答。完成反射的结构基础是反射弧(reflex arc)。

反射弧通常由感受器、传入神经、神经中枢、传出神经和效应器(传出神经末梢和它所支配的肌肉或腺体等)组成。反射活动需要经过完整的反射弧来实现，如果反射弧中任何环节在结构或功能上受损，反射就不能完成。

感受器接受了一定的刺激后，产生兴奋(excitation)。兴奋是指动物体或人体内的某些组织(如神经组织)或细胞感受外界刺激后，由相对静止状态变为显著活跃状态的过程。感受器的兴奋沿着传入神经向神经中枢传导；神经中枢随之产生兴奋并对传入的信息进行分析和综合；神经中枢的兴奋经过一定的传出神经到达效应器；效应器对刺激作出应答反应。这就是反射的大致过程。

要求：

(1)设计基于学生活动的“反射”概念的教学过程。(20分)

(2)根据教学内容，设计本节内容的概念图。(10分)

机密★启封前　　　　　　　　　　　　　　　　　　　　姓名________ 准考证号________

2017年下半年中小学教师资格考试真题试卷

《生物学科知识与教学能力》(高级中学)

注意事项:

1. 考试时间为120分钟,满分为150分。
2. 请按规定在答题卡上填涂、作答。在试卷上作答无效,不予评分。

一、单项选择题(本大题共25小题,每小题2分,共50分)

在每小题列出的四个备选项中只有一个是符合题目要求的,请用2B铅笔把答题卡上对应题目的答案字母按要求涂黑。错选、多选或未选均无分。

1. 氰化钾的剧毒性是因为它直接抑制的生化过程是(　　)

A. 糖酵解　　B. 糖异生

C. 三羧酸循环　　D. 氧化磷酸化

2. 某健康人肾动脉血浆和肾小囊中液体的部分成分含量如下表所示:

成分	水	蛋白质	葡萄糖	无机盐	尿素
血浆中/$g\cdot 100\ mL^{-1}$	90.80	8.00	0.10	0.73	0.03
肾小囊中/$g\cdot 100\ mL^{-1}$	98.20	0.02	0.10	0.73	0.03

由数据分析可知,几乎不可能通过肾小球和肾小囊壁的是(　　)

A. 水　　B. 尿素　　C. 无机盐　　D. 蛋白质

3. 关于PCR的叙述,不正确的是(　　)

A. 需要耐热DNA聚合酶

B. *Taq*酶催化DNA链合成的方向为3′→5′

C. 应用PCR与探针杂交技术可以检测基因突变

D. 新合成的DNA又可以作为下一轮反应的模板

4. 有关植物组织培养的叙述正确的是(　　)(易错)

A. 与扦插和嫁接的原理相同　　B. 愈伤组织是由薄壁细胞组成的

C. 愈伤组织培养过程中都需要光照　　D. 必须以未分化的植物细胞为初始材料

5. 调查发现,在人群中某常染色体隐性遗传病男女患病的概率相等,原因是(　　)

A. 等位基因自由组合　　B. 同源染色体自由组合

C. 常染色体与性染色体自由组合　　D. 同源染色体上的非等位基因自由组合

19. 下图为温度对植物光合速率的影响曲线，有关叙述正确的是(　　)

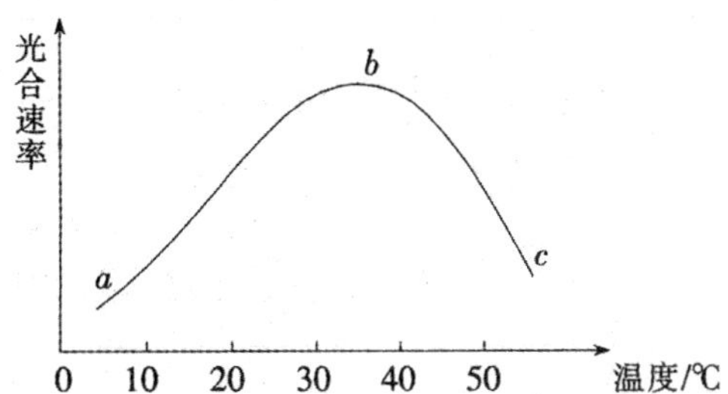

A. 温度主要制约植物光合作用的暗反应

B. 温度可通过影响酶活性进而影响光合速率

C. 温室栽培时，在一定光照强度下，白天应尽量提高温度

D. 低于40 ℃促进植物的光合作用，高于40 ℃抑制植物的光合作用

20. 在生态学研究中，下列方法与研究目的相符的是(　　)

A. 给鲫鱼安装示踪器调查其洄游路线　　B. 用标志重捕法调查蚂蚁的种群密度

C. 用样方法调查鱼塘中鲫鱼的种群密度　D. 用样方法调查棉田中棉铃虫的种群密度

21. 某班学生正在做“探究温度对水蚤心率影响”的实验，每组学生都将水蚤分别置于5 ℃、15 ℃和25 ℃的水温下1 min，然后测量水蚤心率。每个温度都要测量3只水蚤的心率，然后取平均值。在该实验中，实验的自变量是(　　)

A. 温度　　B. 水蚤心率　　C. 水蚤数量　　D. 实验时长

22. 关于生物学教科书及其使用方式的说法，正确的是(　　)

A. 教师需要理解教科书的编写意图

B. 教师开展教学的唯一依据是教科书

C. 教科书与课程标准一样，都是重要的课程纲领

D. 对于新任教师，需按照教科书中的内容顺序进行教学

23. 某学生在操场上发现一只蝙蝠，他问老师是否可以将其带入教室给同学展示。对于这一请求，教师最合理的回应方式是(　　)

A. 接受这一请求，并让学生对蝙蝠进行饲养

B. 接受这一请求，并将蝙蝠做成标本向学生展示

C. 拒绝这一请求，蝙蝠可能携带病毒，对学生有潜在威胁

D. 拒绝这一请求，蝙蝠与今天的学习主题无关，没有教学价值

24. 教师上完细胞有丝分裂这节课，大部分学生都掌握了有丝分裂的概念，但是某学生还是有些迷惑，教师让实习教师辅导该学生。下列措施最有可能帮助该学生获得细胞分裂的基本概念的是(　　)

A. 指导该学生进行有丝分裂的模拟活动

B. 布置该学生完成几道简单的细胞分裂题

C. 向该学生演示如何使用计算器计算处于细胞分裂期的百分比

D. 让该学生自学教材相应内容，如果遇到问题就请教原任课教师

25. 如下所示选择题所考查的认知层次属于(　　)

> 如果一个植物细胞失去细胞壁,那么(　　)
> A. 植物细胞将会很快死亡
> B. 植物细胞将无法长得更大
> C. 植物细胞将无法保持特定的细胞形态
> D. 植物细胞将无法从外界获得营养物质

A. 识记　　B. 理解　　C. 应用　　D. 评价

二、简答题(本大题共2小题,每小题15分,共30分)

26. 下列左图和右图分别是兴奋性突触和抑制性突触作用的示意图。

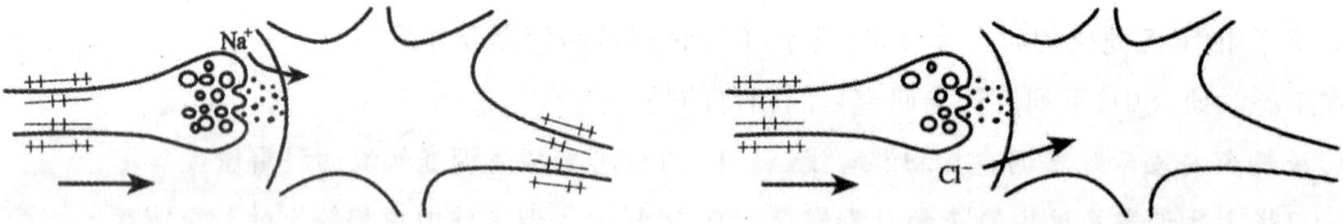

问题:

(1)递质合成后首先贮存在________内,以防止被细胞内其他酶系所破坏。当兴奋抵达神经末梢时递质释放,并与突触后膜上的受体结合。左图中,当某种递质与受体结合时,引起Na^+大量内流,使后膜的电位逆转成________,从而产生兴奋;而右图中,当另一种递质与受体结合时却使Cl^-内流,由于抑制了突触后神经元________(填"静息"或"动作")电位的产生,所以无法产生兴奋。(9分)

(2)氨基丁酸(GABA)是脑内主要的抑制性递质。研究发现:癫痫病人是由于脑内大量的GABA被氨基丁酸转氨酶降解而失活,从而导致脑神经异常兴奋而发病。若将一种________(填"抑制"或"激活")氨基丁酸转氨酶的物质作为药物施用于病人,可缓解病情。(3分)

(3)一些麻醉剂能与受体结合,并且结合后产生与某些递质作用类似的效果,这种麻醉剂主要作用于________(填"兴奋性"或"抑制性")突触。(3分)

27. 麝香豌豆花的花色有白色和紫色两种。将纯种的紫色花植株与纯种的白色花植株进行杂交,产生的F_1全部开紫色花,再将F_1自交,F_2中有9/16开紫色花,7/16开白色花。

问题:

(1)麝香豌豆花的花色受________对等位基因控制。(3分)

(2)若麝香豌豆花的颜色由一对等位基因控制用A、a表示,若由两对等位基因分别用A、a和B、b表示,以此类推,则亲代紫色花植株的基因型为________,白色花植株的基因型为________。(6分)

(3)如果要证明F_2中的紫色花并不都是纯种,可以采用的方法是自交或________,只要出现了________分离,就可以说明紫色花并不都是纯种。(6分)

四、教学设计题(本大题共1小题,共30分)

30. 某教师在准备“细胞的‘能量通货’——ATP”这节课时,部分教学设计如下所示。

细胞的“能量通货”——ATP

一、教学目标

1. 知识目标

①写出ATP的分子结构简式。

②阐述ATP是能量通货。

③说明ATP是直接能源物质。

2. 能力目标和情感目标(略)

二、教学重难点(略)

三、教学过程

1. 讲解ATP的分子结构简式。

2. 讲解ATP与ADP的相互转化。

3. 向学生展示如下材料,探索生物的直接能源物质是什么。

用小刀将数十只萤火虫的发光器割下,干燥后研磨成粉末,取等量两份分别装入A和B两支试管中,各加入少量水摇匀,置于暗处,可见试管内有淡黄色荧光出现。一段时间后,荧光消失,这说明发光器中的能源物质已经消耗完。

教师引导学生利用上述两支试管中的材料,进一步设计探究实验,并得出结论。

教师为学生提供的实验材料和仪器包括葡萄糖溶液、ATP溶液、荧光检测仪等。

4. 总结。

要求:

(1)列举与学生生活相关的事例,帮助达成知识目标“③说明ATP是直接能源物质”。(12分)

(2)针对“3. 向学生展示如下材料,探索生物的直接能源物质是什么”,写出具体的探究实验步骤(用表格或示意图呈现,并做文字说明)。(18分)

机密★启封前　　　　　　　　　　　　　　　　　　　　姓名________　准考证号________

2017年上半年中小学教师资格考试真题试卷

《生物学科知识与教学能力》(高级中学)

注意事项:

1. 考试时间为120分钟,满分为150分。

2. 请按规定在答题卡上填涂、作答。在试卷上作答无效,不予评分。

一、单项选择题(本大题共25小题,每小题2分,共50分)

在每小题列出的四个备选项中只有一个是符合题目要求的,请用2B铅笔把答题卡上对应题目的答案字母按要求涂黑。错选、多选或未选均无分。

1. 玉米和小麦中的营养物质主要来自于(　　)

A. 胚芽　　B. 胚轴　　C. 胚乳　　D. 子叶

2. 右下图为青蛙个体发育过程中体长随时间变化的情况,a点表示受精卵形成,g点时可见该青蛙产卵。下列有关叙述不正确的是(　　)

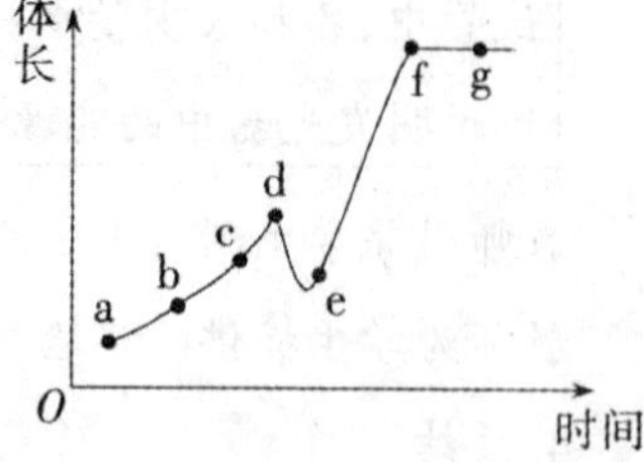

A. 青蛙完整的个体发育是图中ag段

B. 若环境中缺碘,图中dg段将不会出现

C. 在ad段,青蛙生活在水中,用肺呼吸

D. 在de段,蝌蚪尾部细胞会发生程序性死亡

3. 脊椎动物的心脏有四类:①一心房一心室;②二心房二心室;③二心房一心室,心室中有不完全间隔;④二心房一心室。脊椎动物心脏从低等到高等的顺序是(　　)(易错)

A. ①→③→④→②　B. ②→③→④→①　C. ①→④→③→②　D. ②→④→③→①

4. 下列关于传染病流行环节及免疫的说法,正确的是(　　)

A. 生活在人体内的细菌都是抗原

B. 计划免疫能有效地预防传染病是因为采取了控制传染源措施

C. 传染病流行环节包括传染源、传播途径和易感人群

D. 预防天花的方法是"种痘",这种方法是非特异性免疫

5. 下列关于原核生物和真核生物的叙述,正确的是(　　)(常考)

A. 两者均有核糖体,都能合成相应的蛋白质和酶系统

B. 真核细胞只进行有丝分裂,原核细胞只进行无丝分裂

C. 原核细胞和真核细胞都含有线粒体,都能进行有氧呼吸

D. 真核生物以DNA为遗传物质,部分原核生物以RNA为遗传物质

17. 家蚕幼蚕的体色黑色与淡赤色是一对相对性状,茧的黄色与白色是一对相对性状。某科技小组用黄茧黑蚕和白茧黑蚕两种蚕作为亲本杂交,后代表现型比例统计结果如下图所示。

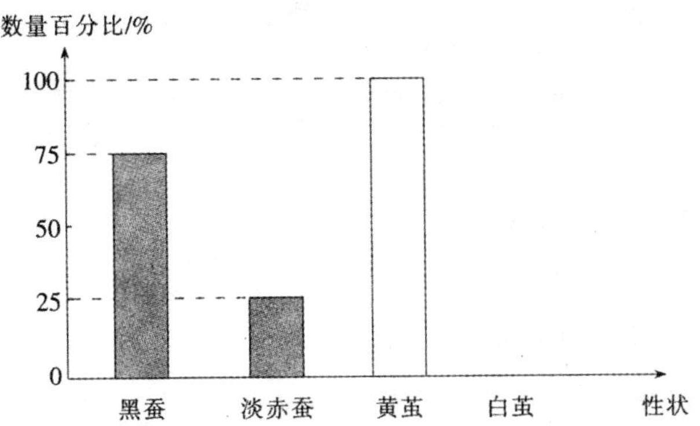

下列叙述正确的是(　　)

A. 亲本的基因型可表示为DdBb和Ddbb

B. 黄茧黑蚕是杂交后代中的重组类型

C. 该实验杂交后代的表现型是黄茧黑蚕和黄茧淡赤蚕

D. 黑色相对于淡赤色是显性性状,白茧相对于黄茧是显性性状

18. 某实验小组想在固体培养基上检测甲、乙两种抗生素的杀菌作用。下列方案("+"表示涂布细菌,"-"表示未涂布细菌)最合适的是(　　)

A. 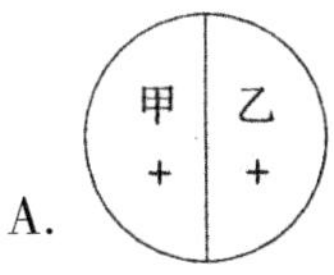

B. 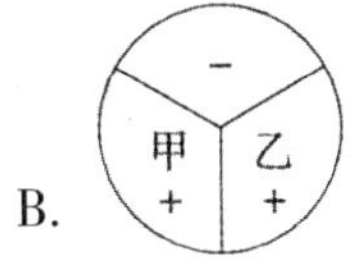

C. 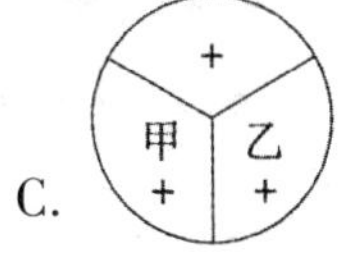

D. 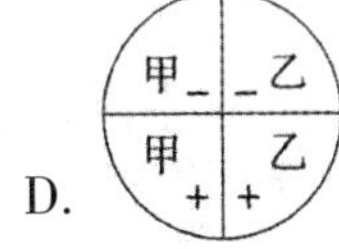

19. 下列有关基因工程的叙述,不正确的是(　　)

A. 工具酶有限制酶和连接酶

B. 酶切形成的末端有黏性末端和平末端

C. 连接酶的作用是连接两个核苷酸之间的磷酸二酯键

D. 限制酶的作用是限制两个核苷酸之间的磷酸二酯键的连接

20. 下列有关生物工程的叙述,不正确的是(　　)

A. 植物细胞工程都能定向改造生物的遗传性状

B. 细胞工程中,可利用双亲细胞的特性筛选出杂种细胞

C. 人工合成目的基因时,蛋白质的结构可为合成目的基因提供资料

D. 发酵工程可利用诱变育种、细胞工程、基因工程等方法选育菌种

21. 关于探究学习的教学策略及其使用方式的描述,正确的是(　　)

A. 研究问题都需要由学生提出

B. 探究式学习既可以在课堂上进行,也可以在课后进行

C. 讲授了相关概念后，再进行实验验证，属于探究学习的教学策略

D. 探究过程需遵循“提出问题—作出假设—制订和实施研究方案—得出结论—交流讨论”的固定程序

22. 某位教师利用调查法研究当地生物学教师对科学史教育价值的看法，下列做法一定不合理的是(　　)

A. 调查问卷中的问题都是封闭式的

B. 采用电子邮件的方式发放调查问卷

C. 根据教龄，对当地生物学教师采取分层抽样的方式进行调查

D. 先向当地生物教师讲解科学史的教育价值，然后进行调查

23. 关于《普通高中生物课程标准》(实验)及其使用的描述，正确的是(　　)

A. 在教学中，不能教授超出课程标准要求的内容

B. 在教学中，可以灵活选用内容标准中的“活动建议”

C. 规定了高中学生毕业时所应达到的最低和最高水平

D. 对于新任教师，可以用高考考试说明代替课程标准

24. 在讲授“神经调节”时，某位同学课堂举手提问“神经病是不是神经传导出了问题?”教师最合理的回应是(　　)

A. 教师用20分钟的时间来解答该学生提出的问题

B. 教师向学生说明，这个问题与教学内容无关，没有价值

C. 教师认为这个学生故意捣乱，就没有理睬他，而继续讲课

D. 教师提示该学生要区分生活概念和科学概念，建议他课后查阅资料

25. 某教师为学生提供了两片绿色叶片，分别放在甲、乙两个培养皿中，同时提供酒精灯、石棉网、大烧杯、小烧杯、酒精、碘液、清水等仪器和试剂，让学生判断哪片叶片进行过暗处理，并将答案填写在记录单上。然后，教师根据全班同学的表现情况，进行讲评和总结，这种评价方式属于(　　)

A. 纸笔测验　　B. 实作评价　　C. 配置性评价　　D. 终结性评价

二、简答题(本大题共2小题，每小题15分，共30分)

26. 下图表示某株水稻不同位置叶片的光合速率相对值，横坐标1～10分别表示从上到下的叶片编号。

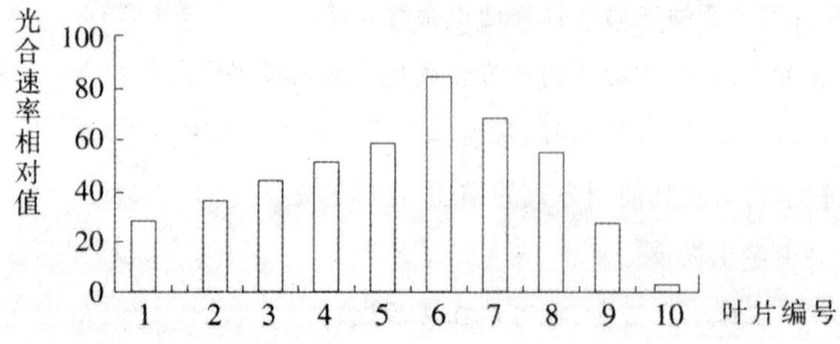

四、教学设计题(本大题共1小题,共30分)

30.“降低化学反应活化能的酶”一节的内容要点如下:

> **降低化学反应活化能的酶**
>
> 内容要点:
>
> 一、酶的作用和本质
>
> 1. 酶在细胞代谢中的作用
> 2. 实验:比较过氧化氢在不同条件下的分解
> 3. 酶的本质
> 4. 资料分析:关于酶本质的探索
>
> 二、酶的特性
>
> 1. 酶的特性1
> 2. 酶的特性2
> 3. 实验:影响酶活性的条件
> 4. 酶的作用条件

某教师计划用两课时完成本节内容的教学。在第二课时“酶的特性”的教学中,主要采用了探究学习的教学策略。下图选自其教学设计中的一幅图。

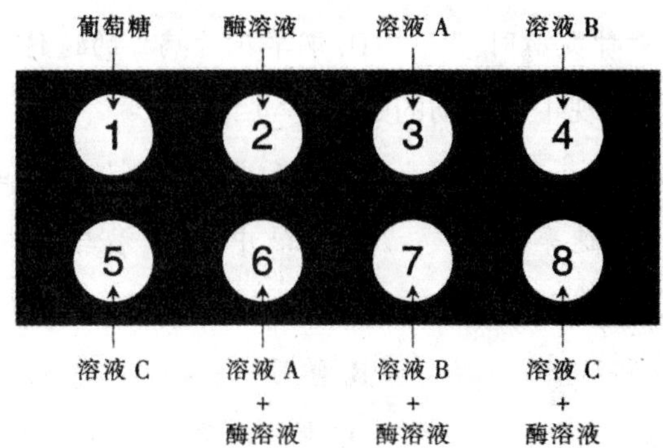

注:溶液A、B、C分别为三种糖溶液,酶溶液为乳糖酶;教学过程中还使用到葡萄糖检测试纸。

要求:

(1)确定第二课时的知识目标。(8分)

(2)确定第二课时的能力目标。(8分)

(3)设计利用上图进行教学的过程(写出主要教学环节),从而达成相应的教学目标。(14分)

机密★启封前　　　　　　　　　　　　　　　　　　　　　　　　姓名________　准考证号________

2016年下半年中小学教师资格考试真题试卷

《生物学科知识与教学能力》(高级中学)

注意事项:

1. 考试时间为120分钟,满分为150分。
2. 请按规定在答题卡上填涂、作答。在试卷上作答无效,不予评分。

一、单项选择题(本大题共25小题,每小题2分,共50分)

在每小题列出的四个备选项中只有一个是符合题目要求的,请用2B铅笔把答题卡上对应题目的答案字母按要求涂黑。错选、多选或未选均无分。

1. 关于核酸的叙述,正确的是(　　)

A. DNA分子中嘌呤数大于嘧啶数　　B. cDNA和mRNA中的五碳糖不同

C. 组成DNA与ATP的元素种类不同　　D. 烟草花叶病毒的遗传信息贮存在DNA中

2. 下列选项中通过激素调节实现生命活动的是(　　)

A. 胆汁在肠道中乳化脂肪　　B. 光反应中ATP与ADP的动态平衡

C. 寒冷时动物体内细胞代谢速率提高　　D. 血液中HCO_3^-参与酸碱平衡的调节

3. 蜘蛛结网行为的决定性因素是(　　)

A. 环境　　B. 学习

C. 习惯　　D. 遗传物质

4. 下图中a和b表示物质跨膜运输的两种方式。下列叙述正确的是(　　)(常考)

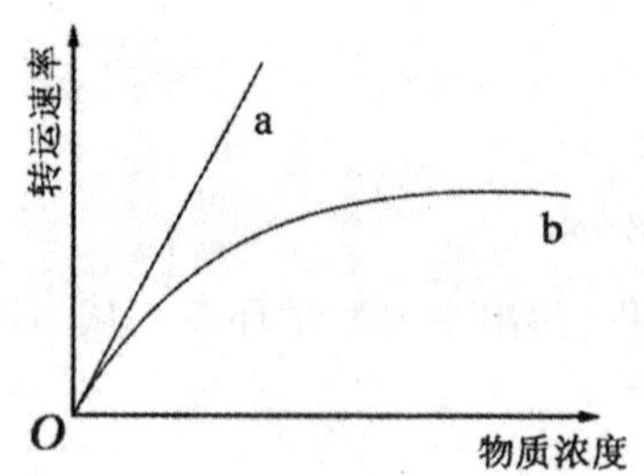

A. O_2通过a进行传输　　B. 低温只会影响a的物质传输

C. b表示物质逆浓度梯度的运输　　D. a为主动运输,b为协助扩散

5. 关于蓝藻的叙述,正确的是(　　)

A. 多种蓝藻群体聚集可形成水华　　B. 蓝藻是营腐生生活的异养生物

C. 蓝藻具有以核膜为界限的细胞核　　D. 蓝藻具有由纤维素和果胶形成的细胞壁

16. 某神经毒素主要分为α型和β型两种，α型毒素竞争性地与突触后膜上的乙酰胆碱受体结合，β型毒素抑制运动神经末梢释放乙酰胆碱，进而对神经信号传导产生阻断，如下图所示。下列叙述正确的是(　　)

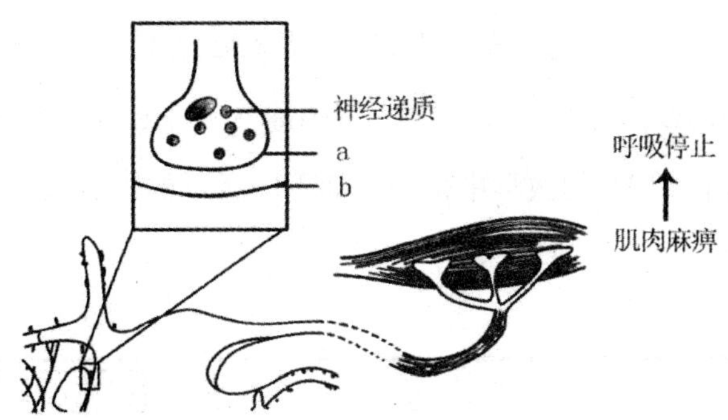

A. α型毒素在a处起作用　　B. β型毒素在b处起作用

C. α型和β型两种毒素作用效果相同　　D. α型和β型两种毒素作用机制相同

17. 关于酶、激素、抗体和神经递质的叙述，正确的是(　　)(易错)

A. 都是信号分子，发挥作用后都会失活

B. 都具有特异性，只能作用于特定的靶细胞

C. 能产生激素、抗体和神经递质的细胞一定能产生酶

D. 它们的合成都需要核糖体、内质网和高尔基体的参与

18. 下图是某地居民在1900～2000年的出生率和死亡率的曲线图，在此期间没有明显迁入和迁出活动，据此推断该地区人口数量在这一时期的变化趋势为(　　)

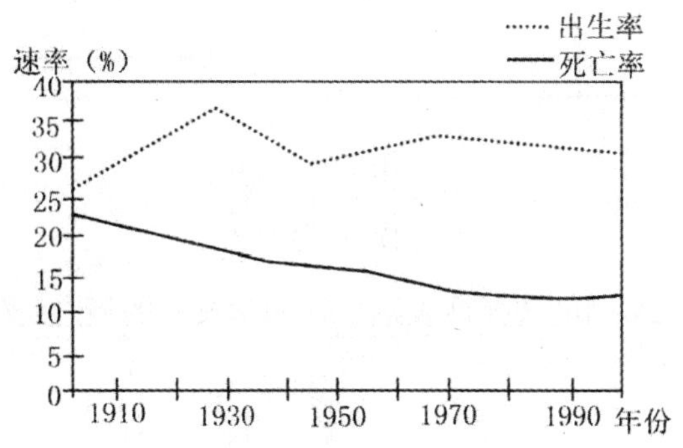

A. 持续增长　　B. 持续减少

C. 基本稳定　　D. 1930年以前增长，之后减少

19. 科学家使用现代生物技术，培育出一种乳汁中含有抗病蛋白的奶牛，实现该技术是通过(　　)

A. 向牛奶中添加外源抗病蛋白基因

B. 在奶牛幼崽的饲料中添加抗病蛋白

C. 向奶牛的乳腺中注射外源抗病蛋白基因

D. 在奶牛的受精卵DNA中插入外源抗蛋白基因

20. 关于试管婴儿技术,叙述正确的是(　　)

A. 试管婴儿技术依据的生物学原理是有性生殖

B. 试管婴儿技术利用了体外受精、转基因和胚胎移植等技术

C. 女性切除输卵管后,夫妻无法通过试管婴儿技术实现他们的生育愿望

D. 丈夫色觉正常,妻子患红绿色盲,通过试管婴儿技术可生下色觉正常的男孩

21. 教师在"细胞膜流动镶嵌模型"的教学中采用了如下图所示的"六步教学"。这样的"六步教学"属于(　　)

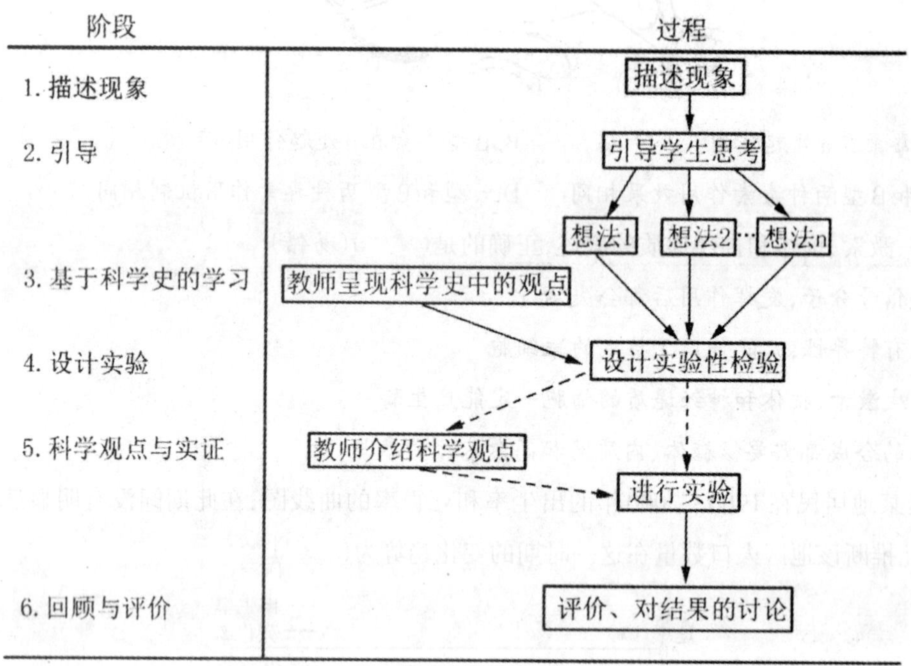

A. 教学方法　　　　B. 教学模式

C. 教学策略　　　　D. 教学理论

22. 某同学认为细胞分化导致基因的选择性表达。该同学具有的概念是(　　)(常考)

A. 重要概念　　　　B. 科学概念

C. 跨学科概念　　　　D. 前科学概念

23. 在"DNA的复制"一节的教学中,教师事先在云平台上上传自制的多段针对重、难点的微视频。学生在课前自主学习微视频,基础好的学生有选择地学习,基础较薄弱的学生通过重播和暂停强化记忆、加深理解。课堂上,教师根据学习效果,有针对性地讲解、答疑,指导学习,突破重难点。这样的教学着重体现的课程理念是(　　)

A. 面向全体学生　　　　B. 倡导探究性学习

C. 提高生物科学素养　　　　D. 加强与现实生活的联系

三、材料分析题(本大题共2小题,每小题20分,共40分)

28. 材料:

"翻转式教学"越来越广泛地应用于生物学课堂教学。某教师在"生态系统和生物圈"和"探索遗传物质的过程"的教学中对微视频的制作进行了如下思考并开展教学。

1. 在"生态系统和生物圈"一节的教学中,该教师最先直接使用亚马逊的纪录片进行导入,发现不能在2 min内展示尽可能多的物种及它们之间的捕食关系,同学们也认为亚马逊离自己比较遥远,兴趣不大。

针对这些问题,该教师决定采用"穿越"策略,借助卫星地球软件和录屏软件录制了一段空中俯视地面的动画视频。视频一开始展示的是学校的卫星俯视图,学生一眼就能看出是自己学校,然后视角迅速上升至远离地球的太空,最终降落到南美洲亚马逊雨林。教师再使用录屏软件将亚马逊雨林中动物猎食的视频片段进行剪辑和拼接,同时以游览亚马逊的解说词为基础设计生动形象的旁白,在短短2 min左右的时间内展现了尽可能多的物种,并在视频播放结束后,组织学生讨论微视频中涉及的捕食关系。

2. "探索遗传物质的过程"一节所涉及的三大实验年代跨度较大,每一个实验都是在前人的基础上进一步所做的研究。教材呈现给学生的是实验过程、实验结果以及结论,学生无法深入了解各个科学家的探究过程,因此该教师制作了微视频"时光隧道"带着学生穿越时空,来到19世纪。微视频以时间轴为主线,将时间轴设计成一条公路的形象,时间沿公路向前行,同时,在下方标记出美国内战、明治维新、甲午战争、一战、罗斯福新政、二战等11个著名的历史节点,与"时间公路"上方的科学史时间节点相对应,促使学生将新知识和熟悉的历史事件联系。每前行一段,"时间公路"上就会竖起一个路牌,每一个路牌就是一个时间点,路牌上标注了年代、科学家头像、科学家姓名、探究事迹等,按照时间的先后形象地展示了在探究历史的道路上,科学家是如何一步一步在前人的基础上获得突破的。

实际教学中,教师课前将上述微视频、本节课涉及的所有学习内容的微视频以及反馈评测题等其他相关数字化学习资源上传至网络,学生根据自身情况有选择地点播,学习过程中记录自己的问题和学习难点,学习后完成反馈评测题。在课堂上教师针对学生学习过程中呈现的问题进行精讲,对重要的共性问题组织讨论。由于学习形式新颖,教与学针对性更强,学生学习兴趣浓厚,学习效果好。

问题:

(1)结合材料举例分析微视频的优点。(12分)

(2)结合材料分析生物教学中开展翻转式教学的优点。(8分)

29. 材料：

我国某版本生物教材中关于绿叶中色素的提取和分离内容如下：

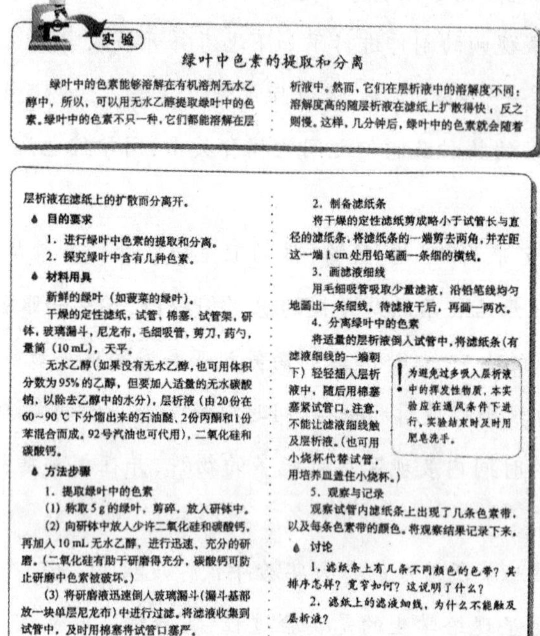

实验

绿叶中色素的提取和分离

绿叶中的色素能够溶解在有机溶剂无水乙醇中，所以，可以用无水乙醇提取绿叶中的色素。绿叶中的色素不只一种，它们都能溶解在层析液中。然而，它们在层析液中的溶解度不同：溶解度高的随层析液在滤纸上扩散得快，反之则慢。这样，几分钟后，绿叶中的色素就会随着层析液在滤纸上的扩散而分离开。

目的要求

1. 进行绿叶中色素的提取和分离。
2. 探究绿叶中含有几种色素。

材料用具

新鲜的绿叶（如菠菜的绿叶）。

干燥的定性滤纸，试管，棉塞，试管架，研钵，玻璃漏斗，尼龙布，毛细吸管，剪刀，药勺，量筒（10 mL），天平。

无水乙醇（如果没有无水乙醇，也可用体积分数为95%的乙醇，但要加入适量的无水碳酸钠，以除去乙醇中的水分），层析液（由20份在60～90 ℃下分馏出来的石油醚、2份丙酮和1份苯混合而成。92号汽油也可代用），二氧化硅和碳酸钙。

方法步骤

1. 提取绿叶中的色素

(1) 称取5 g的绿叶，剪碎，放入研钵中。

(2) 向研钵中放入少许二氧化硅和碳酸钙，再加入10 mL无水乙醇，进行迅速、充分的研磨。（二氧化硅有助于研磨得充分，碳酸钙可防止研磨中色素被破坏。）

(3) 将研磨液迅速倒入玻璃漏斗（漏斗基部放一块单层尼龙布）中进行过滤。将滤液收集到试管中，及时用棉塞将试管口塞严。

2. 制备滤纸条

将干燥的定性滤纸剪成略小于试管长与直径的滤纸条，将滤纸条的一端剪去两角，并在距这一端1 cm处用铅笔画一条细的横线。

3. 画滤液细线

用毛细吸管吸取少量滤液，沿铅笔线均匀地画出一条细线。待滤液干后，再画一两次。

4. 分离绿叶中的色素

将适量的层析液倒入试管中，将滤纸条（有滤液细线的一端朝下）轻轻插入层析液中，随后用棉塞塞紧试管口。注意，不能让滤液细线触及层析液。（也可用小烧杯代替试管，用培养皿盖住小烧杯。）

！为避免过多吸入层析液中的挥发性物质，本实验应在通风条件下进行，实验结束时及时用肥皂洗手。

5. 观察与记录

观察试管内滤纸条上出现了几条色素带，以及每条色素带的颜色。将观察结果记录下来。

讨论

1. 滤纸条上有几条不同颜色的色带？其排序怎样？宽窄如何？这说明了什么？

2. 滤纸上的滤液细线，为什么不能触及层析液？

国外某版本教材中相同主题的内容如下：

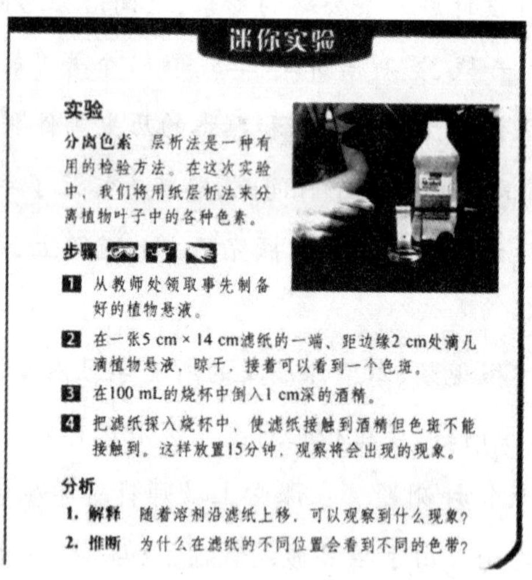

迷你实验

实验

分离色素　层析法是一种有用的检验方法。在这次实验中，我们将用纸层析法来分离植物叶子中的各种色素。

步骤

1 从教师处领取事先制备好的植物悬液。

2 在一张5 cm × 14 cm滤纸的一端，距边缘2 cm处滴几滴植物悬液，晾干，接着可以看到一个色斑。

3 在100 mL的烧杯中倒入1 cm深的酒精。

4 把滤纸探入烧杯中，使滤纸接触到酒精但色斑不能接触到。这样放置15分钟，观察将会出现的现象。

分析

1. 解释　随着溶剂沿滤纸上移，可以观察到什么现象？

2. 推断　为什么在滤纸的不同位置会看到不同的色带？

问题：

(1)比较两个版本教材中实验的主要差异。(10分)

(2)根据上述比较，分析该实验教学应注意的要点。(10分)

5. 下图为二倍体百合($2n$=24)减数分裂过程中的细胞图像,下列叙述正确的是(　　)

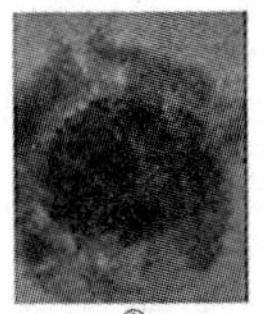
①
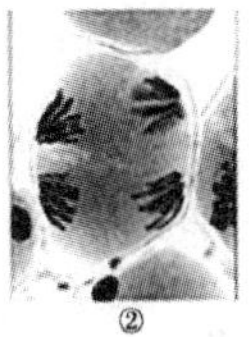
②

③
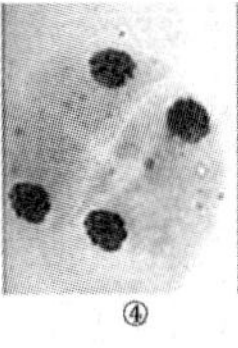
④

⑤

A. 图③所示细胞中,非等位基因可能发生重组

B. 图⑤所示细胞中,移向两极的基因组成相同

C. 图②所示细胞中,同源染色体分离,染色体数目减半

D. 上述细胞分裂图像按进行时序排序是①→⑤→③→④→②

6. 关于消化与吸收,下列叙述不正确的是(　　)

A. 唾液和小肠液都参与米饭的消化

B. 胆汁中含有的脂肪酶能将脂肪分解为脂肪酸和甘油

C. 胃中初步消化蛋白质,是因为胃液中含有消化蛋白质的酶

D. 小肠内壁有很多皱襞及绒毛,扩大了吸收营养物质的表面积

7. 属于血液遗传病的是(　　)(易混)

A. 白血病　　B. 白化病

C. 血友病　　D. 败血症

8. 为防止粮食腐败变质,应采取的保存方法是(　　)(常考)

①高温　　②低温　　③保持干燥

④保持湿润　　⑤暴露空气中　　⑥隔绝空气

A. ①③⑤　　B. ②③⑥　　C. ②④⑥　　D. ①④⑤

9. 具有m个氨基酸,n条肽链的蛋白质分子,其肽键的数目是(　　)

A. $m+n$　　B. $m-n$

C. $m-1$　　D. $m-1+n$

10. 线粒体内不具有的化学物质是(　　)

A. DNA　　B. 磷脂

C. 色素　　D. 蛋白质

11. 右图为植物在不同的CO_2环境条件下,光合速率受光照强度影响的变化曲线。下列叙述不正确的是(　　)

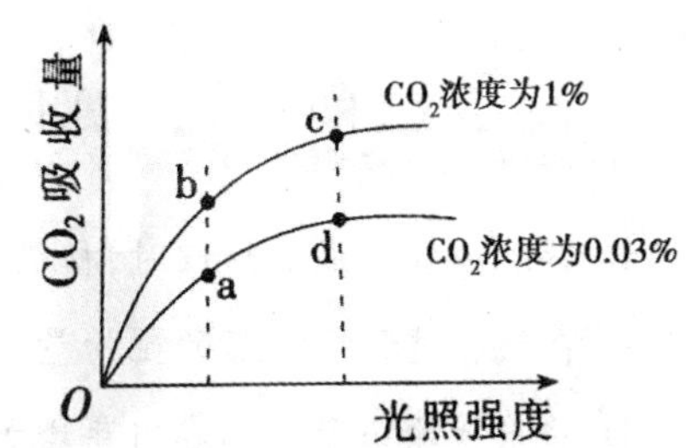

A. a点的主要限制因素为光照强度和CO_2浓度

B. b点的主要限制因素为光照强度和CO_2浓度

C. c点的限制因素可能为酶的数量和酶的活性

D. d点的主要限制因素为光照强度和CO_2浓度

12. 关于三倍体无子西瓜与无子番茄的培育过程,下列叙述正确的是(　　)

A. 无子西瓜通过低温进行诱变育种

B. 无子西瓜因有丝分裂异常不能形成种子

C. 无子番茄组培苗成活后无法再结出番茄

D. 无子番茄的培育需给未授粉的雌花喷洒生长素并套袋

13. 右图表示通过突触传递信息的示意图,下列叙述正确的是(　　)

A. ①内的神经递质以胞吐方式释放

B. ②处发生化学信号转变为电信号

C. ③对神经递质的识别不具有专一性

D. ④一定是某一个神经元的树突膜

14. 水稻患"恶苗病"后,会出现疯长,比正常植株高50%以上,结实率降低。引起此现象的物质是(　　)(易混)

A. 乙烯　　B. 赤霉素

C. 生长素　　D. 细胞分裂素

15. 下列生物实验中实验材料的选择,不正确的是(　　)

A. 利用酵母菌探究细胞呼吸的方式

B. 利用花生子叶鉴定生物组织中的脂肪

C. 利用新鲜的藓类叶片观察叶绿体的形态

D. 利用过氧化氢酶探究温度对酶活性的影响

16. 果酒制作需要利用的微生物是(　　)(常考)

A. 乳酸菌　　B. 醋酸菌　　C. 酵母菌　　D. 枯草杆菌

17. 初级生产量是指生产者所固定的能量,生物量是指净生产量在某一调查时刻前的积累量。下图显示了森林群落演替过程中初级生产量和呼吸量的变化。下列叙述不正确的是(　　)

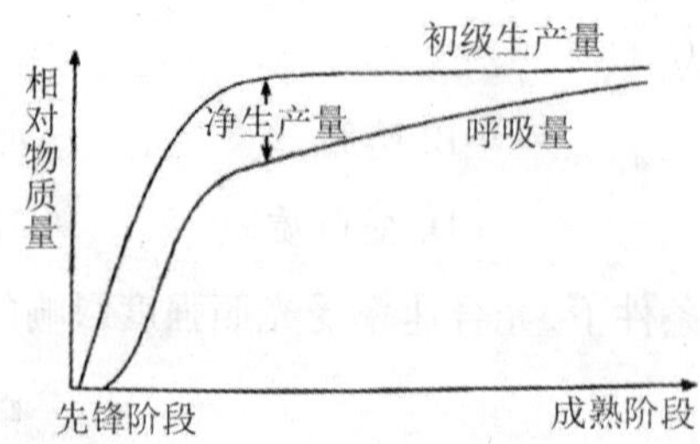

A. 呼吸量是指群落中生产者和各级消费者呼吸作用的总量

B. 群落演替至成熟阶段时,初级生产量与呼吸量大致相等

C. 在演替过程中群落的生物量不断增加,最终达到最大并保持稳定

D. 将采伐输出量控制在当年增加的生物量以内,可保持原有演替方向

二、简答题(本大题共2小题,每小题15分,共30分)

26. 下图为人体内甲状腺激素分泌的调节示意图,其中①、②表示相关的激素。

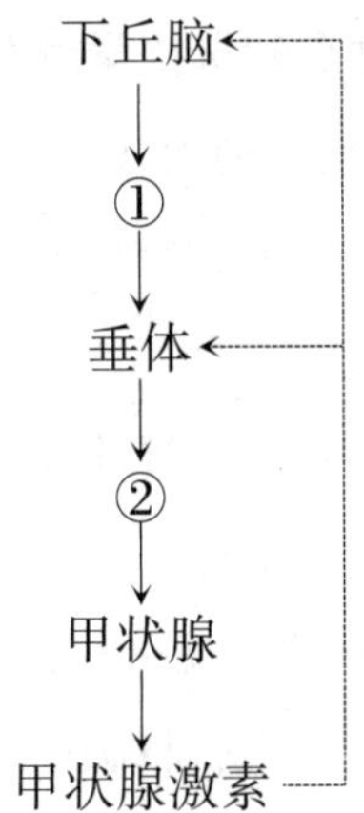

回答问题:

(1)激素①的名称是________,激素②的名称是________。(6分)

(2)血液中甲状腺激素的含量增加到一定程度时,就会抑制下丘脑和垂体的分泌活动,这种调节方式称为________调节。若受到外界寒冷刺激时,人体血液中甲状腺激素的含量将会________。(6分)

(3)某患者体内甲状腺激素偏低,当注射激素①后,血清中激素②含量未出现明显变化,则病变的器官可能是图中的________。(3分)

27. 豌豆素是野生型豌豆产生的一种抵抗真菌侵染的化学物质。研究人员对纯种野生型豌豆进行诱变处理,培育出两个不能生产豌豆素的纯种(品系甲、品系乙)。下图是对其遗传特性的研究实验,多次重复实验均获得相同的实验结果。

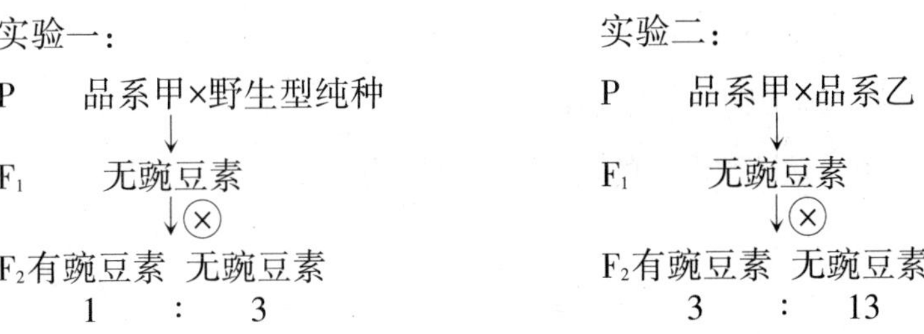

回答问题:

(1)控制品系甲与品系乙无法产生豌豆素的是________对等位基因。品系甲和品系乙的基因型分别为________和________(有无豌豆素若由一对等位基因控制用A、a表示,若由两对等位基因控制用A、a和B、b表示,以此类推)。(9分)

(2)利用图中的材料设计杂交实验进一步验证上述推测,要求简要写出过程并预测实验结果。

杂交方案:____。

实验结果:____。(6分)

三、材料分析题(本大题共2小题,每小题20分,共40分)

28. 材料:

"达尔文自然选择学说"的教学片段

(1)教师首先在黑板上粘贴一幅手绘鱼的图案。

(2)给每个学生发5张白纸,要求他们在2分钟内完成一幅临摹手绘鱼的复制图作为第一代。

(3)收集所有学生的临摹复制图。

(4)选择其中一幅画作为第二代的临摹复制模板,确定一个形态特征作为选择方向,例如:体型最长。

(5)要求学生在2分钟内依照第二代临摹复制模板进行第二次临摹复制。

(6)再收集所有学生第二次的临摹复制图,根据体型最长的选择方向做第三代定向选择。

(7)依此类推,每临摹复制完成一代,马上就选择新一代临摹复制模板,贴在黑板上。如果把学生每一代复制的手绘图都保留下来,选择方向就会明显,学生的复制也会慢慢变得比较夸张。

(8)停止练习,在黑板上张贴教师的手绘图。每一代选出的模板鱼以及每一代相对于其临摹复制模板产生的变异范例见下图。

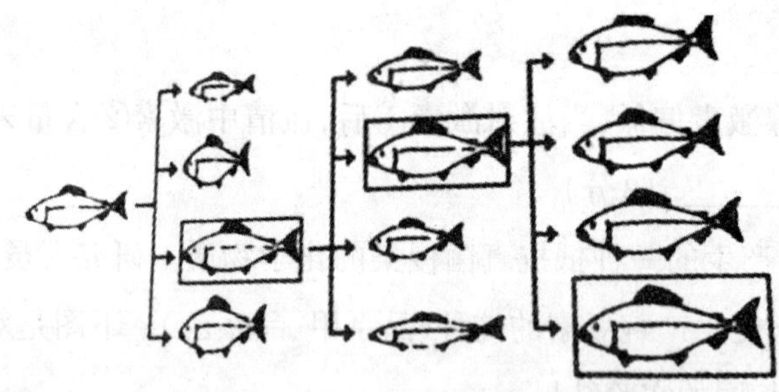

问题:

(1)材料中的教学活动具有哪些优点?(10分)

(2)结合材料,指出"活动教学"设计的基本要求。(10分)

29. 材料:

"DNA是遗传物质"的教学片段

一、课件展示

很早以前,大家一致认为,被视为生命中心成分的蛋白质是遗传物质,理由是蛋白质一方面对

朝上)。丙拿着剩下的4张“糖卡”(正面朝下),代表储存的糖原。乙保管“胰岛素卡”和“胰高血糖素卡”。

▲活动步骤

1. 模拟吃饭后的反应。甲将2张“糖卡”放到桌子上。讨论该怎样做才能恢复正常血糖水平,并由乙、丙尝试用卡片进行操作。

2. 模拟运动时的反应。甲从桌子上拿走1张正面朝上的“糖卡”。讨论这时又该怎样做才能恢复正常血糖水平,并由乙、丙尝试用卡片进行操作。

▲分析与结论

1. 乙代表什么器官?

2. 当血糖水平升高时,胰岛是怎样反应的?反应的结果怎样?当血糖水平降低时呢?

请根据活动中所理解的体内对血糖水平进行调节的机制,用自己的语言说出胰岛素和胰高血糖素是怎样调节血糖含量的。画出血糖调节的图解式模型。如果有条件,可以在计算机上制作出具有动态效果的模型。

▲交流

与其他小组交流构建模型的过程和结果,相互借鉴,并就活动过程中发现的问题进行讨论。

▲应用模型进行分析

当身体不能产生足够的胰岛素时,将会发生什么情况?

模拟活动的场景

要求:

(1)设计血糖调节的图解式模型。(10分)

(2)设计“建立血糖调节的模型”的教学过程。(20分)

2015年上半年中小学教师资格考试真题试卷

《生物学科知识与教学能力》(高级中学)

注意事项:

1. 考试时间为120分钟,满分为150分。

2. 请按规定在答题卡上填涂、作答。在试卷上作答无效,不予评分。

一、单项选择题(本大题共25小题,每小题2分,共50分)

在每小题列出的四个备选项中只有一个是符合题目要求的,请用2B铅笔把答题卡上对应题目的答案字母按要求涂黑。错选、多选或未选均无分。

1. 酶的效应是(　　)

A. 提高产物总量　　B. 降低反应速率

C. 提高反应物的能量水平　　D. 降低反应所需的活化能

2. 细胞内外Ca^{2+}分布具有外高内低的特点,那么Ca^{2+}从细胞内向细胞外的运输方式是(　　)

A. 自由扩散　　B. 协助扩散

C. 主动运输　　D. 胞吐作用

3. RNA和DNA水解的终产物中(　　)(易错)

A. 五碳糖相同,嘧啶碱基不同　　B. 五碳糖相同,嘌呤碱基不同

C. 五碳糖不同,嘧啶碱基相同　　D. 五碳糖不同,嘌呤碱基相同

4. 大肠杆菌没有的结构是(　　)

A. 核膜　　B. 核糖体

C. 细胞壁　　D. 环状DNA

5. 下列物质不属于生物大分子的是(　　)

A. DNA　　B. 蛋白质

C. 纤维素　　D. 核苷酸

6. 下列关于叶绿素的叙述,错误的是(　　)

A. 叶绿素a和叶绿素b都含有镁元素

B. 被叶绿素吸收的光可用于光合作用

C. 叶绿素a和叶绿素b在红光区的吸收峰值不同

D. 植物叶片呈现绿色是由于叶绿素能有效地吸收绿光

17. 抗体的化学本质是(　　)

A. 多糖　　B. 核酸

C. 蛋白质　　D. 类固醇

18. 两个动物种群(N_1、N_2)的数量变化如下图所示,据图判断这两个种群的关系是(　　)

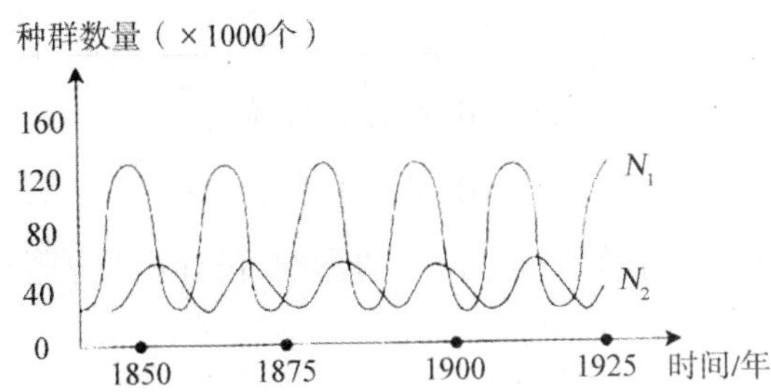

A. 捕食关系,N_1为捕食者,N_2为被捕食者

B. 捕食关系,N_2为捕食者,N_1为被捕食者

C. 共生关系,N_1、N_2彼此依赖,相互有利

D. 竞争关系,N_1为竞争中的胜者,N_2为失败者

19. 关于种群特征和种群数量变化的叙述,正确的是(　　)

A. 样方法可用于估算某些动物的种群密度

B. 当种群数量达到$K/2$时种群的出生率最大

C. 迁入大量同种个体会使该种群的K值增大

D. 幼年个体很多,老年个体很少的种群属于衰退型

20. 在"DNA的粗提取"实验中,不能作为实验材料的是(　　)

A. 花椰菜　　B. 蚕豆根尖

C. 新鲜猪血　　D. 新鲜鸡血

21. 在"探究肝脏中过氧化氢酶的最适pH"教学中,使用下图所示的工作单进行评价,该评价属于(　　)

"探究肝脏中过氧化氢酶的最适pH"工作单

提出问题:pH对酶活性有一定的影响,肝脏中含有过氧化氢酶,能够催化H_2O_2分解,生成O_2和H_2O。肝脏中过氧化氢酶的最适pH是多少?

装置:

自变量________________　　因变量________________

实施方案:________________________________

____

得出结论:________________________________

方案再完善:(假如再次探究,你会从哪些方面怎样完善你的方案)

____

A. 过程性评价　　B. 终结性评价

C. 诊断性评价　　D. 鉴定性评价

22. 某教师研究一种新的教学模式对学生学习行为的影响,设计相关表格记录学生的课堂学习行为。这种研究方法属于(　　)

A. 实验法　　B. 观察法　　C. 访谈法　　D. 调查法

23. 在学习"光合作用的发现历程"时,某教师首先呈现亚里士多德的观点:"植物体是由'土壤汁'构成的,即植物生长发育所需要的物质完全来自土壤。"接着提问"亚里士多德的观点正确吗?"这样的提问属于(　　)

A. 理解提问　　B. 综合提问

C. 分析提问　　D. 评价提问

24. 某省的生物高考满分为120分,某同学得了55分,最终成绩单上给出的成绩是"B"。这样的考试属于(　　)

①纸笔测验　　②终结性评价

③标准参照型考试　　④常模参照型考试

A. ①③　　B. ②③　　C. ①②③　　D. ①②④

25. 学生培养酵母菌,定期测量酵母菌的种群数量,最后画出了酵母菌种群增长的"S"型曲线。这个学习活动构建的是(　　)

A. 物理模型　　B. 数学模型

C. 概念模型　　D. 图表模型

二、简答题(本大题共2小题,每小题15分,共30分)

26. 牛的毛色有黑色和棕色,由一对等位基因控制。如果两头黑牛交配产下一头棕色子牛。问题:

(1)牛的毛色中________色是显性性状。若用B与b表示牛毛色的显性基因和隐性基因,上述两头黑牛的基因型分别是________。(6分)

(2)若上述两头黑牛交配产下一头黑色子牛,该子牛是纯合子的概率是________。要判断这头黑色子牛是纯合子还是杂合子,宜选用毛色为________的牛与其交配。(6分)

(3)某黑色雄牛与多头雌牛交配,共产下20头子牛,若子牛全是黑色,则此雄牛的基因型最可能是________。(3分)

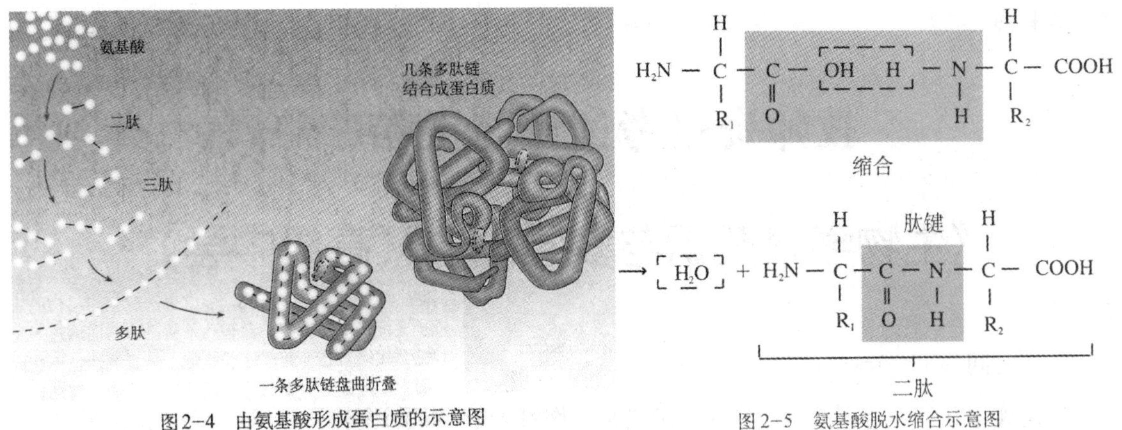

图2-4　由氨基酸形成蛋白质的示意图

图2-5　氨基酸脱水缩合示意图

氨基酸分子互相结合的方式是：一个氨基酸分子的羧基(—COOH)和另一个氨基酸分子的氨基(—NH_2)相连接，同时脱去一分子水，这种结合方式叫做脱水缩合。连接两个氨基酸分子的化学键(—NH—CO—)叫做肽键。由两个氨基酸分子缩合而成的化合物，叫做二肽(图2-5)。

以此类推，由多个氨基酸分子缩合而成的，含有多个肽键的化合物，叫做多肽。多肽通常呈链状结构，叫做肽链。肽链能盘曲、折叠，形成有一定空间结构的蛋白质分子。许多蛋白质分子含有几条肽链，它们通过一定的化学键互相结合在一起。这些肽链不呈直线，也不在同一个平面上，形成更为复杂的空间结构。例如，胰岛素是一种蛋白质，含两条肽链，它的空间结构如图2-6。

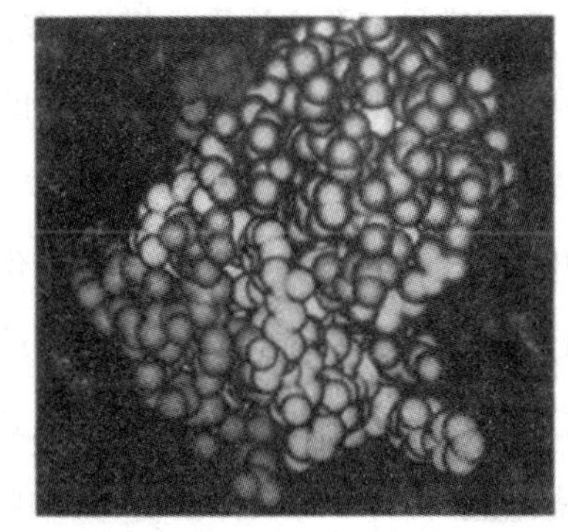

图2-6　某种胰岛素空间结构示意图

在细胞内，每种氨基酸的数目成百上千，氨基酸形成肽链时，不同种类氨基酸的排列顺序千变万化，肽链的盘曲、折叠方式及其形成的空间结构千差万别，因此，蛋白质分子结构是极其多样的。这就是细胞中蛋白质种类繁多的原因。

要求：

(1)设计上述材料的教学目标。(15分)

(2)为检测教学目标的达成情况，设计3道备选项为四项的单项选择题，并给出答案。(15分)

机密★启封前　　　　姓名________ 准考证号________

教师资格考试预测试卷(一)

《生物学科知识与教学能力》(高级中学)

注意事项:

1. 考试时间为120分钟,满分为150分。
2. 请按规定在答题卡上填涂、作答。在试卷上作答无效,不予评分。

一、单项选择题(本大题共25小题,每小题2分,共50分)

在每小题列出的四个备选项中只有一个是符合题目要求的,请用2B铅笔把答题卡上对应题目的答案字母按要求涂黑。错选、多选或未选均无分。

1. 下列有关细胞物质的叙述,正确的是(　　)

A. 致癌因子诱发细胞DNA发生改变可导致细胞癌变

B. 组成蛋白质、糖原和淀粉的单体都具有多样性

C. 核糖体与酶、抗体、激素、神经递质的合成都有关

D. DNA是细胞内的遗传物质,是通过格里菲思的肺炎双球菌转化实验证明的

2. 盐碱地中生活的某种植物,其细胞的液泡膜上有一种载体蛋白,能将细胞质基质中的Na^+逆浓度梯度运入液泡,以降低Na^+对细胞质基质中酶的伤害。下列叙述错误的是(　　)

A. Na^+由细胞质基质进入液泡的过程属于主动运输

B. Na^+进液泡的过程体现液泡膜的选择透过性

C. 该载体蛋白作用的结果有助于提高植物的耐盐性

D. 该载体蛋白作用的结果不利于增强细胞吸水能力

3. 有些作物的种子入库前需要经过风干处理,与风干前相比,下列说法错误的是(　　)

A. 风干种子中有机物的消耗减慢

B. 风干种子上微生物不易生长繁殖

C. 风干种子中细胞呼吸作用的强度高

D. 风干种子中结合水与自由水的比值大

4. 猴的下列各组细胞中,肯定都有Y染色体的是(　　)

A. 受精卵和次级精母细胞　　B. 精子和雄猴的上皮细胞

C. 受精卵和初级精母细胞　　D. 初级精母细胞和雄猴的肌肉细胞

B. 图②表示某动物睾丸内的减数分裂，此细胞产生Aa精子的概率是0

C. 图③是某高等雌性动物体内的一个细胞，一定代表的是卵细胞

D. 图②、③所示细胞的染色体行为分别对应于图④中的BC、DE段

15. 现代生物进化理论是在达尔文自然选择学说的基础上发展起来的，现代生物进化理论对自然选择学说的完善和发展表现在（　　）

①突变和基因重组产生进化的原材料　②种群是进化的基本单位

③自然选择是通过生存斗争实现的　④自然选择决定生物进化的方向

⑤生物进化的实质是基因频率的改变　⑥隔离导致物种的形成

⑦适者生存，不适者被淘汰

A. ②④⑤⑥⑦　B. ②③④⑥

C. ①②⑤⑥　D. ①②③⑤⑦

16. 如下图为某家族的遗传系谱图，在该地区的人群中，甲病基因携带者占健康者的30%，则甲病的遗传特点及S同时患两种疾病的概率为（　　）

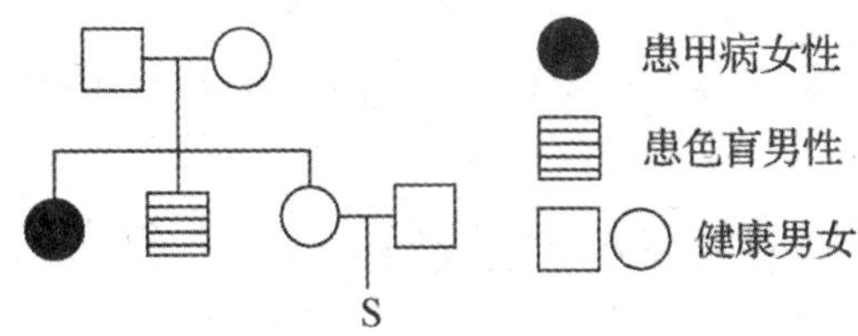

A. 常染色体显性遗传；25%　B. 常染色体隐性遗传；0.625%

C. 常染色体隐性遗传；1.25%　D. 伴X染色体隐性遗传；25%

17. 下图表示有氧呼吸过程，下列有关说法正确的是（　　）

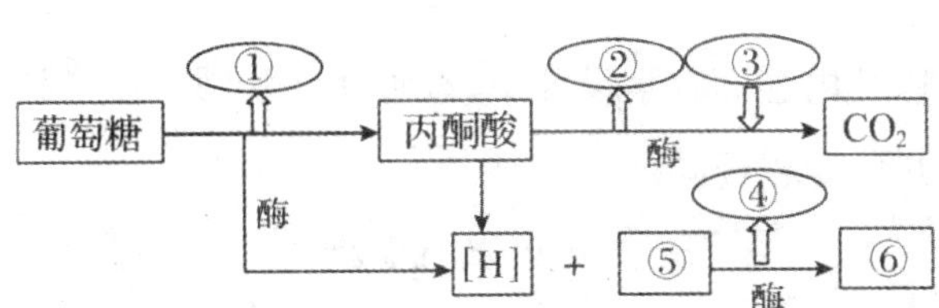

A. ①②④中能量数值最大的是①　B. ③代表的物质名称是氧气

C. 产生①②的场所是线粒体　D. 部分原核生物能完成图示全过程

18. 下列关于酒精的作用，描述正确的一项是（　　）

A. 观察植物细胞有丝分裂需要用酒精和盐酸1∶1混合液进行解离

B. 用甲基绿对DNA进行染色前，需用酒精使DNA与蛋白质分离

C. 鉴定花生子叶中的脂肪，用苏丹Ⅲ染色后需用无水乙醇洗去浮色

D. 使用健那绿对线粒体染色，需用酒精改变细胞膜的通透性使染色剂更容易进入细胞

19. 种群密度是种群的数量特征之一。下列叙述错误的是(　　)

A. 种群的S型增长是受资源因素限制而呈现的结果

B. 某林场中繁殖力极强的老鼠种群数量的增长会受密度制约

C. 鱼塘中某种鱼的养殖密度不同时,单位水体该鱼的产量有可能相同

D. 培养瓶中细菌种群数量达到K值前,密度对其增长的制约逐渐减弱

20. 对于一个结构和功能处于恢复过程中的生态系统,下列推论错误的是(　　)

A. 适当的物质和能量投入可加快生态系统的恢复

B. 随着生物多样性的提高,系统的自我调节能力增强

C. 恢复后的生态系统,其结构和功能可接近受损前的状态

D. 生物多样性提高后,某营养级的能量可全部流入下一营养级

21. “有人没吃早餐晕倒了,医生给他注射葡萄糖。为什么要注射葡萄糖?下面我们就来学习细胞中的糖类。”这种导入类型是(　　)

A. 复习导入　　B. 设疑导入

C. 实验导入　　D. 故事导入

22. 教师在讲授“蛋白质的结构和功能”时,采用概念图的形式进行小结,这种结束方式属于(　　)

A. 系统归纳　　B. 比较异同

C. 领悟主题　　D. 巩固练习

23. 如下所示题目的评价层次属于(　　)

简答题 请简要分析植物的光合作用与呼吸作用的联系。

A. 知道　　B. 识记　　C. 理解　　D. 应用

24. 在“细胞核是遗传信息库”内容的教学设计中,教师在互联网上搜索到部分有利于学生学习的图片、动画和视频。这利用的课程资源是(　　)

A. 教师资源　　B. 教材资源

C. 学生资源　　D. 网络资源

25. 某中学生物教师准备探查该校学生对生物学课程的态度,他应该选择的最佳工具是(　　)

A. 检核表　　B. 档案袋

C. 评价量表　　D. 观察和轶事记录

二、简答题(本大题共2小题,每小题15分,共30分)

26. 家猫中有很多对性状值得人们关注和研究,如有尾与无尾(由一对等位基因A、a控制)、眼睛的黄色与蓝色(由另一对等位基因B、b控制)。在上述两对性状中,其中某一对性状的纯合基因型的合子不能完成胚胎发育。现从家猫中选择多只表现型相同的雌猫和多只表现型相同的雄猫作亲本,

四、教学设计题(本大题共1小题,共30分)

30. 阅读材料,根据要求完成教学设计。

在某版本高中生物教材"细胞生活的环境"一节中,"内环境是细胞与外界环境进行物质交换的媒介"部分的教科书内容如下:

内环境是细胞与外界环境进行物质交换的媒介

细胞作为一个开放系统,可以直接与内环境进行物质交换:不断获取进行生命活动所需要的物质,同时又不断排出代谢产生的废物,从而维持细胞正常的生命活动(图1-3)。

内环境又是如何与外界环境进行物质交换的呢?

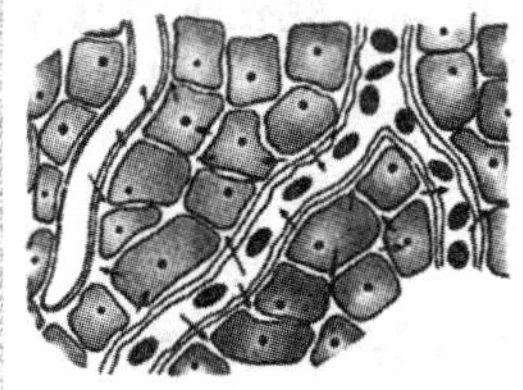

图1-3 细胞直接与内环境进行物质交换

思考与讨论

结合初中学过的人体消化、呼吸、循环、排泄等知识,和同学讨论以下问题:

1. 维持渗透压的 Na^+ 和 Cl^- 以及葡萄糖、氨基酸等物质是经过哪些途径进入内环境的?
2. 参与维持pH的 HCO_3^- 是怎样形成的?这与体内哪些系统的活动有关?
3. 细胞外液的温度能够保持稳定的根本原因是什么?试推测哪些器官和系统参与了体温的维持?
4. 体内细胞产生的代谢废物,如尿素和 CO_2 是怎样从内环境排到体外的?
5. 通过以上讨论,是否增进了你对本章首页题诗的理解?

通过讨论可以看出,内环境与外界环境的物质交换过程,需要体内各个器官、系统的参与,同时,细胞和内环境之间也是相互影响、相互作用的。细胞不仅依赖于内环境,也参与了内环境的形成和维持。

技能训练

构建人体细胞与外界环境的物质交换模型

联系必修1所学过的细胞内物质的输入和输出的内容,以及初中所学过的消化、呼吸、循环、泌尿系统等知识,尝试以图解或计算机制作演示文稿、flash动画等不同形式,用模式化的方法模拟和展示人体细胞与内环境、内环境与外界环境进行物质交换的大致过程。

要求:

(1)按照教材要求,设计一个人体细胞与外界环境的物质交换模型。(10分)

(2)根据材料中"思考与讨论",设计一个引导学生分组进行交流讨论的教学过程,完成模型制作。(20分)

机密★启封前　　　　　　　　　　　　　　　　　　　　姓名________　准考证号________

教师资格考试预测试卷(二)

《生物学科知识与教学能力》(高级中学)

注意事项:

1. 考试时间为120分钟,满分为150分。

2. 请按规定在答题卡上填涂、作答。在试卷上作答无效,不予评分。

一、单项选择题(本大题共25小题,每小题2分,共50分)

在每小题列出的四个备选项中只有一个是符合题目要求的,请用2B铅笔把答题卡上对应题目的答案字母按要求涂黑。错选、多选或未选均无分。

1. 下列关于细胞中化合物及其化学键的叙述,正确的是(　　)

A. tRNA分子中含有一定数量的氢键

B. 每个ADP分子中含有两个高能磷酸键

C. 血红蛋白中不同肽链之间通过肽键连接

D. DNA的两条脱氧核苷酸链之间通过磷酸二酯键连接

2. 在叶肉细胞中,CO_2的固定和产生场所分别是(　　)

①叶绿体基质　　②类囊体薄膜　　③线粒体基质　　④线粒体内膜

A. ①③　　B. ②③　　C. ①④　　D. ②④

3. 下列与细胞相关的叙述,正确的是(　　)

A. 核糖体、溶酶体都是具有膜结构的细胞器

B. 酵母菌的细胞核内含有DNA和RNA两类核酸

C. 蓝藻细胞的能量来源于其线粒体有氧呼吸过程

D. 在叶绿体中可进行CO_2的固定但不能合成ATP

4. 一条由39个氨基酸形成的环状多肽,其中有4个谷氨酸(R基为$-CH_2-CH_2-COOH$),则该多肽(　　)

A. 有38个肽键　　B. 可能没有游离氨基

C. 至少有5个游离羧基　　D. 至多有36种氨基酸

5. 关于动物的结构特征及其功能的叙述不正确的是(　　)

A. 蜘蛛的体表有坚韧的外骨骼,限制了呼吸运动

B. 水螅的身体呈辐射对称,可以从各个方向捕获猎物

18. 我国生物多样性较低的西部沙漠地区生长着一种叶退化的药用植物锁阳，该植物依附在另一种植物小果白刺的根部生长，从其根部获取营养物质。下列相关叙述正确的是(　　)

A. 锁阳与小果白刺的种间关系为捕食

B. 该地区生态系统的自我调节能力较强，恢复力稳定性较高

C. 种植小果白刺等沙生植物固沙体现了生物多样性的间接价值

D. 锁阳因长期干旱定向产生了适应环境的突变，并被保留下来

19. 乙肝疫苗的有效成分是乙肝病毒的一种抗原。接种该疫苗后，人体会产生相应抗体。该抗体(　　)

A. 由T淋巴细胞产生　　B. 可与多种抗原结合

C. 可裂解乙肝病毒　　D. 可被蛋白酶水解

20. 下列关于培育生物新品种的叙述，不正确的是(　　)

A. 培育三倍体转基因植物可以防止基因污染

B. 基因工程育种的原理是基因突变

C. 单倍体育种的优点是明显缩短育种年限

D. 多倍体育种得到的新品种结实率较低

21. 应用变化技能的原则并不强调(　　)

A. 针对学生的特点　　B. 引起学生的注意

C. 注意反馈和调节　　D. 与其他技能的连接

22. “没有动手做”而应用探究方法的探究是(　　)

A. 实验式探究　　B. 发现式探究

C. 设疑式探究　　D. 推理式探究

23. 在“探究不同温度对酶活性的影响”实验中，温度和pH分别属于(　　)

A. 自变量和因变量　　B. 因变量和无关变量

C. 自变量和无关变量　　D. 自变量和自变量

24. 教师就自己设计的一个教案在生物学论坛上征求同行的意见，其利用的资源属于(　　)

A. 社区资源　　B. 网络资源　　C. 学生资源　　D. 教师资源

25. “举例说明共同进化和生物多样性形成的原因”是“现代生物进化理论的主要内容”一节的教学目标之一。关于该目标，下列叙述正确的是(　　)

A. 该目标是知识目标，属于了解水平

B. 该目标是知识目标，属于理解水平

C. 该目标是能力目标，属于独立操作水平

D. 该目标是情感态度与价值观目标，属于反应水平

二、简答题(本大题共2小题,每小题15分,共30分)

26. 甲、乙两图都表示细胞呼吸强度与氧气浓度的关系(呼吸底物为葡萄糖)。据图分析回答:

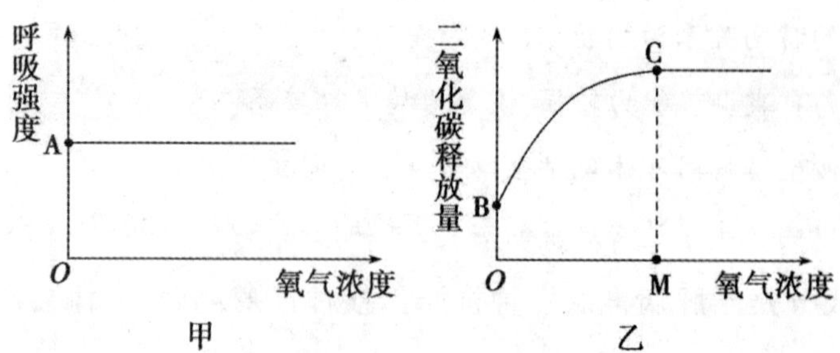

(1)图甲所示细胞的呼吸方式最可能是________,如果呼吸强度不能用CO_2的释放量表示,原因是________。(6分)

(2)图乙中B点的CO_2来自________(填细胞结构),当O_2浓度达到M点以后,CO_2释放量不再继续增加的内因是________。(6分)

(3)温室生产过程中,施用有机肥比单纯施用化肥具有明显的增产效果。试从碳素营养的角度分析其中的原因是________。(3分)

27. 甲、乙是染色体数目相同的两种二倍体药用植物,甲含有效成分A,乙含有效成分B。某研究小组拟培育同时含有A和B的新型药用植物,回答下列问题:

(1)为了培育该新型药用植物,可取甲和乙的叶片,先用________酶和________酶去除细胞壁,获得具有活力的________,再用化学诱导剂诱导二者融合。形成的融合细胞进一步培养形成________组织,然后经过________形成完整的杂种植株。这种培育技术称为________。(12分)

(2)上述杂种植株属于多倍体,多倍体是指________。假设甲与乙有性杂交的后代是不育的,而上述杂种植株是可育的,造成这种差异的原因是________。(2分)

(3)这种杂种植株可通过制作人工种子的方法来大量繁殖。经植物组织培养得到的________等材料用人工薄膜包装后可得到人工种子。(1分)

三、材料分析题(本大题共2小题,每小题20分,共40分)

28. 下图是某教师设计的"光合作用的过程"一课的板书:

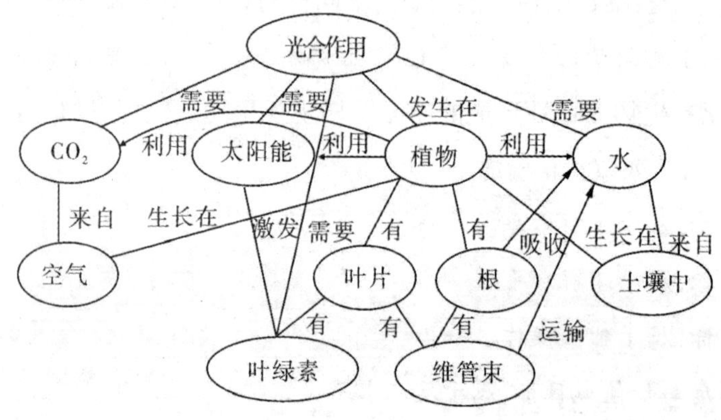

四、教学设计题(本大题共1小题,共30分)

30. “细胞增殖”是人教版高中生物必修一第六章第一节的内容。《普通高中生物课程标准》(实验)对其要求为:“简述细胞的生长和增殖的周期性;描述细胞的无丝分裂;观察细胞的有丝分裂并概述其过程”。左下图为教材中“问题探讨”栏目的图片,右下图为教材中“本节聚焦”栏目中的内容。请以此作为参考。

要求:

(1)设计一个新课导入环节。(12分)

(2)确定本节课的教学目标以及教学重难点。(18分)

象与鼠

本节聚焦

- 细胞为什么不能无限长大?
- 细胞通过什么方式增殖?
- 什么叫做细胞周期?
- 细胞有丝分裂的过程是怎样的?它有什么生物学意义?
- 细胞的无丝分裂有什么特点?

机密★启封前　　　　　　　　　　　　　　　姓名________　准考证号________

教师资格考试预测试卷(三)

《生物学科知识与教学能力》(高级中学)

注意事项:

1. 考试时间为120分钟,满分为150分。
2. 请按规定在答题卡上填涂、作答。在试卷上作答无效,不予评分。

一、单项选择题(本大题共25小题,每小题2分,共50分)

在每小题列出的四个备选项中只有一个是符合题目要求的,请用2B铅笔把答题卡上对应题目的答案字母按要求涂黑。错选、多选或未选均无分。

1. 关于植物细胞主动运输吸收所需矿质元素离子的叙述,正确的是(　　)

A. 吸收不同矿质元素离子的速率都相同

B. 低温不影响矿质元素离子的吸收速率

C. 主动运输吸收矿质元素离子的过程只发生在活细胞中

D. 叶肉细胞不能以主动运输的方式吸收矿质元素离子

2. 下列属于内环境的是(　　)

A. 淋巴管内的液体　　　　B. 输尿管内的液体

C. 汗腺导管内的液体　　　D. 消化管内的液体

3. 下列有关细胞呼吸作用原理的应用正确的是(　　)

A. 提倡慢跑等有氧运动的原因之一是体内不会因剧烈运动产生大量的酒精而对细胞产生伤害

B. 对于植物来说,土壤板结应及时松土透气,促进根系有氧呼吸,防止植物无氧呼吸产生乳酸损伤根系

C. 利用麦芽、葡萄、粮食和酵母菌以及发酵罐等,在控制通气的情况下,可以生产酒

D. 包扎伤口时,需选用松软的创可贴,否则破伤风杆菌容易感染伤口表面并大量繁殖

4. 下图表示光照条件下叶肉细胞中A、B两种细胞器间的气体交换,下列有关说法正确的是(　　)

A ⇄ B（A→B: CO_2；B→A: O_2）

A. 在黑暗中A将停止生理作用

B. A结构能产生ATP,B结构不能产生ATP

C. 植物正常生长时,B结构产生的O_2全部被A结构利用

14. 关于细胞的全能性的叙述,错误的是(　　)

A. 离体的植物细胞在一定条件下培养能表现出全能性

B. 在生物体所有的细胞中,受精卵的全能性最高

C. 克隆羊的诞生证明了高度分化的动物细胞具有全能性

D. 卵细胞直接发育成雄蜂体现了卵细胞具有全能性

15. 如下图所示,图甲是果酒和果醋的制作实验流程,图乙是制作果酒和果醋的发酵装置。据图分析下列说法错误的是(　　)

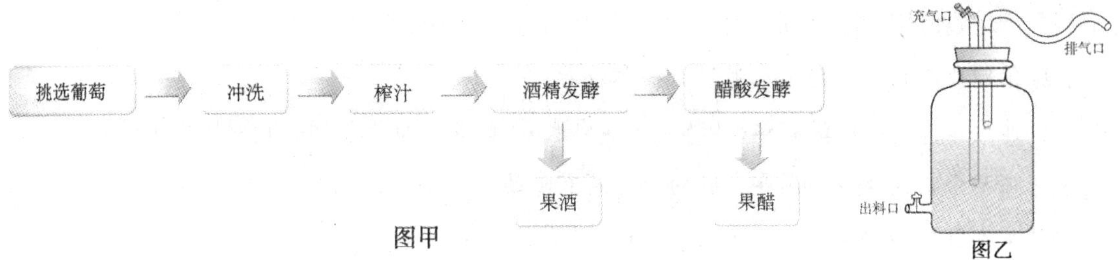

图甲　　图乙

A. 由图甲可知,利用葡萄制作果醋时,必须先进行酒精发酵然后再进行果醋发酵

B. 冲洗葡萄不能次数太多,否则果酒的制作会失败

C. 图乙中的装置排气口弯曲可防止发酵液被空气中的杂菌污染

D. 制作果酒要关闭充气口、打开排气口,制作果醋时充气口和排气口都要打开

16. 某种二倍体高等植物的性别决定类型为XY型。该植物有宽叶和窄叶两种叶形,宽叶对窄叶为显性。控制这对相对性状的基因(B/b)位于X染色体上,含有基因b的花粉不育。下列叙述错误的是(　　)

A. 窄叶性状只能出现在雄株中,不可能出现在雌株中

B. 宽叶雌株与宽叶雄株杂交,子代中可能出现窄叶雄株

C. 宽叶雌株与窄叶雄株杂交,子代中既有雌株又有雄株

D. 若亲本杂交后子代雄株均为宽叶,则亲本雌株是纯合子

17. 某种植物病毒V是通过水稻飞虱吸食水稻汁液在水稻间传播的,水稻中青蛙数量的增加可减少该病毒在水稻间的传播。下列叙述正确的是(　　)

A. 青蛙与飞虱是捕食关系　　B. 水稻与青蛙是竞争关系

C. 病毒V与青蛙是寄生关系　　D. 水稻和病毒V是互利共生关系

18. 关于生物体内能量代谢的叙述,正确的是(　　)

A. 淀粉水解成葡萄糖时伴随有ATP的生成

B. 人体大脑活动的能量主要来自脂肪的有氧氧化

C. 叶肉细胞中合成葡萄糖的过程是需要能量的

D. 硝化细菌主要从把硝酸还原成氨的过程中获取能量

19. 鸡霍乱病原菌易导致鸡死亡。1880年，巴斯德用久置的鸡霍乱病原菌对鸡群进行注射，意外发现全部鸡存活。再次培养新鲜病原菌，并扩大鸡的注射范围，结果仅有部分鸡存活。进一步调查发现，存活鸡均接受过第一次注射。下列分析正确的是(　　)

A. 第一次注射时，所用的鸡霍乱病原菌相当于抗体

B. 第一次注射后，鸡霍乱病原菌诱导存活鸡产生了抗性变异

C. 第二次注射后，存活鸡体内相应记忆细胞参与了免疫反应

D. 第二次注射后，死亡鸡体内没有发生特异性免疫反应

20. 下列关于动物细胞工程、胚胎工程、基因工程的叙述，正确的是(　　)

A. 乳腺细胞比乳腺癌细胞更容易进行离体培养

B. 质粒作为基因工程的运载体，其特点是能自我复制，含有标记基因，为单链DNA等

C. 采用胚胎分割技术产生同卵多胚的数量是有限的

D. 培养早期胚胎的培养液中含维生素、激素等多种能源物质

21. 下列不属于社区学习资源的是(　　)

A. 报刊与杂志　　B. 田间与山丘

C. 动物园与植物园　　D. 良种站与养殖场

22. 一位教师在讲“细菌”一节时，向学生介绍了有关日本帝国主义对中国实行细菌战的罪行以及中华人民共和国成立后我国在防病治病、消毒灭菌等方面取得的成就，从而激发了学生的爱国热情，激发了他们学习细菌有关知识的强烈欲望。这是根据(　　)的原则来设计的教学过程。

A. 生物学与社会发展密切相关　　B. 理论联系实际

C. 传授知识和培养能力相统一　　D. 科学性与思想性相统一

23. 在“植物的生殖”一节的教学中，教师给学生展示了一朵百合花的图片，随后提问学生：同学们还记得花具有哪些结构吗？该提问属于(　　)

A. 回忆提问　　B. 评价提问

C. 应用提问　　D. 分析提问

24. 下列教学情境中，运用了科学史教学策略的是(　　)

A. 带领学生以小组的形式到动物园观察脊椎动物

B. 采用概念图归纳细胞的相关概念

C. 采用讲述故事的方式讲解光合作用探究历程

D. 讲解无土栽培技术

25. 由研究者通过访问、座谈、问卷等方式，向熟悉被研究对象的第三者或当事人了解情况，或者通过测试收集书面材料来了解情况的方法属于下列哪种类型(　　)

A. 观察法　　B. 调查法　　C. 实验法　　D. 经验总结法

29. **材料：**

以下是某教师在讲“细胞器——系统内的分工合作”的课堂实录片段。

教师拿出事先准备好的道具，请4位同学上讲台分别扮演核糖体、内质网、高尔基体和细胞膜的角色。具体活动如下：扮演“核糖体”的同学把道具串成一条长链代表初步合成的“多肽链”，并交给扮演“内质网”的同学；后者用代表“小囊泡”的小桶装好后交给扮演“高尔基体”的同学；“高尔基体”将“多肽链”盘曲折叠，之后交给扮演“细胞膜”的同学；“细胞膜”把小桶放到教室外。

引导质疑：该角色扮演活动在设计上存在哪些不足？

学生讨论，教师点拨：没有涉及线粒体的角色，该活动没有反映出线粒体在蛋白质的合成和运输过程中不断提供能量的作用。之后教师总结。

问题：

(1)材料中该教师采用了哪些教学方法?(4分)

(2)简要谈谈教师选取教学方法的基本依据。(16分)

四、教学设计题(本大题共1小题，共30分)

30.《普通高中生物课程标准》(实验)关于“通过激素的调节”一节内容的具体要求是：描述动物激素的调节；探讨动物激素在生产中的应用；描述血糖调节；举例说明体液调节在维持稳态中的作用。其主要内容包括：①激素调节的发现；②激素调节的实例；③激素调节的特点。

要求：依据上述内容，确定本节课的教学目标，并且提供一个设计思路。

机密★启封前　　　　　　　　　　　　　　　　　　　　　　　　姓名________　准考证号________

教师资格考试预测试卷(四)

《生物学科知识与教学能力》(高级中学)

注意事项:

1. 考试时间为120分钟,满分为150分。

2. 请按规定在答题卡上填涂、作答。在试卷上作答无效,不予评分。

一、单项选择题(本大题共25小题,每小题2分,共50分)

在每小题列出的四个备选项中只有一个是符合题目要求的,请用2B铅笔把答题卡上对应题目的答案字母按要求涂黑。错选、多选或未选均无分。

1. 无机盐对于维持生物体的生命活动具有重要作用。下列相关叙述错误的是(　　)

A. 蔬菜中的草酸不利于机体对食物中钙的吸收

B. 缺铁会导致哺乳动物血液运输 O_2 的能力下降

C. 和ATP一样, KH_2PO_4 也能为生物体提供能量

D. 植物秸秆燃烧产生的灰烬中含有丰富的无机盐

2. 下列过程中,不直接依赖细胞膜的流动性就能完成的是(　　)

A. 胰岛B细胞分泌胰岛素　　B. 吞噬细胞对抗原的摄取

C. DNA聚合酶由细胞质进入细胞核　　D. 植物体细胞杂交中原生质体融合

3. 在人和植物体内都会发生的物质转化过程是(　　)

①葡萄糖彻底氧化　　②葡萄糖转化为乙醇

③葡萄糖脱水缩合　　④葡萄糖分解成丙酮酸

A. ①③④　　B. ②③④　　C. ①②③　　D. ①②④

4. 下列关于遗传信息传递过程的叙述,错误的是(　　)

A. DNA复制、转录、翻译过程都遵循碱基互补配对原则

B. 核基因转录形成的mRNA需穿过核孔进入细胞质中参与翻译过程

C. DNA复制和转录都是以DNA的一条链为模板,翻译则以mRNA为模板

D. DNA复制、转录和翻译的原料依次是脱氧核苷酸、核糖核苷酸和氨基酸

5. 下列与真核生物细胞核有关的叙述,错误的是(　　)

A. 细胞中的染色质存在于细胞核中　　B. 细胞核是遗传信息转录和翻译的场所

C. 细胞核是细胞代谢和遗传的控制中心　　D. 细胞核内遗传物质的合成需要能量

17. 果蝇的某对相对性状由等位基因G、g控制，且对于这对性状的表现型而言，G对g完全显性。受精卵中不存在G、g中的某个特定基因时会致死。用一对表现型不同的果蝇进行交配，得到的子一代果蝇中雌:雄=2:1，且雌蝇有两种表现型。据此可推测：雌蝇中(　　)

A. 这对等位基因位于常染色体上，G基因纯合时致死

B. 这对等位基因位于常染色体上，g基因纯合时致死

C. 这对等位基因位于X染色体上，g基因纯合时致死

D. 这对等位基因位于X染色体上，G基因纯合时致死

18. 下列关于"观察DNA和RNA在细胞中的分布"实验的说法，正确的是(　　)

A. 甲基绿和吡罗红对DNA和RNA的亲和力不同，实验中应分别加入甲基绿和吡罗红

B. 盐酸能够改变细胞膜的通透性，加速染色剂进入细胞

C. 该实验用口腔上皮细胞而不用叶肉细胞，是因为叶肉细胞不含RNA

D. 盐酸有利于染色质中DNA与蛋白质分开，不利于DNA与染色剂结合

19. 下列关于基因工程的叙述，错误的是(　　)

A. 目的基因和受体细胞均可来自动、植物或微生物

B. 限制性核酸内切酶和DNA连接酶是两类常用的工具酶

C. 人胰岛素原基因在大肠杆菌中表达的胰岛素原无生物活性

D. 载体上的抗性基因有利于筛选含重组DNA的细胞和促进目的基因的表达

20. 科学的研究方法是取得成功的关键，假说—演绎法和类比推理是科学研究中常用的方法。人类在探明基因神秘踪迹的历程中，进行了如下研究：

①孟德尔的豌豆杂交实验：提出了两大遗传定律

②萨顿在研究蝗虫的精子和卵细胞形成过程中提出假说：基因在染色体上

③摩尔根进行果蝇杂交实验：找到基因在染色体上的实验证据

他们在研究的过程中所使用的科学研究方法依次为(　　)

A. ①假说—演绎法　②假说—演绎法　③类比推理

B. ①假说—演绎法　②类比推理　③类比推理

C. ①假说—演绎法　②类比推理　③假说—演绎法

D. ①类比推理　②假说—演绎法　③类比推理

21. 根据《普通高中生物课程标准》(实验)的界定，下列行为动词用于表述能力目标的是(　　)

A. 运用　　B. 说出　　C. 排列　　D. 简述

22. "增强好奇心和求知欲，养成探索精神和创新精神"是哪一方面的生物课程目标(　　)

A. 知识目标　　B. 能力目标

C. 情感态度与价值观目标　　D. 方法目标

23. 从实验内容与学生认知关系的角度看，“观察植物细胞的有丝分裂”实验属于(　　)

A. 演示实验　　B. 验证性实验　　C. 探究性实验　　D. 课外实验

24. 下列不属于家庭学习资源的是(　　)

A. 实验室与图书馆　　B. 家禽与家畜

C. 家长与亲戚　　D. 花园与宠物

25. 教师以预先设定好的、期待的教学目标为评价标准，来衡量学生达到何种程度的评价称为(　　)

A. 配置性评价　　B. 效标参照评价

C. 常模参照评价　　D. 诊断性评价

二、简答题(本大题共2小题，每小题15分，共30分)

26. 回答下列有关遗传的问题：

(1)摩尔根在一群红果蝇中偶然发现了一只白眼雄果蝇，用这只雄果蝇和红眼雌果蝇交配，F_1全表现为红眼，让F_1雌雄互交，F_2白眼全是雄果蝇，由此推测基因位于X染色体上。请回答：

①上述果蝇的白眼性状是由________产生的。(2分)

②控制果蝇的红眼、白眼基因用A、a表示，请用遗传图解分析说明红眼和白眼基因位于X染色体上的实验过程。(8分)

(2)对于果蝇来说，Y染色体上没有决定性别的基因，在性别决定中失去了作用。正常情况下XX表现为雌性，而XY表现为雄性。染色体异常形成的性染色体组成为XO(仅有一条性染色体)的果蝇发育为可育的雄性，而性染色体为XXY的果蝇则发育为可育的雌性。在果蝇遗传学实验中，科学家发现有时会出现两条性染色体融合形成并联(XX、XY)复合染色体。

①用普通野生型雌性灰果蝇(X^+X^+)和隐性突变体雄性黄果蝇(X^yY)杂交，后代均为________果蝇。(1分)

②用一只隐性突变体雌性黄果蝇(X^yX^y)与普通野生型雄性灰果蝇(X^+Y)杂交，子代中有的个体胚胎时期死亡，生活的个体中雌性均为黄果蝇，雄性均为灰果蝇，显微镜检测发现有的死亡胚胎中出现并联复合染色体。则________(选填“雄”或“雌”)性亲本产生了复合染色体，子代中死亡率为________。子代存活雌、雄个体的基因型分别是________、________。(4分)

27. 2014年埃博拉病毒在非洲蔓延，我国派出医疗队首次在境外组建医院，帮助非洲防控埃博拉疫情。

(1)研究表明，埃博拉病毒侵入机体后，通过靶向感染、破坏吞噬细胞等，使其不能暴露该病毒的________，以致感染信息不能呈递给________，从而无法正常激活细胞免疫和体液免疫应答过程，导致机体对该病毒的________免疫功能下降。因此，病毒在体内快速增殖、致病。(9分)

(2)对志愿者接种埃博拉试验疫苗后，机体免疫系统能产生相应抗体，还能产生的免疫细胞有________。(3分)

四、教学设计题(本大题共1小题,共30分)

30. 阅读以下材料,回答问题。

《普通高中生物课程标准》(实验)关于"蛋白质的结构与功能"具体要求是:引导学生理解蛋白质是生命结构和性状的体现者以及归纳出氨基酸及基本结构。通过引导学生观察、分析等,最终引导学生自主归纳蛋白质的知识体系,进一步培养学生的归纳综合能力。某教材首先通过利用学生日常生活摄入大量有关富含蛋白质的食物开始,通过层层提出问题,推出蛋白质、氨基酸的探究,随后推出两者之间的关系以及理解蛋白质结构多种多样的原因。

依据上述材料,确定本节课的教学目标并结合确定的教学目标,围绕蛋白质功能设计一个能体现培养学生自主归纳能力、教师发挥引导者作用的教学活动。

机密★启封前　　　　　　　　　　　　　　　　　　　　　　姓名________　准考证号________

教师资格考试预测试卷(五)

《生物学科知识与教学能力》(高级中学)

注意事项:

1. 考试时间为120分钟,满分为150分。
2. 请按规定在答题卡上填涂、作答。在试卷上作答无效,不予评分。

一、单项选择题(本大题共25小题,每小题2分,共50分)

在每小题列出的四个备选项中只有一个是符合题目要求的,请用2B铅笔把答题卡上对应题目的答案字母按要求涂黑。错选、多选或未选均无分。

1. 下列关于植物细胞质壁分离的实验过程的叙述,错误的是( )

A. 细胞壁的伸缩性较小,原生质层的伸缩性较大,是发生质壁分离的一个基础

B. 所有的高等植物细胞在环境条件适宜时都可以发生质壁分离现象

C. 发生质壁分离的原因之一是水分子的渗透作用

D. 用低倍显微镜观察,可看到细胞的中央液泡逐渐变小

2. 用不同的化学试剂可以鉴定某些物质的存在。在植物和动物体内,存在许多物质,用斐林试剂可以鉴定还原性糖(葡萄糖、麦芽糖)的存在,用双缩脲试剂可以鉴定蛋白质的存在。医学上,可用这两种试剂检验患者的尿液以进行疾病诊断。请分析这两种试剂能够诊断的疾病应该是( )

A. 糖尿病、肠炎　　B. 胃炎、肾炎　　C. 糖尿病、肾炎　　D. 胃炎、肠炎

3. 下列关于生物体中细胞呼吸的叙述,错误的是( )

A. 植物在黑暗中可进行有氧呼吸也可进行无氧呼吸

B. 食物链上传递的能量有一部分通过细胞呼吸散失

C. 有氧呼吸和无氧呼吸的产物分别是葡萄糖和乳酸

D. 植物光合作用和呼吸作用过程中都可以合成ATP

4. ATP是细胞的能量"通货",可通过多种细胞途径产生(如下图所示)。以下说法正确的是( )

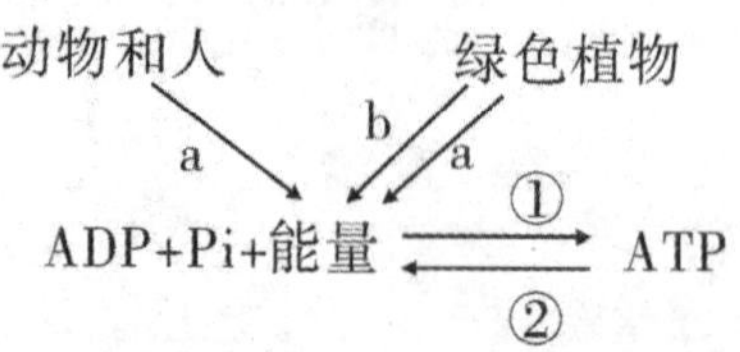

A. a过程和b过程都有[H]的生成

B. a过程和b过程都要在细胞器中进行

16. 下列关于初生演替中草本阶段和灌木阶段的叙述,正确的是(　　)

A. 草本阶段与灌木阶段群落的丰富度相同

B. 草本阶段比灌木阶段的群落空间结构复杂

C. 草本阶段比灌木阶段的群落自我调节能力强

D. 草本阶段为灌木阶段的群落形成创造了适宜环境

17. 对于多细胞生物而言,下列有关细胞生命历程的说法正确的是(　　)

A. 细胞分化导致细胞中的遗传物质发生改变

B. 细胞癌变是所有细胞都要经历的一个阶段

C. 细胞衰老时细胞呼吸的速率减慢

D. 细胞凋亡是细胞癌变的结果

18. 在运动或举重项目中,某运动员腰部受伤,造成右侧下肢运动障碍,但有感觉。该病人受损伤的部位可能是反射弧的(　　)

①传入神经　②传出神经　③感受器　④神经中枢　⑤效应器

A. ②④　　B. ①③　　C. ①②　　D. ②⑤

19. 下列关于生物进化的叙述,正确的是(　　)

A. 群体中近亲繁殖可提高纯合体的比例

B. 有害突变不能成为生物进化的原材料

C. 某种生物产生新基因并稳定遗传后,则形成了新物种

D. 若没有其他因素影响,一个随机交配小群体的基因频率在各代保持不变

20. 某兴趣小组拟用组织培养繁殖一种名贵花卉,其技术路线为“取材→消毒→愈伤组织培养→出芽→生根→移栽”。下列有关叙述,错误的是(　　)

A. 消毒的原则是既杀死材料表面的微生物,又减少消毒剂对细胞的伤害

B. 在愈伤组织培养中加入细胞融合的诱导剂,可获得染色体加倍的细胞

C. 出芽是细胞再分化的结果,受基因选择性表达的调控

D. 生根时,培养基通常生长素用量高于细胞分裂素用量

21. 下图概念图中a、b、c、d、e、f所表示的生物学概念正确的是(　　)

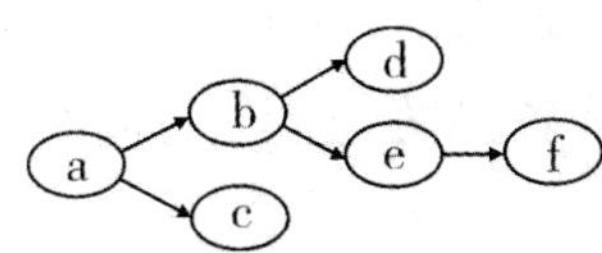

A. 跨膜运输、被动运输、主动运输、自由扩散、协助扩散、红细胞吸收氧

B. 可遗传变异、突变、基因重组、基因突变、染色体变异、21三体综合征

C. 具膜细胞器、双层膜细胞器、单层膜细胞器、叶绿体、线粒体、完成有氧呼吸

D. 神经元、突起、胞体、轴突、树突、突触小体

22. 在进行“细胞膜的结构”教学时，下列哪种教学方式更合适(　　)

A. 讲授　　B. 谈话

C. 直观教学　　D. 演绎

23. 下列哪种方法适用于对各种生物的生活环境、外部形态及内部构造的描述(　　)

A. 讲述　　B. 讲解

C. 谈话　　D. 讨论

24. 在生物教学过程中，下列正确的表述是(　　)

A. 教师处于主体地位　　B. 学生处于主体地位

C. 学生处于主导地位　　D. 教师和学生都处于主导地位

25. 人教版高中生物教材中，选取了较多的现代生物技术，以及最新的生物科学研究成果，这符合教材内容选择(　　)的思想。

A. 以学生的发展作为选取内容的出发点

B. 应当符合学生的知识基础、心理特点和认识规律

C. 要反映社会、经济和科技发展的需要，体现“科学、技术、社会”的思想

D. 应将探究活动作为教科书内容的重要组成部分

二、简答题(本大题共2小题，每小题15分，共30分)

26. 在植物组织培养过程中，激素的添加已成为一种常规的实验手段，在植物组织培养过程中已研究过的植物激素有：生长素、细胞分裂素、赤霉素等。下表为某同学研究激素的使用顺序对实验结果的影响，请回答相关问题：

使用顺序	实验结果
先使用NAA，后使用KT	有利于细胞分裂，但细胞不分化
先使用KT，后使用NAA	A
同时使用	B

(1)植物激素中生长素和细胞分裂素是启动细胞分裂、________和________的关键性激素。(2分)该实验中属于细胞分裂素类的是________。(2分)

(2)请将表格中空白处A和B补充完整，A为________，B为________。若NAA和KT的用量比值适中时，促进________的形成。(3分)

(3)用于离体培养的植物器官或组织称为________。若该实验材料为菊花，则应对其进行________(消毒/灭菌)。(2分)

(4)接种后的锥形瓶最好放在无菌箱中培养，培养环境应注意调节合适的________和________。接种过程要注意在________旁进行。(6分)

四、教学设计题(本大题共1小题,共30分)

30. “DNA分子的结构”是人教版高中生物必修2第3章第2节的内容,请为此教材内容设计教学目标。

DNA分子的结构
内容要点: 一、DNA双螺旋结构模型的构建 1. 构建依据 2. 构建者 二、DNA分子的结构特点 1. DNA分子的平面结构 2. DNA分子的空间结构 三、制作DNA双螺旋结构模型

机密★启封前　　　　　　　　　　　　　　　　　　　　　　姓名________　准考证号________

教师资格考试预测试卷(六)

《生物学科知识与教学能力》(高级中学)

注意事项:

1. 考试时间为120分钟,满分为150分。

2. 请按规定在答题卡上填涂、作答。在试卷上作答无效,不予评分。

一、单项选择题(本大题共25小题,每小题2分,共50分)

在每小题列出的四个备选项中只有一个是符合题目要求的,请用2B铅笔把答题卡上对应题目的答案字母按要求涂黑。错选、多选或未选均无分。

1. 下列细胞或细胞结构中能合成多糖的有(　　)

①叶绿体　②肝细胞　③核糖体　④骨骼肌　⑤高尔基体

A. ②③⑤　　B. ①②③④

C. ②③④⑤　　D. ①②④⑤

2. 下列关于生物体与水分的关系,叙述正确的是(　　)

A. 贮藏中的种子不含水分,以保持休眠状态

B. 水从根系向地上部分的运输与细胞壁无关

C. 适应高渗环境的动物可排出体内多余的盐

D. 缺水时,动物体的正反馈调节能促使机体减少水分的散失

3. 细胞膜对物质进出细胞的控制主要体现在哪些方面(　　)

①细胞需要的营养物质可以从外界进入细胞

②细胞产生的代谢产物也要排出细胞

③细胞内的核酸等重要成分不会流出细胞

④环境中一切有害的物质都不能通过细胞膜进入细胞

A. ①②③　　B. ①②④　　C. ②③④　　D. ①③④

4. 下列有关细胞中的酶和ATP的说法,错误的是(　　)

A. ATP的合成需要酶的催化,酶的合成不一定需要ATP供能

B. ATP脱去两分子磷酸基团后的产物可作为原料参与某些酶的合成

C. 在适宜的条件下,ATP和酶都能在细胞外发挥作用

D. 细胞内ATP和ADP的迅速转化离不开酶的催化作用

B. 观察该种群,若新生的栗色个体多于黑色个体,则说明栗色为显性

C. 若该种群栗色与黑色个体的数目相等,则说明显隐性基因频率不等

D. 选择1对栗色个体交配,若子代全部表现为栗色,则说明栗色为隐性

16. 下列不属于植物体内蛋白质功能的是(　　)

A. 构成细胞膜的主要成分　　B. 催化细胞内的化学反应

C. 供给细胞代谢的主要能源物质　　D. 作为运输物质的载体

17. 裸露的岩石上长出森林是一个漫长而艰难的演替过程,则发生在裸露岩石上的群落演替顺序是(　　)

A. 地衣、苔藓阶段—草本阶段—灌木阶段—森林阶段

B. 地衣、苔藓阶段—灌木阶段—草本阶段—森林阶段

C. 草本阶段—地衣、苔藓阶段—灌木阶段—森林阶段

D. 地衣、苔藓阶段—草本阶段—森林阶段—灌木阶段

18. 下列有关生态系统成分的叙述,正确的是(　　)

A. 自养生物都属于生产者,都可以进行光合作用,把无机物转变成有机物

B. 动物都是消费者,其中食草动物为初级消费者

C. 分解者都是腐生生物,都是生态系统不可缺少的成分

D. 非生物的物质和能量是指阳光、水分、空气、细菌等

19. 胰岛素的A、B两条肽链是由一个基因编码的。下列有关胰岛素的叙述正确的是(　　)

A. 胰岛素基因的两条DNA单链分别编码A、B两条肽链

B. 沸水浴加热之后,构成胰岛素的肽链充分伸展并断裂

C. 胰岛素的功能取决于氨基酸的序列,与空间结构无关

D. 核糖体合成的多肽链需经蛋白酶的作用形成胰岛素

20. 不同种类的生物在不同的条件下,呼吸作用方式不同。若分解底物是葡萄糖,则下列对呼吸作用方式的判断不正确的是(　　)

A. 若只释放CO_2,不消耗O_2,则细胞只进行无氧呼吸

B. 若CO_2的释放量多于O_2的吸收量,则细胞既进行有氧呼吸也进行无氧呼吸

C. 若CO_2的释放量等于O_2的吸收量,则细胞只进行有氧呼吸

D. 若既不吸收O_2也不释放CO_2,则说明该细胞已经死亡

21. 下列不属于“生命观念”素养要求的是(　　)

A. 初步具有结构与功能相适应的观念及生物进化理论

B. 具有物质和能量观,能结合简单情境说明生命活动的维持包括物质代谢和能量代谢

C. 具有稳态与平衡观,并能指导人的健康生活方式;能指出某一生态系统的构成要素及影响其平衡的因素

D. 了解传染病的危害与防控知识,养成环境保护意识与行为

22. 下列不属于教学设计环节的是(　　)

A. 选择恰当的教学策略　　B. 分析教学内容和学习者

C. 观摩有经验教师的课堂教学　　D. 确定教学目标、重点和难点

23. 下列不属于变化技能的类型为(　　)

A. 教学媒体的变化　　B. 教学环境的变化

C. 教态的变化　　D. 师生相互作用的变化

24. 以下哪一项不是直观教学的优势(　　)

A. 有助于引发学生的探索欲望　　B. 有助于学生对生物学知识的理解

C. 有助于提高学生的学习效率　　D. 有助于学生形成抽象思维

25. 高中生物课堂中,对如“洋葱细胞质壁分离和复原演示模型”“人体膝跳反射过程模拟演示器”等教具、学具制作的研究属于(　　)

A. 基础理论研究　B. 应用性研究　C. 比较性研究　D. 开发性研究

二、简答题(本大题共2小题,每小题15分,共30分)

26. 为研究胰岛素的生理作用,某同学将禁食一段时间的实验小鼠随机分为A、B、C、D四组,A组腹腔注射生理盐水,B、C、D三组腹腔均注射等量胰岛素溶液,一段时间后,B、C、D三组出现反应迟钝、嗜睡等症状,而A组未出现这些症状。回答下列问题:

(1)B、C、D三组出现上述症状的原因是________。(4分)

(2)B、C、D三组出现上述症状后进行第二次注射,给B组腹腔注射生理盐水;为尽快缓解上述症状给C组注射某种激素、给D组注射某种营养物质。那么C组注射的激素是________,D组注射的营养物质是________。(8分)

(3)第二次注射后,C、D两组的症状得到缓解,缓解的机理分别是________。(3分)

27. 某同学将马铃薯磨碎、过滤得到的提取液进行了三次实验:

实验Ⅰ:每支试管控制在30 ℃条件下,按下表操作:

试管编号	A	B	C	D
设定pH	3	5	7	9
振荡后加入马铃薯提取液	1 mL	1 mL	1 mL	1 mL
加入过氧化氢溶液	2 mL	2 mL	2 mL	2 mL

实验结果每支试管都产生气体。请回答:

(1)该实验的主要目的是________________________。(2分)

(2)该实验中的自变量是________,因变量是________________________。(2分)

(3)实验在30 ℃下进行的原因是:①________________;②________________。(2分)

实验Ⅱ:将加入四支试管中的马铃薯提取液的量减半,重复实验Ⅰ,分别测定实验Ⅰ、Ⅱ中过氧化

物质的进出具有选择性。

…………

3. 结论：由于细胞膜具有选择透过性，相当于半透膜，细胞膜两侧溶液浓度决定水分子运动方向。因此，细胞是一个渗透系统。

根据材料，回答下列问题：

(1)根据以上教学设计思路，分析该教师的教学设计中主要使用了哪种教学策略？此教学策略的特征有哪些？(8分)

(2)试评析上述教学案例。(12分)

四、教学设计题（本大题共1小题，共30分）

30. 请根据下列内容按要求完成教学设计。

物质跨膜运输的方式

将两种溶液连通时，溶质分子会从高浓度一侧向低浓度一侧扩散。往清水中滴一滴蓝墨水，清水很快就变为蓝色，这就是扩散。物质进出细胞，既有顺浓度梯度的扩散，统称为被动运输；也有逆浓度梯度的运输，称为主动运输。此外还有其他运输方式。

被动运输

物质顺浓度梯度通过简单的扩散作用进出细胞，叫做自由扩散。离子和一些较大的分子如葡萄糖等，不能自由地通过细胞膜。镶嵌在膜上的一些特殊的蛋白质，能够协助葡萄糖等一些物质顺浓度梯度跨膜运输。进出细胞的物质借助载体蛋白的扩散，叫做协助扩散。自由扩散和协助扩散统称为被动运输。

主动运输

物质从低浓度一侧运输到高浓度一侧，需要载体蛋白的协助，同时还需要消耗细胞内化学反应所释放的能量，这种方式叫做主动运输。主动运输普遍存在于动植物和微生物细胞中，保证了活细胞能够按照生命活动的需要，主动选择吸收所需要的营养物质，排出代谢废物和对细胞有害的物质。

胞吞和胞吐

当细胞摄取大分子时，首先是大分子附着在细胞膜表面，这部分细胞膜内陷形成小囊，包围着大分子。然后小囊从细胞膜上分离下来，形成囊泡，进入细胞内部，这种现象叫做胞吞。细胞需要外派的大分子，先在细胞内形成囊泡，囊泡移动到细胞膜处，与细胞膜融合，将大分子排出细胞，这种现象叫胞吞。

要求：

(1)设计上述材料的教学目标及教学重难点。(10分)

(2)设计上述内容的教学过程。(20分)

机密★启封前　　　　　　　　　　　　　　　　　　　　姓名________　准考证号________

教师资格考试预测试卷(七)

《生物学科知识与教学能力》(高级中学)

注意事项:

1. 考试时间为120分钟,满分为150分。

2. 请按规定在答题卡上填涂、作答。在试卷上作答无效,不予评分。

一、单项选择题(本大题共25小题,每小题2分,共50分)

在每小题列出的四个备选项中只有一个是符合题目要求的,请用2B铅笔把答题卡上对应题目的答案字母按要求涂黑。错选、多选或未选均无分。

1. 下列有关叙述中,正确的是(　　)

A. 病毒的构成可以是RNA、蛋白质和磷脂

B. 细胞膜、细胞质基质中负责转运氨基酸的载体都是蛋白质

C. 蛋白质是以氨基酸为单体组成的,核酸是以脱氧核苷酸为单体组成的,多糖是以葡萄糖为单体组成的

D. 微量元素可参与某些复杂化合物的组成,如Fe、Mg分别参与血红蛋白和叶绿素组成

2. 科学家通过研究发现,人的血浆pH通常在7.35~7.45之间,变化不大的原因是(　　)

①缓冲物质对血浆酸碱度起缓冲作用

②通过呼吸系统可不断排出CO_2

③血浆中过多的碳酸氢盐可以由肾脏随尿排出体外

④神经系统对呼吸运动强度的调节有利于维持血液pH的相对稳定

⑤食物中的碱性物质与新陈代谢产生的酸性物质所构成的缓冲对调节了血液pH

A. ①　　　　B. ①②③

C. ①②③④　　　　D. ①②③⑤

3. 下列与跨膜运输有关的叙述中,正确的是(　　)

A. 生物大分子要通过载体蛋白的转运才能进入细胞

B. 生物膜的选择透过性与细胞膜上的蛋白质有关

C. 果脯在腌制中慢慢变甜,是细胞主动吸收糖分的结果

D. 被动运输都是顺浓度梯度进行的,不需要载体和能量

12. 下列关于生物进化的叙述,错误的是(　　)

A. 某物种仅存一个种群,该种群中每个个体均含有这个物种的全部基因

B. 虽然亚洲与澳洲之间存在地理隔离,但两洲人之间并没有生殖隔离

C. 无论是自然选择还是人工选择作用,都能使种群基因频率发生定向改变

D. 古老地层中都是简单生物的化石,而新近地层中含有复杂生物的化石

13. 下列关于基因工程的叙述,正确的是(　　)

A. 一般利用显微注射技术将目的基因导入植物细胞

B. 动物基因工程的受体细胞一般为受精卵

C. 在受体细胞内检测到外源基因是基因工程成功的标志

D. 利用PCR技术获取目的基因时,需要RNA聚合酶参与

14. 下图表示三种海蟹在其他环境条件一定时,不断改变海水盐度,它们血液浓度的变化情况(已知海水的浓度约为0.5 mol/L),下列描述正确的是(　　)

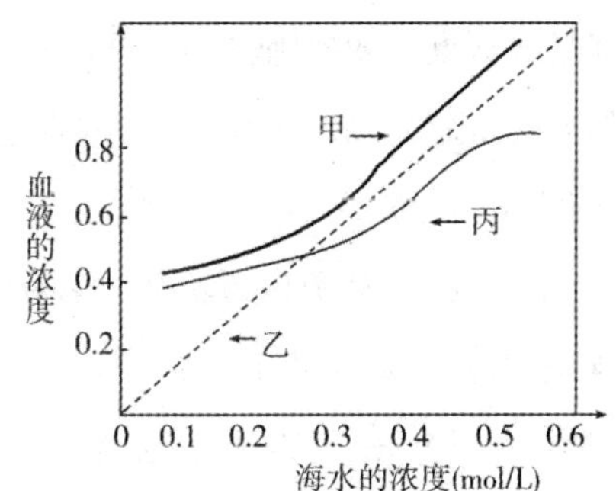

①在较低浓度的海水中才能维持内环境相对稳定的是甲

②无法判断甲、乙、丙调节内环境相对稳定能力的强弱

③调节内环境相对稳定能力最弱的是乙

④维持内环境相对稳定能力最强的是丙

A. ①③④　　B. ①③　　C. ③④　　D. ②

15. 下列有关人体糖代谢及调节的叙述,正确的是(　　)

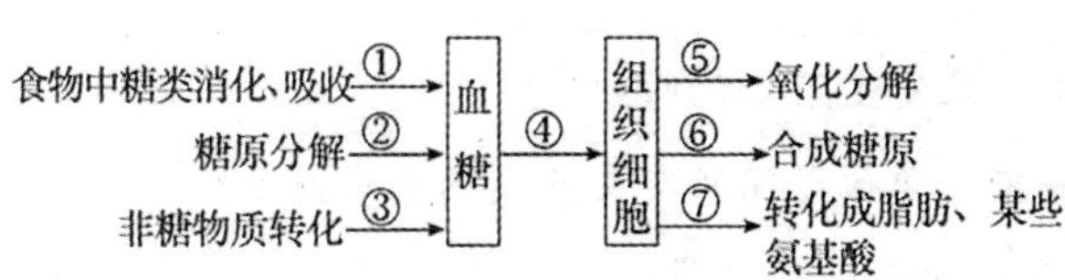

A. 在人体所有细胞中,②过程均可发生

B. ①过程发生后,胰高血糖素随即升高

C. 胰岛素能促进靶细胞完成②和③过程

D. 胰岛B细胞分泌的激素能促进⑤过程

16. 下表是有机物从植物传递到植食动物鳞翅目幼虫过程中能量流动的情况，根据表中不能得出的结论是（　　）

项目	能量/J
被鳞翅目幼虫吃掉的植物	419
鳞翅目幼虫粪便中含有的能量	209.5
鳞翅目幼虫呼吸消耗的能量	146.65
用于鳞翅目幼虫生长的能量	62.85

A. 鳞翅目幼虫摄入419 J的能量至少需要第一营养级同化1047.5 J的能量

B. 食物中15%的能量用于幼虫自身的生长

C. 鳞翅目幼虫从第一营养级获取的能量有一部分以呼吸产热的形式散失，因此能量在生态系统中的流动是不可循环的

D. 某一最高营养级消费者与其相邻的一低营养级消费者相比，能够获得的能量较少

17. 有一种"生物活性绷带"，其原理是先采集一些细胞标本，再让其在特殊膜片上增殖，5～7天后，将膜片敷到患者伤口上，膜片会将细胞逐渐"释放"到伤口处，并促进新生皮肤层生长，达到愈合伤口的目的。下列有关叙述中，错误的是（　　）

A. 若采用异体皮肤移植会导致排异反应，主要是因为抗体对移植皮肤细胞有杀伤作用

B. 种植在膜片上的细胞样本最好选择来自本人的干细胞

C. 膜片"释放"的细胞能使患者自身皮肤愈合，与两者细胞膜上的糖蛋白有关

D. 人的皮肤烧伤后易引起感染，主要是由于非特异性免疫机能受损所致

18. 关于环境的叙述正确的是（　　）

A. 生物生存的地点　　B. 生物周围的非生物因素

C. 同种生物的生活环境相同　　D. 包括非生物因素和生物因素

19. 下列关于生物变异的叙述，错误的是（　　）

A. 基因突变、基因重组和染色体变异为生物进化提供原材料

B. 三倍体无子西瓜属于可遗传的变异

C. 猫叫综合征是基因中碱基发生了变化所致

D. 同源染色体的非姐妹染色单体之间的交叉互换属于基因重组

20. 下列生命过程中，没有发生细胞分化的是（　　）

A. 断尾壁虎长出新尾巴　　B. 砍伐后的树桩上长出新枝条

C. 蝌蚪尾巴消失的过程　　D. 胚胎发育中出现造血干细胞

21. "多倍体育种、单倍体育种和常规育种分别有哪些优点？为什么？"此类提问属于（　　）

A. 理解型　　B. 分析型　　C. 评价型　　D. 综合型

（教师演示受精作用课件、动画模拟精卵的结合过程以及受精卵中染色体组成，学生观察分析）

教师：受精卵中的染色体来源、形状和大小有什么特点？

学生：受精卵中的染色体一半来自父方、一半来自母方，形状和大小一般相同。

教师：那么，受精卵中的染色体是不是同源染色体呢？如果是的话，同源染色体概念的要素是什么？

学生：①形状和大小一般相同；②一条来自父方，一条来自母方的两条染色体。

对话是教学必不可少的要素之一，但如何通过对话促进学生进行有效学习是值得探讨的课题。请根据材料回答：

(1)如何才能使教师语言具有启发性?(10分)

(2)教师进行提问时的要点有哪些?(10分)

四、教学设计题(本大题共1小题，共30分)

30. 请以“分泌蛋白的合成途径”为命题，用教材中涉及的概念绘制一个概念图。

制作要求：

(1)各概念间层级逻辑关系清楚，无科学性错误。

(2)符合绘制规范的基本要求。

(3)制作的概念图布局较为合理、美观。

机密★启封前　　　　　　　　　　　　　　　　　　姓名________　准考证号________

教师资格考试预测试卷(八)

《生物学科知识与教学能力》(高级中学)

注意事项:

1. 考试时间为120分钟,满分为150分。

2. 请按规定在答题卡上填涂、作答。在试卷上作答无效,不予评分。

一、单项选择题(本大题共25小题,每小题2分,共50分)

在每小题列出的四个备选项中只有一个是符合题目要求的,请用2B铅笔把答题卡上对应题目的答案字母按要求涂黑。错选、多选或未选均无分。

1. 下列关于细胞器的叙述,正确的是(　　)

①线粒体　②叶绿体　③高尔基体　④核糖体　⑤内质网　⑥中心体

A. 与能量转换有关的细胞器只有②③　　B. 具有双层膜结构的细胞器只有①⑤

C. 不含膜结构的细胞器只有④⑥　　D. 含有核酸的细胞器只有②④

2. 关于蛋白质的叙述,错误的是(　　)

A. 有些蛋白质是染色体的组成成分　　B. 有些蛋白质具有催化功能

C. 食盐作用下析出的蛋白质发生了变性　　D. 蛋白质可与双缩脲试剂产生紫色反应

3. 生物膜上不同类型的蛋白质行使不同的功能。下表中依据膜蛋白功能,对其类型判断错误的是(　　)

选项	膜蛋白的位置	功能	膜蛋白的类型
A	位于突触后膜	识别并结合神经递质	受体
B	位于靶细胞膜	识别并结合激素	载体
C	位于类囊体膜	催化ATP合成	酶
D	位于癌细胞膜	引起特异性免疫	抗原

A. A　　B. B　　C. C　　D. D

4. 对下图中Ⅰ、Ⅱ、Ⅲ、Ⅳ四幅图的描述,正确的是(　　)

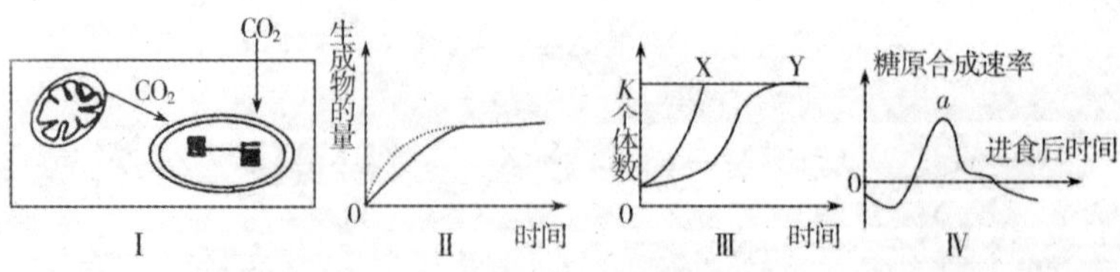

B. 让长翅雌蝇与残翅雄蝇杂交,若后代中的性状及比例为长翅雌蝇:残翅雌蝇:残翅雄蝇=1:1:1,那么产生此现象的原因不可能是染色体片段缺失

C. 让红眼雌果蝇与白眼雄果蝇杂交,若F_1雌雄均为红眼,说明相关基因只位于X染色体上

D. 在已确定红眼、白眼基因仅位于X染色体上的情况下,让纯种红眼雄果蝇与纯种白眼雌果蝇杂交,若其后代中出现了一只白眼雌果蝇,可用显微镜进行观察,分析其形成的原因是基因突变还是染色体变异

14. 下图中的新鲜土豆片与H_2O_2接触后,产生的现象及推测错误的是(　　)

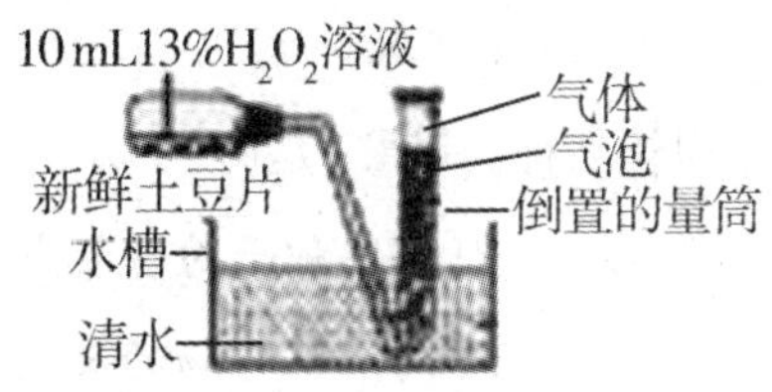

A. 为保证实验的严谨性,需要控制温度等无关变量

B. 增加新鲜土豆片的数量,量筒中产生的气体速率加快

C. 一段时间后气体量不再增加是因为土豆片的数量有限

D. 若有气体大量产生,可推测新鲜土豆片中含有过氧化氢酶

15. 如右图是某二倍体生物细胞分裂模式图。下列有关此图的说法正确的是(　　)

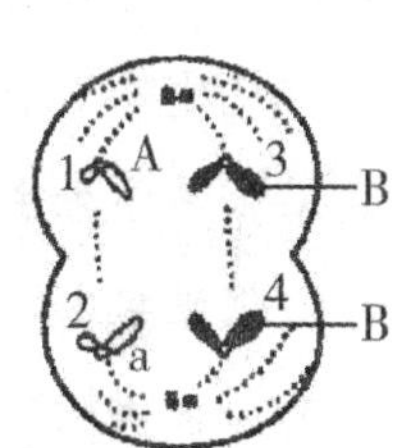

A. 该生物的基因型一定是AaBB

B. 该体细胞中染色体数最多为4条

C. 该细胞有可能是次级精母细胞或第一极体

D. 如果1是X染色体,那么2是Y染色体,3和4为常染色体

16. 下图表示某生态系统的食物网,关于此食物网的叙述,错误的是(　　)

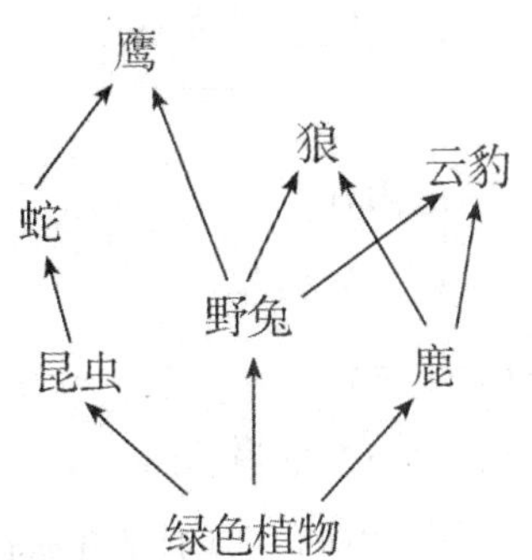

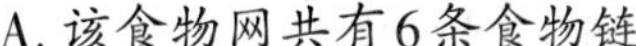

A. 该食物网共有6条食物链

B. 野兔、鹿及昆虫均为初级消费者

C. 狼和云豹在不同食物链上均属于同一营养级

D. 严禁过度捕杀鹰,因为其对该食物网影响最大

17. 现有一瓶掺有酵母菌的葡萄糖液,吸进氧气的体积与放出二氧化碳的体积之比为1:2,这是因为(　　)

A. 有$\frac{1}{4}$的酵母菌在进行有氧呼吸　　B. 有$\frac{1}{3}$的酵母菌在进行有氧呼吸

C. 有$\frac{1}{2}$的酵母菌在进行有氧呼吸　　D. 有$\frac{2}{3}$的酵母菌在进行有氧呼吸

18. 在一个基因型为AA:Aa=1:1的种群中,a使雄配子致死,让该种群的个体间自由交配,则子代中A的基因频率为(　　)

A. 1/4　　B. 1/8　　C. 7/8　　D. 3/4

19. 用射线或药物处理种子获得农作物新品种,其原理是(　　)

A. 改变种子的遗传物质　　B. 改变种子的营养成分

C. 直接改变农作物的某些性状　　D. 淘汰农作物的某些不良性状

20. 下列关于腐乳制作的描述中,错误的是(　　)

A. 在腐乳制作过程中必须有能产生蛋白酶的微生物参与

B. 含水量大于85%的豆腐利于保持湿度,适宜制作腐乳

C. 加盐和加酒都能抑制微生物的生长

D. 密封瓶口前最好将瓶口通过火焰以防杂菌污染

21. 高中生物学学科课程的宗旨是(　　)

A. 发展学生生物学学科核心素养　　B. 提高学生的科学探究能力

C. 促进学生的学习与发展　　D. 帮助学生认识自我,改进学习方式

22. 教师在讲授"细胞的增殖"时,播放文昌鱼胚胎发育视频,引导学生思考,激发学生的兴趣,自然引入正题,这种导入方式属于(　　)

A. 直观导入　　B. 设疑导入　　C. 经验导入　　D. 事例导入

23. 下列哪一个叙述是正确的(　　)

A. 演示技能是教师进行实际表演和示范操作

B. 演示技能是学生小组进行实际表演和示范操作

C. 演示技能是学生进行实际表演和示范操作

D. 演示技能是教师和学生进行实际表演和示范操作

24. 在开展调查某市常见传染病的活动时,下列哪一项不是开始调查就能完成的(　　)

A. 确定调查目标　　B. 制订调查方案　　C. 得出调查结论　　D. 选取调查对象

25. 在生物教学中,向学生展示多种生物学图片、生物学家肖像图或实物教具,使学生对所展示生物的真实存在和外观特征,获得深刻的印象和正确的感性知识。这种演示技能属于(　　)

A. 分析法　　B. 声像法　　C. 展示法　　D. 质疑法

29. 材料：

使用高倍显微镜观察几种细胞

1. 实验目的

(1)使用高倍显微镜观察几种细胞，比较不同细胞的异同点。

(2)运用制作临时装片的方法。

2. 材料用具

(1)观察材料：真菌（如酵母菌）细胞，低等植物（如水绵等丝状绿藻）细胞，高等植物细胞（如叶的保卫细胞），动物细胞（如鱼的红细胞或蛙的皮肤上皮细胞）。

(2)用具：显微镜，载玻片，盖玻片，镊子，滴管，清水。如果实验过程中需要染色，应准备常用的染色液。

3. 方法步骤

(1)根据光学显微镜的构造和原理，以及使用低倍镜观察积累的经验，提出使用高倍镜的方法步骤和注意事项。小组内讨论，通过交流取得一致的认识。

(2)小组成员分别制作不同材料的临时装片。

(3)观察临时装片时，由哪一位同学制作的装片，就由这位同学负责显微镜的调试、观察，再交互观察。

4. 讨论

(1)使用高倍镜观察的步骤和要点是什么？

(2)试归纳所观察到的细胞在结构上的共同点，并描述它们之间的差异，分析产生差异的可能的原因。

请根据材料回答下列问题：

(1)根据生物学实验教学的目的不同，此实验属于什么类型的实验？(3分)

(2)生物实验在中学生物学教学中的作用主要有哪些？(10分)

(3)完整的实验教学过程一般包括哪几个环节？(7分)

四、教学设计题(本大题共1小题,共30分)

30.《普通高中生物课程标准》(实验)关于“能量之源——光与光合作用”具体要求是:掌握光合作用的光反应和暗反应过程及其相互关系。某教材沿着光合作用的发现历程,对光合作用的光反应和暗反应这两个阶段,从物质变化和能量转化的角度做深入的探讨和研究,引导学生从物质和能量转化的角度去理解光合作用的反应过程,掌握本节重点。

要求:依据上述材料,确定本节课的教学重点、教学难点并结合教学内容,设计一个教学环节:如何突破重难点——光反应和暗反应。